Walther von Seydlitz

Stalingrad

Konflikt und Konsequenz

Erinnerungen

Einleitung

Bodo Scheurig

Stalling

SCHUTZUMSCHLAG: E. BEAUFORT
GESAMTHERSTELLUNG: GERHARD STALLING AG, OLDENBURG
PRINTED IN GERMANY
ISBN 3 7979 1353 2

Inhalt

Einleitung

Die nachfolgenden Erinnerungen erscheinen posthum. Walther von Seydlitz-Kurzbach, ihr Verfasser, war uneitel. Rechtfertigungen zu Lebzeiten mied er. Sein Tod – er starb 87jährig Ende April 1976 in Bremen – sollte Abstand schaffen. Erst jetzt kann veröffentlicht werden, was er zu sagen hatte und hinterließ.

Sein Bericht – ein erregendes, ungewöhnliches Stück Zeitgeschichte – kommt rasch zur Sache. Nach knappen Rückblicken beherrschen Stalingrad und der Bund Deutscher Offiziere die Szene. Ein Offizier spricht, den Ehre und Gewissen veranlaßten, nicht nur aufzubegehren, sondern äußerste Konsequenzen zu ziehen.

Der Autor war kein Schriftsteller. Seine Diktion ist schlicht und unverschönt. Um so eindringlicher spiegelt sie einen außerordentlichen Charakter, dessen Verstand und Empfindungskraft klügelnder Ratio überlegen waren. Was mitgeteilt wird, hält sich an das Wesentliche. Reflexionen, die kaum gestört hätten, fehlen nahezu ganz.

Seydlitz' militärische Erfolge sind unumstritten. »Temperamentvoll und unternehmend«, so ein kritischer Vorgesetzter, »war er besonders tapfer und einsatzfreudig vor dem Feinde.« Bewährung – freilich im Sinne bester Tradition – blieb Bestandteil seines Ichs, Ansporn und Aufgabe. Früh, als 54. Soldat der Wehrmacht, erhielt er das Eichenlaub zum Ritterkreuz des Eisernen Kreuzes.

Anders steht es um die Folgerungen, zu denen ihn Stalingrad drängte, um seine Aktivitäten in russischer Gefangenschaft, die ab 1943 Hitlers Sturz und einen rechtzeitigen Frieden erstrebten. Sie trafen auf Unverständnis, Feindseligkeit und Verfemung. Nationalkomitee und Offiziersbund – Organisationen der Bewegung »Freies Deutschland« – galten und gelten als Instrumente der Sowjetpropaganda.

Seydlitz schildert seine Motive. Ihre Logik ist einfach, schlüssig und bestechend, aber gewährte – wichtigste Frage – die Zusammenarbeit dieses Generals mit den Russen auch Deutschland eine politische Chance? Die Erinnerungen des Verfassers, hier ebenfalls ohne nachträgliche Weisheiten, wollen keine Antwort geben. Heute indes wissen wir, daß die damalige Situation Seydlitz deckte und bestätigte.

Stalin fühlte sich 1943 isoliert, im Stich gelassen. England und Amerika zögerten, der Sowjetunion das Baltikum, Ostpolen und Bessarabien, also ihren Vorkriegsbesitzstand zu garantieren. Dafür duldeten London und Washington Pläne einer osteuropäischen Föderation, die an den antisowjetischen »cordon sanitaire« der Vorkriegszeit erinnerte. Noch mehr beunruhigte im Kreml, daß die »Zweite Front« ausblieb. Die Rote Armee mußte dem Druck der Wehrmacht allein widerstehen. Die alliierte Nordafrika-Landung, einzige Operation nach Moskaus ständigen Forderungen, entlastete Rußland nicht. Hilfe konnte nur eine Invasion in Frankreich bringen, die Deutschlands Reserven aufsog oder fesselte. Mochten England und Amerika inzwischen auch Kriegsmaterialien liefern: Es schien, als solle sich die Sowjetunion verbluten.

All das bewog Stalin, andere Wege zu erproben. Von den Siegen bei Stalingrad und Kursk (Sommer 1943) begünstigt, zog er erneut die deutsche Karte. Über Stockholm ließ er Möglichkeiten der Verständigung mit dem Reich erkunden. Nationalkomitee und Offiziersbund durften sie offen propagieren. Diese Politik – verwirrend in ihrer Doppelgleisigkeit – suchte zu erzwingen, was die Westmächte der Sowjetunion verweigert hatten. Churchill und Roosevelt begriffen, daß Rußland nicht willens war, den Kampf ohne angemessene Gegenleistungen fortzusetzen. Beide erschreckte die Gefahr eines Separatfriedens im Osten. Beide entschlossen sich einzulenken. Damit stiegen die Aussichten für Stalins Erpressung, wohl das nächste unter seinen Zielen, doch ebenso wie der Sowjetdiktator konnte die deutsche Seite zum Zuge kommen.

Glückte es Nationalkomitee und Offiziersbund, eine Fronde zu mobilisieren, durften sie hoffen, Deutschland vor dem Schlimmsten zu bewahren. Noch stand die Wehrmacht, ein Millionenheer, in der Tiefe Rußlands. Noch mußte die Rote Armee mit einem langen Opfergang rechnen, bis ihr – vielleicht – der Triumph zufiel. Noch existierten keine Beschlüsse hinsichtlich der Zukunft des Reiches. Die Casablanca-Formel galt, wenn überhaupt, nur für die Westmächte. Stalin hütete sich, von »bedingungsloser Kapitulation« zu sprechen. Seine Stockholmer Fühler bewiesen, daß er selbst Hitler als Verhandlungspartner nicht gescheut hätte. Er wertete das gerade erreichte Remis auf dem Kriegsschauplatz realistisch. Freilich: Deutschlands Frist blieb bemessen. Allein der rasche innenpolitische Umschwung verhalf ihm zu Trümpfen.

Mochte Seydlitz Zusicherungen der Sowjetregierung zu arglos vertrauen: für das Reich hatte seine Aktivität den noch aussichtsreichsten Zeitpunkt gewählt. Liest man vor diesem Hintergrund die Aufrufe, mit denen er sich an die Wehrmachtführung wandte, beeindrucken erst recht Analyse und Prophetie. Doch die deutsche Generalität, obgleich militärisch längst illusionslos, dachte unpolitisch oder erwartete diplomatische Lösungen. Aufrufe von der Seite des Feindes – ein ungeheuerliches Ereignis – machten in ihren Augen Wahrheit zur Lüge. Das Remis auf dem Kriegsschauplatz wandelte sich zum sowjetischen Übergewicht.

Beck und Goerdeler dagegen begrüßten Seydlitz' Handeln. Schulenburg, Deutschlands letzter Botschafter in Moskau, urteilte, daß Nationalkomitee und Offiziersbund zum Ausgleich im Osten aufforderten. Tests, meinte er, müßten erhärten, welche Absichten Stalin wirklich verfolge, aber die Fronde geriet in Sackgassen, ja, drohte zu zerfallen. Die Attentatsversuche der Offiziere um Tresckow, schon Mitte März 1943 unternommen, waren an unberechenbaren Momenten gescheitert. Weitere Gelegenheiten, Hitler zu beseitigen, versagten sich. Der Opposition fehlten Leitfäden und Stauffenberg. Die kostbarste Zeit verstrich.

Das alliierte Treffen in Teheran (November/Dezember 1943) markierte ihr Ende. Churchill und Roosevelt garantierten der Sowjetunion die gewünschten Territorien. Eine »Zweite Front« – Invasion der Normandie – wurde von ihnen fest zugesagt. Der Wille, total zu siegen, einte die Koalition. Das Reich vermochte nicht mehr mitzubieten. Stalin steckte seine deutsche Karte zurück. Nationalkomitee und Offiziersbund mußten der Unterwerfungsstrategie folgen. Hatten sie bis zur Teheraner Konferenz Hitlers Sturz, den geordneten Rückmarsch und Abschluß eines Friedensvertrages propagiert, so hieß es nun: Rettung durch Übertritt auf die Seite der Bewegung »Freies Deutschland«.

Diese Losung bedeutete im Endeffekt: Zersetzung der Wehrmacht. Heftig wehrte sich insbesondere der Offiziersbund. Was die neue Formel Seydlitz abforderte, stellt er ebenso nüchtern wie bewegend dar. Die Entscheidung, zu der er sich durchrang, brach mit allen Grundsätzen und riskierte das Äußerste. Man täte gut daran, die schrecklichen Perspektiven zu bedenken, die er in der damaligen Situation noch vor sich sah.

Trotzdem: Verlangte nicht politisches Gespür, die Wehrmacht konsequent zu erhalten? Durfte man ihre Kampfkraft je bewußt mindern? Gewiß, gerade die Opposition brauchte eine intakte Armee, um sich in Verhandlungen behaupten zu können. 1943, als Tresckows Offiziersgruppe Anschläge wagte, hätten solche Verhandlungen Aussichten gehabt; ebenso im selben Jahr, als Seydlitz mit der ersten Losung zum geordneten Rückmarsch und Abschluß eines Friedensvertrages aufrief. 1944 jedoch, nach der Teheraner Konferenz, war Deutschlands »bedingungslose Kapitulation« auch für die Fronde im Reich unvermeidbar. Gewichtige Quellen sprechen deutlich und beredt. Beck – kühl kalkulierend – plante, den überfälligen Staatsstreich durch englisch-amerikanische Luftlandetruppen sichern zu lassen: Erwägungen lange vor Stauffenbergs 20.-Juli-Attentat. So trennte lediglich die Adresse der Feindmächte oder taktische Spekulation. Maximen nationaler Kriegführung aber hatte – hüben wie drüben – Deutschlands Lage außer Kurs gesetzt.

Auch die letzten Rettungsversuche des Nationalkomitees und Offiziersbundes mißlangen. Seydlitz erwähnt, was das deutsche Ostheer fürchtete: die russische Gefangenschaft. Später, bei der Verteidigung des Reiches, glaubte es an Wunderwaffen und Hilfen der Westmächte gegen den Bolschewismus. Vorbehalte und Zweifel löschten die Exzesse der Roten Armee auf deutschem Boden. Ihr Wüten weckte fanatischen Haß und verhöhnte jede Überläuferpropaganda, doch der Soldat des Ostheeres irrte, wenn er im NS-Regime einen überzeugenden Schildträger des Abendlandes erblickte. Er kämpfte mit Selbsttäuschungen und in tragischer Verlassenheit.

Hitler – ohne Ausweg – zeigte sich entschlossen, das Reich zu opfern. Die Pflicht des Staatsmannes, einen verlorenen Krieg um des eigenen Landes willen abzubrechen, galt ihm nichts. Versagte die Nation ideologisch, mochte sie zugrunde gehen. Solche Vermessenheit war beispiellos und erzwang: Widerstand. Man muß nicht das Inferno 1945 beschwören, um ihn als würdigste Haltung zu deklarieren. Seydlitz handelte nach klaren, unwiderleglichen Einsichten, die auch der deutschen Führungsspitze zugänglich waren. »Falsch« handelte er allein deshalb, weil Wehrmacht und Volk sich nicht selbst von ihrem Verderber befreiten.

Der Verfasser diktierte seine Erinnerungen, den Stalingrad-Teil mehrfach in ständig verbesserten Fassungen. Dabei stützte er sich vor allem auf umfangreiche Aufzeichnungen und Exzerpte seit 1955, dem Jahr seiner Heimkehr nach Deutschland. Außerdem waren ihm etliche

Notizen und Dokumente aus der Kriegszeit erhalten geblieben. Die Zuverlässigkeit seines Gedächtnisses belegen andere Stücke des Nachlasses, insbesondere Interviews, die er Wissenschaftlern gab.

Das abgeschlossene Schreibmaschinenmanuskript der Erinnerungen umfaßte 653 ausgezählte DIN-A4-Seiten, von denen eine erhebliche Anzahl jedoch nur teilweise beschrieben war. Der Autor hat dieses Schreibmaschinenmanuskript noch durchgesehen, ohne sachliche Korrekturen vorzunehmen. Handschriftliche Entwürfe, die vielleicht weitere Aufschlüsse geboten hätten, existieren nicht. Das Schreibmaschinenmanuskript war als verbindliche Textgrundlage zu werten.

Die Erinnerungen mußten, für den Druck, stilistisch geglättet werden. Wortumstellungen und -tilgungen dienten der besseren Lesbarkeit, einige unnötige Wiederholungen konnten entfallen. Nirgendwo verfälschten diese Eingriffe die Federführung des Verfassers. Kurzabsätze schließlich, oft nur ein Satz, sind zu größeren Abschnitten zusammengezogen. Bezeichnungen wie Ränge und Wehrmachtverbände wurden ausgeschrieben. Fußnoten fanden ihren Platz im Text.

Eine eingehende Edition – Stichworte: Kommentierung von Namen und Ereignissen – widersprach Absichten des Autors. Fremde Zusätze innerhalb seines Manuskripts sollten unterbleiben. Walther von Seydlitz-Kurzbach hatte eigene Erinnerungen niedergeschrieben; sie wünschte er als persönlichen Beitrag zur Zeitgeschichte veröffentlicht zu sehen. Was er darlegte, schien ihm eindeutig. Werturteile wollte er in erster Linie dem Leser und der Zukunft überlassen.

Bodo Scheurig

Herkunft und Jugendjahre

Das Erbe der Väter

Das Geschlecht der Seydlitze (Seidlitze) mit dem Wappen der drei Fische stammt aus dem Osten: aus Brandenburg, Schlesien, Sachsen, Böhmen und Polen. Urkundlich wird der Name erstmals am 2. Juni 1287 im Zusammenhang mit einem Otto de Sideliz erwähnt. Unsere Familie gehört zur Schermeiseler Linie, die ihre Herkunft auf Henelin von Seydlitz zurückführt, der in einem Lehnbrief genannt wird und »schon 1370 das Halbgut Schermeisele hatte«. Schermeisele liegt etwa 45 km ostwärts Frankfurt an der Oder. Bei der Teilung des Geschlechts Ende des 19. Jahrhunderts in die drei Hauptlinien »Kurzbach«, »Ludwigsdorf« und »Gerstenberg« erhielt die Schermeiseler Linie den Beinamen »Kurzbach«, den seitdem auch meine Familie führt.

Über das Wappen der drei Fische berichtet eine Wappensage: »Als noch in dem Heydenthum die tapfere slawonische Nation wider ihre Feinde auszogen, hat es sich zugetragen, daß sie an ein groß unbekanntes Wasser kommen und wie man wegen Unerfahrenheit, wie tief das Wasser sei, nicht darüber setzen können, so ist im Lager ausgerufen worden, wer es wagen und die Furth durch das Wasser suchen und finden würde, der sollte herrlich und reichlich belohnt werden... Darauf hatten sich drey leibliche Brüder, ihre Tapferkeit zu erweisen, an drey unterschiedlichen Orten in das Wasser gewagt, und den Furth glücklich gefunden, so daß die ganze Armee durch das Wasser hindurchsetzen und das Vorhaben wider ihre Feinde ausführen können.«

Für diese Tapferkeit und Heldentat sind diese drei Brüder sehr herrlich und vortrefflich beschenkt und unter den Ritterorden mit dem Zeichen und Wappen eines Karpfens aufgenommen worden.

»Indem aber alle drey leibliche Brüder, und einerley Tapferkeit erwiesen hatten, so haben sie beliebet, jeder sein Wappenzeichen, nämlich einen Karpfen zusammen in ein Schild und so drei Karpfen übereinander zu setzen.«

»Diese drey Brüder sind die würdigen Ahnherren eines großen Geschlechts, welches sich in den folgenden Zeiten in Böhmen, Schlesien und Thüringen, in Pohlen und Polnisch Preußen unter beständigem Ruhme sehr ansehnlich ausgebreitet.«

Die Ahnen

Zu unserer Schermeiseler Linie gehörte Friedrich Wilhelm von Seydlitz, Friedrichs des Großen Reitergeneral, geboren am 3. Februar 1721 zu Kalkar am Niederrhein, gestorben am 8. November 1773 zu Minkowski in Schlesien. Er wurde berühmt durch seine Reitersiege von Roßbach über die Franzosen am 5. November 1757 und von Zorndorf über die Russen am 25. August 1758.

Aus der Schlacht von Zorndorf stammt ein Ausspruch des Reitergenerals, der noch heute zitiert wird, wenn es um Gehorsam und selbständiges Handeln geht. Die Schlacht stand unentschieden. Friedrich der Große war ungeduldig über die scheinbare Untätigkeit der Kavallerie. Er schickte einen Adjutanten zu Seydlitz mit dem Befehl zur Attacke und der Mahnung, er werde es mit seinem Kopf zu verantworten haben, wenn durch seine Schuld etwas versäumt werde und die Schlacht verlorengehe. Seydlitz fertigte den Adjudanten mit den Worten ab: »Sagen Sie dem König, nach der Bataille gehört ihm mein Kopf, in der Bataille brauche ich ihn noch zu Seinem Dienste.«

Napoleon urteilte später über die schlachtentscheidende Attacke von Seydlitz': »Alles war verloren, als der ungestüme Seydlitz mit seiner unvergleichlichen Kavallerie erschien, und zwar in dem Augenblick, der ihm am vorteilhaftesten dünkte – nichts konnte mehr helfen.« Der König sagte bei Seydlitz' Tod: »Er lebte unübertroffen, er stirbt, ohne ersetzt werden zu können.«

Der zweite Seydlitz, Florian von Seydlitz, geboren am 20. Februar 1777 in Greußen (Schwarzburg-Sondershausen), gestorben am 14. Februar 1832 in Köln, war Adjutant des Generalleutnants von Yorck (nach der Schlacht von Wartenburg am 3. Oktober 1813 in den Grafenstand erhoben und zum Feldmarschall befördert). Er ist der Verfasser des Tagebuchs des Yorckschen Korps und faßte zusammen mit Clausewitz die »Konvention von Tauroggen« ab, die das preußische Korps vor der Vernichtung rettete und das Signal für den Befreiungskrieg 1813 gab. Über Seydlitz' Stellung zu Yorck schreibt der Yorck-Biograph Droysen (in: »Das Leben des Generalfeldmarschalls Yorck von Wartenburg«, 8. Ausgabe 1878, Leipzig, 1. Band, S. 350):

»Es ist überliefert, daß Seydlitz, der sein vollstes Vertrauen besaß, auch in jenen Stunden ihm treu zur Seite war. Es kam darauf an, noch einmal alles in Erwägung zu ziehen. Es drängten sich die Momente Für und Wider.«

Seydlitz kam vom König in Berlin und hatte berichtet, »daß man dort noch nicht daran dachte, einen Schritt zu tun, welcher die Person des Königs sichergestellt und damit einen freien Entschluß desselben möglich gemacht hätte; und doch hätten sich Vorwände genug finden lassen, einstweilen die Residenz nach Breslau zu verlegen«.

»Auf dem Wege gen Königsberg hatte Seydlitz die furchtbaren Beweise der völligen Auflösung der französischen Grande Armee Napoleons fort und fort vor Augen gehabt.«

Von beiden Seydlitz – dem Reitergeneral Friedrich Wilhelm und dem Adjutanten Yorcks, Florian – gibt es keine männliche Nachfolge.

Zu meinen unmittelbaren Vorfahren aus jener Zeit vor 200 Jahren gehört noch ein damals bekannter Offizier: Karl Emanuel von Warnery, geboren 1723 in Langenhof bei Bernstadt, Kanton Bern/Schweiz, gestorben am 8. Mai 1786 in Breslau. Er wanderte in jungen Jahren aus der Schweiz aus und wurde Offizier in der Kavallerie Friedrichs des Großen. Er war später mit dem Reitergeneral Seydlitz eng befreundet. In der Geschichte des Siebenjährigen Krieges wird sein kühner Handstreich auf die Feste Stolpen im Elbsandsteingebirge rühmend hervorgehoben. Nach dem Frieden von Hubertusburg trat Warnery in sächsisch-polnische Dienste. Er wurde später ein namhafter Militärschriftsteller.

Elternhaus und Familie

Mein Vater, Alexander Leonhard von Seydlitz, wurde am 16. Dezember 1847 in Insterburg/Georgenburg (Ostpreußen) geboren. Er war der zweite von vier Söhnen des damaligen Hauptmanns a. D. und Direktors der Strafanstalt Georgenburg bei Insterburg, Gustav von Seydlitz, und seiner Frau Sophie Gertrude geborene von Münchow. Infolge eines schweren Leidens mußte mein Großvater frühzeitig seinen Abschied nehmen und starb bereits im Oktober 1854. Meine Großmutter zog daraufhin – nach kürzerem Zwischenaufenthalt in Rastenburg/Ostpreußen – mit ihren vier kleinen unmündigen Kindern zurück zu ihren Eltern nach Liegnitz/Schlesien. Ihre nur sehr geringe Witwenpension und der Unterhalt von vier Kindern zwangen sie zu diesem Entschluß. In Liegnitz halfen die Eltern meiner Großmutter beim Unterhalt und der Erziehung der Kinder. Die zwei ältesten, Alfons und Alexander, wurden schon sehr früh auf das nahe Kadettenvorkorps von Wahlstatt bei Liegnitz gegeben. Der Ort war nach der Schlacht bei Wahlstatt (9. April 1241) benannt, in der die Schlesische Ritterschaft – auch ein Seydlitz war darunter – mit schweren Verlusten gegen die Mongolen (unter dem Sohn von Dschingis-Khan) kämpfte. Die Schrecken jener Zeit und der Stolz, die Mongolengefahr schließlich doch noch abgeschlagen zu haben, waren in Schlesien noch nach Jahrhunderten unvergessen.

Die mütterliche Linie, die Münchows, ist ein altes pommersches Geschlecht von Gutsbesitzern, Offizieren und Beamten. Mein Urgroßvater Münchow, geboren in Stolp in Pommern im Juli 1785, besaß später das Rittergut Meesendorf, Kreis Neumarkt in Schlesien. Mein Vater hat die Zeit in Liegnitz mit ihrer großen Freiheit sehr genossen, auch später die Ferien bei den Großeltern.

Nach dem Vorkadettenkorps ging die Reise bald turnusmäßig weiter in die Hauptkadettenanstalt, damals noch im alten Berlin, später in Berlin-Lichterfelde. Mein Vater erwähnte aus jenen Tagen besonders die altpreußischen spartanischen Verhältnisse, unter denen die Kadetten aufwuchsen und erzogen wurden. Mein Vater, knapp mittelgroß, war zäh und hart von Natur. So konnte er sich gut behaupten und wurde von seinen älteren Kameraden weder unterdrückt noch schikaniert. Die Hauptkadettenanstalt Berlin durchlief er ohne Schwierigkeiten. Als noch nicht 17½jähriger Portepeefähnrich kam er in das westfälische Füsilierregiment 37 nach Rawitsch und Lissa (Provinz Posen). Am 11. November 1865 – noch nicht 18jährig – wurde er Leutnant. Als Leutnant der Infanterie zog er im Juni 1866 in den Feldzug gegen Österreich, der nicht länger als zwei Monate dauerte und schon am 3. Juli 1866 mit der Entscheidungsschlacht von Königgrätz endete.

Im Krieg 1870/71 mußte mein Vater zunächst als Adjutant beim Ersatzbataillon zurückbleiben. Dann kam er noch zu einem Teil der Belagerung von Paris, zu den Kämpfen um Malmaison und um den Mont Valerien.

Meine Mutter, Helene, geborene von Guenther, war die einzige Tochter – neben fünf Brüdern – des Präsidenten der Seehandlung, der damaligen Preußischen Staatsbank in Berlin, und späteren Oberpräsidenten der Provinz Posen, William Barstow von Guenther (1815 bis 1892), und seiner Frau Klara geborene Jebens (eine von Holstein nach Danzig eingewanderte Kaufmannsfamilie). Die Mutter meines Großvaters von Guenther, geborene Barstow, stammte aus einer von England (York) nach Danzig eingewanderten Familie.

In Hanau begannen meine Eltern im Mai 1881 ihre Ehe, die sie zweiundfünfzig Jahre kreuz und quer durch Deutschland führen sollte. Hanau – Hamburg – Wismar – Weißenfels – Berlin – Magdeburg – Straßburg/Elsaß – Danzig – Danzig/Zoppot und schließlich Schwerin in Mecklenburg – Zippendorf waren die Stationen dieses unruhigen Lebens.

Zehn Kinder wurden unseren Eltern geboren, zwei davon starben jedoch schon im kleinsten Kindesalter. Die Entwicklung von uns acht Geschwistern wurde bestimmt durch die Wesenszüge und Naturen unserer Eltern sowie durch den großen Geschwisterkreis.

Unser Vater war ein gerecht denkender und handelnder Mensch, für uns Kinder in jeder Beziehung Vorbild. Pünktlichkeit und Pflichtbewußtsein, doch auch herzliche Liebenswürdigkeit gehörten zu den Grundzügen seines Wesens. Das einzige, was bis in sein hohes Alter hinein auffiel, war eine wohl schon im Kadettenkorps anerzogene, aber auch seiner Natur entgegenkommende übertriebene Ehrempfindlichkeit. Auf Unrecht oder gar Beleidigungen reagierte er oft unerwartet heftig.

Dieser Wesenszug führte in Hanau zu einem folgenschweren Zusammenstoß mit seinem damaligen Bataillonskommandeur, Major Sakkowski, der in der Armee den bezeichnenden Spitznamen »Sacksidegrobski« führte. Anfang der 80er Jahre gab es in der Armee noch das aus Friedrichs des Großen Zeiten stammende formale Bataillonsexerzieren. Dabei traten auf dem Kasernenhof Kompaniechefs und Leutnante mit gezogenem Säbel in die Front ihrer Kompanien ein. Das Ganze kommandierte der Herr Bataillonskommandeur hoch zu Roß persönlich. Bei einem solchen Bataillonsexerzieren hatte der Bataillonskommandeur Major Sackowski meinen Vater vor versammeltem Bataillon schwer beleidigend »angeschissen«, wie man in der Soldatensprache der ganzen Welt sagt. Mein Vater fühlte sich dadurch persönlich so tief getroffen, daß er mit dem gezogenen Säbel vor versammeltem Bataillon auf seinen Bataillonskommandeur drohend losging, so als wolle er ihn sofort zum Duell stellen. Die Folgen dieser Insubordination: Zunächst Kriegsgericht und Verurteilung zu einigen Monaten Festung, die mein Vater auf der Feste Ehrenbreitstein am Rhein (gegenüber Koblenz) verbüßte. Anschließend hatte über die Sache das Militärkabinett des alten Kaisers zu befinden, das entscheiden mußte, was nach der Haft mit dem Hauptmann von Seydlitz zu geschehen hätte, denn in Hanau konnte er nach dem Vorgefallenen nicht mehr bleiben. Das Ergebnis erfuhr mein Vater bald darauf von zwei alten Kadettenkameraden, die damals als junge Referenten dem Militärkabinett angehörten. Beide berichteten, der alte Kaiser habe gesagt: »Der Mann hat aus anständigen Motiven gehandelt.« Daraufhin wurde mein Vater nicht wieder in eine östliche oder westliche Grenzgarnison versetzt. Er »fiel die Treppe rauf« und kam nach Hamburg, und zwar in das 2. Hanseatische Infanterieregiment 76, das Hamburger Hausregiment, das später den Namen Infanterieregiment »Hamburg« erhielt. Hier, in Hamburg, erblickte ich im Dreikaiserjahr am 22. August 1888 das Licht der Welt.

Kindheit und Jugend

Rein äußerlich wird diese Jugend durch die zahllosen Versetzungen meines Vaters und die damit zusammenhängenden ständigen Schulwechsel gekennzeichnet. Ich selbst habe an Hamburg keine Erinnerungen mehr, da es schon 1891 weiter nach Wismar ging, als ich erst drei Jahre alt war. Hamburg wurde aber für uns Geschwister insofern bedeutsam, als dort ein Jahr nach meiner Geburt am 22. August 1889 eine Erzieherin in unser Haus kam: die damals 21jährige Bertha Claudius, eine Urenkelin von Matthias Claudius. Sie hat die entscheidenden Kinderjahre von uns acht Geschwistern zwölf Jahre lang mitgestaltet und gelenkt. Aus unserer Familiengeschichte ist sie nicht wegzudenken.

In Wismar (1891–1894) war mein Vater selbständiger Bataillonskommandeur im Großherzoglichen Mecklenburgischen Füsilierregiment Nr. 90. Hier besuchte ich mit fünfeinhalb Jahren die Vorschule. Eine für mich wirklich bewußte Kindheit begann aber erst mit der Versetzung meines Vaters nach Weißenfels/Saale (1894) als Kommandeur der dortigen Unteroffiziersschule. Diese vier Jahre Weißenfels vom 6. bis zum 10. Lebensjahr gehören zu meinen schönsten Kindheitserinnerungen. Wir wohnten hoch oben über der Stadt im Schloß der einstigen Herzöge von Weißenfels, das später einer Unteroffiziersschule als Kaserne diente. Im ersten Stockwerk des Mittelteiles hatte mein Vater als Kommandeur eine äußerst geräumige Dienstwohnung mit großen, hohen und hellen Räumen. Die Mauern waren so dick, daß man Tisch und Stühle hineinstellen konnte, die Korridore so breit, daß man mit einer Kutsche hätte fahren können.

Auf Weißenfels folgte wiederum eine selbständige Stellung meines Vaters: Er wurde Kommandeur des »Landwehrbezirkes IV« Berlin. Berlin war mit unserer Freiheit in Weißenfels nicht zu vergleichen. Wir fühlten uns eingeengt. Ersatz bot nur im Sommerhalbjahr das Turnen in der Hasenheide, wohin wir in graubraunen uniformmäßigen Turnanzügen marschierten. Die nahe Schule, das Friedrich-Wilhelm-Gymnasium in der Kochstraße, war anspruchsvoller als das Weißenfelser Provinzgymnasium. Wir hatten nicht geringe Schwierigkeiten, uns an das wesentlich höhere Niveau zu gewöhnen. Erschwert wurde uns das Einleben noch dadurch, daß wir uns in Weißenfels einen ursächsischen breiten Dialekt angewöhnt hatten, weshalb wir in der ersten Zeit von den Mitschülern ständig ausgelacht wurden.

1900 wurde mein Vater wieder versetzt. Er ging nach Magdeburg als Kommandeur des Infanterieregiments »Fürst Leopold von Anhalt-Dessau«, Magdeburgisches Nr. 26. Im Jahre 1901 ging es abermals weiter: nach Straßburg im Elsaß, nunmehr in völlig andere Verhältnisse wie wir sie bisher gewohnt waren. Straßburg war damals eine aufblühende Stadt. Das schwierigste für uns Kinder war wieder der Schulwechsel mit all den Änderungen gegenüber Norddeutschland. In Straßburg kommandierte mein Vater eine Infanteriebrigade, die sich aus einem württembergischen und einem norddeutschen Regiment zusammensetzte. Für uns Kinder waren bevorzugte Anziehungspunkte die nahegelegenen Berge der Vogesen und des Schwarzwaldes, die wir in den großen Ferien begeistert durchwanderten.

1904 wurde mein Vater als Kommandant der Festung nach Danzig versetzt. Dieser Posten bedeutete für ihn zugleich das Ende seiner militärischen Laufbahn als Generalleutnant im Jahre 1909.

Beginn meiner militärischen Laufbahn

Im Jahre 1908 machte ich mein Abitur. Am 18. September des gleichen Jahres trat ich als Fahnenjunker in das 2. westpreußische Feldartillerieregiment Nr. 36 in Danzig ein. Damit begann meine militärische Laufbahn, die erst nach zwei Weltkriegen und 12 Jahren Gefangenschaft 1955 ihr Ende finden sollte.

Schon nach sechs Monaten Grundausbildung folgte das neunmonatige Kommando auf die Kriegsschule in Hannover. Die Kriegsschule lag am Waterloo-Platz, der gleichzeitig für die nahegelegenen Kasernen der Infanterieregimenter Exerzierplatz war. Besonders bemerkenswert waren die sogenannten Belehrungsreisen, die während dieser Kriegsschulzeit stattfanden. Sie führten teils in die Rüstungsindustrie zu Krupp nach Essen, teils auf die Schlachtfelder von 1870/71 nach Lothringen.

Bereits im Dezember 1909 schloß ich die Ausbildung mit dem Offiziersexamen ab, das ich mit »gut« bestand. Am 27. Januar 1910, an »Kaisers Geburtstag«, wurde ich mit zwei Jahren Vorpatent zum Leutnant befördert.

Die Laufbahn als Offizier begann – wie in allen Truppenteilen – zunächst mit einer Verwendung als Truppenoffizier. Ich kam als Leutnant in die 3. Batterie des Hauptmanns Boisseré, eines alten erfahrenen Batteriechefs, bei dem ich eigentlich erst jetzt das nachholen konnte, was ich in der Ausbildung eineinhalb Jahre vorher noch nicht gelernt hatte. Die Ausbildung zum Offizier in der damaligen Zeit war sicher zu flüchtig und oberflächlich. In der knappen Zeit war es unmöglich, all das zu lernen, was man später als Truppenoffizier und Vorbild für die auszubildende Mannschaft brauchte. Nach dem Ersten Weltkrieg zog man daraus die richtige Lehre und vertiefte die Ausbildung ganz wesentlich. Die Ausbildungszeit wurde dementsprechend verdoppelt, und der Offiziersanwärter kehrte erst nach drei Jahren mit einer wirklich gründlichen Ausbildung zur Truppe zurück. Ich lernte all die Übungen und Manöver, die mir in der Ausbildungszeit entgangen waren, praktisch erst in der Truppe kennen.

Im Jahre 1913 wurde ich zum Abteilungsadjutanten ernannt. In diese ersten Jahre der Leutnantszeit fielen die Schießübungen auf den Truppenübungsplätzen des Ostens – Arys (Ostpreußen), Warthelager (bei Posen), Hammerstein bei Schlochau (Westpreußen), Neuhammer bei Sagan (Schlesien) – sowie das übliche Kommando auf die Artillerieschießschule bei Jüterbog (südlich Berlin).

Bei der berittenen Waffe hatten wir damals die Möglichkeit, Pferdesport zu treiben. Der Turniersport war erst in der Entwicklung, während der kleine Rennsport von uns mehr als heute gepflegt wurde. Ich konnte damals meine ersten kleinen Rennerfolge buchen und nahm stolz die ersten Silberpreise entgegen.

Der Erste Weltkrieg

Allzu schnell vergingen die letzten Jugendjahre in der schönen alten Garnison Danzig. Am 1. August 1914 erfolgte angesichts der russischen Mobilmachung die offizielle Kriegserklärung. Noch heute entsinne ich mich der Stimmung, die alle Menschen erfaßt hatte. Man war über vierzig Jahre hinweg an den Frieden gewöhnt und hielt einen Krieg gar nicht mehr für denkbar. Im damaligen Danzig spielte die Furcht vor Spionen eine große Rolle, deren Tätigkeit man in einzelnen nächtlichen Lichtern zu erkennen glaubte. Das führte zu Volksaufläufen und Demonstrationen.

Wir als Soldaten kamen nicht lange zum Nachdenken. Schon nach wenigen Tagen ging es an die polnisch-russische Grenze im Kreise Soldau, nordöstlich von Thorn. Eine wesentliche Feindberührung fand nicht statt. Wir wurden wieder verladen und landeten nach wenigen Stunden in Insterburg in Ostpreußen. Dort versammelte sich die Division im Rahmen des XVII. Armeekorps von Mackensen im Kreise Darkehmen am Angerapp-Abschnitt. Zunächst erfuhren wir in der Truppe wenig über die Feindlage und unsere operativen Absichten. Es waren heiße Augusttage, in denen wir biwakierten und auf weiteren Befehl warteten. Unser Divisionsstab – General von Heineccius – lag in Darkehmen.

Es war der 19. August, als wir gespannt den ersten Befehlen für unseren Einsatz entgegensahen. Erst nachmittags fiel die Entscheidung: Nachtmarsch von Darkehmen über Weedern, Buylin nach Walterkehmen. Während dieses Nachtmarsches gab es immer wieder unvorhergesehene Haltepausen. Bei einem längeren Aufenthalt in der Nähe des Gutes Buylin versuchte ich, auf dem Gut warmen Tee für meinen streikenden Magen zu ergattern. Dabei stieß ich überraschend auf den Stab unseres XVII. Korps (von Mackensen). Die beiden mir bekannten Ordonnanzoffiziere des Korpsstabes, Rittmeister Liesack und Rittmeister Prezell, orientierten mich über die uns bevorstehende Gefechtslage für den kommenden Tag: Der Russe sei im Vormarsch über die Rominter Heide, Trakehnen, Gumbinnen, also in ziemlich genauer Ost-West-Richtung. Wir (das XVII. Korps) sollten ihm bei diesem Vormarsch in die Südflanke stoßen. Wie mir damals als Leutnant schien, ein genialer Ansatz unseres Korps, der vollen Erfolg versprach. Wie ganz anders aber alles kommen sollte, zeigte der nächste Tag. Es war der heiße, sonnige 20. August 1914, der Tag der Feuertaufe meines Regiments und damit auch die meinige. Und es sollte nicht nur ein Gefecht, sondern eine große blutige Schlacht werden, wie sie einem ein ganzes Leben lang lebendig in der Erinnerung bleibt.

Die Schlacht von Gumbinnen

Wir alle waren voll höchster Erwartung und Spannung vor dieser ersten Feindberührung. Im Norden war schon während unseres Vormarsches dauernd Artilleriefeuer hörbar. Es hieß, das sei das I. Korps des Generals von François, das bereits Feindberührung hätte. Als die ersten Sonnenstrahlen über dem Horizont erschienen, hörte man auch hier und dort Infanteriesalven. Doch der Marsch ging weiter, und wir näherten uns dem großen Dorf Walterkehmen an der Straße Gumbinnen–Sodehmen–Trakehnen. Dort bot sich uns folgendes Bild: russische Truppen, Infanterie und leichte Artillerie, fast fluchtartig nach Osten ausweichend.

Unsere Truppe zog daraus, ohne sich nach der Karte über das Gelände näher zu vergewissern, nur die Folgerung, die Russen so schnell wie möglich zu verfolgen. Jeder dachte, das seien die russischen Hauptkräfte. Die Wirklichkeit sah jedoch ganz anders aus, denn dies waren nur russische Vortruppen. Sie waren über eine rückwärtige befestigte Hauptstellung, die die Russen aufgrund ihrer jüngsten Erfahrungen im Russisch-Japanischen Krieg (1904/05) mit allen Finessen ausgebaut hatten, nach Westen vorgeschickt worden, um unsere Annäherung aufzuhalten und, falls wir angriffen, hinhaltend kämpfend auf die rückwärtige Hauptstellung zurückzugehen.

Wir standen also plötzlich vor der bis dahin anscheinend auch unserer Führung unbekannten Hauptstellung des Feindes und wurden mit vorbereitetem Infanterie-, Minenwerfer- und Artilleriefeuer derart überschüttet, daß in unseren Reihen zunächst große Verluste und Verwirrungen entstanden. Von einem Stoß in die Flanke des von Ost nach West vormarschierenden Russen war jetzt keine Rede mehr. Wir befanden uns vielmehr im schwersten Angriff auf eine befestigte, gut ausgebaute russische Feldstellung mit allen Nachteilen, mit denen ein so plötzlich verändertes Gefechtsbild den Angreifer belastet. Die Infanterie, die sich in ihrem ersten draufgängerischen Angriff nicht genügend aufgelockert an diese Stellung herangearbeitet hatte, erlitt durch ungenügende Deckung schwere Verluste. Jetzt war es Aufgabe der Artillerie, in dieser schwierigen Lage unserer Infanterie zu helfen.

Wir Artilleristen gaben uns natürlich die größte Mühe, aber die Artillerie hatte damals leider noch eine große Schwierigkeit, wenn sie die Infanterie wirksam unterstützen wollte: sie war, in verdeckter Feuerstellung, nur durch Feldfernsprecher mit dem vorgeschobenen Beobachter verbunden, und das feindliche Feuer hatte die Drahtverbindung unterbrochen. Dies führte bei unserer Abteilung zu dem Entschluß, eine Batterie in eine »fast verdeckte Feuerstellung« vorzuführen. Die zweite Batterie des Hauptmanns Dreßler erhielt daraufhin den Befehl, auf dem flachen Westhang der Höhe 77, hart ostwärts des kleinen Gutshofes von Grünweitschen, eine solche Stellung zu beziehen. Dies war die beherrschende Höhe des ganzen Schlachtfeldes. Das hatte ebenso große Vor- wie Nachteile. Hier hatten wir auf Rufweite eine glänzende Beobachtung auf die gesamte russische Feldstellung uns gegenüber, einschließlich einiger Teile ihrer Feldartillerie. Umgekehrt wurden aber auch wir von den Russen beobachtet und entsprechend unter Feuer genommen. Verlauf und Ende des Kampfes schildert am besten der Gefechtsbericht meines damaligen Batteriechefs, Hauptmann Dreßler: »Die 2. Batterie F.A.R. 36 stand am 20. August 1914 im Abt.-Verband dicht östlich Grünweitschen (am Kirchhof) in ihrer dritten Gefechtsstellung. Bereits beim Auffahren in die Feuerstellung setzte starkes feindliches Feuer ein. Das erste Geschütz der Batterie stand dicht am trigonometrischen Signal 77. Die eigene Infanterie – das Danziger Inf.-Reg. Nr. 128 – lag im schweren Kampf ungefähr 200–300 m vor der Batterie, die feindliche Infanterie und zahlreiche MG gut eingegraben und getarnt gegenüber.

Die feindliche Artillerie, teilweise gut sichtbar für uns, lag hinter den gegenüberliegenden Dörfern. Der Feind nahm die Batterie sofort mit allen Waffen unter starkes Feuer, das sehr gut lag, weil er auf Höhe 77 auf eine schon vorher niedergekämpfte Batterie des F.A.R. 81 bereits gut eingeschossen war.

Das trigonometrische Signal wurde sofort umgelegt, ein Volltreffer traf den Munitionswagen des 2. Geschützes, der in Brand geriet und dann in mehreren Explosionen in die Luft flog. Major Thimey wurde dabei schwer verwundet und lag längere Zeit bewußtlos neben der Batterie.

Auch der Abteilungs-Adjutant, Ltnt. von Seydlitz, wurde hierbei mehrfach am Kopf verwundet, blieb aber mit dick verbundenem Kopf in der Batterie, half als Zugführer des einen Zuges, bis er zum Schluß nochmals erheblich verwundet wurde.

Die Verluste mehrten sich rasch. Zugführer I, Vizewachtmeister Weite, fiel durch Halsschuß an meiner Seite. An seine Stelle trat Ltnt. d. Res. Domke, Ordonnanz-Offizier beim Abt.-Stab. Zugführer II, Ltnt. d. Res. Penner, fiel durch Arm- und Brustschuß aus, Zugführer III, Ltnt. d. Res. Barczewski, erhielt einen Oberschenkelschuß. Alle behielten aber das Kommando ihrer Züge, obwohl sie körperlich sehr behindert waren. Ich selbst erhielt noch zwei Streifschüsse und einen Steckschuß in die rechte Wade sowie einen Kopfstreifschuß. Die Schrapnellkugel blieb zwar in der Schuppenketten-Rosette des Helmes steckten, raubte mir aber Gehör und Stimme. Hierdurch hörte die einheitliche Leitung des Feuers auf. Die Züge feuerten selbständig nach meinen Weisungen. So schoß in einem Gefechtsmoment der linke Zug Barczewski auf Ersuchen der Infanterie auf eine ca. 5000 bis 6000 m entfernte deutlich sichtbare russische Batterie zu acht Geschützen, von der zu unserer Freude zwei Munitionswagen in die Luft flogen. Der mittlere Zug Penner feuerte mit sichtbarem Erfolg auf auffahrende Artillerie, ebenso der rechte Zug Domke. Die Wirkung war dank der hervorragenden Einheitsgeschosse, die wir damals hatten, und infolge der guten Beobachtungsmöglichkeit von der Höhe 77 aus fast immer recht gut.

Plötzlich Munitionsmangel. Kolonnen und Staffeln nicht zur Stelle. Also Gefechtspause. Da rufen mir Mannschaften zu: ›Herr Hauptmann, da hinten ist ja Munition!‹ Ich sah mich um und bemerkte erst jetzt ca. 30–40 Schritte hinter uns die verlassene Batterie 1 (I/81).

Von dieser Batterie aus Munition heranzuholen, wäre zu verlustreich gewesen. Ich ließ daher die hintere Batterie besetzen und setzte das Feuer mit den Geschützen der I/81 fort, bis auch dort die Munition ausging. Wiederum Gefechtspause.

Da trabte auf der Chaussee die Staffel heran. Der Führer, Ltnt. d. Res. Mahnke, fragt: ›In welche Batterie?‹ Ich befehle ›vorne‹, und es glückt, im Galopp mit nur geringen Verlusten wieder die vordere Batterie mit Munition zu versehen. Mit den Geschützen der 2/36 wurde nun der Kampf zum dritten Male aufgenommen, bis auch dort wieder die Munition zu Ende ging.

Die Verluste hatten sich inzwischen so gehäuft, daß von einer regelrechten Verwendung der Batterie nicht mehr die Rede sein konnte. Es feuerten nur noch einzelne Geschütze. Die letzten Geschoßgranaten, teilweise ohne Zünder, haben Ltnt. von Seydlitz und ich selbst aus dem 3. oder 4. Geschütz verfeuert.

Inzwischen war die allgemeine Lage auf diesem Teil des Gefechtsfeldes immer bedrohlicher geworden, und als nun die eigene Infanterie dicht nördlich von uns zurückzugehen begann, beschloß ich, wenigstens den Versuch zu machen, die Geschütze noch zurückzubekommen.

Befehl: ›Protzen heran!‹ Aber ehe diese noch auf die Höhe kamen, erfolgte plötzlich ein schwerer Feuerüberfall der Russen. Ein Munitionswagen erhielt einen Volltreffer, ein Schrapnell traf Ltnt. Barczewski tödlich und verwundete zum dritten Male Ltnt. von Seydlitz und mehrere Mannschaften. Ich selbst erhielt als fünften Schuß ein MG-Geschoß ins rechte Schienbein.

Infolge dieser schweren Verwundung wurde ich von Unteroffizier Hübner auf ein verwundetes Pferd gehoben und zurückgebracht. Die Protzen konnten die Geschütze nicht fortführen, weil keine Bedienungsmannschaften zum Aufprotzen mehr da waren und die Versuche der Fahrer, selbst aufzuprotzen, daran scheiterten, daß ihre Gespanne durch Verwundung und feindliches Feuer in Unordnung gerieten und durchgingen.

Sie gingen schließlich im Galopp nach Grünweitschen zurück. Dort sollen brave Unteroffiziere und Mannschaften aus dem Rest nochmals zwei bis drei Gespanne zusammengestellt haben, um zu versuchen, die Geschütze doch noch zurückzubekommen. Dies blieb jedoch vergeblich.

Auf meinem Rücktransport sah ich nun auch den Major Thimey auf seinem Schimmel im Schritt in gebückter Haltung zurückreiten.«

Die Verluste, die im einzelnen aufgeführt wurden, waren sehr groß. Auf diesen Gefechtsbericht hin erhielt Hauptmann Dreßler einen Brief des Generals von Mackensen vom 19. September 1914, in dem dieser außerordentlich anschaulich schilderte, welchen Eindruck er am Tage der Schlacht vom rückwärtigen Gefechtsstand des Generalkommandos aus über den heldenmütigen Kampf der 2. Batterie auf Höhe 77 hatte.

Als ich zum dritten Male verwundet und durch Schrapnellkugeln in beide Hände außer Gefecht gesetzt wurde, als durch denselben Schrapnellfeuerüberfall der Leutnant der Reserve Barczewski durch Kopfschuß neben mir fiel, war der Rest der Batterie endgültig führungslos. Die weitere Entwicklung der Lage auf der Höhe 77 und bei der 2. und 3. Batterie der Abteilung erlebte ich nicht mehr.

Der Strom der Verwundeten nach rückwärts in Richtung Gumbinnen hatte zu der Zeit erschreckende Formen angenommen. Kompanie-, ja, bataillonsweise marschierten Kolonnen leichter Verwundeter zu

Fuß zurück. Auf allen möglichen Bauernfahrzeugen, in einem endlosen Zug, folgten die schwerer Verwundeten. Die dienstlichen Krankenfahrzeuge und Verwundetentransporte reichten bei weitem nicht aus. Wer all das erlebt hatte, erschrak nicht, wenn er später aus den offiziellen Verlustlisten des XVII. Armeekorps erfahren mußte, daß am 20. August 1914 bei Gumbinnen 200 Offiziere und 8000 Unteroffiziere und Mannschaften gefallen waren oder verwundet wurden. Das war fast ein Drittel der Gesamtgefechtsstärke des Armeekorps – und dies an einem einzigen Tag!

Ich kam am Spätnachmittag des 20. August mit dem Verwundetentransport in Gumbinnen an. In einer Schule war der Hauptverbandsplatz eingerichtet. Hier wurden nur schwere Brust- und Bauchschüsse operiert. Alles andere wurde so gut wie möglich verbunden und für den Abtransport vorbereitet. Mir wurden beide Hände und Unterarme bis zu den Ellenbogen geschient und blutstillend behandelt, ebenso die erheblich blutenden Streifschüsse am rechten Hinterkopf, am linken Ohr und an der linken Gesichtshälfte sowie am rechten Oberarm. Ich hatte das große Glück, daß ich im Hilfslazarett noch ein weißbezogenes Bett bekam. Schon am nächsten Morgen, am 21. August, gingen Lazarettzüge – in diesen ersten Kriegswochen noch Viehwagen – von Gumbinnen nach Westen in die Etappe.

In Dirschau, gleich hinter der Weichsel, hielt der Zug längere Zeit auf dem Bahnhof. Auf dem gegenüberliegenden Gleis des Bahnsteiges stand zufällig der Vorortzug nach Danzig. Ich bat die Krankenträger, mir doch den Gefallen zu tun, mich in diesen Vorortzug umzuladen, da ich in Danzig zu Hause sei. Dort kam ich in das Danziger Krankenhaus, wo ich an meinem Geburtstag, dem 22. August, eintraf. Ich lag noch in der Poliklinik. Es war noch nicht entschieden, wie ich weiter behandelt werden sollte, als meine Eltern aus Zoppot eintrafen, um nach mir zu sehen. Mein Vater trat an meine Liege heran, schreckte zurück und sagte: »Das ist nicht mein Sohn.« »Doch Vater, ich bin es«, erwiderte ich. Man konnte es meinem Vater nicht übelnehmen: Mein Kopf und beide Hände steckten in dicken Verbänden, außerdem hatte ich so viel Blut verloren, daß ich wohl nicht mehr zu erkennen war.

Nach diesem ersten Schreck traf es meine Eltern um so härter, daß wenige Tage darauf bei einem Vorstoß von Kreuzern des Admirals Ingenohl unweit Helgoland am 28. August der Kleine Kreuzer »Cöln« zusammengeschossen und versenkt wurde. Da nur ein Mann gerettet wurde, hatten meine Eltern mit dem Tod meines ältesten Bruders zu rechnen, der auf der »Cöln« als Artillerieoffizier eingesetzt war. Ich wurde kurz darauf operiert. Der linke Zeigefinger mußte, da das Gelenk total zerschossen war, abgenommen werden. Anfang Oktober konnte ich aber bereits die Rückreise zum Regiment antreten. Bei den damaligen Bahnverhältnissen war es nicht einfach, sein Regiment wiederzufinden. Das XVII. Korps hatte inzwischen von Oberschlesien aus den Vormarsch über Lodz auf Warschau angetreten.

Wenige Tage nachdem ich bei meinem Regiment wieder eingetroffen war, begann dort einer der großen operativen Rückzüge, wie sie zum Wesen der genialen, beweglichen Kampfführung Hindenburgs/Ludendorffs gehörten. Unser Korps setzte sich vom Feinde ab und trat den Rückzug auf Oberschlesien an. Eisenbahneinrichtungen und Wegekreuzungen wurden zerstört, um das Nachrücken der Russen möglichst zu erschweren. Tatsächlich war auf dem Rückzug die Feindberührung gering. Der Russe konnte uns infolge der Zerstörungen nicht schnell genug folgen. Immerhin gab es aber für unser Regiment am 26. Oktober während des Rückzuges noch eine ziemlich überraschende Feindberührung, und zwar bei dem kleinen Ort Kobylin. Wir waren am 25. abends dort in Stellung gegangen; Teile des Grenadierregiments 5 sicherten. Am nächsten Morgen sollten die restlichen Teile der Infanterie in aufgelöster Gefechtsordnung auf unsere Stellung zurückgehen. Das Pech wollte es jedoch, daß an diesem Tage außerordentlich dicker Nebel herrschte.

Wegen des Nebels hatte unsere Infanterie darauf verzichtet, in aufgelöster Formation auf uns zurückzukommen, sie marschierte vielmehr in Kolonnen. Dafür erschienen plötzlich wenige hundert Meter vor unseren Stellungen die Russen in aufgelöster Ordnung. Der 2. Batterie, die unmittelbar neben uns in Feuerstellung stand, blieb nur die Möglichkeit, »mit Aufsatz tief – Schnellfeuer« der plötzlichen Überraschung zu begegnen. Wie gefahrvoll die Überraschung war, belegte die Tatsache, daß nachher russische Gefallene in der Batterie selbst lagen. Auch die Verluste der Batterie waren groß.

Für mich wurde dieser Tag ein Tag großer Veränderungen. Die 2. Batterie übernahm der bisherige Regimentsadjutant, Hauptmann Fiebrantz, ich wurde sein Nachfolger als Regimentsadjutant. So wurde ich wider Erwarten nach eineinhalb Jahren Abteilungsadjutant und mit 26 Jahren als Leutnant bereits Regimentsadjutant. Meine zunächst noch vorhandene Unerfahrenheit und mangelnde Übung in dieser Position half mir mein neuer Kommandeur, Major von Waldeyer-Hartz, rasch zu überwinden. Er war zuvor Brigade- und Korpsadjutant gewesen und verfügte aus diesem Grunde über eine reiche Adjutantenerfahrung.

Der weitere Rückmarsch unserer Division nach Oberschlesien verlief ohne wesentliche Feindberührung. Am 5. November wurde die deutsche Grenze überschritten; wir erreichten Kreuzburg und Konstadt in Oberschlesien.

Die Schlacht von Lodz und Brzeziny

Anfang November wurde das Regiment mit der Bahn verladen und über Oels–Krotoschin am 7. und 8. November in den Raum von Miloslaw–Wreschen (Provinz Posen) transportiert. Inzwischen hatte unser Kommandierender General, General von Mackensen, den Befehl über die 9. Armee übernommen, die am 10. November in der Linie Jaroschin–Thorn vormarschbereit stand. Zu ihr gehörte unser XVII. Armeekorps, nunmehr unter General der Infanterie von Pannewitz, südlich Gnesen, Marschrichtung Lenzcyca an der Bzura. Die operative Absicht war, den russischen Nordflügel zu umfassen und die russische Front aufzurollen. Im Rahmen dieser Operation erlebten wir beim Nachtmarsch am 14./15. November auf Lenzcyca, die 71. Brigade (General von Dewitz) unterstützend, ein Treffen mit den Russen, das allen, die es miterlebten, noch lange im Gedächtnis blieb.

Kurz vor Morgengrauen überrumpelten wir bei Siedlic ein ganzes russisches Bataillon im nächtlichen Biwak. Es gelang nur wenigen Russen zu entkommen. Fast das ganze Bataillon wurde von uns gefangengenommen. Besonders begrüßten unsere Batterien, daß sie auf diese Weise endlich zu Feldküchen kamen, die bis dahin bei der deutschen Artillerie nicht üblich waren.

Durch diesen Überfall gelang der kampflose Übergang über die Bzura bei Lenzcyca. Das war von besonderer Bedeutung, weil die Bzura hier eingebettet ist in ein etwa 1 km breites Sumpftal. Nach unserem Korps benutzten diesen Übergang fast alle anderen Korps, die zur Schlacht von Lodz aufmarschierten. Bei Lenzcyca schließlich erbeutete unsere 5. Batterie unter Leutnant von Zydowitz durch glänzend liegendes Feuer zwei russische Batterien. Das Feuer lag so gut, daß die Russen ihre Protzen nicht mehr heranbringen konnten und unsere Grenadiere nachher lediglich die verlassenen Geschütze zu besetzen brauchten. Nachdem sich der Gegner am 15./16. November bei Kutno und Gostynin festgesetzt hatte, schwenkte die 9. Armee unter Zurücklassung einer schwächeren Truppe bei Lowicz nach Süden in die allgemeine Richtung von Lodz ein. Am 19. November sollte die Einkreisung der Russen vollendet sein.

Der 19. und 20. November wurden für unsere 36. Division besonders heiße Kampftage. Die Russen wehrten sich gegen ihre Einkreisung mit aller Energie, und bei uns waren die letzten Reserven eingesetzt, um den Einschließungsring zu halten. Die letzte Ziffer im abendlichen Divisionsbefehl lautete in jenen Tagen stereotyp: »Divisionsreserve: Ein Zug Husarenregiment 5, Fürst Blücher von Wahlstatt.« In den darauffolgenden Tagen, besonders am 22., 23. und 24. November, geriet die Einkesselung von Lodz in eine schwere Krise. Das XXV. Reservekorps unter General von Scheffer-Boyadel, die 3. Gardedivision unter General von Litzmann – aufgrund seiner Erfolge »Der Löwe von Brzeziny« genannt – und das Kavalleriekorps »Richthofen«, die auf dem linken Flügel einschwenkten, um den Kessel zu schließen, wurden in diesen Tagen in schwerste Kämpfe verwickelt. Der Russe hatte überraschend frische Truppen westlich Warschau vorgeführt und bedrohte unseren linken Flügel im Rücken. Der schon zum Greifen nahe Sieg der 9. Armee wurde zunichte. Den im Rücken bedrohten Korps blieb keine andere Wahl, als kehrtzumachen und bei Brzeziny die ihren Rücken bedrohenden Linien der Russen zu durchbrechen. Im Rahmen des XXV. Reservekorps nahm auch unsere 2. Batterie unter Hauptmann Fiebrantz – dorthin abkommandiert – an diesen Kämpfen teil. Der Durchbruch wurde ein voller Erfolg. Als der Russe am 6. Dezember zurückging, wurde sofort die Verfolgung aufgenommen.

Die Schlacht bei Lodz war gewonnen, die 9. Armee hatte einen großen Erfolg errungen, obwohl ihr der Sieg der Kesselschlacht durch den russischen Gegenstoß von Warschau her wieder entrissen worden war. Dem weichenden Russen folgte die 9. Armee bis zur Bzura–Rawka und Pilica, wo die Verfolgungskämpfe ihr Ende fanden und der Bewegungskrieg allmählich in den Stellungskrieg überging. Dort an der Rawka verblieb das Regiment vom 20. Dezember 1914 bis zum 5. September 1915. Es erlebte dort zum erstenmal den für den Ersten Weltkrieg so typischen Stellungskrieg mit seinen Schützengräben, dem Artilleriesperrfeuer und allen anderen ihn kennzeichnenden Erscheinungen.

Bemerkenswert für diese Kämpfe war nur noch ein besonderes Ereignis, und zwar ein Angriff auf die russischen Stellungen mit Giftgas, das aus Flaschen bei günstigem Wind auf die russischen Linien abgeblasen wurde. Da die Russen keinerlei Gasschutz besaßen, war die Wirkung in ihren Reihen teilweise verheerend. Dies war jedoch nur eine Probe aufs Exempel, um die Wirkung unseres Giftgases festzustellen. Weitergehende operative Absichten waren mit dem Angriff nicht verbunden. Sein Erfolg wurde daher auch nicht weiter ausgenutzt.

Das Regiment erlebte in jenem Frühjahr die Umorganisation aller Divisionen. Bis dahin gliederte sich jede Division in zwei Infanteriebrigaden und eine Artilleriebrigade. Die Änderung führte zur Dreiteilung: Die Division bestand nun aus drei Infanterieregimentern und einem Artillerieregiment mit drei Abteilungen. Die Batterien verfügten statt bisher über sechs nur noch über vier Geschütze. Die drei Infanterieregimenter wurden von einem Infanterieführer, das Artillerieregiment mit zugeteilter schwerer Artillerieabteilung von einem Artillerieführer geführt. Der Vorteil der neuen Gliederung war eine wesentlich größere Beweglichkeit der Divisionen. Sie blieb von da an bestehen und galt auch noch im Zweiten Weltkrieg.

Der Durchbruch bei Prczasnysz

Bevor wir unser Regiment 36 in den Frühjahrs- und Sommerkämpfen des Jahres 1915 weiter verfolgen, ein kurzer Blick auf die Operationen im Osten zu jener Zeit.

Am 2. Mai durchbrach Generaloberst von Mackensen zwischen Gorlice und Tarnow die feindlichen Linien. Am 5. Mai räumte der Russe die Beskiden und die Westkarpatenpässe. Die deutschen und österreichischen Truppen rechts und links setzten sich in Bewegung. Die Durchbruchsschlacht im Osten schien sich in eine große Bewegungsoperation zu verwandeln, welche die gesamte Südostfront erfaßte und bereits auch in der Mitte auf Polen übergriff. In der zweiten Maihälfte verlangsamte sich aber der deutsche und österreichische Vormarsch und kam – aufgehalten durch russische Verstärkungen – am San und vor Przemysl zum Stehen. Schwere Kämpfe um den Besitz der San-Linie und um die Festung Przemysl folgten.

Im Süden behielt die Heeresgruppe Mackensen die Stoßrichtung zwischen Bug und Weichsel, im Norden wurde nördlich Prczasnysz die Armeegruppe Gallwitz mit dem Auftrag verstärkt, die russische Narewfront anzugreifen und in den Raum östlich Warschau vorzustoßen. Hierzu wurde ihr auch das XVII. Armeekorps zugeführt. Im Rahmen des Aufmarsches der Armeegruppe Gallwitz wurde das Regiment über Thorn–Allenstein in den Raum Neidenburg–Willenberg geführt. Für den Angriff auf die russischen Grenzstellungen beiderseits Prczasnysz wurden drei Artilleriegruppen gebildet, darunter die Gruppe Oberst Sydow (unser neuer Regimentskommandeur). Am 13. Juli um 03.00 Uhr morgens trat die Infanterie zum Sturm auf die vorderste feindliche Stellung an. Dank der vorzüglichen Artillerieunterstützung gelang der Angriff der Infanterie ohne wesentliche Verluste. Ein besonderes Verdienst an diesem Erfolg kam Oberst Sydow zu. Wir konnten dann noch die zweite russische Stellung nehmen. Erst am 14. Juli war der Feind auf der ganzen Linie zum Rückzug gezwungen, die 36. Division folgte über Prczasnysz. Der 17. Juli brachte unserer Division, die weiter in südöstlicher Richtung auf den Narew zwischen Pultusk und Rozan vorstieß, gute Erfolge. Unser Regiment unterstützte an diesem

Tag den Angriff der Infanterie auf Makov, das abends genommen wurde.

Beim Vorreiten und Erkunden auf Makov geriet Oberst Sydow mit dem Regimentsstab in starkes feindliches Infanteriefeuer, wobei ich abermals verwundet wurde. Ich erhielt einen Infanterieschuß ins rechte Fußgelenk, hatte aber besonderes Glück dabei, da die Kugel durch das doppelte Leder meines Schnürschuhes an Durchschlagskraft verlor. Wie das Röntgenbild später zeigte, drang sie nur etwa einen Zentimeter in den Gelenkkopf ein. Wäre dies nicht der Fall gewesen, hätte mein rechter Fuß amputiert werden müssen. Doch wieder war der Krieg für mich für einige Zeit unterbrochen.

Diesmal fuhren wir in einem gutausgerüsteten Lazarettzug mit weißbezogenen Betten gen Westen. Ich kam in das Hilfslazarett »Katholisches Gesellenhaus« am Dom in Lübeck, wo nach Röntgenaufnahme und entsprechenden Vorbereitungen die Kugel herausoperiert wurde. Ungefähr nach vier Wochen konnte ich entlassen werden. Anfang September war ich wieder felddienstfähig.

Das Problem war auch diesmal: Wo kämpft mein Regiment? Wie komme ich zu ihm? Abermals wurde es ein langer und schwieriger Weg. Am 6. September ging es zunächst nach Thorn und von dort mit Nachschubtransportzügen über Kutno nach Warschau. Das nächste Ziel nach einem Rasttag hieß Bialystok. Einen Teil der Strecke konnte ich noch mit der Bahn zurücklegen, dann aber halfen, wie im Herbst 1914 von Oberschlesien aus, nur noch Kolonnen weiter. Erst am 18. oder 19. September erreichte ich über Wolkowysk wieder mein Regiment.

Von neuem verfolgte unsere 36. Division die nach Osten ausweichenden Russen, doch nach zweieinhalbmonatigem Bewegungskrieg durch das russische Polen wurde unsere 36. Division und damit auch unser Regiment »zu anderer Verwendung herausgezogen«. Nach Lage der Dinge konnte es sich nur um eine Verwendung im Westen handeln. Hier im Osten waren wir seit Kriegsbeginn fast eineinviertel Jahr ununterbrochen im Einsatz und im Kampf gewesen. Gumbinnen, Tannenberg, die Schlacht an den Masurischen Seen, der Kampf in Südpolen (September/Oktober), die Schlacht bei Lodz und der Durchbruch bei Prczasnysz waren die Meilensteine dieser Bewegungskämpfe. Nur im Winter 1914/15 wurden sie durch Stellungskrieg mit wesentlich geringeren Verlusten unterbrochen. Aber nicht nur der harte östliche Winter, sondern auch die berüchtigte Wegelosigkeit – Rasputiza genannt – konnte bisweilen die Truppe und besonders den Nachschub dazu zwingen, alle größeren Bewegungen einzustellen und wieder zum Stellungskrieg überzugehen.

Nach seiner Ablösung marschierte das Regiment im Rahmen der Division durch Nordpolen üder Grodno nach Ostpreußen, wo es am 8./9./10. Oktober 1915 in Lyck eintraf und per Eisenbahntransport Richtung Westen verladen wurde. Das war unser Abschied vom Osten, mit seinen unendlichen Feldern, Steppen, Wäldern, Seen und Sümpfen.

Krieg im Westen

Der Krieg im Westen war, durch technische Vervollkommnungen, wesentlich härter und verlustreicher als der Krieg im Osten. Durch das erheblich bessere Straßen- und Eisenbahnnetz war ein viel schnellerer Nachschub an Waffen und Munition möglich, ebenso eine bedeutend schnellere Verschiebung und Konzentration von Reserven. Die Folge waren außerordentlich schwere Angriffe nach tagelangem Trommelfeuer aller Kaliber. Oft arteten die Kämpfe in gewaltige Materialschlachten aus. Sie brachten jedoch – trotz riesigen Einsatzes von Menschen und Material – nicht die erwarteten Erfolge. Es gab, bei nur geringem Geländegewinn der Angreifer, auf beiden Seiten große Verluste. Das Endergebnis der Operationen blieb enttäuschend. Hinsichtlich der Gesamtkriegführung kam es, besonders im Winter, fast zwangsläufig zu längeren Perioden ohne große entscheidungsuchende Angriffe. Unser Heeresbericht vermerkte diese ruhigen Zeiten mit der stereotypen Wendung: »Im Westen nichts Neues!«

Der Eisenbahntransport von Osten nach Péronne im französischen Departement Somme dauerte drei Tage. Unser XVII. Armeekorps löste das hessische XVIII. Armeekorps ab und kam damit in eine mit allen Schikanen, Unterständen und Stollen ausgebaute Verteidigungsstellung. Als der Morgen des 19. Oktober graute, fanden sich unsere Batterien im Gegensatz zu östlichen Gewohnheiten unter der Erde wieder. Der Adler war zum Maulwurf geworden. Gottlob, daß all das andere vor uns gegraben hatten. Mannshohe Laufgräben, mit Lattenrosten bedielt, führten im Zickzack in die Batteriestellungen. Für Mannschaften und Munition gab es tiefe Unterstände. Die Geschütze selbst waren tief eingedeckt und vorzüglich gegen Fliegersicht getarnt. Diese Stellungen an der Somme sollten nun für längere Zeit »unsere Heimat« sein. Wir hatten vom Oktober 1915 bis zum Mai 1916 Zeit, uns in die westlichen Verhältnisse einzugewöhnen. Selbstverständlich gab es auch artilleristisch viel Neues zu lernen. Jede Batterie hatte Sperrfeuer für zwei Kompaniebreiten (800 bis 1000 m) abzugeben. Die Infanterie verlangte das Sperrfeuer präzise über die eigenen Gräben hinweg, eine Forderung, die nicht leicht zu erfüllen war.

Die Sommeschlacht

Um den 21. Mai 1916 herrschte tagelang auf feindlicher Seite eine geradezu unheimliche Stille. Daß sich aber etwas zusammenbraute, merkten wir an der einsetzenden Urlaubssperre und am Abschieben alter Einwohner, die bis jetzt treu an ihrem Heim und ihrer Scholle gehangen hatten. Die Evakuierten taten uns leid. Wir hörten es immer wieder: »La guerre, quel malheur pour nous, pour vous, pour tout le monde!«

Am 28. Juni 1916, abends um 20.15 Uhr, begann ein französischer Gasangriff. Man sah deutlich, wie an den verschiedenen Stellen der Front das Gas abgeblasen wurde. Die Wolken zogen schmutziggelb die Mulden entlang. Während wir uns noch das Schauspiel betrachteten, setzte das Feuer der französischen Artillerie ein. Es sang dicht über unseren Köpfen hinweg, ohne daß man Detonationen hörte. Als wir genauer hinsahen, begriffen wir: Gasgranaten! 800 bis 1000 gingen in eine Batteriestellung, ein Volltreffer in ein Blockhaus, je einer in die Küche und ins Kasino der Batterie. Schaden wurde nicht angerichtet. Das ausströmende Gas tat uns nichts. Es roch nach Mandeln und Chlor. Der erwartete feindliche Sturm am nächsten Morgen blieb aus.

Nach dem immer stärker werdenden Artilleriefeuer der Franzosen traten nun auch zahlreiche Minenwerfer schweren Kalibers auf. Von Norden tönte in den letzten Tagen unausgesetzt dumpfer Geschützdonner zu uns herüber. Die Sommeschlacht begann: die erste Materialschlacht! Grenzenlos war die Verwüstung im Gelände, besonders in den Gräben und Batteriestellungen. Trichter neben Trichter, in allen Größen und Tiefen. Meter für Meter vorwärts und rückwärts harkte der Feind das Gelände durch. Aber auch weit ins Hintergelände auf die Anmarschwege und Ortschaften schleuderten weittragende Schiffsgeschütze ihre zentnerschweren Granaten. Eine wahre Sintflut von Geschossen aller Art und Größe ergoß sich über unsere Stellungen. Im allgemeinen hielten die Unterstände, aber diese Zermürbungstaktik zerrte an den Nerven. Der Hunger und vor allem das Warten auf den feindlichen Angriff stellten an jeden ungeheure Anforderungen. Volle zweiundsiebzig Stunden lag das XVII. Korps in dieser Hölle. Anschließend ein Tag unheimlicher Ruhe; dann wieder acht Wolken Gas, die der Wind langsam auf uns zutrieb. Zwei Stunden mußten wir den Gasnebel aushalten, doch der feindliche Angriff kam nicht. Man erwartete ihn, die Nerven, die überanstrengten und übermüdeten Körper erhofften ihn, vergebens! Schließlich begannen wir zu schießen, auch wir benutzten Gasgranaten. Unheimlich die riesigen, offen neben den Geschützen aufgestapelten Lager dieser Giftgranaten!

So tobte die Sommeschlacht den ganzen Sommer über bis Ende August/Anfang September 1916. Dann erst begann sie wieder in normale beiderseitige Gefechtstätigkeit überzugehen. Das Ergebnis war, außer dem Verlust kleinerer oder auch etwas größerer Grabenabschnitte, für beide Teile praktisch gleich Null. Die Verluste auf beiden Seiten dagegen waren erheblich.

Die Sommeschlacht forderte nach dem Tode meines ältesten Bruders im August 1914 ein zweites Opfer von unserer Familie. Mein jüngster Bruder Wolfgang, Leutnant im FA.-Regiment 5, fiel am 30. Juli bei Sailly-Saillysel/Combles.

Am 1. Februar 1917 begann der uneingeschränkte U-Boot-Krieg, nachdem durch die scharfe Ablehnung des Friedensangebotes der Mittelmächte jede Hoffnung auf eine Verständigung geschwunden war. Hindenburg und Ludendorff entschlossen sich, alle Angriffspläne zurückzustellen und sich zunächst auf die Verteidigung zu beschränken. Um Zeit zu gewinnen, befahl die Oberste Heeresleitung, den Bogen zwischen Arras und Soisson aufzugeben und die Verteidigung in die seit dem Herbst 1916 im Bau befindliche »Siegfriedstellung« zurückzuverlegen. Die Stellung zog sich von Arras über St. Quentin nach Vailly hin. Man brach damit dem auf dem alten Somme-Schlachtfeld erwarteten Hauptangriff der Franzosen und Engländer die Spitze ab und zwang den Gegner zu zeitraubenden Umgruppierungen.

Vom 15. bis 20. März 1917 erfolgte der unter dem Namen »Alberich-Bewegung« bekannte Rückzug in die neuen Stellungen. Er verlief dank der glänzenden Vorbereitungen ohne Reibungen. Anfang April bezogen wir die neuen Stellungen westlich der Oise, aber wir blieben dort nicht lange. Am 13./14. April wurde unsere Division abgelöst. Damit endete meine Regimentsadjutantenzeit, und ich wurde Adjutant des Artilleriekommandeurs der 36. Infanteriedivision, Generalmajor Bromeis.

Anfang Mai kämpfte das Regiment bei Arras, wo inzwischen die Frühjahrsschlacht tobte. Überall zeigte der übernommene Abschnitt

Spuren erbitterter Kämpfe. Hier standen wir zum erstenmal den Engländern gegenüber. Die Frühjahrsschlacht war noch nicht beendet. Das schwere englische Artilleriefeuer lag Tag und Nacht auf unseren Stellungen. Die Wirkung war oft furchtbar. Auch hier ergab sich nach schweren Angriffs- und Abwehrkämpfen am Ende keine wesentliche Änderung des Stellungsverlaufs. Ende August 1917 wurden wir herausgezogen und nach Flandern zur 4. Armee verlegt. Das Regiment rückte in Izegem und Ingelmunster ein.

Die Schlacht um Flandern

Nach dem Scheitern der feindlichen Offensive bei Arras und an der Aisne breitete sich über Frankreich eine Welle der Niedergeschlagenheit aus. Die französischen Truppen hatten außergewöhnliche Verluste erlitten. Bei einer ganzen Anzahl von zurückgezogenen Verbänden brachen Ende Mai Meutereien aus, die sich bald auf sechzehn Armeekorps ausdehnten. Der Zusammenbruch Rußlands, die großen Erfolge der deutschen U-Boote, das Mißlingen der großen Durchbruchsoffensive an der Aisne und die Meutereien im französischen Heer waren Ereignisse von unabsehbarer Tragweite. Um die Deutschen ihre günstige Lage nicht erkennen zu lassen, verlangte Lloyd George den rückhaltlosen Einsatz des gesamten britischen Heeres. Marschall Haig, der englische Oberbefehlshaber, traf in der ersten Hälfte des Jahres 1917 alle Vorbereitungen zu einer großen Offensive in Flandern.

Der Offensive ging die Wegnahme des weit nach Westen vorspringenden Wytschaete-Bogens voraus. Mit dem Hauptangriff bei Ypern ließ sich der englische Heerführer bis zum 31. Juli Zeit. Er baute auf seine mächtige Artillerie und die britische Zähigkeit. Der erste Schlachttag brachte den Engländern die unausbleiblichen Anfangserfolge, dann aber blieb der Stoß in Schlamm und Regen stecken. Erst am 16. August folgte der zweite Angriffsstoß in Richtung Poel-Kapelle. Er wies noch weniger Erfolge auf als der erste. Die elastische Verteidigung, bei der die dünnen vordersten Kampflinien den ersten Schwung der Angriffstruppen aufhielten, bis die »Eingreifdivisionen« des Verteidigers zur Stelle waren, bewährte sich auch hier.

So die Lage, als unsere Divison am 30. August als Eingreifdivision eintraf. Die Gegend, in die wir kamen, bot einen anderen Anblick als alles bisher gewohnte Gelände. Buschwerk, kleine Waldstücke und Gärten behinderten die Übersicht in starkem Maße. Entsprechend der großen Bevölkerungsdichte war das ganze Land mit Ortschaften und einzelnen Gehöften dicht besät und von zahlreichen Straßen durchzogen. An der Front standen eng nebeneinander die Divisionen der vordersten Linie in durchschnittlich nur 1½ km breiten Abschnitten. Das Artillerieaufgebot war auf beiden Seiten ungewöhnlich groß.

Meist war in jedem Abschnitt die Divisionsartillerie der zwei oder drei hintereinanderstehenden Divisionen gleichzeitig eingesetzt, dazu noch eine Menge schwerer und schwerster Kaliber. Hinter der vordersten Kampflinie befanden sich – mehr oder weniger ausgebaut – noch die zweite und dritte Flandernstellung und zahlreiche Riegelstellungen.

Mitte September wurde die Division als Eingreifdivision abgelöst; sie übernahm den Kampfabschnitt südwestlich Poel-Kapelle. Der ganze Boden beiderseits der vorderen Linie war kilometerbreit ein unübersehbares Trichterfeld. Diese Trichter füllte, bei hohem Grundwasserstand, meist bis zur Hälfte grünlichgelbes Wasser. Alle Ortschaften in der Kampfzone waren nur noch Trümmerhaufen. In den vordersten Linien lag sich die Infanterie in moorigen Trichtern Tag und Nacht im schweren Feuer gegenüber. Der Kampf wogte in der Regel einige Tage hin und her, dann gipfelte er in einem oder mehreren Großkampftagen. Diese kündigten sich meist durch sich ständig steigerndes Artillerietrommelfeuer an. Waren alle Anstrengungen vergeblich, gaben die Engländer für einige Tage Ruhe, bis sie sich zu neuen Angriffen aufrafften. Ihr Kampfverfahren blieb sich gleich und war schematischer als das der Franzosen. Bis zum 21. September erlebte unsere 36. Division in Flandern drei große Angriffe. Am 27./28. September 1917 wurde das Regiment wieder verladen und nach St. Quentin abtransportiert.

Vorbereitungen auf die Große Schlacht in Frankreich

Leider konnte unserer Division die nach der schweren Flandernschlacht so dringend notwendige Ruhe nicht gewährt werden. Sofort nach unserem Eintreffen im Raume St. Quentin mußten wir die 233. Infanteriedivision westlich St. Quentin in der »Siegfriedstellung« ablösen. Trotz ungeheurer Verluste gaben die Engländer noch immer nicht nach. St. Quentin, das wir 1915/16 als unversehrte Etappe erlebt hatten, hatte durch die Einbeziehung in die »Siegfriedstellung« schwer gelitten und war nicht wiederzuerkennen. Unsere Batterien standen in Gärten oder an Häuser angelehnt inmitten der Stadt. Der Regimentsgefechtsstand war im alten historischen Rathaus am Marktplatz eingerichtet; Rokokosessel und leichtfüßige Tische wirkten hier geradezu grotesk.

Der Abschnitt war ruhig. Die Gefechtstätigkeit beschränkte sich auf Artilleriestörungsfeuer. Diese Zeit relativer Ruhe nutzte das Regiment zur Ausbildung im reinen Kartenschießen, d. h. mit vermessenen Kartenwerten und der Ausschaltung der störenden Einflüsse (Rohrabnutzung, Pulvertemperatur, Luftgewicht und Winde). Eines der wichtigsten Schießhilfsmittel, das die heutige Artillerie besitzt – der Artillerierechenschieber –, wurde damals durch einen Offizier unseres Regiments, Leutnant der Reserve Pannke, im Felde erfunden und später im Frieden weiterentwickelt. Die erste Behelfskonstruktion wurde aus Teilen der zerschossenen Domuhr von St. Quentin zusammengesetzt.

An der ersten Tankschlacht des Ersten Weltkrieges nahm von unserer Division die 9. Batterie teil. Wie aus ihrem Gefechtsbericht vom 21. November 1917 hervorging, gelang es ihr, »in offener Feuerstellung« die »in Massen vorbrechende Infanterie und die zahlreichen Tanks« erfolgreich zu bekämpfen und mitzuhelfen, den feindlichen Angriff abzuschlagen. Am 28. und 29. Dezember wurde die Division durch die 45. Reservedivision abgelöst und nunmehr Eingreifdivision. Die folgenden Wochen wurden dazu benutzt, um die Truppe für den Angriff im Bewegungskrieg zu schulen.

Als das Ende des Jahres 1917 nahte, hatte die Front allen Anstürmen der Entente getrotzt. Zwar war den Engländern Ende November durch den überraschenden Einsatz starker Tankgeschwader bei Cambrai ein tiefer Einbruch in unsere Stellungen geglückt, aber die 2. Armee war sofort von Norden und Süden zum Flankenstoß angetreten und hatte einen großen Erfolg errungen. Dieser schloß ein weiteres Jahr zermürbenden Ringens an der Westfront ab, das die Deutschen immer in der Unterlegenheit, stets in der Verteidigung gesehen hatte.

Im Osten hatte sich die Lage grundlegend zu unseren Gunsten gewendet. Rußland war nach Revolution, Entthronung des Zaren und vergeblichem Widerstand der Kerenskij-Regierung Ende 1917 als Gegner ausgeschieden. Die Sowjetregierung sah sich gezwungen, Friedensverhandlungen einzuleiten. Am 22. Dezember begannen die Friedensverhandlungen in Brest-Litowsk. Die deutsche Oberste Heeresleitung hatte nun den Rücken frei.

Ende Januar löste die Division dann die 238. Division im Abschnitt der Gruppe Quentin ab, der vom Südrand von St. Quentin bis zum Nordrand von Itancourt reichte. Die beiderseitige Kampftätigkeit war weiterhin sehr gering.

In den ersten Märztagen setzten an der ganzen Front bei St. Quentin die Vorbereitungen für einen großen Angriff ein. Für den beabsichtigten Angriff wurde der Abschnitt der 36. Division in drei Divisionsabschnitte gegliedert. Die Vorbereitungen für den ganzen Abschnitt behielt die Einsatzdivision, d. h. unsere 36. Division und unser Artilleriekommandeur Nr. 36. Ihm oblag zunächst die gesamte Vorbereitung für den Artilleriekampf aller drei Divisionen – die Vorbereitungen und das Ausarbeiten der Unterlagen für je drei Artilleriekampfgruppen mit etwa 20 und drei Infanteriekampfgruppen mit etwa 60 Batterien: eine außerordentlich umfangreiche und verantwortungsvolle Arbeit. Ich hatte als Adjutant des Artilleriekommandeurs das große Glück, daß die Leitung dieser Vorbereitungen in die Hände meines neuen, bewährten und in der ganzen Armee bekannten Artillerieführers, Generalmajor Bleidorn, gelegt wurde. Er hatte bereits vorher auf den Lehrgängen für Generäle und Generalstabsoffiziere in Valenciennes die neue Angriffsweise mit Artilleriefeuervorbereitung ohne Einschießen – nur auf errechneter Grundlage unter Ausschaltung der Tageseinflüsse – wochenlang gelehrt.

Die Vorarbeit der Stäbe begann bereits im Februar und ging täglich bis in die tiefe Nacht hinein. Es galt, die Feuerpläne mit allen Einzelheiten der Feuerverteilung, die Feuerplätze, die Vergasung der feindlichen Artillerie für jede Batterie bis aufs kleinste vorzubereiten und auszuarbeiten. Dazu kam, daß bei unserer Division diese Arbeit neben dem täglichen Stellungskampf für drei Angriffsdivisionen geleistet werden mußte, so daß in den Händen der 36. Division und ihres Artillerieführers die Vorarbeiten für insgesamt drei Divisionen mit etwa 180 Batterien entwickelt wurden.

Am 20. März 1918 waren von 11.00 Uhr vormittags an sämtliche Stäbe auf ihren Angriffsgefechtsständen. In den Feldbatteriestellungen lagen insgesamt 3000 Schuß Blaukreuz-Brisanz- und 500 Schuß Grünkreuz-Munition. Die Divisionsbatterien rückten erst einen Tag vor dem Angriff in ihre endgültigen Angriffsstellungen. Das bis zum endgültigen Einsatz bei Generalmajor Bleidorn gelegene Artilleriekommando ging nunmehr wieder auf die drei Divisionen über.

Die Große Schlacht in Frankreich

Die deutsche Oberste Heeresleitung hatte sich aus zwei Gründen entschieden, anzugreifen und die »Große Schlacht in Frankreich« einzuleiten:

1. Die Frage des Mannschaftsersatzes für die Infanterie hatte sich so ungünstig entwickelt, daß im Verlaufe des Jahres 1918 eine erhebliche Verminderung der deutschen Heeresstärke unvermeidlich war.

2. Die Menschenreserven des britischen Weltreiches schienen unerschöpflich zu sein; dazu kam der Zustrom durch die Amerikaner, von denen bereits mehrere Divisionen auf französischem Boden standen.

Das augenblickliche Gleichgewicht der Kräfte im Westen mußte sich daher bis zum Herbst 1918 wesentlich zuungunsten der Mittelmächte verschieben, wenn es nicht gelang, vorher eine Entscheidung zu erzwingen. Über kurz oder lang mußten die deutschen Truppen bei weiterem ständigen Verharren in der Verteidigung der immer stärker werdenden feindlichen Übermacht an Menschen und Material erliegen. Die deutsche Truppe begrüßte nach der jahrelangen verlustreichen, wenn auch erfolgreichen Abwehr endlich den Übergang zum Angriff. Die deutsche Heeresleitung entschied sich hinsichtlich der Angriffsstelle für einen Vorstoß beiderseits St. Quentin, der den englischen Südflügel zertrümmern und dann die ganze Front nach Norden aufrollen sollte. In etwa 75 km Ausdehnung erstreckte sich der geplante Angriff auf den Raum zwischen Arras und La Fère.

Am 21. März 1918 begann die »Große Schlacht in Frankreich« um 04.40 Uhr mit schlagartig einsetzendem Artilleriefeuer. Erstes Angriffsziel unserer 36. Division war der Crosat-Kanal. Um 09.30 Uhr, nach fünfstündiger Artillerie- und Minenfeuervorbereitung, traten unsere drei Infanterieregimenter hinter der Feuerwalze zum Sturm an. Jedem dieser Regimenter folgte eine Feldkanonenbatterie unserer I. Abteilung als Infanteriebegleitbatterie. Sie konnte der Infanterie trotz der Gräben und Trichter gut folgen und sie hervorragend unterstützen. Bereits am 23. März erzwangen unsere verstärkten Infanterieregimenter trotz starker Gegenwehr den Übergang über den Crosat-Kanal.

Der Angriff ging – wenn auch hier und da durch MG-Nester oder Brückenbau aufgehalten – auf der ganzen Front zügig weiter und erreichte am 30. März die Linie Höhe 81 und Straßenkreuzung Conchy–Roye sur Matz. Trotz glänzender Vorbereitung und großem Einsatz entsprach jedoch das Ergebnis der Märzoffensive nicht den Erwartungen der Obersten Heeresleitung. Leider war es nicht möglich gewesen, für einen so großen, in dieser Form doch unerwarteten Durchbruch die nötigen beweglichen Kavalleriemassen bereitzustellen, die diesen Durchbruch zu einem tiefen Stoß weiter hätten ausbauen können. Hätte man damals schon Panzerdivisionen gehabt, hätten sie bis Paris durchrollen können.

Wie schwerwiegend unser Durchbruch tatsächlich war, zeigte die sofortige Reaktion der Entente. In höchster Gefahr übertrug sie General Foch den gemeinsamen Oberbefehl, der mit äußerster Anstrengung alle erreichbaren Reserven zusammenfaßte und sie nach Amiens warf. Der 27./28. März brachte den Umschwung. Der Angriff kam zunächst auf dem rechten Flügel ins Stocken und wurde daraufhin auch an der übrigen Front aufgehalten. Am 4. April fand er beiderseits der Ancre vor Amiens sein Ende.

Obwohl weder der Märzoffensive noch dem Angriff bei Armentières eine entscheidende Ausnutzung dieser Erfolge beschieden war, gab die Oberste Heeresleitung den Glauben an den Endsieg nicht auf. Vor der Fortsetzung dieser Offensive hielt sie jedoch eine Angriffsoperation zur Erweiterung und Festigung ihrer Südflanke, d. h. der Front der 1. und 7. Armee zwischen Soissons und Reims, für erforderlich.

Unsere 36. Infanteriedivision war ausersehen, daran teilzunehmen. Wir wurden herausgezogen und in den Aufmarschraum für die neue Offensive südostwärts Laon verlegt, wo wir am 22., 23. und 24. Mai 1918 eintrafen. Erster Einsatz: Eingreifdivision zweiter Welle hinter der Angriffsdivision, der 10. Infanteriedivision (V. Armeekorps Posen). Nur unsere Artillerie wurde sofort im Rahmen der Angriffsdivision für die Feuervorbereitung eingesetzt. Sie nahm damit zum zweitenmal an einer Feuervorbereitung auf vermessenen und errechneten Grundlagen teil, also wieder ohne Einschießen.

Der Überraschungserfolg des ersten Angriffstages (27. Mai) war genauso groß wie bei unserer Märzoffensive bei St. Quentin. Das erste Angriffsziel, das Bergmassiv des Chemin-des-Dames mit seinen Steilhängen, wurde trotz der Geländeschwierigkeiten im ersten Angriffsschwung genommen und überwunden. Sogar die Aisne, die am Südhang des Bergmassivs ein erhebliches Hindernis bildete, wurde bereits überschritten, bevor die Franzosen die Brücken sprengen konnten. Der Schwung dieser ersten Angriffe war so enorm, daß die 10. Infanteriedivision schon am selben Abend die Höhen hart nördlich der Vesle erreichte. Diese großen Erfolge ermöglichten es, die 36. Division bereits am 28. Mai im Abschnitt St. Thibaut-Fismes zwischen der 28. Infanteriedivision und der 10. Infanteriedivision einzuschieben und am Angriff teilnehmen zu lassen, der über die Vesle am Mont St. Martin vorbei weiter in südliche Richtung führte. Die Gebirgs- und Berglandschaft dort war eigenartig. Die Häuser waren an tiefe Höhlen angebaut und zum Teil durch Artilleriefeuer fortgerissen. Die Eingänge zu den Höhlen klafften weit – es waren die berühmten Weinkeller der Champagne.

Der Angriff unserer Division führte in den folgenden Tagen in einem schnellen Vormarsch vom Chemin-des-Dames über die Vesle bis Jaulgonne/Marne (10 km ostwärts Château-Thierry). Dort konnte das Spitzenregiment sogar die Marne sofort überschreiten und einen Brükkenkopf bilden. Damit standen wir genau an der Stelle – etwa 80 km ostwärts Paris an der Marne, die bei Paris in die Seine mündet –, wo bereits Anfang September 1914 die deutschen Armeen die Marne erreicht hatten.

Der weitere Angriff unserer Armee wurde zunächst angehalten. Am 10. Juni wurden wir abgelöst, danach zuerst Korps- dann OHL-Reserve im Raum Fère-en-Tardenois. Leider verloren wir zum gleichen Zeitpunkt unseren so hervorragenden und bewährten Artilleriekommandeur Bleidorn und unseren beliebten und tüchtigen Kommandeur Oberstleutnant von Fahland.

Angriffsschlacht an der Marne

Die Oberste Heeresleitung beabsichtigte die Fortsetzung der Angriffe gegen die Engländer in Flandern. Sie hielt es jedoch für erforderlich, zunächst den Franzosen an Aisne und Marne einen energischen Schlag zu versetzen. Unsere 7. Armee sollte die Marne ostwärts Château-Thierry überschreiten und zu beiden Seiten des Flusses in Richtung Epernay angreifen. Dementsprechend hatten die 1. und die 3. Armee (Reims aussparend) ostwärts der Stadt nach Süden anzugreifen und zunächst Tahure zu gewinnen.

Im Rahmen der 7. Armee hatte unsere 36. Division die Marne nach entsprechenden Vorbereitungen und Bereitstellungen vom 6. bis 14. Juli südlich Jaulgonne zu überschreiten. Angriffsbeginn: 15. Juli 01.10 Uhr. Auch dieses Mal wieder – nun zum drittenmal – ohne vorheriges Einschießen.

Dem Feind waren unsere Angriffsabsichten nicht verborgen geblieben, wie das sehr heftige Störungsfeuer vor dem Angriffsbeginn bewies. Auf unsere Feuervorbereitung antwortete er sofort mit schwerem Vernichtungsfeuer auf Anmarschwege und Bereitstellungen. Wir hatten schwere Verluste. Die Brückentrains wurden so zerstört, daß an einen Brückenbau nicht mehr zu denken war. Die Infanterie setzte mit Pontons über. Die Artillerie mußte in ihren Stellungen verbleiben. Zwar gelang es unter großen Schwierigkeiten, nach Süden und Westen etwas Boden zu gewinnen, doch mußte man sehr bald einsehen, daß unsere Kräfte zur Fortsetzung der Offensive gegen die durch die Amerikaner verstärkten Franzosen nicht ausreichten.

Die bis dahin erzielten geringen Erfolge entsprachen in keiner Weise den erlittenen sehr hohen Verlusten. Erschwerend kam am 18. Juli hinzu, daß der Feind aus dem Walde von Villers-Cotterêts mit mächtigen Panzergeschwadern in Richtung Soissons tief in die deutschen Linien eingebrochen war und erst auf den Höhen hart südostwärts Soissons durch Reserven aufgehalten werden konnte.

Aus der neuen Situation ergaben sich zwangsläufig erste Konsequenzen: Aufgabe der geplanten Flandernoffensive und Zurücknahme des Marnebogens in die allgemeine Linie Soissons–Reims. Die unmittelbaren Auswirkungen der neuen Lage auf unsere Marnefront waren: Übergang zur Verteidigung, Zurücknahme aller Truppenteile südlich der Marne auf deren Nordufer und Verlegung des Schwerpunktes der Verteidigung zunächst ostwärts Château-Thierry in westlicher Richtung.

Unsere 36. Division wurde aus der Marnefront herausgelöst und übernahm die Verteidigung im Raum Rocourt–St. Martin, Richtung Front nach Westen. Am 22. Juli griff hier der Feind massiert an und drückte unsere Infanterie teilweise zurück. Rocourt–St. Martin ging verloren. Nur durch das zusammengefaßte Sperrfeuer unserer Batterien gelang es, den Feind aufzuhalten. Bis zum 26. Juli wurden die wechselvollen, außerordentlich schweren und verlustreichen Rückzugskämpfe gegen einen weit überlegenen Feind fortgesetzt. Danach übernahm die 24. Reserveinfanteriedivision den Befehl über den Abschnitt der 36. Division, die nach und nach herausgezogen wurde, bis sie die Linie beiderseits Trougny–Fère-en-Tardenois erreicht hatte. Wie ungewöhnlich schwer die Kämpfe der vorausgegangenen Tage gewesen waren zeigen allein die schweren Verluste unseres Regiments. Es waren die schwersten während des ganzen Krieges. Wir verloren 255 Offiziere, Unteroffiziere und Mannschaften und 245 Pferde. Außerdem mußten zwölf Geschütze, da kein Bedienungspersonal mehr vorhanden war, zerstört auf dem Schlachtfeld zurückgelassen werden.

Nach unserer Ablösung im Raum Fère-en-Tardenois wurden wir zunächst zur 1. Armee in die Gegend ostwärts Rethel verlegt. Statt einer dringend notwendigen Ruhe ging es jedoch schon Mitte August weiter zur 17. Armee in die Gegend südostwärts Douai. Obwohl wir in den letzten schweren Kämpfen große Verluste hatten, zwang die sich ständig verschärfende Lage zu immer schnellerem Wiedereinsatz selbst abgekämpfter Verbände.

Inzwischen war der französische Generalissimus Foch zum Marschall Frankreichs ernannt worden und gleichzeitig zum gemeinsamen Oberbefehlshaber der verbündeten Armeen. Sein Plan sah zunächst aufeinanderfolgende, kurze harte Schläge an verschiedenen Fronten vor, denen eine zusammengefaßte Generaloffensive folgen sollte. Einer dieser Schläge traf zunächst die 2. und 18. Armee zwischen Albert und Montdidier, wo Engländer und Franzosen am 8. August unter massenhaftem Tankeinsatz in die deutschen Stellungen eingedrungen waren. Ganze Divisionen hatten gegenüber dem Tankschrecken versagt. Als sich Anzeichen für die Fortsetzung dieser Angriffe auch gegenüber der

17. Armee zwischen Arras und der Ancre Richtung Bapaume verstärkten, wurde unsere 36. Division am 19. August wieder im Abschnitt des II. bayrischen Armeekorps als Eingreifdivision bereitgestellt. Trotz starken Trommelfeuers mit nachfolgendem Massenangriff konnten bei uns, besonders durch zusammengefaßtes Artillerievernichtungsfeuer, feindliche Einbrüche verhindert werden. In den folgenden Tagen bis zum 31. August/1. September 1918 setzte der Feind seine täglichen Angriffe nach Vorbereitung durch starkes Trommelfeuer an der ganzen Front fort. Die Abwehr dieser täglichen massiven Angriffe gestaltete sich für unsere Infanterieregimenter immer schwieriger. Ihre Reihen begannen sich durch hohe Verluste immer mehr zu lichten. Diese Schwäche unserer Infanterie brachte unsere Batterien oft in kritische Lagen. Wir konnten teilweise unsere Geschütze nicht mehr rechtzeitig zurückführen und mußten sie zerstört zurücklassen. Eigene schwere Verluste, auch an Pferden, kamen noch hinzu. Der Ernst der gesamten Lage war nicht länger zu verbergen. Eine allseitig gedrückte Stimmung war die unausbleibliche Folge, um so mehr, als die Last des Kampfes immer stärker auf die Artillerie fiel.

Nach diesen so schweren und verlustreichen Tagen ging es vom 4. bis 7. September zur 6. Armee südlich und ostwärts der Textilstadt Lille. Unsere 36. Division wurde Reserve der Heeresgruppe »Kronprinz Rupprecht«. Infolge der weiterhin äußerst gespannten Lage gab es jedoch nur wenige Ruhetage. Bereits am 14. September wurde die Division wieder Eingreifdivision im Rahmen des IV. Armeekorps. Am 16. September wurde sie in die Front beiderseits Hulluch eingeschoben. Bis Ende September blieb die beiderseitige Gefechtstätigkeit relativ gering, sie beschränkte sich hauptsächlich auf Störungsfeuer.

Erst Ende September waren die Vorbereitungen der verbündeten Feindmächte so weit, daß Marschall Foch den Befehl zur Generaloffensive an der gesamten Front von der Maas bis zum Meer geben konnte. Auch die Nachrichten über den Zustand der deutschen Divisionen, deren Kampfwert durch den monatelangen Dauereinsatz erheblich gelitten hatte, ließen jetzt den Beginn dieses Generalangriffs als besonders erfolgversprechend erscheinen. So traten denn am 26. September 1918 die feindlichen Heere gegen die gesamte deutsche Front an: Auf dem rechten Flügel die amerikanische Heeresgruppe zwischen Maas und den Argonnen, ferner die 4. französische Armee zwischen Argonnen und Reims angreifend. Die Armee der Heeresgruppe »Deutscher Kronprinz« wurde hier nach anfänglich starkem

Widerstand hinter die Suippes und Aisne zurückgeworfen. Auf dem Nordflügel ging die angegriffene deutsche Heeresgruppe »Kronprinz Rupprecht« immer wieder frontmachend planmäßig zurück. Verschiedentlich gelang es jedoch unserer Artillerie, dem nachdrängenden Feind noch erhebliche Verluste zuzufügen. In der Nacht zum 15. Oktober bezog unsere 36. Division zunächst die »Wotan-II-Stellung« in der Linie Chemy–Camphin und dann die »Wotan-III-Stellung« ostwärts Ennevelin, westlich Templeuve, in der Nacht vom 18. zum 19. Oktober die »Hermann-I-Stellung« südwestlich Tournai, ohne daß der Feind unseren Rückmarsch störte. So wich das deutsche Heer schrittweise auf die »Antwerpen–Maas-Stellung« zurück. Dabei bezog unsere 36. Division am 8. und 9. November die »Hermann-IV-Stellung« bei Lessines und am 9. und 10. November die »Hermann-V-Stellung« beiderseits Thollembeek.

Waffenstillstand

Nachdem im September bereits die bulgarische und die türkische Front und im Oktober die österreichische Front zusammengebrochen waren, kam in Deutschland am 9. November die Revolution zum Ausbruch. Daraufhin blieb der Obersten Heeresleitung und der deutschen Regierung nichts anderes mehr übrig, als am 11. November 1918 im Walde von Compiègne einen Waffenstillstand abzuschließen, der am gleichen Tage um 12.00 Uhr in Kraft trat.

Waffenstillstand – nach über vier Jahren blutigen Ringens in Ost und West! »Im Felde unbesiegt« war das Gefühl aller Frontkämpfer, aber es war uns auch klar, daß wir unterlegen waren und die Waffen niederlegen mußten, da die Entente durch den Eintritt Amerikas weit überlegen war.

Ludendorff hatte dieses Ende verlangt, nachdem feststand, daß wir unsere blutigen Verluste nicht mehr durch genügend Ersatz ergänzen konnten. Weiterkämpfen wäre unter diesen Umständen ein unzumutbares und sinnloses Opfer für das deutsche Volk geworden. Das war die entscheidende Seite dieses Waffenstillstandes. Doch darüber hinaus gab es natürlich noch tausend Fragen, die zu dieser Zeit noch nicht zu beantworten waren. Wochen, Monate, Jahre würden vergehen, ehe man Klarheit bekäme über die Folgen einer solchen Niederlage. Trotzdem wirkte das Ende wohl auf jeden von uns wie eine Erlösung nach der über vierjährigen zermürbenden Daueranspannung. Daß man dies alles überlebt hatte, empfand ich, wie wohl jeder, als eine große Gnade. Ebenso war sich jeder Überlebende bewußt, was wir dem Opfer der fast zwei Millionen toten Kameraden schuldig waren.

Wie schön konnte ein Frieden sein, wenn es ein wirklicher Frieden wurde, der nicht neue Zwietracht in sich barg! Solche Hoffnung wagte jedoch kaum jemand auszusprechen. Der Alltag mit seinen Aufgaben und Pflichten rief einen zurück in die harte, nüchterne Wirklichkeit.

In Deutschland war am 9. November die Revolution ausgebrochen. Arbeiter- und Soldatenräte nach russischem Muster hatten teilweise die Macht an sich gerissen, rote Fahnen wehten von Rathäusern und Bahnhöfen. Sollte das auch unser Empfang in der Heimat sein?

Mit solchen Aussichten trat unsere 36. Division und damit unser Regiment und der Stab des Artilleriekommandos 36 den Rückmarsch nach Deutschland, nach Westpreußen mit seiner Hauptstadt, dem geliebten alten schönen Danzig, an. Es ging zunächst südlich an Brüssel vorbei über Leuven, Lüttich, Eupen-Malmedy, Kornelimünster, Düren nach Köln-Deutz, das wir am 27. November erreichten. Drei Ruhetage gönnte man uns hier nach den Gewaltmärschen, die wir hatten antreten müssen, um die besetzten Gebiete zu räumen. Glücklicherweise herrschte ruhiges und trockenes Spätherbstwetter. Überall in der deutschen Heimat wurden wir freundlich aufgenommen. Am 1. Dezember verließen wir Köln-Deutz und durchquerten das Bergische Land. Das schöne Städtchen Lennep, an den Osthängen dieses Gebietes, ist mir als besonders reizend in Erinnerung geblieben. Es folgten im täglichen Weitermarsch Unna–Hagen-Haspe–Hamm–Beckum–Wiedenbrück und schließlich Gütersloh in Westfalen. Wir blieben dort bis zum 17. Dezember; dann ging es weiter in das nahe Bielefeld, wo wir zum Eisenbahnrücktransport nach Danzig verladen wurden. Man fuhr uns eigenartige Wege in die Heimat. Die Fahrt führte zunächst in Richtung Hannover bis Lehrte, dann aber nicht weiter nach Osten, sondern Richtung Norden nach Hamburg, anschließend Berlin–Wittenberge, wo wir auf eine Kleinbahn abbogen, weiter über Perleberg nach Stettin. Von Stettin aus ging die Fahrt wieder nicht direkt an der Küste entlang über Kolberg–Stolp nach Danzig, sondern wir fuhren einen Umweg über Konitz und Dirschau nach Danzig, wo wir vier Tage vor Weihnachten ankamen. Am Bahnhof wehten rote Fahnen, aber sonst verlief der Rückmarsch in die nur fünf Minuten entfernte Kaserne ohne irgendwelche Zwischenfälle.

Einen besonderen Empfang hatte lediglich unsere I. Abteilung, die bereits am 14. Dezember in Danzig eingerückt war. Sie hatte Geschütze, Munitionswagen und Pferde mit schwarz-weiß-roten Fahnen und Fähnchen geschmückt, um den Gegensatz zu dem revolutionären Rot herauszustellen. Sie rückte zunächst mit Musik noch durch das Hohe Tor und die Langgasse bis zu dem alten historischen Rathaus, wo ihr der damalige Bürgermeister Dr. Bail ein herzliches Willkommen bot. Weniger entgegenkommend zeigte sich ein Teil der Bevölkerung, der von den revolutionären Umtrieben angesteckt worden war. Wir riegelten uns in unserer Kaserne gegen diese Umtriebe bald ein und waren auch bereit, uns unter Umständen mit Gewalt gegen Angreifer zu verteidigen.

Zwischen den beiden Weltkriegen

Wieder Frieden und daheim in der alten schönen Ostseestadt Danzig mit ihren wunderbaren historischen Bauten, der herrlichen Marienkirche, dem Rathaus, dem Artushof, dem Krantor und dem Hohen Tor! Welch ein Gefühl des Glückes! Welch eine Gnade, viereinviertel Jahre Krieg vom ersten bis zum letzten Tage gesund überlebt zu haben!

Nun, zu Beginn des Jahres 1919, ging es wieder mit frischer Kraft an die Arbeit. Die erste Aufgabe im alten Regiment galt der Demobilmachung. Alle nicht aktiven Offiziere, Unteroffiziere und Mannschaften waren wieder in ihre zivilen Berufe, in das bürgerliche Leben zu entlassen. Für viele war es nach über vier Jahren rein soldatischen Lebens doch in mancher Hinsicht ein schwerer Abschied. Erlebte Kameradschaft und geschlossene Freundschaften waren oft Bindungen für das ganze Leben. Andererseits mußte von der aktiven Truppe soviel erhalten bleiben, wie für den Wiederaufbau einer neuen Wehrmacht, deren Art und Umfang noch völlig im dunkeln lag, notwendig war. Es handelte sich also zunächst um die Erhaltung des notwendigen Materials und der dafür erforderlichen Pferde.

Ein schwerer Schatten fiel auf diese ersten Arbeitswochen des neuen Jahres, denn jetzt erst erfuhren wir die ganze Wahrheit über das Diktat des Waffenstillstandes vom 11. November 1918 im Walde von Compiègne. Hier nur kurz die Bedingungen:

Neben den besetzten Gebieten war sofort das gesamte linke Rheinufer zu räumen, ebenso Elsaß-Lothringen, dazu noch ein 10 km breiter Streifen rechts des Rheins von der holländischen bis zur schweizerischen Grenze sowie die Rheinbrücken Mainz, Koblenz und Köln mit rechtsrheinischen Brückenköpfen von je 30 km Durchmesser. Hinzu kamen noch riesige materielle Abgaben: 5000 Kanonen, davon 2500 schwere; 25000 Maschinengewehre; 17000 Jagd- und Bombenflugzeuge; sämtliche U-Boote; 6 Panzerkreuzer; 10 Minenschiffe; 8 Kleine Kreuzer und 10 Zerstörer; ferner 5000 gebrauchsfähige Lokomotiven, 150000 Waggons und 5000 Lkw. Das war ein Waffenstillstandsdiktat, das nur vom tiefsten Rachegefühl geleitet war. Diese Bedingungen wirkten auf fast alle wie ein Schock, zumal wir unser Vaterland nicht schuldiger am Ausbruch dieses Weltkrieges betrachteten als die anderen damaligen Großmächte. Für den kommenden Friedensvertrag ließen diese Bedingungen das Schlimmste befürchten. Solche düsteren Erwartungen dämpften alle Hoffnungen für die Zukunft.

Was konnten namentlich wir aktiven Soldaten bei so katastrophalen Aussichten selbst für eine stark verkleinerte und neue Wehrmacht noch erwarten? Doch bei aller begründet erscheinenden Hoffnungslosigkeit galt es für mich, mir meinen Mut und meine jugendliche Aktivität zu neuem Schaffen nicht nehmen zu lassen. So entschloß ich mich, ähnlich wie andere Truppenteile in Danzig eine Freiwilligeneinheit für unser Regiment aufzustellen. Ich folgte damit dem Beispiel meines alten Rekrutenausbilders von 1908, Hauptmann Braun, der bereits mit der Aufstellung einer solchen Batterie begonnen hatte. Diese Aufstellung einer Freiwilligenbatterie und deren Ausbildung zu einer kampfkräftigen Einheit nahm mich von nun an voll in Anspruch.

Allmählich wurde uns allen klarer und bewußter, welcher grundlegende Wandel in politisch-staatsrechtlicher Form innerhalb unseres Vaterlandes erfolgt war. Wir lebten jetzt zum erstenmal in einer Republik – ein schroffer Gegensatz zu den absoluten oder konstitutionellen Monarchien vergangener Jahrhunderte.

Nach dem Ausbruch der Revolution am 9. November 1918 hatte der letzte kaiserliche Reichskanzler, Prinz Max von Baden, den Rücktritt Kaiser Wilhelms II. bekanntgegeben und war gleichzeitig selbst zurückgetreten. Sein Staatssekretär, Philipp Scheidemann, ein bekannter Sozialdemokrat und Politiker, rief daraufhin die Republik aus. Alle deutschen Könige, Großherzöge und Herzöge folgten dem Beispiel des Kaisers und verzichteten auf ihre Herrschaftsansprüche. Friedrich Ebert, Nachfolger Bebels als Führer der Sozialdemokraten, übernahm das Amt des Vorsitzenden des Rates der Volksbeauftragten bis zur Einberufung der Weimarer Nationalversammlung, des verfassunggebenden Parlaments der Weimarer Republik am 19. Januar 1919. Die Nationalversammlung verabschiedete am 16. Februar 1919 eine Notverfassung, die die vorläufige Reichsgewalt regelte. Sie stellte die Übergangslösung bis zur endgültigen Verabschiedung einer Reichsverfassung dar.

Das war also unser neuer Staat, der durch die Weimarer Verfassung seine endgültige Staats- und Regierungsform erhielt, und zwar die eines demokratisch-parlamentarischen Bundesstaates. Am 11. August 1919 wurde diese Weimarer Verfassung beschlossen und verkündet.

Die Reichsregierung war vom Vertrauen des Reichstages, der die Regierung kontrollierte und die Gesetzgebung ausübte – unter Mitwirkung des Reichsrates, in dem die Länder durch Regierungsmitglieder vertreten waren –, abhängig. Im militärischen Sektor war die verwirrende wehrpolitische Entwicklung bereits Ende Dezember 1918 geklärt worden, als Gustav Noske zum Volksbeauftragten für Heeres- und Marineangelegenheiten und Oberst Reinhardt zum (letzten) preußischen Kriegsminister berufen worden waren. Beide begannen mit der Aufstellung einer Regierungstruppe aus den Freiwilligenverbänden. Außerdem veranlaßten sie bereits damals eine vorläufige Regelung der Befehls- und Kommandogewalt und eine Stabilisierung der Exekutive.

Noch lebten wir unter den Bedingungen des Waffenstillstandes von Compiègne und noch immer in Erwartung des kommenden Friedensvertrages – ein eigenartiger Zustand der Ungewißheit und der Unklarheit, und entsprechend den fehlenden Entscheidungen auf vielen Gebieten des öffentlichen Lebens, eine Zeit zögernden und lähmenden Abwartens. Auch die noch im Gang befindliche Arbeit der verfassunggebenden Nationalversammlung in Weimar konnte daran nichts Wesentliches ändern, solange sie noch nicht die entscheidenden Bedingungen des kommenden Friedensvertrages besaß.

Mitten hinein in diese Zeit abwartender Stagnation platzte am 28. Juni 1919 die Nachricht, daß im Spiegelsaal des Schlosses von Versailles der unter dem Namen »Versailler Friedensvertrag« abgeschlossene Frieden der Entente mit Deutschland unterschrieben wurde. Der damalige deutsche Außenminister, Graf Brockdorff-Rantzau, lehnte seine Unterschrift unter das Dokument für Deutschland ab, und zwar wegen der für das Deutsche Reich diffamierenden Bedingungen. Für ihn unterschrieben Müller und Bell das Diktat, denn um ein solches handelte es sich zweifellos und nicht um einen Vertrag zwischen zwei Partnern. Hatten bereits die unerhört harten Bedingungen des Waffenstillstandes von Compiègne für einen späteren Friedensvertrag das Schlechteste erwarten lassen, so übertraf das nunmehr vorliegende Dokument eines Friedens zwischen den siegreichen Alliierten und assoziierten Mächten und dem besiegten Deutschen Reich alle gehegten Befürchtungen, und zwar besonders in folgenden Punkten: hinsichtlich der territorialen Abgaben, hinsichtlich der in die Staatshoheit des Reiches eingreifenden totalen Abrüstung und Reduzierung der Wehrmacht und schließlich hinsichtlich der völlig unerfüllbaren Reparationen. Zu diesen Forderungen kam noch, daß aufgrund des Berichtes einer Entente-Kommision Deutschland und dessen Verbündete die Alleinschuld an diesem Kriege anerkennen mußten. Diese Anerkennung wurde durch ein Ultimatum am 16. Juni 1919 – unter Protest – erzwungen. Der Artikel über unsere Alleinschuld wurde in Deutschland als besonders empörend und jeder Berechtigung entbehrend empfunden. Auf dieser angeblichen Alleinschuld beruhten besonders die geforderten, aber unerfüllbaren Reparationen.

Für uns, die wir damals im Danziger Raum lebten, war ein Paragraph des Vertrages von besonderer Bedeutung. Er behandelte speziell die Abtretung der Freien Stadt Danzig vom Deutschen Reich und ihre Unterstellung unter den neugegründeten Völkerbund. Polen erhielt die größten Teile der bisherigen Provinzen Posen und Westpreußen und damit auch einen Zugang zur Ostsee bei Gdingen in der Danziger Bucht zwischen Danzig und der ostpommerschen Grenze. Ostpreußen wurde gleichfalls vom Reich abgetrennt und war nur durch den Polnischen Korridor zu erreichen.

Wirkten schon allgemein die Bedingungen des Versailler Vertrages auf jeden Deutschen wie ein schwerer Schicksalsschlag, so trafen die Punkte über Danzig, Ostpreußen und einen Polnischen Korridor uns, die unmittelbar Betroffenen, in besonderem Maße. Diese gewaltsamen territorialen Veränderungen und Abgaben, die nur durch einen Korridor mitten durch ein anderes Land überhaupt denkbar und möglich wurden, riefen jedenfalls bei uns allen im Osten spontan die Reaktion hervor: »Das ist der nächste Krieg!« Und tatsächlich führten diese so absurden Regelungen dann später zu gefährlichen Spannungen. Damit will ich selbstverständlich keine Lanze für Hitlers späteren Angriffskrieg im Osten brechen, aber Frieden konnte ein derartiges Friedensdiktat niemals bringen.

Besondere Artikel des Versailler Vertrages enthielten die Bestimmungen über Landheer, Seemacht und Luftwaffe. Sie betrafen uns Soldaten unmittelbar und persönlich. Deshalb möchte ich hier auf sie etwas näher eingehen.

Die zugestandene Stärke des deutschen Heeres wurde auf 100 000 Mann, die der Marine auf 15 000 Mann begrenzt. Die Luftwaffe wurde völlig abgeschafft und verboten. Was die Ausrüstung und Bewaffnung dieses »Reichsheeres« betraf, so wurde sie folgenden Verboten und Beschränkungen unterworfen:

a) Reichswehr: keine Luft- und Panzerwaffe, keine chemischen Waffen sowie jede Art schwerer Artillerie;

b) Reichsmarine: keine Schlachtschiffe und Schweren Kreuzer, keine U-Boote und Marineflieger.

Über diese völligen Verbote hinaus waren alle Führungsorganisationen zu beseitigen wie: General- und Admiralstab, das bisherige Erziehungs- und Bildungswesen, alle Mobilmachungsvorbereitungen. Alle zugestandenen Waffen- und Munitionskategorien wurden kontingentiert. Die erforderliche Rüstungsindustrie wurde auf einige wenige Einzelwerke beschränkt.

Im Artikel 160 wurde die Aufgabe dieser Reichswehr wie folgt festgelegt und präzisiert: »Das Heer ist nur für die Erhaltung der Ordnung innerhalb des deutschen Gebietes und zur Grenzpolizei bestimmt.« Schließlich wurde Deutschland verpflichtet: a) zu einem langdienenden Berufsheer und b) zu einer Gliederung der Armee in sieben Infanteriedivisionen und drei Kavalleriedivisionen.

Seit dem 11. August 1919 war die neue von der Nationalversammlung in Weimar beschlossene Reichsverfassung in Kraft. Die Regierung ging am 30. September 1919 wieder nach Berlin und begann mit dem Aufbau der von der neuen Verfassung vorgeschriebenen Institutionen, mit der Vorbereitung der Reichstagswahlen usw. Ihre aufbauende Arbeit wurde jedoch durch die Lasten des Versailler Vertrages ungeheuer erschwert. Der größte Teil der Gebietsabtretungen stand noch bevor; ein Teil davon war durch vorgesehene Volksabstimmungen noch bis auf weiteres in der Schwebe. (Diese Volksabstimmungen waren später alle positiv für Deutschland.)

Die neue Reichswehr erwies sich an Zahl und Ausrüstung als so schwach, daß sie kein wirksames Instrument der Abwehr gegen äußere und innere Feinde darstellen konnte. Illegale und freiwillige Selbstschutzverbände waren die Folge. Sie waren oder wurden vielfach eine Keimzelle der späteren SS und SA des Nationalsozialismus. Der Versailler Vertrag sollte am 20. Januar 1920 in Kraft treten. Damit wurde nunmehr auch für unsere Wehrmachtsteile in Danzig und den angrenzenden abzutretenden Gebieten endgültig die Räumung akut. Die Vorbereitung für diese Räumung nahm uns die nächsten Monate voll in Anspruch. Ich hatte die Vorbereitungen besonders für meine Batterie zu treffen. Es handelte sich dabei vor allen Dingen um ihre komplette Ausrüstung und Ausstattung für einen mobilen Zustand mit Munitionskolonne, Feldküche, scharfer Munition, Bagage usw. Daneben blieb es meine Aufgabe, die Freiwilligeneinheit zu einer einsatzfähigen Truppe zu machen. Die Arbeit machte mir viel Freude, da die

Freiwilligen im Dienst besten Willen zeigten. Ich hatte nicht die geringsten disziplinarischen Schwierigkeiten. Über unsere spätere Zugehörigkeit zu einem höheren Verband erfuhren wir in diesen Monaten nur soviel, daß die Reste unseres westpreußischen Armeekorps (XVII) in den vorgeschriebenen sieben Divisionen und drei Kavalleriedivisionen aufgehen würden, und zwar in der ostpreußischen 1. Division im Wehrkreis Königsberg und in der 2. Division – Wehrkreis Stettin –, der das gesamte Ostseegebiet von Ostpommern über Mecklenburg, Lübeck, Hamburg bis zur Elbe und bis zur neuen deutsch-dänischen Grenze nördlich Flensburg umfaßte. Die beiden Freiwilligenbatterien »Braun« und »Seydlitz« des alten 2. westpreußischen Feldartillerieregiments Nr. 36 waren zunächst für den Grenzschutz in den nunmehr ostpommerschen Grenzbezirken Lauenburg und Bütow vorgesehen. Über die Reduzierung der Reichswehr erfuhren wir damals nur, daß die vorgeschriebene Stärke von 100000 Mann in Etappen erreicht werden sollte.

Zu Beginn des Inkrafttretens des Versailler Vertrages betrug die Iststärke noch 200000 Mann. In zwei Etappen sollte die endgültige Stärke von 100000 Mann erreicht sein.

Wir lernten in jener Zeit auch den damaligen Reichswehrminister Noske kennen, der zu einer Besprechung mit unserem Generalkommando nach Danzig kam und bei dieser Gelegenheit auch mit den Kommandeuren der Freiwilligenverbände über die Lage sprach. Er gefiel uns in seiner ruhigen und sachlichen Art und war, in der damaligen schwierigen Lage, ein vernünftig und menschlich denkender Vorgesetzter.

Im Januar 1920 schlug endgültig unsere Abschiedsstunde von Danzig. Für den 24. Januar – dem 208. Geburtstag Friedrichs des Großen – wurde der Abmarsch festgesetzt. An diesem Tage fand noch ein letzter Marsch durch Danzigs Gassen und Plätze statt. Ein letztes Mal erlebten wir die bekannte Jopengasse, den herrlichen Langen Markt mit dem historischen Artushof und das alte gotische Rathaus mit seinem himmelragenden Turm an der Ecke der Langgasse. Durch das Hohe Tor vorbei am Reiterdenkmal Kaiser Wilhelms I. ging es dann zur Abschiedsparade auf den Heumarkt. Dort fanden früher in Friedenszeiten alljährlich die »Kaisergeburtstags-Paraden« – in Paradeuniform zu Fuß – statt.

An diesem Abschiedstage aber fand die Parade in feldmarschmäßigen Formationen mit Munitionskolonnen, Bagagen, Feldküchen usw.

statt, in der Ausstattung und Ausrüstung, in der wir unmittelbar danach nach Hinterpommern abrückten. Gute treue Freunde und Freundinnen begleiteten unseren Ausmarsch noch über die Stadtgrenze hinaus.

Danzigs herrliche alte Türme, besonders der wuchtige Turm der Marienkirche, hatten uns früher oft schon aus der Ferne gegrüßt, wenn wir im Herbst aus den Manövern heimkehrten. Jetzt von der »Danziger Höhe« aus entschwanden sie schnell unseren Abschiedsblicken.

Unser Marsch von Danzig nach Hinterpommern in die ostpommerschen Grenzkreise Lauenburg und Bütow führte zunächst durch die bis dato westpreußischen Kreise Danziger Höhe und Karthaus. Wir kannten sie schon durch die Wanderungen während der Schulzeit und die Geländeübungen und Manöver in späteren Zeiten, besonders gut aber durch unsere Reitjagden.

Die neue pommersche Reichsgrenze war nur 30 bis 35 km von Danzig entfernt, und von dort aus waren es bis in unsere Grenzquartiere nur noch etwa 10 km. Innerhalb von vier Tagen erreichten wir Gut und Dorf Mikrow, etwa 10 km südlich des Städtchens Lauenburg. Der Marsch dorthin verlief bei schönem trockenen und sonnigen Januarwetter ohne besondere Ereignisse und war fast eine Erholung nach den anstrengenden und erregenden Danziger Abschiedstagen. Die Bevölkerung in den kleinen Städten und Dörfern nahm uns überall freundlich auf, auch in der sogenannten Kaschubei rings um Karthaus, wo die Mehrzahl der Bevölkerung kaschubisch-slawischer Herkunft ist.

Auf dem Gut und im Dorf Mikrow fühlten wir uns bald heimisch. Während der ganzen Zeit unserer Einquartierung herrschte mit den Bewohnern gute Übereinstimmung. Wir drei Offiziere lagen auf dem Gut, die Unteroffiziere und Mannschaften bei den Bauern- und Arbeiterfamilien, die gesamte Bespannung der Batterie in den Gutsställen.

Der Dienst fand vorwiegend im Gelände statt, meist auf Marschboden und abgeernteten Feldern, so daß wir kaum Flurschaden anrichteten. Wir richteten uns auf längere Zeit hier ein und hatten viel Freude an der gut zusammenhaltenden Batterie.

Nach zweieinhalb Monaten – Mitte April – schlug für mich wieder einmal die Abschiedsstunde. Ich mußte die Batterie meinem ältesten Batterieoffizier übergeben und mich beim Regimentsstab des Artillerieregiments 2 in Kolberg – Oberst von Dewitz – melden. Der Abschied von dieser Batterie, die ich vor einem Jahr selbst aufzustellen begonnen hatte, fiel mir schwer. Die Batterie ist 1920 in dem neuen

2. preußischen Artillerieregiment der Reichswehr im Wehrkreis II (Stettin) aufgegangen.

In Kolberg erhielt ich den Befehl, in Stettin-Krokow eine der dortigen Freiwilligenbatterien zu übernehmen. Ich behielt sie jedoch nur 14 Tage, da ich Order erhielt, diese Batterie wieder abzugeben und eine andere Batterie in Kolberg zu übernehmen, deren Batteriechef anscheinend für längere Zeit erkrankt war.

Also zurück nach Kolberg! Ich übernahm dort in der alten Kaserne des 2. pommerschen Artillerieregiments die 2. Freiwilligenbatterie. Sie war personell und materiell gut ausgestattet und hatte einen guten militärischen und kameradschaftlichen Geist. Nur einige wenige Mängel galt es abzustellen und zu verbessern. Ich ließ in der ersten Zeit alles beim alten, um erst einzugreifen und zu ändern, nachdem ich die Mängel wirklich erkannt und die Gründe dafür festgestellt hatte. Zwei Dinge hatte ich abzustellen: die Dauer des Frühstalldienstes und die ungenügende Ausbildung der Batterie im Gelände.

Die Batterie wurde kurz nach meiner Übernahme in den Grenzschutz verlegt und eingesetzt, und zwar im Kreise Schneidemühl, am Rande des Städtchens, das an der Ostbahn von Berlin nach Ostpreußen lag. Es lag also noch in den beim Reich verbleibenden Teilen Westpreußens. Die Entfernung von Kolberg nach Schneidemühl betrug etwa 125 km, also ein Marsch von vier bis fünf Tagen, davon ein Ruhetag. Bei schönstem Frühlingswetter war das eine reine Freude.

In Schneidemühl fanden wir glücklicherweise äußerst günstige Verhältnisse vor: Unterkunft für die ganze Batterie einschließlich Chef, Offizieren, Unteroffizieren und Mannschaften sowie Pferde, Geschütze und Fahrzeuge in einer riesigen, nach Süden offenen Flugzeughalle und den bisherigen Flugplatz für jede Art Übungen und Exerzieren unmittelbar vor der Fliegerhalle. Wir konnten sogar selbständig, ohne allzu genaue Beachtung der vorgeschriebenen Sicherheitsbestimmungen, Artilleriescharfschießen veranstalten.

Ende August 1920 ging es im Fußmarsch wieder zurück nach Kolberg. Hier galt es jetzt für die Zwischenetappe des »150000-Mann-Heeres«, die am 1. Oktober in Kraft treten sollte, die nötigen Vorbereitungen zu treffen und durchzuführen. Bei einem Sandkastenkriegsspiel wurden sämtliche Hauptleute noch einmal vom Divisionskommandeur, General Weber, überprüft. Dank meiner jetzt wirklich guten Batterie konnte ich mit ziemlicher Sicherheit mit meiner Übernahme in das jetzt 150000- und dann 100000-Mann-Heer rechnen.

Am 1. Oktober 1920 begann die Aufstellung der uns durch den Versailler Vertrag zugebilligten Reichswehr. Ihre Stärke durfte bekanntlich sieben Infanteriedivisionen und drei Kavalleriedivisionen nicht überschreiten, und zwar mit einem personellen Istbestand von 100000 Mann für das Heer und 15000 Mann für die Marine, einschließlich Offizieren und Beamten.

Wir kamen zum Reichswehrkreis II mit der 2. Infanteriedivision, der folgende Gebiete umfaßte: Pommern mit Stettin, Mecklenburg, Schwerin und Strelitz, Lübeck und Hamburg, Schleswig-Holstein mit Kiel, damit zugleich die gesamte Ostseeküste von der neuen ostpommerschen Reichsgrenze bis zur neuen schleswig-holsteinischen Reichsgrenze sowie die Nordseeküste von hier bis zur Elbmündung einschließlich. Nach Osten schloß sich der Wehrkreis I mit der 1. Infanteriedivision in Ostpreußen mit Königsberg und den beim Reich verbleibenden Teilen Westpreußens – Marienburg und Elbing – an. Zwischen diesen beiden Wehrkreisen I und II lag die Freie Stadt Danzig und der Polnische Korridor.

Unser Regimentskommandeur wurde der bisherige Kommandeur des Kolberger Artillerieregiments 2, Oberst von Dewitz. Für seinen neuen Stab in Schwerin nahm er u. a. auch mich mit, zunächst jedoch ohne genaue Bestimmung meiner Verwendung. Schwerin war eine der schönsten Garnisonen Norddeutschlands mit damals etwa 40000 Einwohnern. Der große Schweriner See und das alte, auf einer in den See hineinragenden Halbinsel erbaute historische großherzogliche Schloß bestimmten ebenso das malerisch schöne Stadtbild wie der im Zentrum liegende Pfaffenteich und der alte Markt mit dem Dom und dem Rathaus. Unsere Artilleriekaserne lag auf dem höchsten Punkt, zwischen Osttorfer See und Großem See, dem Schloß gegenüber. Ein schöneres Fleckchen Erde für die Neuaufstellung eines Regiments konnte man sich kaum vorstellen.

Ich wurde kurz nach unserem Eintreffen in Schwerin wieder einmal zum Regimentsadjutanten ernannt. Es war eine allgemeine Erscheinung in der neuen Reichswehr, daß die meisten Offiziere nicht mehr die Stellung behalten konnten, die sie zuletzt im Kriege innehatten. Leutnante, die schon längst Batterien geführt hatten, wurden wieder Batterieoffiziere, Hauptleute, die alte Abteilungskommandeure waren, mußten wieder Batterien übernehmen usw. Das war das Schicksal einer so reduzierten Wehrmacht.

Außer unserem Regimentsstab und einer Batterie der Güstrower

Abteilung lagen in Schwerin noch ein Bataillon des 6. Infanterieregiments, Stab und eine Kompanie der Fahrabteilung 2 (mot.) sowie der Infanterieführer 2. Das ermöglichte sehr willkommene Geländeübungen gemischter Waffenverbände in dem besonders geeigneten Schweriner Gelände.

Nachdem alle Stäbe und Batterien aufgestellt waren und sich in ihren neuen Garnisonen eingerichtet hatten, begann das Winterhalbjahr 1920/21 wie früher im alten Heer mit der Einzelausbildung, der dann im Frühjahr die Ausbildung der bespannten Batterien im Gelände folgte. Da wir jetzt ein Berufsheer mit 12jähriger Dienstzeit hatten, war unser Ziel natürlich die Heranbildung eines Eliteheeres. Die Anforderungen wurden dementsprechend allmählich gesteigert.

Ich konnte mit meinem Regimentskommandeur bald nach der Beendigung der Aufstellungen die Abteilungen und Batterien besuchen. Zweck dieses ersten Besuches war erst einmal, das neue Offizierkorps und die Batterien kennenzulernen. Diese Reise war für mich besonders interessant, da ich die Gegend zwar aus meiner frühesten Jugend kannte, sie seitdem aber nie wiedergesehen hatte. Auch die Eigenart der verschiedenen Landsmannschaften, Pommern, Mecklenburger, Schleswig-Holsteiner, war sehr aufschlußreich.

Im Sommer 1921 wurde zum erstenmal die gesamte 2. Division über vier Wochen zur Einzelausbildung im Regiment, zu Scharfschießen sowie zu Divisions-Geländeübungen und Manövern auf den Truppenübungsplatz Altengrabow bei Hamburg verlegt. Es war ein heißer und trockener Sommer, das berühmte Weinjahr 1921. Da Baracken und Kasernen nicht ausreichten, um alles unterzubringen, mußte ein großer Teil der Verbände in Zelten kampieren. Die Trockenheit hatte nur einen Nachteil: sie erschwerte das artilleristische Scharfschießen. Schon die ersten scharfen Schüsse verursachten schnell um sich greifende Heide- und Waldbrände. Aus beabsichtigtem lehrreichen Abteilungs- und Batterie-Scharfschießen wurden dadurch langwierige, sehr heiße und große Löschmanöver, die die Truppe über die Maßen beanspruchten. Sie wurde mißmutig, und auch Oberst von Dewitz mußte wohl oder übel gute Miene zum bösen Spiel machen und seine Forderungen etwas herabsetzen.

So vergingen unter Oberst von Dewitz und seinem ersten Nachfolger für mich im ganzen noch einmal fünf Jahre als Adjutant des 2. preußischen Artillerieregiments. Die Beförderungen und Veränderungen in der neu aufgestellten Reichswehr gingen damals, namentlich in den ersten Jahren ihres Bestehens mangels der erforderlichen Abgänge, sehr langsam vor sich. Hauptmann blieb man damals meist 12 bis 13 Jahre. Die heutigen Altersgrenzen kannten wir noch nicht.

Inzwischen hatte ich 1922 Ingeborg Barth, die Tochter des Professors Dr. med. A. Barth, Chirurgischer Chefarzt des Danziger Großen Krankenhauses, geheiratet.

Außer seinen neuen regulären Batterien hatte jedes Artillerieregiment damals noch eine sogenannte A-Batterie (Ausbildungsbatterie). Ihre Aufgabe war es, jedes Jahr die von den neuen Batterien angenommenen Rekruten in einem Jahr so weit auszubilden, daß sie danach als fertige Kanoniere oder Fahrer wieder in ihrer Stammbatterie eingestellt werden konnten. Für mich war in diesem Zusammenhang besonders interessant, daß ich sowohl die Grundausbildung wie die Ausbildung der fertigen Batterien zu betreuen hatte.

Die A-Batterie des Regiments unterstand – in Schwerin gelegen – unmittelbar dem Regiment. Diese Batterie übernahm ich am 1. April 1925, um mich nun in der Reichswehr auch noch im Frontdienst zu bewähren. Als Chef der A-Batterie hatte ich das Glück, ab 1928 auch noch den vierten Kommandeur unseres Regiments seit seiner Aufstellung, Oberst Freiherr von Fritsch, zu erleben, der in der ganzen Armee als einer der hervorragendsten Generalstabsoffiziere – im Ersten Weltkrieg Ia der 1. Garde-Infanteriedivision – bekannt war. Sein Regiment verehrte ihn jedoch nicht nur wegen seiner hervorragenden soldatischen Eigenschaften, sondern auch wegen seines wahrhaft vornehmen Charakters.

Leider mußte ich mein Schweriner Regiment schon vor Beendigung dieser militärisch ungewöhnlichen Jahre unter Fritsch am 1. Juli 1929 verlassen: Ich war als Adjutant des Heereswaffenamtes ins Reichswehrministerium nach Berlin versetzt worden.

Hier in Berlin hatte ich das Gymnasium besucht und die Stadt damals im Südwesten und im Zentrum, aber auch im Westen gut kennengelernt. Sie war mir also in ihren Grundzügen sozusagen von jung an bekannt und vertraut. Wenn dies nun auch rund 30 Jahre zurücklag, war mir Berlin die ganzen Jahre hindurch immer wieder durch Kommandos, Durchreisen oder Besuche bei Verwandten genügend vertraut geblieben, so daß ich mich schnell wieder einlebte.

Das Einleben in die mir bis dahin unbekannten Verhältnisse des Waffenamtes und des Reichswehrministeriums wurde mir dadurch außerordentlich erleichtert, daß mein Chef Generalleutnant von Vollard-Bockelberg war, in der Truppe zuletzt in unserem 2. Artillerieregiment, und zwar als Abteilungskommandeur der Güstrower 2. Abteilung des Regiments.

Das Heereswaffenamt war neben dem Ministeramt, dem Truppenamt, dem Verwaltungsamt und dem Personalamt eines der fünf Ämter des Reichswehrministeriums. Zu den bekanntesten Persönlichkeiten der Amtschefs gehörten damals General von Schleicher (Ministeramt) und General Beck (Truppenamt) sowie der General Fromm, der bekanntlich im Zusammenhang mit den Ereignissen um den 20. Juli 1944 stand (damals Chef des Verwaltungsamtes). Das Waffenamt gliederte sich in das Waffenamtprüfwesen, das Waffenamtbeschaffungswesen und das Waffenamtpersonalwesen. Über dem Ganzen stand der Chef des Waffenamtes mit Generaladjutantur und Generalstab.

Meine Tätigkeit als Adjutant des Heereswaffenamtes entwickelte sich vielseitig und anregend. Außer der laufenden Büroarbeit, die mit einer derartigen Adjutantur eines Amtes verbunden ist, oblag mir die Vorbereitung der Sitzungen und Vorträge beim Amtschef. Dazu war häufig eine vorherige Zusammenarbeit und Absprache mit anderen Ämtern des Hauses erforderlich. Auch für Dienstreisen des Amtschefs zu den wichtigsten Rüstungswerken, zu Waffenvorführungen bei der Truppe oder für die Teilnahme an Geländeübungen oder Herbstmanövern lagen die Vorbereitungen dazu in meinen Händen. Das Waffenamt betreute und lenkte auch die Auswahl und das Studium derjenigen jungen Offiziere, die das Aufnahmeexamen zu Kriegsakademien bestanden hatten, aber nicht die Generalstabsausbildung, sondern ein Studium der Technik, Chemie oder Wirtschaft wählten. Die Leitung ihres Studiums lag in den Händen des Waffenamtes (Oberst Prof. Dr.-Ing. Becker). Ihre militärische Verwendung nach Abschluß des Studiums bearbeitete ich in Verbindung mit dem Personalamt. Außerdienstlich waren jene Jahre in der Metropole Berlin außerordentlich anregend. So nahmen die Vorträge in Dahlem im Max-Planck-Institut, darunter solche von Prof. Max Planck selbst, einen besonderen Platz ein. Was das Künstlerische anbetraf, so waren es vor allem das Pergamon-Museum, die Nationalgalerie und auch das Ägyptische Museum, die uns immer wieder anzogen, während unter den Theatern das Deutsche Theater und die Kammerspiele unter Max Reinhardt und das Staatliche Schauspielhaus am Gendarmenmarkt unter Gessner durch glänzende Aufführungen von klassischen wie von modernen Stücken den ersten Platz einnahmen.

Politisch erlebten wir in Berlin die 1929/30 ausbrechende Weltwirtschaftskrise, die im Reich nicht zuletzt durch die Folgen des verlorenen Krieges und des Versailler Vertrages teilweise katastrophale Ausmaße annahm: Zusammenbruch einer der deutschen Großbanken und Konkurse bedeutender Unternehmen. Das führte zu millionenfacher Arbeitslosigkeit und zu einem bis dahin nicht gekannten Radikalismus von rechts (Nationalsozialisten) und von links (Kommunisten). Regierung und Reichstag vermochten dieser Krise nicht Herr zu werden, so daß die Nationalsozialisten, die ihre wahren Ziele noch nicht aufdeckten, mit ihren pseudomilitärischen Aufmärschen und ihrer nationalen Propaganda unverhältnismäßig gute Erfolge verbuchen konnten.

Am 1. April 1933, zwei Monate nach der Machtübernahme durch Hitler, wurde ich als Kommandeur der IV. reitenden Abteilung in das 6. preußische Artillerieregiment nach Verden versetzt. Ehe ich jedoch die neue Stelle als Abteilungskommandeur dort antrat, mußte ich noch zwei Monate in Berlin bleiben, um die reibungslose Einarbeitung meines Nachfolgers zu gewährleisten. Sie war in diesem Falle um so notwendiger, als auch mein Chef, General von Bockelberg, in diesen Monaten mit einer Veränderung seiner Position rechnete.

Eine Regimentskommandeurs-Besprechung meines neuen Regiments in Verden verschaffte mir bereits vor meinem Dienstantritt eine flüchtige Bekanntschaft mit meiner neuen Garnison in der Lüneburger Heide. Die Abteilung lag mit dem Abteilungsstab und zwei Batterien in Verden, die dritte Batterie in Fritzlar, unweit von Kassel.

Doch zurück nach Berlin, wo ich noch bis zum 1. April arbeitete. Selbstverständlich war ich wie wir alle sehr gespannt auf die ersten Taten Hitlers und seiner nationalsozialistischen und deutschnationalen Minister. Hatte er sich doch bereits am ersten Tag seiner Regierung als Reichskanzler einer nationalsozialistischen Regierung aus Nationalsozialisten und Deutschnationalen bekannt. Schon wenige Tage und Wochen später setzte eine Flut von Reden ein; außerordentliche Maßnahmen wurden ergriffen und neue Gesetze erlassen.

Hier eine kurze Rückblende auf einige wesentliche Ereignisse:

3. Februar 1933: Hitler hält seine erste Ansprache an die Befehlshaber der Wehrmacht, bei der er seine außenpolitischen Ziele umreißt: Lebensraum im Osten und rücksichtslose Germanisierung. Daß dies selbstverständlich nur mit Gewalt möglich sein würde, also Krieg bedeutete, war schon damals klar.

27. Februar 1933: Reichstagsbrand. Wir alle, die wir über dieses Ereignis diskutierten, waren uns über eines im klaren: Der Zweck dieser Maßnahme, deren Ursprung noch im dunkeln lag, konnte nur der sein, jede Art von Parlamentarismus auszuschalten.

28. Februar 1933: Verordnung zum Schutz von Volk und Staat. Aufhebung zahlreicher Grundrechte (gesetzliche Grundlage der Konzentrationslager).

21. März 1933: Tag von Potsdam. Angeblich Verschmelzung von nationalsozialistischer Revolution mit historisch-preußischer Tradition. Entsprechende Feier in Potsdam in der kleinen alten friderizianischen Garnisonkirche.

Wir sahen uns die erste Repräsentation der Nationalsozialisten an diesem sonnigen Frühlingstag an, um einen eigenen Eindruck von der neuen Berliner Zeit mit nach Verden nehmen zu können. Eine Teilnahme in der Garnisonkirche selbst kam leider nicht in Frage, so daß wir an der Zufahrtsstraße, an der Hitler erwartet wurde, standen. Von einer Art Volksspalier war keine Rede. Nur hier und da spärliche Menschengruppen. Als Hitler und mit ihm Göring dann kurz vor 10 Uhr zu Fuß nebeneinander hergehend kamen, gab es nur ganz vereinzelte Heil-Rufe.

24. März 1933: Ermächtigungsgesetz. Dieses Gesetz gab Hitler alle ihm für seine nationalsozialistischen Absichten, Ideen und Taten notwendige Macht. Durch die ihm ergebene Justiz war Hitler Herr über Leben und Tod eines jeden Deutschen.

Mit diesen Eindrücken der ersten zwei Monate nationalsozialistischen Wirkens verließ ich Ende März 1933 Berlin und übernahm nun endgültig das Kommando über meine neue Abteilung in Verden. Ich ging nach vier Jahren Adjutantur- und Bürotätigkeit voller Optimismus und mit innerem Schwung wieder zurück in die »Front« an meine neue Aufgabe.

Als erstes begrüßte ich das Offizierkorps des Abteilungsstabes und das der zwei Verdener Batterien, insgesamt 12 Offiziere und Beamte. Dabei hob ich besonders hervor, daß es für mich eine besondere Ehre sei, Kommandeur dieser reitenden Abteilung zu werden, die berufen sei, so ruhmreiche Traditionen wie die des 1. hannoverschen Feldartillerieregiments Nr. 10 »von Scharnhorst« fortzusetzen. Ich gab ihnen dann noch ein Wort unseres ersten Reichswehr-Artillerieinspekteurs, dessen Adjutant ich bei der Großen Schlacht in Frankreich im Frühjahr 1918 war, mit auf den Weg: »Ich sehe nicht ein, daß ein guter Artillerist nicht auch ein guter Reiter sein soll und umgekehrt ein guter Reiter nicht auch ein guter Artillerist.« Ich war mir bewußt, daß ich eine artilleristisch wie reiterisch sehr gut ausgebildete Abteilung von meinem Vorgänger übernommen hatte. Daher hoffte ich, daß es auch unter meinem Kommando gelänge, beides so zu erhalten, den hervorragenden Stand der artilleristischen Ausbildung wie den passionierten und belebenden Reitergeist.

Verden war in der Tat für eine berittene Truppe eine ideale Garnison. Alles, was sie brauchte, stand ihr unmittelbar zur Verfügung. Das galt für die Kasernen und auch für das Gelände. Man konnte sozusagen aus der Kaserne vom Feldweg losgaloppieren und befand sich in der Heide mit idealem Boden. Die geographische Lage der Garnison mit ihrer Nähe zu Bremen und im Dreieck der drei großen Städte Bremen – Hannover – Hamburg hatte für Offiziere, Unteroffiziere und Mannschaften große Vorteile. In der Woche taten sie ihren Dienst und am Wochenende gingen sie ihren privaten Interessen bei den ländlichen Reitervereinen nach oder konnten eine der drei großen Städte besuchen. Auch die 3. reitende Abteilung in Fritzlar nahe Kassel hatte – wenn auch etwas abgesetzt und etwas einsam – durchaus zufriedenstellende Verhältnisse. Ihr fehlte allerdings die anregende und belebende Konkurrenz. Die Gelegenheiten der Zusammenarbeit in der Abteilung waren leider nur einmal im Jahr zu Schießübungen und einmal im Manöver gegeben.

Dienstlich verlief mein Beginn in Verden sonst ohne große Ereignisse und Veränderungen. Sportlich erlebte ich im Sommer dieses Jahres erstmalig die seit Jahren bekannt gewordenen Verdener Turniere.

Das zweite Verdener Jahr, 1934, war durch mehrere militärisch wie politisch bedeutungsvolle Ereignisse gekennzeichnet. Drei reitende Abteilungen der Reichswehr (Verden/Aller, Potsdam und Sagan/Sprottau) unterstanden von nun an nicht mehr wie bisher als 4. reitende Abteilung den Artillerieregimentern der Infanteriedivision – wie wir bisher dem 6. preußischen Artillerieregiment der 6. preußischen Infanteriedivision –, sondern unmittelbar den entsprechenden drei Kavalleriedivisionen. Meine reitende Abteilung gehörte nunmehr zur 3. Kavalleriedivision in Weimar. Vorher wäre eine solche Unterstellung nur im Mobilmachungsfalle eingetreten. Ein besonderer Artillerieführerstab beim Kavalleriekorps in Berlin wurde für die 3. reitende Abteilung als Waffenvorgesetzter geschaffen. Außerdem verloren wir in diesem Jahre alle Offiziere, die im Kriege zur Luftwaffe gehört hatten. Das ließ selbstverständlich darauf schließen, daß beabsichtigt war, wieder eine besondere Luftwaffe zu schaffen.

Wesentlich bedeutungsvoller aber waren zwei andere Ereignisse des Jahres 1934: der sogenannte Röhm-Putsch und der Tod des Reichspräsidenten von Hindenburg.

Der Röhm-Putsch, in dessen Zusammenhang Ernst Röhm (seit 1931 Stabschef der SA und seit 1933 Reichsminister) am 30. Juni 1934 in München erschossen wurde, hatte Terror und Morde in allen Teilen des Reiches zur Folge. Einem solchen Mord fiel auch General von Schleicher zum Opfer. Das löste höchste Empörung im ganzen Offizierkorps aus. Die Forderung des Kriegsministers von Blomberg nach Aufklärung dieser Untaten wurde von Hitler mit der Begründung abgelehnt, man habe andere besondere Beweise für staatsfeindliche Betätigung. Blomberg und ein Teil der höchsten Generäle fanden sich mit dieser Scheinbegründung ab. Die Tat wurde bald darauf noch als juristisch in Ordnung erklärt, was die Empörung noch weiter steigerte. Es kam jedoch auch jetzt nicht dazu, daß sich die gesamte Generalität geschlossen und ultimativ gegen diese Methoden wandte, was in unseren Offizierskreisen unbedingt erwartet wurde. Nach dem Putsch wurde die höchste SA-Führung als Machtfaktor abgeschafft. Nachfolger Röhms als höchster SA-Führer wurde Lutze.

Nach dem Tod des Reichspräsidenten von Hindenburg am 2. August 1934 vereinigte Hitler in seiner Person als »Führer« die Ämter des Staatsoberhaupts und des Reichskanzlers. Es folgte die sofortige Vereidigung der Reichswehr auf ihn als Obersten Befehlshaber (angeblich auf Initiative Blombergs und Reichenaus). Nunmehr lag die gesamte zivile und militärische Macht in den Händen Hitlers – seine Diktatur wurde damit vollkommen.

Zwischen diese beiden – in ihrer Auswirkung zum Teil umstürzenden Ereignisse – fiel für uns das Jubiläum der reitenden Artillerie, die Friedrich der Große vor 175 Jahren geschaffen hatte, im Jahre 1759. Unser Chef der Heeresleitung, General der Artillerie Freiherr von Fritsch – selbst einst reitender Artillerist im großherzoglichen hessischen Artilleriekorps in Darmstadt –, legte diese Feier für die drei reitenden Abteilungen des Reichsheeres zu uns nach Verden an der

Aller. Damit fiel die gesamte Vorbereitung und Durchführung der Feier am 22. Juli 1934 der Verdener Abteilung und mir als Standortältesten zu.

Einen leider allzu schroffen Gegensatz hierzu bildete drei Tage später, am 25. Juli 1934, der nationalsozialistische Putsch in Wien gegen die österreichische Regierung. Er mißglückte, was in weiten Kreisen mit großer Genugtuung aufgenommen wurde. Dabei fiel der österreichische Bundeskanzler Dollfuß einem feigen Mord zum Opfer.

Am 16. März 1935 wurde die allgemeine Wehrpflicht eingeführt. Es war der Beginn der offenen Aufrüstung. In Verden begann damit die Planung und Vorbereitung für eine Umstellung der Abteilung auf fahrende Batterien sowie eine in den Jahren 1936 und 1937 durchzuführende Vergrößerung auf ein Regiment mit drei fahrenden Abteilungen – in Verden die I. und III. Abteilung, in Lüneburg die II. Abteilung – und eine schwere pferdebespannte Abteilung in Oldenburg. Daraus sollte das Artillerieregiment Nr. 22 der 22. Infanteriedivision entstehen. Außerdem wurde aufgestellt der Stab eines Artillerieführers und eine mir nicht unterstellte motorisierte schwere Abteilung (Standort Bremen). Mit den Bauten der erforderlichen neuen Kasernen begannen wir noch in diesem Jahr; im Frühjahr 1936 standen bereits in Verden alle erforderlichen Gebäude. In Lüneburg und Oldenburg bezogen die Abteilungen die bis dahin von dortigen ehemaligen Truppenteilen besetzten alten Kasernen, die nur, soweit es notwendig war, durch neue Bauten ergänzt wurden.

Die Güte der vorhandenen Unteroffiziere und Mannschaften des 100000-Mann-Heeres ermöglichte ohne besondere Schwierigkeiten die gesamten Neuformationen. Lediglich ein großer Teil der noch notwendigen Offiziere fehlte. Hier kam mir ein Kommando zur Artillerieschießschule Jüterbog außerordentlich zu Hilfe. Ich wurde als Oberstleutnant beim Stab zu dem Kommandeur der Artillerieschule, Generalmajor Krazert, kommandiert.

Die Schule hatte während dieses Winterhalbjahres die Aufgabe, bei 200 Oberfähnrichen im letzten Halbjahr vor ihrer Beförderung zum Offizier noch die nötige artilleristische Ausbildung zu vervollkommnen. Aus diesen Offiziersanwärtern konnte ich für mein Regiment die fehlenden Leutnants entnehmen, die ich für die neue Aufstellung noch benötigte. Ihre Bewährung nachher im Regiment sollte mir 1936 zeigen, daß ich richtig und gut gewählt hatte. Im Sommer des Olympiajahres 1936 führten wir nach und nach die Umstellung der zwei reitenden Batterien auf das fahrende Artillerieregiment 22 durch. Am 6. Oktober 1936 war dann der offizielle Gründungstag im Rahmen der 22. Infanteriedivision in Bremen.

Im Olympiajahr fand in Verden das größte und erfolgreichste Reitturnier statt. Gustav Rau, der große Manager und Organisator des gesamten Reit- und Turniersports, verschaffte uns namhafte ausländische Turnierteilnehmer, die sich vor den Olympischen Spielen in Berlin in Verden schon etwas an die deutschen Verhältnisse gewöhnen sollten. So erschienen in Verden zwei ausländische Teams, das amerikanische, bestehend aus General Henry und drei Offizieren, und das rumänische mit vier Offizieren. Außerdem wurde das Turnier noch besonders anziehend durch ein Marine- und ein Fliegerjagdspringen. Die Marine kam auf Weser und Aller und marschierte mit Musik in Verden ein. Diese Attraktionen brachten uns einen Rekordbesuch aus Bremen, Hannover und Hamburg, wie ihn Verden noch nie erlebt hatte. Zusätzlich hatten wir noch die Freude, daß sich das über achttägige Zusammensein mit den ausländischen Teams, besonders mit den amerikanischen Offizieren und deren Damen, zu einer außerordentlich erfreulichen, kameradschaftlichen Begegnung entwickelte.

Doch nach dieser Abschweifung auf mehr sportliche und gesellschaftliche Gebiete und Freuden einer kleinen Garnison in jenen Tagen zurück zur weiteren Entwicklung unserer Truppe im Rahmen der großen, nunmehr offenen Aufrüstung und der sie begleitenden allgemeinen und politischen Ereignisse. Es ging jetzt darum, aus den ja noch bestehenden zwei reitenden Batterien das aus neun fahrenden Batterien, vier Abteilungsstäben und einem Regimentsstab zu bildende neue Regiment personell und materiell auszustatten. Dies gelang dank des vorhandenen vorzüglichen Stammpersonals ohne besondere Schwierigkeiten. 1935/36 hatte ich ein Halbjahr noch die Sonderaufgabe, die reitende Abteilung Potsdam mit zu übernehmen. Auf diese Weise lernte ich auch diese alte Garnison etwas näher kennen.

Die Jahre 1935, 1936 und 1937 waren durch einige bedeutsame Ereignisse gekennzeichnet: der kriegerische Einfall Italiens in Abessinien (Oktober 1935), der Beginn des Spanischen Bürgerkrieges im Juli 1936, die Kündigung des Locarno-Vertrages und die Besetzung der entmilitarisierten Zone des Rheinlandes durch Deutschland, die Begründung der Achse Berlin–Rom am 25. Oktober 1936, der Abschluß des Anti-Komintern-Paktes Deutschland–Japan am 25. November

1936, der Ausbruch des Krieges zwischen Japan und China (Juli 1937). Die ganze Welt rüstete fieberhaft.

In Verden erhielt die Garnison Zuwachs durch ein Infanterie-Ausbildungsbataillon des Bremen-Delmenhorster Infanterieregiments 69. In dieser Zeit traten erstmalig offiziell auch eine SA-Standarte und eine Vertretung der SS auf, denen Verden gleichfalls als Standort zugewiesen worden war. Die SA-Standarte glaubte ihre neue Daseinsberechtigung am besten dadurch zu beweisen, daß sie versuchte, unsere alteingesessenen Verdener Unteroffiziere und Mannschaften auf den üblichen Sonnabend-Tanzvergnügen in Verdens Tanzlokalen auszustechen. Dabei scheuten sie auch gewaltsame und bis dahin in Verden unbekannte Rempeleien nicht. In der Truppe entstand dadurch erhebliche Erregung, die ein Eingreifen meinerseits erforderlich machte. Da die Schuld einwandfrei auf seiten der SA lag, verlangte ich vom Standartenführer eine offizielle Entschuldigung, sonst lehnte ich jede weitere Verbindung und den Verkehr mit der Standarte ab.

Christiansen, der Standartenführer, meldete diese Lage seinem SA-Brigadeführer (Freiherr von Schorlemmer) in Bremen, zuletzt Rittmeister a. D. der Oldenburger Dragoner (1918). Dieser ließ mich durch die Standarte wissen, eine Entschuldigung der SA gegenüber der Wehrmacht käme für die SA niemals in Frage. Daraufhin teilte ich ihm mit, daß wir dann jede weitere Verbindung ablehnten. Damit fand diese Angelegenheit jedoch nicht ihr Ende. Die SA meldete die Sache weiter an ihren höchsten SA-Führer, Lutze, in Hannover. Dieser kam während des Turniers nach Verden und bat mich um eine Rücksprache, wobei ich ihm über den Vorfall reinen Wein einschenkte. Die Wirkung war prompt. Wenige Tage später erschien Brigadeführer von Schorlemmer in Verden und entschuldigte sich in aller Form.

Eine weitere Erfahrung über die Sonderstellung der SS machte ich bei einem anderen Vorfall in jenen Jahren. Während meines Kommandos zur Artillerieschießschule Jüterbog im Winter 1935/36 erhielt ich den Auftrag, beim zuständigen Wehrkreiskommando III Berlin eine Neujahrskarambolage zwischen einem unserer Oberfähnriche und einem Mitglied der Leibstandarte zu klären. Der Angehörige der SS sollte dabei eine besonders üble Rolle gespielt haben. Eine derartige Klärung bei der SS konnte, so hieß es, nur das zuständige Wehrkreiskommando III herbeiführen. Der Chef des Stabes des Wehrkeiskommandos III, Oberst i. G. Felbert, dem ich die Angelegenheit vortrug, lehnte jedoch jede Untersuchung des Vorfalles durch das Wehrkreiskommando mit der Begründung ab: »Die SS steht außerhalb aller Gesetze!«

Das Jahr 1938 war ein Jahr wichtigster Entscheidungen, von denen wir an der »Front« meist völlig überrascht wurden. Hitler trieb seine Rüstungs- und Kriegspolitik mit allen Mitteln beschleunigt weiter. Gleich zu Beginn des Jahres 1938 überraschte uns alle, besonders aber das Heer und sein Offizierkorps, folgende amtliche Nachricht vom 4. Februar:

a) Entlassung des Reichskriegsministers Generalfeldmarschall von Blomberg;
b) Entlassung des Oberbefehlshabers des Heeres Generaloberst Freiherr von Fritsch;
c) Hitler Oberbefehlshaber der gesamten Wehrmacht;
d) Bildung des Oberkommandos der Wehrmacht (OKW);
e) Entlassung des Reichsaußenministers Freiherr von Neurath, Nachfolger Ribbentrop;
f) Nachfolger des Oberbefehlshabers des Heeres Generaloberst von Brauchitsch.

Die Gründe für die Entlassungen wurden, wie stets im Dritten Reich, nicht bekanntgegeben. Wir waren also zunächst auf die verschiedensten Gerüchte angewiesen. Im Falle Blomberg war es angeblich seine zweite Heirat; seine Frau sollte einen schlechten Ruf haben. Im Falle Fritsch sollten angeblich homosexuelle Beziehungen des Generalobersten aufgedeckt worden sein.

Die Behauptung, Blomberg habe ein Mädchen mit schlechtem Ruf geheiratet, traf zu. Ganz merkwürdig, ja geradezu verdächtig aber war, daß als einzige Trauzeugen bei der Hochzeit Hitler und Göring aufgetreten waren. Trotzdem kurz darauf Blombergs Entlassung! Das Ziel der Beseitigung Blombergs aus seinem Amte war erreicht, und zwar mit der aktiven Hilfe Hitlers und Görings selbst. Im Falle Fritsch hatte man sich die Beseitigung dieses der Partei besonders unbeliebten, um nicht zu sagen verhaßten Generals wohl ebenso billig vorgestellt. Doch hier hatte man sich in den Mitteln, die gleichfalls den Zweck der Entlassung heiligen sollten, leichtfertig vergriffen, denn Generaloberst Freiherr von Fritsch war nicht nur ein in jeder Hinsicht integrer Edelmann, sondern auch einer der begabtesten Generale der Wehrmacht.

Bei ihm glaubte man, die Gründe für seine Beseitigung durch besonders durchschlagende und handfeste Tatsachen gefunden zu haben. Sie schienen unwiderlegbar, waren dafür aber um so schändlicher und erniedrigender. Als Hintermänner galten Göring, Himmler und Heydrich, denen ebenso wie der Partei ein so integrer und fähiger Mann wie der Freiherr ein Dorn im Auge und tief verhaßt war. Doch hier hatte sich die ganze Verbrecherbande, einschließlich Hitler, gründlichst geirrt. Sie erlebten eine tiefe Enttäuschung. Generaloberst Freiherr von Fritsch wurde in der Truppe hochverehrt und geliebt. Ich selbst hatte das als Batteriechef 1928 und 1929 in seinem Regiment erlebt (Schwerin).

Aufs höchste getroffen und empört über die selbstverständlich völlig aus der Luft gegriffenen Anschuldigungen, forderte Fritsch die volle Wiederherstellung seiner verletzten Ehre und seines Ansehens, was ihm Hitler nicht verweigern konnte. Um ganz sicherzugehen, forderte der Freiherr gegen sich ein Kriegsgericht, das unter dem Vorsitz von Göring stattfand. Der Urteilsspruch lautete: »Voll erwiesene Unschuld.«

Fritsch verlangte daraufhin mit Recht von Hitler die volle Wiedereinsetzung in sein Amt mit seinen Rechten und Pflichten sowie die gerichtliche Verfolgung seiner Verleumder und Hintermänner dieser Aktionen gegen ihn. Hitler glaubte jedoch, diesen Forderungen damit Genüge leisten zu können, daß er Generaloberst von Fritsch nur zum Chef seines von ihm 1928 bis 1930 geführten Artillerieregiments Nr. 2 (12) in Schwerin ernannte. Dieser Ersatz genügte Fritsch nicht. Hitler lehnte es ab, darüber hinauszugehen. Die Einzelheiten dieser empörenden Aktion gegen Fritsch sind natürlich erst nach dem Kriege eingehend dargelegt worden.

Nachdem der für Fritsch so positive Ausgang des Prozesses die von ihm geforderte Rehabilitierung nicht zur Folge hatte, weil sie Hitlers Zweck und Ziel dieser ganzen schurkischen Aktion widersprach, zog sich Generaloberst von Fritsch fast ganz aus dem öffentlichen Leben zurück.

Einen großen Teil seines Lebens verbrachte er bis zum Zweiten Weltkrieg in Achterberg in der Lüneburger Heide. Von dort aus besuchte er mein Artillerieregiment 22 in Verden noch einmal zu einer der Verdener Herbstreitjagden mit den berüchtigten 2-m-Dornenhekken. Wir gaben ihm natürlich bei seinem Besuch das beste Jagdpferd des Regiments und setzten ihm eine unserer schwersten Jagden vor.

Als wir nach dem Halali nach Hause ritten, sagte er zu mir, als wir über die Heckenspezialität der Verdener Jagden sprachen: »Ich glaube, Seydlitz, man gewöhnt sich dran!«

Er fand den Weg dann noch einmal nach Verden im Juli 1939, unmittelbar vor Ausbruch des Zweiten Weltkrieges im Zusammenhang mit dem alljährlichen großen Turnier. Danach kam er noch zu einem geselligen Zusammentreffen mit General der Artillerie von Kluge (Wehrkreisbefehlshaber VI Münster) und Frau in meine Verdener Wohnung. Die Stimmung bei diesem Beisammensein war äußerst ernst, sie wurde bestimmt durch die heraufziehenden Gewitterwolken des drohenden Krieges. Es war das letzte Mal, daß wir unseren alten, so verehrten und beliebten Schweriner Regimentskommandeur erleben sollten.

Hitler hielt Mitte März 1939 eine Ansprache an sämtliche Kommandeure (ab Regimentskommandeure) des deutschen Heeres in der Kroll-Oper in Berlin. Unter ihnen war auch ich als Regimentskommandeur 22 (Verden und Lüneburg). Er sprach über die Fortsetzung seiner Politik. Es ging ihm um weiteren notwendigen Lebensraum. Solchen gäbe es nur im Osten, mit anderen Worten also – ohne daß er das sagte – Krieg gegen die Sowjetunion und in erster Linie gegen Polen. Eine bedrückende Atmosphäre!

Anschließend konnten wir uns die von Speer erbaute neue Reichskanzlei ansehen, an der mich besonders die Ausmaße der Räume beeindruckten. An die Besichtigung schloß sich ein geselliges Beisammensein an. Wir saßen an einzelnen Tischen zu je vier bis fünf Personen. Es gab einfache kalte Kost, dazu Bier oder Wein. Hitler hatte sich an verschiedenen ausgewählten Tischen einen Platz reservieren lassen und wechselte von Zeit zu Zeit seine Gesprächspartner. So kam er auch an den Tisch, an dem ich saß. Mein Eindruck von Hitler war sehr negativ. Außerdem mißfiel mir seine Uniform, die äußerst unkleidsam war und sehr schlecht saß. Hier zeigte sich ein besonders starker Kontrast zu den anwesenden Offizieren, die nach Erziehung und Tradition gewohnt waren, exakt sitzende Uniformen zu tragen. Die Gespräche selbst waren wenig beeindruckend, da Hitler außer seinen nun schon wirklich sehr abgedroschenen Schlagworten wenig mehr zu sagen hatte.

Der Zweite Weltkrieg

Der Frankreichfeldzug

Anfang August 1939 erfolgte die Mobilmachung. Welch ein Gegensatz zur Mobilmachung 1914! Damals stauten sich vor den Kasernentoren die Kriegsfreiwilligen. Jeder wollte mitmachen. Diesmal rückten wir still und unauffällig aus den Kasernen ab und marschierten zum nächsten Verladebahnhof. Mit Bahntransport ging es nach Westen zum Rhein an Deutschlands Westgrenze, um die Gefahr vom Westen abzuwenden, wenn man gen Osten marschierte, um weiteren Lebensraum zu gewinnen. Das war das von Hitler gefürchtete, aber doch viel zu gering eingeschätzte Risiko.

Wir landeten an der Strecke Köln–Aachen und marschierten von dort aus in die Eifel, wo wir mit unserem Divisionsstab der 22. Infanteriedivision (General Graf Sponeck) zusammen unseren ersten Gefechtsstand dieses Krieges bezogen. Wir erkundeten in diesen ersten Wochen die Geländeverhältnisse an der deutsch-französischen Grenze in der Eifel und die Möglichkeiten der Verteidigung und des Angriffs gegen die gegenüberliegende Maginotlinie. Wir blieben aber dort nicht lange, sondern wurden wenige Wochen später nach Neustadt an der Weinstraße in den Pfälzer Wald verlegt. Dort erlebten wir am 1. September den Kriegsausbruch gegen Polen. Gleichzeitig erfuhren wir, daß diese Tatsache England und Frankreich zu einem Ultimatum veranlaßt hatte, wonach beide Staaten ihre Bündnispflicht gegenüber Polen erfüllen würden, falls Deutschland nicht umgehend seine Truppen aus Polen zurückführte. Da dies von Hitler nicht zu erwarten war und dann ja auch nicht erfolgte, erklärten beide Länder am 3. September 1939 Hitler den Krieg.

Durch den im Osten möglichen Zangenangriff von Norden und Süden war es nur ein 18tägiger Kampf, in dem sich die Polen jedoch so gut geschlagen hatten, wie es ihnen möglich war. In der diesen Krieg abschließenden Rede Hitlers vor dem Reichstag verkündete er die Aufteilung des vernichteten Polens in Interessensphären zwischen Sowjetrußland und Deutschland. Gleichzeitig betonte er besonders die friedlichen Ziele beider Völker und die Herstellung stabiler Verhältnisse an der »Reichsgrenze« zur Sowjetunion.

Ich mußte am 30. September mein Regiment abgeben und erhielt eine neue Aufgabe: die Aufstellung des neuen Artillerieführerstabes Nr. 102 in Potsdam. Das dauerte ungefähr 14 Tage. Dann kam ich mit diesem Stabe an die Front zurück, zunächst nach Krefeld zur 20. Division des General Kempf an der niederländischen Grenze westlich Heinsberg. Meine Aufgabe bestand nunmehr darin, als Artilleriekommandeur dieser Division die Ausbildung fortzusetzen und die Erkundungen wiederaufzunehmen. Hier gab es im Gegensatz zur Eifel keinerlei Befestigungen, weder auf unserer noch auf der niederländischen Seite. Unsere Hauptaufgabe bestand dementsprechend lediglich in der Schulung der Truppe zum Angriff. Von Krefeld ging es sehr bald weiter nach Mönchengladbach, wo wir den ganzen Winter 1939/40 verbrachten; im Februar rückten wir lediglich noch dichter an die Grenze – nach Heinsberg.

Unsere Wartezeit, die ja dann bis zum 10. Mai 1940 dauern sollte, wurde durch Geheimbefehl Hitlers vom 9. Oktober 1939 bestimmt, den ich hier auszugsweise wiedergebe.

»Sollte in der nächsten Zeit zu erkennen sein, daß England und unter dessen Führung auch Frankreich nicht gewillt sind, den Krieg zu beenden, so bin ich entschlossen, ohne lange Zeit verstreichen zu lassen, aktiv und offensiv zu handeln.«

In diese Frühjahrswartezeit fiel Hitlers überraschender Überfall auf Dänemark und Norwegen zur Sicherung der Nordflanke des Angriffs gegen Frankreich. Da Hitler entschlossen war, England und Frankreich anzugreifen, mußte er unsere Nordflanke gegen Dänemark und Norwegen und deren mögliches Zusammengehen mit England und Frankreich absichern. Dies geschah also durch die überraschende, England und Frankreich in dieser Form fraglos überrumpelnde Besetzung Dänemarks und Norwegens. Die Überraschung war so groß, daß die Besetzung dieser Länder in der militärischen Welt ziemliches Aufsehen erregte. Gleichzeitig wollte Hitler mit dieser Besetzung natürlich einem möglichen Eingreifen Englands in dieser Richtung zuvorkommen. Die englischen Gegenmaßnahmen mißglückten jedoch, weil sie zu schwach waren und zu spät kamen.

Am 21. März 1940 überraschte mich die Ernennung zum Kommandeur der 12. mecklenburgischen Division. Diese Division lag im Abschnitt westlich Bonn in der Eifel und mit Teilen noch am Ostufer des Rheins. Der Divisionsstab lag im Palais Schaumburg in Bonn. Dort übernahm ich bereits am nächsten Tage mein neues Kommando. Es war für mich natürlich eine Auszeichnung und ein besonderes Glück, gerade diese Division zu bekommen, in der ich selbst schon von 1920 bis 1929 in Mecklenburg gedient hatte. Mich in dieser Division einzuleben war deshalb nicht schwer. Auch hier bestanden bereits klare Befehle für den Angriff in der Eifel, und zwar im Abschnitt der Maginotlinie bei Wallers-Trélon. Die mir noch verbleibenden Wochen bis zum Angriff am 10. Mai benutzte ich dazu, die Regimenter und ihre Kommandeure näher kennenzulernen, was mir bei Angriffsbeginn sehr zustatten kam. Die Division hatte bereits etwas Kriegserfahrung, da sie den Polenfeldzug mitgemacht hatte.

Die erste Feindberührung hier im Westen fand an der Maginotlinie statt. Die Einnahme des Abschnittes gelang uns mit nur sehr geringen Verlusten, leider waren aber unter den Gefallenen zwei Bataillonskommandeure. Nach der Einnahme dieser Stellungen ging es fast verfolgungsmäßig weiter in Richtung auf Luxemburg. Jenseits der Grenze konzentrierte sich alles auf das Ziel, die Maas so schnell wie möglich zu erreichen.

Der Beginn des Krieges gegen Frankreich bestand zunächst nur in erheblichen Marschleistungen für die 12. Division. Mit nur ganz leichten Gefechtsberührungen mit ausweichenden französischen Nachhuten kamen wir an und über die Maas, die von den Franzosen nicht, so wie wir es erwartet hatten, verteidigt wurde. Der Übergang verlief fast manövermäßig.

Während dieser ersten fünf Marschtage kapitulierte am 15. Mai Holland, und bereits am 18. Mai war auch Belgien in deutscher Hand. Dadurch war für unser Korps und unsere Division der Weg nach Nordfrankreich frei. Ohne wesentliche Feindberührung ging der unaufhaltsame und strapaziöse Marsch schließlich in eine Art Verfolgung über. Am 16. Mai erreichten wir die Nordflanke der französischen verlängerten Maginotlinie bei Wallers-Trélon. Hier erst kam es zu den ersten wirklichen Angriffskämpfen. Der Angriff auf die eigentlichen Bunkeranlagen wurde auf den 17./18. Mai verschoben.

Der Schwerpunkt des Angriffs blieb allein Aufgabe des verstärkten Infanterieregiments 27 (Oberst Lieb). Nach anfänglichen Schwierigkeiten durch verstärktes französisches Feuer und durch einen Fliegerbombenangriff auf den Abschnitt des Regiments gelang es am 18. Mai doch noch, die Bunkeranlagen zu nehmen, so daß der Feind die Stellungen aufgab und seinen Rückzug fortsetzte. Am 19. Mai konnte dann der Truppe die notwendige Ruhepause gewährt werden. Immerhin waren die Verluste bei diesem relativ schweren Angriff verhältnismäßig gering (150 Tote und Verwundete).

Unser nächstes Ziel war die große Straße Avesnes-La Chapelle. Im Rahmen der weiteren Operation wurden drei französische Armeen, das britische Expeditionskorps und die belgische Armee von Süden umfaßt und durch die Einnahme von Arras und der Loretto-Höhen im Westen vor ihrem Entkommen nach Süden abgeschnitten. Bei dieser Operation folgten wir den vor uns marschierenden Panzern in Richtung Cambrai auf Arras. Während unsere Flanke nach Süden von der 32. Division abgeschirmt wurde, erreichten wir hinter den Panzern den Canal du Nord. Am 23. Mai erzwangen wir den Übergang über die Scarpe und griffen weiter an auf Lens und La Barrée. Dieser Angriff wurde aber auf Befehl des II. Armeekorps (General der Infanterie Strauß) abgebrochen und die Division nach Nordosten zur Fortsetzung des Angriffs des Korps auf Lille eingedreht.

Der Schwerpunkt des Angriffs über den Kanal Deule lag diesmal beim Infanterieregiment 48 (Oberst Freiherr von Schleinitz). Es gelang dem Regiment, innerhalb einer Nacht den Übergang über den Kanal zu erkämpfen und einen Brückenkopf zu bilden. Für das Regiment gab es einen kampfreichen Tag, denn es mußte den Angriff von französischen Kolonialtruppen abwehren. Durch den verstärkten Einsatz des Grenadierregiments 89 konnte der Angriff erfolgreich abgewehrt werden.

Der sich abzeichnende Zusammenbruch und das bevorstehende Ende der französischen und englischen Kräfte bedingte eigene Umgruppierungen. Die gesamten Kräfte unseres II. Armeekorps und damit unsere 12. Division wurden daher zu anderer Verwendung aus der Front südlich Lille am Deule-Kanal herausgelöst. Wir gingen – sozusagen auf dem Schlachtfeld – zur Ruhe über. Für die nächsten Tage waren kleinere Märsche mit Ruhepausen vorgesehen. Doch die nötigen Ruhetage fielen wieder einmal aus, da bis zum 30./31. Mai das Marschziel Sommemündung erreicht sein mußte. Hier wurden nun die notwendigen Ruhetage eingelegt und außerdem die Möglichkeiten der Bereitstellung für den Angriff auf die Stellungen der letzten englischen Division an der Somme und deren Mündung in den Kanal erkundet. Der Angriff war für den 5./6. Juni früh vorgesehen.

Die 12. Division stand hier an der Sommemündung auf dem äußersten rechten Flügel des deutschen Heeres im Anschluß an die 57. Infanteriedivision und deren Brückenkopf bei Abbeville, der 12 km breit und 4 km tief war. Bei unserem Eintreffen waren auf unserem rechten Flügel eine Eisenbahn- und eine Straßenbrücke über die Somme bei St. Valéry unversehrt in deutsche Hand gefallen. Das MG-Bataillon 1 der 57. Division hatte dort einen Brückenkopf gebildet, während der Sommeabschnitt zwischen dem Brückenkopf der 57. Division und St. Valéry anscheinend nur von schwachen Sicherungen des Gegners besetzt schien. Lediglich der Brückenkopf der 57. Division bei Abbeville lag unter relativ schwerem Artilleriefeuer von etwa 14 schweren Batterien. Im übrigen beschränkte sich der Feind auf Störungsfeuer von leichter Artillerie und Minenwerfern.

Der ursprünglich von der Division ausgearbeitete Angriffsplan sah folgendes vor: Täuschungsangriff eines Regiments im Abschnitt Abbeville und St. Valéry sowie Angriff der beiden anderen Regimenter aus dem Brückenkopf St. Valéry in südlicher Richtung. Dieser Plan wurde jedoch vom Korps nicht genehmigt, weil zu den bisher zur Verfügung stehenden Verbänden noch die 11. Schützenbrigade und ein vollmotorisierter Verband hinzutraten, die vom II. Armeekorps den Auftrag erhalten hatten, die Sommemündung so schnell wie möglich zu gewinnen, die rechte Flanke unserer Division zu sichern und, nachdem der Feind geschlagen war, weit nach Süden vorzustoßen. Wir mußten also dementsprechend umdisponieren und die Regimenter bereitstellen. Der Angriffsbefehl der Division lautete so, daß die beiden Angriffsgruppen am 5. Juni um 04.30 Uhr ohne Artillerievorbereitung antreten sollten.

Die Durchführung des überraschenden Angriffs gelang zunächst planmäßig. Die Engländer hatten jedoch die in dem Gelände liegenden Ortschaften Mons Boubert und Franleu zu festungsartigen Stützpunkten ausgebaut und verteidigten sie zäh. Mons Boubert ergab sich bereits am Abend des ersten Angriffstages, Franleu einige Stunden später, nachdem eine weitere Verteidigung sinnlos geworden war.

Hier verdient folgende interessante Parallele vermerkt zu werden: Hitler wandte diese merkwürdige Taktik der Verteidigung jedes Dorfes als festen Platz bei dem Zusammenbruch der Heeresgruppen Nord und Mitte im Sommer 1944 in der Sowjetunion ebenfalls an. Meines Erachtens ist das ein Verfahren, das die Kraft der Verteidigung einer Truppe bzw. ihrer Gegenstöße entscheidend lähmt. Hier ging es uns so, daß unser Angriff wesentlich schneller Boden gewann, als wenn der Feind sich in einer geschlossenen Linie mit Schwerpunkten und Reserven dahinter verteidigt hätte.

Trotz gewisser Verzögerungen durch einzelne feindliche Panzer war der Angriff der Division in jeder Weise erfolgreich und leitete damit die weitere Offensive auf Westfrankreich ein. Das weitgesteckte Ziel des II. Armeekorps war zwar nicht voll erreicht worden, jedoch war mit diesem tiefen Durchbruch an der Sommemündung die französische Weygand-Linie (Somme-Verteidigung) für die Franzosen verloren. Ein neues »Marne-Wunder« wie 1914 war hier an der Somme unmöglich gemacht worden.

Die 12. Division machte reiche Beute: 7 feindliche Panzer wurden zerstört, 13 Geschütze erbeutet sowie 12 Offiziere und 540 Mann gefangengenommen. Die eigenen Verluste waren für einen solchen Schlachttag relativ gering. Das Artillerieregiment 12 wurde allerdings durch den Ausfall von zwei Abteilungskommandeuren schwer getroffen: Major Werner war gefallen und Major Siehl schwer verwundet.

Am Abend des 5. Juni 1940 war der Feind geschlagen. Er leistete nur noch hier und dort vereinzelt geringen Widerstand. Seine Hauptkräfte hatten sich offenbar unter dem Schutz schwacher Nachhuten auf einen etwa 30 km südwestlich der Sommemündung gelegenen neuen Abschnitt zurückgezogen. Für die weiteren Operationen befahl unser II. Armeekorps eine Umgruppierung.

Die 57. Division – bis dahin unser linker Nachbar – sollte ihren Gefechtsstreifen mit unserer 12. Division tauschen. Marschkreuzungen und ein ungenügendes Wegenetz führten zu solch erheblichen Verzögerungen, daß beide Divisionen ihre am 6. Juni befohlenen Ziele nicht erreichten. Die Absicht, durch eine zusammengestellte motorisierte Vorausabteilung die verlorene Zeit wieder wettzumachen, mißlang durch die katastrophalen Straßenverstopfungen. Es glückte nicht einmal, eine solche Abteilung auch nur zusammenzustellen.

So kam es, daß das an der Spitze marschierende verstärkte Infanterieregiment 48 erst am Mittag des 6. Juni wieder Fühlung mit dem Gegner bekam, und zwar am Liger-Abschnitt bei Arguel. Zu dem beabsichtigten Angriff unmittelbar aus der Marschkolonne heraus kam es nur zum Teil, denn dem Regiment schlug überraschend starkes feindliches Artillerie- und MG-Feuer, z. T. flankierend, entgegen. Die Division entschloß sich daher, rechts neben dem Infanterieregiment 48 das verstärkte Infanterieregiment 89 unmittelbar aus der Marschkolonne heraus abzudrehen und ohne Bereitstellung angreifen zu lassen. Dem Regiment gelang es noch am Abend, Teile der am Liger-Bach gelegenen Dörfer von Süden her zu nehmen, die restlichen jedoch erst am nächsten Tage. Am 7. Juni leistete der Feind dann doch noch zum Teil verstärkten Widerstand.

An diesem Tage waren die Angriffserfolge insgesamt unbefriedigend. Die Division befahl daher, die Kämpfe erst am nächsten Tage mit ausgeruhten Kräften um 04.30 Uhr früh durch einen zusammengefaßten Angriff der Infanterieregimenter 48 und 89 fortzusetzen. Die außergewöhnliche Hitze und die außerordentlichen Marschleistungen der letzten Tage hatten die Truppe derartig erschöpft, daß die Fortsetzung aller Angriffe verschoben werden mußte.

Der für den nächsten Morgen vorgesehene Angriff fand jedoch nicht statt, da unser II. Armeekorps eingriff und den Angriff erst für abends um 18.00 Uhr befahl, dann allerdings mit starker Unterstützung durch Stukas der Luftwaffe. Abends indes gab es einen ziemlichen Wirbel, als der Angriff kurzfristig um eine Stunde auf 19.00 Uhr verlegt werden mußte. Es bestand die Gefahr, daß diese Änderung die Truppe nicht rechtzeitig erreichte und die Truppe selbst schon in Bewegung war, wenn der Stuka-Einsatz begann. Glücklicherweise lief aber alles glatt, wenn es auch bange Stunden wurden.

Die Unterstützung des Angriffs durch die Stukas brachte einen durchschlagenden Erfolg, woraufhin unsere Männer ihre Deckungen verließen und aufrecht stehend dies grausige Schauspiel mit ansahen. Gleich nach der Vorverlegung der Stuka-Unterstützung konnten unsere Regimenter fast kampflos ihre Angriffsbewegungen fortsetzen und das 3 km südlich gelegene Angriffsziel Beaucamp-le-Vieux erreichen.

Der Feind – französische Alpenjäger zu Pferde und Engländer – leistete vereinzelt noch heftigen Widerstand, mangels einheitlicher Führung blieb dieser jedoch erfolglos. Unser Angriffsverfahren – verstärkte Infanterieregimenter in festem Verband mit ihren Artillerieabteilungen und Aufklärungsschwadronen – hatte sich hervorragend bewährt.

Der für den 9. Juni vorgesehene Übergang über den Bresleabschnitt wurde der Division wesentlich erleichtert, da das verstärkte Infanterieregiment 89 (Oberst von Lützow) noch am Abend des 8. Juni erkannt hatte, daß der Feind vorzeitig auswich. Daraufhin stieß es sofort nach und nahm noch in der Nacht eine unzerstörte Brücke über die Bresle. Eine zweite Brücke, eine Kriegsbrücke, baute das Pionierbataillon am 9. Juni früh. Einer Fortsetzung der Verfolgung über den Bresleabschnitt stand nun nichts mehr im Wege.

Bereits am 9. Juni war die Truppe von sich aus zur Verfolgung übergegangen und hatte ihre Fortbewegungsform dieser Kampfart angepaßt. Unser Gefechtsstreifen war jetzt auf 4 bis 5 km Enge zusammengeschrumpft. Trotzdem entschlossen wir uns, mit zwei Regimentern weiter vorzustoßen. Die Divison erreichte am 9. Juni abends die Gegend südlich Neufchâtel, das völlig zerstört war.

Am 10. Juni erreichte die 12. Infanteriedivision die Eisenbahnlinien Rouen–Dieppe. Andere Kräfte, vor allem das XV. Panzerarmeekorps, vollendeten die Vernichtung des eingeschlossenen Gegners.

Das II. Armeekorps befahl, daß die 12. Division am 13. Juni den Raum ostwärts Rouen erreichen und gemeinsam mit der 32. Division die Seine überschreiten sollte. Leider waren sämtliche Brücken über die Seine zerstört worden, lediglich in der Nähe einer Schleuse gab es eine Übergangsmöglichkeit. Wichtig war, daß die Masse der Division die Seine möglichst schnell überwand. Trotz aller Schwierigkeiten war es am Abend des 13. Juni geschafft. Beiderseits Louviers standen die Stoßgruppen der Division auf der Südseite der Seine.

Die Gesamtlage in der Zeit vom 12. bis 22. Juni 1940 stellte sich folgendermaßen dar:

Nordwestlich Paris standen die deutschen Kräfte am 12. Juni 20 km vor der französischen Hauptstadt. Compiègne war genommen, die Marne wurde mit starken Kräften in breiter Front erreicht und am 13. Juni an vielen Stellen erfolgreich überschritten. Paris fiel am 14. Juni kampflos, damit war auch der moralische Widerstand der französischen Streitkräfte gebrochen. Am gleichen Tage wurde Le Havre genommen und die Seine flußabwärts in breiter Front überquert. Die rasante Dynamik des Feldzuges zur Erreichung der strategischen Ziele nahm von Tag zu Tag und von Stunde zu Stunde zu. Der Südflügel geriet ebenfalls in Bewegung und konnte sich am 20. Juni mit Teilen der Heeresgruppe A verbinden. Am 15. Juni war Verdun gefallen, das Wahrzeichen französischen Widerstandes 1914–18. Am 22. Juni um 18.50 Uhr erbaten die Franzosen den Waffenstillstand, der am 24. Juni in Kraft trat, wiederum im Walde von Compiègne.

Krieg gegen die Sowjetunion

Ostpreußen – sollte hier noch einmal, wie 1914, ein Krieg gegen Rußland beginnen? Die Erinnerungen an eine der blutigsten Schlachten des Ersten Weltkrieges, an den 20. August 1914 bei Gumbinnen, wurden wieder wach. Damals war ich junger Leutnant und Abteilungsadjutant meines alten Danziger 2. (westpreußischen) Feldartillerieregiments Nr. 36. Jetzt kehrte ich nach 27 Jahren als Kommandeur der 12. (mecklenburgischen) Infanteriedivision unter merkwürdig parallelen Perspektiven zu 1914 nach Ostpreußen zurück.

Ostpreußen – in Insterburg war mein Vater geboren. Orte mit so urostpreußischen Namen wie Pilkallen, Jurgaitschen und Endruhnen waren eng mit dem Leben und Schicksal meiner unmittelbaren Vorfahren verbunden. Über Memel wanderten meine englisch-schottischen Vorfahren Kant, Simpson, MacLean nach Ostpreußen ein, ebenso wie meine mütterlichen Salzburger Vorfahren Guenther ihres Glaubens wegen unter dem Großen Kurfürsten nach Ostpreußen kamen.

Das Land zeigte sich in diesem Mai 1941 von seiner schönsten Seite: im frischen saftigen Frühlingsgrün seiner reichen Felder, Wiesen und Wälder. Daß sich Ostpreußen von den schweren Wunden von 1914–18 wieder erholt hatte, konnte ich auf den Fahrten zu den Schlachtfeldern von damals überall feststellen. Besonders zeigte sich das auf dem Gut meiner Stabsquartierwirtin Frau von Zitzewitz-Weedern. Es war fast ganz neu aufgebaut und wieder zu einem in der Pferdezucht Ostpreußens führenden Gut geworden. Sollte das alles, kaum mehr als 27 Jahre nach den Verwüstungen von 1914–18, wieder ein völkermordender Krieg zerstören? Noch sträubte sich alles in einem gegen eine solche Entwicklung, gegen ein neues Blutbad, das sicherlich selbst die ungeheuren Blutopfer des Ersten Weltkrieges noch weit in den Schatten stellen würde.

Die Stimmung im ganzen Land war ähnlich abwartend und düster. Niemand konnte sich wirklich zwingende Gründe für einen Krieg gegen Rußland vorstellen, gegen ein Land, mit dem Hitler 1939 noch dazu einen Freundschafts- und Nichtangriffspakt geschlossen hatte. Aber die eigenartige, schicksalhafte Parallelität sollte für mich noch wesentlich weitergehen, als ich anfangs ahnte. Nach dem Bahntransport von Holland nach Ostpreußen wurde meine Division in den gleichen Raum um Darkehmen verlegt, von wo unsere Danziger 36. Infanteriedivision am Abend des 19. August 1914 über Weedern–Buylin–Walterkehmen zur Schlacht von Gumbinnen antrat. Genau die gleiche Straße sollte meine 12. mecklenburgische Infanteriedivision Anfang Juni 1941 zur Grenze marschieren, in die erste Schlacht gegen die Russen, die Hitler am 22. Juni überfiel.

Nach ihrem Eintreffen in Ostpreußen trat meine Division wieder unter den Befehl ihres Armeekorps, des Generals der Infanterie Graf Brockdorf-Ahlefeld. Das Korps gehörte zur 16. Armee des Generals Busch, das zusammen mit der 18. Armee und der Panzergruppe 4 (Hoeppner) die Heeresgruppe Nord des Generalfeldmarschalls Ritter von Leeb bildete. Unser II. Armeekorps bezog seine Ausgangsstellungen für den Angriff längs der Grenze auf dem Südflügel der 16. Armee, und zwar mit der 32. Infanteriedivision rechts (General Bohnstedt) – anschließend an den Nordflügel der 9. Armee (Heeresgruppe Mitte) nördlich der Rominter Heide –, in der Mitte meine 12. Infanteriedivision und links die 121. Infanteriedivision (General Lancelle). Hierbei sollte die 16. Armee mit starkem rechtem Flügel beiderseits der Straße Ebenrode–Kowno in Richtung auf die Düna bei und unterhalb Dünaburg vorgehen und zunächst den Raum um Opatschka erreichen, um den Abmarsch kampfkräftiger russischer Verbände aus dem Baltikum zu verhindern und damit die Voraussetzungen für ein weiteres rasches Vorgehen auf Leningrad zu schaffen. Der Tag des Angriffsbeginns, der ursprünglich für den 15. Mai vorgesehen war, verzögerte sich durch den Balkanfeldzug um über einen Monat. Im ganzen verloren wir für den Rußlandfeldzug fünf Wochen, die sonst für seinen Verlauf hätten mitentscheidend sein können. Der endgültige Termin für den Angriff wurde auf diese Weise der 22. Juni. Wie durch die Ironie des Schicksals war das genau der Tag, an dem Napoleon 1812 vor 129 Jahren die preußisch-russische Grenze überschritt – ein Weg, der ihn in die gleiche Katastrophe führen sollte, wie sie nunmehr uns bevorstand.

Die auf diese Weise für uns gewonnene Zeit benutzte ich noch zu einer Fahrt in die Rominter Heide, um mir Görings dort neu erbautes Jagdschloß anzusehen, über das allgemein gesprochen wurde. Nachdem ich in Holland von seinen eigenartigen Allüren authentisch gehört hatte, interessierte mich der Bau ein wenig. Gegen das im norwegischen Holzbau ausgeführte kaiserliche Jagdschloß, das den Namen

Jagdschloß eigentlich nicht verdiente, nahm sich Görings breit hingelagerter Neubau mit Terrassen wirklich wie ein üppiges, modernes Jagdschloß aus. Es entsprach jedenfalls durchaus seinem luxuriösen Lebensstil und seinem Größenwahn.

Am Sonntag, dem 22. Juni 1941, begann um 03.30 der Angriff über die Grenze mit einem kurzen, aber heftigen und zusammengefaßten Feuerschlag aller Kaliber auf die jenseits erkannten Gräben und auf vereinzelte Bunker, unterstützt durch starke Luftwaffenverbände. Die schwach besetzten feindlichen Stellungen wurden nach kurzem russischen Widerstand rasch und fast ohne Verluste durchbrochen.

Es handelte sich zunächst fraglos nur um schwächere russische Grenzverbände, die einem planmäßig vorbereiteten Angriff nicht gewachsen waren. Das umittelbar angrenzende russisch-litauische Grenzgebiet war aufgrund seines leichten Sandbodens landwirtschaftlich völlig versteppt und menschenleer. Erst etwa 15 km weiter ostwärts stießen wir auf eine im Ausbau befindliche stärkere russische Verteidigungslinie, die jedoch unbesetzt war. Am Szechupeabschnitt stellten sich wieder russische Kräfte mit Artillerie zum Kampf, deren Widerstand jedoch schnell gebrochen wurde.

Je tiefer wir nach Litauen einmarschierten, um so lebhafter zeigte die litauische Bevölkerung ihre Sympathie für die einmarschierende deutsche Truppe. Sie erschien mit Blumen in den Händen an den Vormarschstraßen und zeigte damit ihre Freude über den Abzug der Russen. Hier und da waren für uns sogar schnell errichtete primitive Ehrenpforten aus Holz aufgestellt.

Inzwischen war von unserem II. Armeekorps eine von allen drei Divisionen zusammmengestellte motorisierte Vorausabteilung auf Kowno entsandt worden, um diese Festung ältester Bauart im Handstreich zu nehmen. Der Abteilung gelang es, die ostwärts des Njemen gelegenen alten Forts zu nehmen. Die Straßen- und Eisenbahnbrücke war gesprengt worden, weshalb der Fluß noch nicht überschritten werden konnte. Dies gelang erst den nachfolgenden Hauptkräften meiner Division an der Eisenbahnbrücke und der 121. Infanteriedivision des Generals Lancelle an der großen Straßenbrücke. Meine Division hatte dabei den verbissenen Widerstand kirgisischer Truppen zu brechen, was erst nach erbittertem Kampf gelang.

Die Stadt Kowno hatte nur wenig gelitten, aber schon sehr bald nach unserem Einrücken machte sich unter der jüdischen Bevölkerung der Stadt eine starke Erregung bemerkbar. Der Grund der Nervosität waren junge Litauer, die anscheinend sofort nach der Besetzung durch die deutsche Zivilverwaltung, die uns auf dem Fuße folgte, zu einer Art nationalsozialistischer Bürgerwehr zusammengestellt, mit Gewehren bewaffnet und mit Armbinden äußerlich legitimiert worden waren. Sie traten äußerst herausfordernd auf und wirkten zumindest auf die jüdischen Einwohner stark einschüchternd. Nach unserem Abrücken kam es dann zu den bekannten Blutbädern. Wir stießen weiter vor in Richtung auf den Wiljaabschnitt.

Der aus Kowno entkommene Teil der Russen wich weiter nach Nordosten aus und wurde von uns äußerst zäh und hart verfolgt. Dabei hatte mein Infanterieregiment 27 ein grauenvolles Erlebnis. In seinem Vormarschstreifen stieß es in dem Dorf Alexandrowo auf ein russisch-litauisches Konzentrationslager. Den zuerst dort Eintreffenden bot sich ein entsetzliches Bild. Alle Insassen des KZ – Männer, Frauen und Kinder – lagen in Reihen erschossen da. Wie war es zu den furchtbaren Morden gekommen? Wir konnten es uns nur so erklären, daß unsere äußerst harte und schnelle Verfolgung nach der Einnahme von Kowno zu einer regelrechten Flucht geführt hatte. In ihrer Kopf- und Ratlosigkeit wußten die Russen – da sie das Lager in der Eile nicht mehr planmäßig räumen konnten – keinen anderen Ausweg, als alle Insassen des Lagers einfach mit ihren Maschinengewehren niederzumähen. Eine Bestätigung unserer Erklärung für die grausige Tat brachte uns der wenige Kilometer weiter nordostwärts erreichte Abschnitt des Flusses Wilja. Die Ufer des Flusses waren ungewöhnlich tief und sandig. Irgendwelche Spuren, hier eine Brücke für den weiteren Rückzug zu bauen, waren nicht zu finden. Wie heillos die Flucht hier verlaufen war, davon zeugte eine riesige Beute, die uns völlig kampflos in die Hände fiel, nur als Lohn unserer harten Verfolgung. Zahllose leichte und schwere Geschütze, motorisierte Panzerspähwagen, alles war im tiefen Treibsand steckengeblieben. Daneben lagen rote Fahnen und große rote Transparente mit kommunistischen Kampfparolen in einem unbeschreiblichen Wirrwarr durcheinander.

Ich fragte später in der Gefangenschaft den sowjetrussischen Oberst Stern, der uns betreute, ob er von dem Lager Alexandrowo wüßte und wie das Geschehen dort möglich gewesen wäre. Er antwortete mir: »Die litauische Intelligenz hat uns nach der Besetzung Litauens große Schwierigkeiten gemacht, deswegen mußten wir sie in Konzentrationslagern absondern.«

Wir fanden es damals sehr auffällig, daß die Hitler- und Goebbels-

Propaganda gegen das russische Untermenschentum, die Aufdeckung dieses Lagers Alexandrowo nicht für ihre Zwecke ausnutzte. Heute liegt der Schluß nahe, daß dies damals unterblieb, weil gleichzeitig nationalsozialistische Judenverfolgungen und Judenmorde in Litauen stattfanden.

Nach Überschreiten des nichtverteidigten Wiljaflusses ging der weitere Vormarsch bis zur Düna für uns fast ohne Feindberührung vor sich. Unsere linke Nachbardivision dagegen, die 121. Division, hatte nach Kownos Einnahme, günstige Straßenverhältnisse ausnutzend, schnell in Richtung auf die Düna Gelände gewonnen. Dort, bei Kraslawa (40 km ostwärts von Dünaburg) leisteten die Russen zum ersten Mal nach Kowno wieder heftigen Widerstand. Es gelang der 121. Division jedoch durch energisches Zupacken rasch, den Übergang über die Düna zu erzwingen und Kraslawa zu nehmen. Den Erfolg mußte der außergewöhnlich draufgängerische Kommandeur der Division und Träger des »Pour le mérite«, General Lancelle, mit dem Tode bezahlen.

Über die auch von unseren Pionieren miterbaute Pontonbrücke über die Düna wurde meine 12. Infanteriedivision sofort nachgezogen und rechts von der 121. Infanteriedivision ostwärts Kraslawa wieder eingesetzt. Auf den Höhen nordostwärts Kraslawa stellte sich der Russe bereits am nächsten Tage wieder zum Kampf. Nach energischer Artillerievorbereitung entzog er sich jedoch unserem weiteren Angriff über die alte russisch-lettische Grenze auf Oswaja-Sebesh.

Der Abstand der rechten Flügeldivision unserer 16. Armee zur Heeresgruppe Mitte (9. Armee) wurde allmählich immer größer. Diese 32. Infanteriedivision hatte daher schon seit dem Antreten am 22. Juni einen schweren Stand und schwierigere und verlustreichere Kämpfe zu bestehen. Deshalb wurde jetzt getauscht. Meine 12. Division kam auf den rechten Armeeflügel. Sicherlich war es hier wegen der immer größer werdenden Ausdehnung der Fronten und der Lage zum Nordflügel der 9. Armee (Heeresgruppe Mitte) auch gefährlicher. Andererseits boten sich hier auch wieder günstige Gelegenheiten zu erfolgreichen kühnen Vorstößen, Durchbrüchen und Flankenstößen. Die Erfolge meiner 12. Division wuchsen dadurch noch – und das bei geringsten Verlusten.

Im Laufe der Kämpfe seit der Grenze hatte ich für die Kampfführung seitens der Division eine Organisation erprobt, die sich täglich mehr bewährte.

Wir führten von zwei Hauptstellen aus:

a) vorne am Schwerpunkt des Kampfes an der Spitze der Divisionsstammleitung ich selbst mit einem kleinen beweglichen Gefechtsstab;

b) hinten in der Zentrale sämtlicher Divisionsnachrichtenverbindungen der Ia der Division, Oberstleutnant im Generalstab von Colani, mit allen Abteilungen des Divisionsstabes sowie allen Leitungen zum Korps, zur Armee, zu den Nachbardivisionen und zu den nicht am Schwerpunkt eingesetzten Regimentern, zur Divisionsreserve und zum Ib (rückwärtige Teile, Nachschub).

Diese Organisation ermöglichte eine außerordentlich wendige und den Angriff im Schwerpunkt nachhaltig unterstützende Führung.

Mit meinen Kommandeuren der Regimenter, der selbständigen Bataillone und Abteilungen stand ich mich sehr gut, die einzige Ausnahme: der Kommandeur eines der Infanterieregimenter, den ich wegen seiner eigenartigen Allüren in der Gefechtsführung ablösen lassen mußte. Er pflegte sich im Kampf wie ein Pascha hinten in eine Scheune zu setzen und seine drei Bataillone mit sechs bis acht dauernd hin und her geschickten Leutnanten zu führen. Alle anderen Kommandeure – Oberst Kegler, Oberstleutnant von der Mehden, Oberst Freiherr von Lützow, Major Graf Wedel, Major Kopf, Major von Brückner, Major der Reserve Böhringer usw. – waren ausgesprochen tüchtige Frontoffiziere, die ihr Handwerk verstanden und sich in jeder Beziehung einsetzten.

Aus dem Kreis dieser ausgezeichneten Kommandeure ragte einer allerdings besonders heraus, der Kommandeur des 89. Grenadierregiments Oberst Freiherr von Lützow. »Lützows wilde verwegene Schar« – das war seine Devise in des Wortes bester Bedeutung. Er war ein Draufgänger mit unwiderstehlichem Vorwärtsdrang, rücksichtslosem, jedoch überlegten, kühnen persönlichen Einsatz. Alles an ihm war gebändigt durch die Fähigkeit, den richtigen Augenblick mit klarem Auge und überlegt zu nutzen – denselben »coup d'œil«, den Napoleon bei dem preußischen Reitergeneral von Seydlitz so rühmte.

Die wichtigsten Erkundungen machte er stets selbst, zusammen mit den entsprechenden Unterführern, mit denen er glänzend eingespielt war. Besonders gut war die Zusammenarbeit mit seiner Artillerie. Seine Kräfte setzte er äußerst sachkundig an und erreichte damit ungewöhnliche Erfolge mit geringsten Verlusten. Bei aller Kühnheit seiner Entschlüsse handelte er stets im Sinne des Ganzen. Für mich war es immer eine besondere Freude, wenn von Lützow am Schwerpunkt vorne eingesetzt war.

In den heißen Tagen im Juli überschritten wir zunächst kampflos die alte russisch-lettische Grenze. Dabei zeigte sich das russische Gebiet – Häuser wie Felder – weit weniger gepflegt als das lettische. Sehr bald nach dem Grenzübergang stießen wir am Oswajasee auf die sogenannte Stalinlinie der Russen, die allerdings nicht sehr stark ausgebaut war, jedoch verteidigt wurde. Hier gelang es wieder dank unserem energisch raschen Zupacken, den Widerstand schnell zu brechen.

Ostwärts Oswaja-Sebesh, nach Nordosten weitermarschierend, erreichten wir hinter Sebesh in der Gegend von Groblo endlich wieder eine feste Straße, die nach Welikije Luki führte. Dort, auf russischem Gebiet, erlebten wir zum ersten Mal in den Städten und Flecken eigenartigen Denkmalschmuck: auf Plätzen und vor öffentlichen Gebäuden in ziemlich großer Zahl und Anhäufung lebensgroße schneeweiße Gipsstatuen von Lenin und Stalin. Ein merkwürdiger Widerspruch zu dem so verpönten Personenkult und eine primitive Methode, den Kommunismus zu verherrlichen und zu popularisieren.

Nach mehreren kleineren Gefechten mit russischen Nachhuten verteidigten die Sowjets hartnäckig die See- und Flußengen westlich der Straßenkreuzung Welikije Luki–Sebesh–Witebsk–Dno. Dort fand Lützow Gelegenheit zu einem seiner glänzenden Husarenstücke. Bei Sokolniki–Majewo durchbrach er zunächst die russische Stellung, sehr gut unterstützt von seiner Couleurabteilung des Artillerieregiments 12/ I–AR 12 des Hauptmanns Müller sowie der motorisierten Abteilung (10-cm-Geschütze) des Majors der Reserve Böhringer. Sofort danach stieß er, den Erfolg ausnutzend, bis zur großen Straßenkreuzung und darüber hinaus vor, obwohl der Russe rechts und links der Durchbruchstelle noch immer hielt. Als ich ihn erreichte, meldete er mir, daß die Russen rechts und links der Durchbruchstelle nur über die von ihm besetzte Straßenkreuzung zurückkönnten, das übrige Gelände sei sumpfig oder durch kleine Flußläufe gesperrt. Russische Panzer ständen u. a. auch noch im Wald südlich der Durchbruchstelle; sie könnten nur versuchen, über das Straßenkreuz nach Osten auszubrechen. Für den Fall, daß die russischen Panzer einen solchen Durchbruch versuchten, hätte er seine gesamten Panzerabwehrgeschütze beiderseits der Straße zu ihrem Empfang aufgestellt.

Es dauerte tatsächlich keine fünf Minuten, bis die Russen mit ihren Panzern, aus allen Rohren feuernd, den Durchbruch versuchten. Es entstand ein wildes Geschieße, das ich aus allernächster Nähe verfolgen konnte. Als das wilde Feuer verstummte, waren alle russischen Panzer abgeschossen. Alles klappte wie am Schnürchen. Lützow selbst stand dabei lächelnd aufrecht auf der Straße, so daß ich ihn leicht ermahnen mußte, sich doch etwas besser zu decken.

Wenige Tage darauf, Ende Juli – die Division war inzwischen nach Nordosten, Troiza–Chlawizi an der Lowat, abgebogen –, konnte Lützow durch rasches Zupacken noch einen weiteren erstaunlichen Überraschungserfolg buchen. Bei Troiza–Chlawizi gelang es ihm, die dort vor dem Lowatfluß noch haltenden Russen so energisch anzugreifen und über den Fluß zurückzuwerfen, daß sie vergaßen, die dort von ihnen gerade erbaute, funkelnagelneue Brücke zu sprengen oder zu verbrennen. Es handelte sich um eine 75 m lange und sehr breite Holzbrücke, an der noch die sogenannten Molotow-Cocktails hingen, die dazu dienen sollte, sie notfalls wieder zu zerstören.

Dieser Erfolg sollte von entscheidender Bedeutung werden. Sowohl für die spätere Einnahme von Cholm an der Lowat durch die 32. Infanteriedivision als auch für den weiteren Angriff des II. Armeekorps in Richtung Szeligersee/Ostaschkow und über Molwotizy auf Demjansk. Zunächst gelang es uns durch unseren Vorsprung, dem linken Nachbarn, der 32. Infanteriedivision, Infanterieregiment 96 (Oberst Ilgen), durch einen Stoß in die Südflanke zu helfen. Dort hatten die Russen sich hartnäckig verteidigt. Wir konnten so wesentlich zur Öffnung der Straße über die Lowat bei Cholm beitragen. Sofort über die Szmata und Kunja weitervorstoßend, erreichte die Division mit dem Grenadierregiment 89 bereits in den letzten Julitagen bei Kamenka die große Straße Cholm–Ostaschkow. Wir standen damit im Rücken der Russen, die Cholm noch gegen die Angriffe der 32. Infanteriedivision verteidigten. Die Einnahme der Stadt wurde unserer Schwesterdivision dadurch wesentlich erleichtert.

So stand unser II. Armeekorps nunmehr Anfang August mit allen drei Divisionen ostwärts und nordostwärts Cholm zu weiterem Vorgehen bereit, als unser nördlich anschließendes Nachbarkorps, das X. Armeekorps, durch überlegene russische Kräfte in eine schwere Krise geriet. Diese Krise war für unsere 16. Armee um so schwerwiegender, als zwischen uns und dem X. Armeekorps bei Staraja-Russa eine Lücke von etwa 80 km klaffte. Unser II. Korps war gezwungen, vorübergehend zur Verteidigung überzugehen. Erst am 31. August konnte es seine Operationen nach Osten und Nordosten fortsetzen.

Die ersten schweren Regengüsse kündigten an diesem Tage den nahen Herbst und die russische Rasputiza (die Herbstwegelosigkeit) an. Trotzdem erreichten wir schon wenige Tage später, verschiedentlich schweren russischen Widerstand brechend, den Flecken Molwotizy etwa 50 km weiter nordostwärts an der großen Straße nach Demjansk. Das Grenadierregiment 89 (Oberst von Lützow), das Infanterieregiment 48 (Oberstleutnant von der Mehden) sowie die Aufklärungsabteilung 12 (Major Graf Wedel) schwenkten bereits südlich bei Molwotizy nach Osten ein und erreichten im stürmischen Vorwärtsdrang am 8. September 1941 um 18.10 Uhr den Wsseluy und Wolgasee mit der See-Enge von Naunowo (etwa 20 km westlich Ostaschkow) und die obere Wolga mit der Wolgaquelle bei Wolgo-Werchowje (Infanterieregiment 48). Die Aufklärungsabteilung 12 stieß bis zur Enge zwischen Wolgasee und Szeligersee bei Sswapuschtscha vor und erreichte den mittleren Szeligersee bei Dubrowka.

Inzwischen gelang es der 32. Infanteriedivision und der 123. Infanteriedivision (General Rauch) unter Beteiligung unseres Infanterieregiments 27 (Oberst Kegler), südwestlich Molwotizy drei sowjetische Divisionen einzukesseln und zu vernichten. An diesem großen Erfolg hatten auch Teile des von der Heeresgruppe Mitte an unsere 16. Armee vorübergehend abgegebenen LVII. Panzerkorps des Generals der Panzer Kunzen (19. und 20. Panzerdivision) hervorragenden Anteil. Das Panzerkorps mit seinen beweglichen Panzer- und motorisierten Kräften trug auch entscheidend dazu bei, unsere Infanteriedivision nach Nordosten und Norden weiterzureißen. So konnte die 32. Division am 7. September 1941 Demjansk nehmen und zusammen mit unserem Infanterieregiment 27 (Oberst Kegler) weiterstoßen bis in die Linie Szeligersee–Wejesee–Loshno–Lytschkowo (an der Bahnlinie Waldai–Staraja-Russa).

Zum Abschluß der Kämpfe südlich und südöstlich des Ilmensees und auf den Waldai-Höhen bis zum 16. September 1941 meldete der OKW-Bericht als Gesamtergebnis: 53000 Gefangene, 320 Panzer und 695 Geschütze erbeutet oder vernichtet. Die 16. Armee hatte damit die am weitesten nach Osten vorgeschobenen Punkte erreicht, die dort in diesem Kriege von uns besetzt wurden.

Unsere Heeresgruppe Nord mußte Mitte September nicht nur das LVII. Panzerkorps wieder an die 9. Armee (Heeresgruppe Mitte) zurückgeben, sondern auch die gesamte Panzergruppe 4 (General der Panzer Hoeppner) der Heeresgruppe zuführen, dazu noch zahlreiche

Sturmgeschützabteilungen und schwere Heeresartillerie. Das alles sollte der Verstärkung der Heeresgruppe Mitte dienen, zur Fortsetzung der großen Offensive auf Moskau. Damit verlor unsere Heeresgruppe Nord fast ihre gesamte bewegliche motorisierte Stoßkraft, was nicht nur die Zurücknahme der über den Wolchow bis Tichwin vorgestoßenen Division, sondern auch die Einstellung des Angriffs auf Leningrad zur Folge hatte. Wesentlich schwerwiegendere Rückschläge aber für die südlich und südostwärts des Ilmensees kämpfenden Armeekorps unserer 16. Armee, das X. Armeekorps und unser II. Armeekorps, sollten sich erst später zeigen. Waren doch die Fronten hier nunmehr weit überdehnt und die Flanken nur durch Seen und Sümpfe mit schwächsten Sicherungen abgedeckt.

An wesentliche offensive Operationen der Heeresgruppe Nord war unter diesen Umständen überhaupt nicht mehr zu denken. Trotzdem befahl Hitler am 2. Oktober die Fortsetzung der Offensive an der ganzen deutschen Front und erklärte in seinem »berühmten« Tagesbefehl in wahrhaft vermessenem Größenwahn: »Heute beginnt die letzte große Entscheidungsschlacht. Ich erkläre heute und erkläre es ohne jeden Vorbehalt: Der Feind im Osten ist gebrochen und wird sich nie wieder erheben.«

Am Tage vorher, am 1. Oktober, war bei uns bereits der erste Schnee gefallen. Es gehört nicht viel Phantasie dazu, sich vorzustellen, was wir uns angesichts des frühen russischen Wintereinbruchs bei diesem Befehl dachten. Befand sich doch unsere Gruppe, insonderheit meine 12. Infanteriedivision, vom ersten Tage des Rußlandfeldzuges an (22. Juni) in ununterbrochenem Einsatz, ganz zu schweigen von der ständigen Überforderung durch die weit überdehnten Fronten. Dazu kam schließlich noch, daß alle Bewegungen im Kampf und auch für den Nachschub unbeschreiblich durch den schweren Herbstregen und die daraus folgende Herbstwegelosigkeit erschwert wurden. Zudem waren für die Fortsetzung einer Offensive nach Nordosten und Norden nicht unerhebliche Umgruppierungen notwendig. Ich mußte die Front im Süden an Wolga und Szeligersee an die 123. Division abgeben und beließ dort nur die Aufklärungsabteilung (Graf Wedel) im mittleren Teil des Szeligersees. Die gesamte übrige Division wurde im Nordosten an der Front vom Weljesee bis ostwärts Lushno neben dem dort bereits stationierten Infanterieregiment 27 eingesetzt.

Durch diese Verzögerung konnten wir erst Mitte Oktober wieder antreten, und zwar aus der Linie Krutki–Kirilow–Schtschina. Wie kaum anders zu erwarten, kam der Angriff über kurze Anfangserfolge nicht hinaus und blieb sehr bald liegen – die 12. Infanteriedivision und die SS-Totenkopfdivision (Eike) ostwärts Lushno. Weitere Versuche, im Zusammenhang mit dem Wiederantreten der Heeresgruppe Mitte am 17. November 1941 auf Moskau, auch unsere Front noch etwas vorwärts zu reißen, versanken buchstäblich in Schlamm und Regen.

Ein Angriff des Grenadierregiments 89 mit Oberst von Lützow an der Spitze sollte aus der Flanke der Nachbardivision heraus bei Luwanowo in die Feindstellungen vor den Infanterieregimentern 48 und 27 einbrechen, diese aufrollen und den Gegner vernichten. Da wir unsere Artillerie infolge des völlig unwegsamen Geländes nicht hinter die angreifende Infanterie bringen konnten, kam es zu einem artilleristischen Kunststück. Die Beobachter bei Lützow mußten daher teilweise auf sich selbst zuschießen und das Feuer allmählich in den Rücken der russischen Linien heranziehen. Ein artilleristischer Versuch, auf den man theoretisch wohl nie gekommen wäre. Der Angriff kam jedoch nicht einen Schritt weiter, obwohl unsere Artillerie ihr Bestes bei diesem grotesken Versuch, den Russen in den Rücken zu schießen, gab.

Diesen letzten Angriffsversuch mußten wir leider mit einer schweren Verwundung von Lützows bezahlen, der einen Schuß in die Bauchdecke erhielt. Glücklicherweise konnte er nach mehreren Monaten Heimatlazarett an die Front zurückkehren. Für seine überragenden, in erster Linie durch persönlichen und kühnsten Einsatz errungenen großen Erfolge erhielt er unmittelbar nach seiner Verwundung als 27. Offizier der Deutschen Wehrmacht das Eichenlaub zum Ritterkreuz des Eisernen Kreuzes.

Der Angriff des Südflügels der Heeresgruppe Nord, des II. und des X. Armeekorps der 16. Armee, auf den Waldai-Höhen und südostwärts des Ilmensees war bis auf weiteres zum Stehen gekommen. Es war zunächst nicht daran zu denken, dort die Offensive wiederaufzunehmen. Die Gründe dafür lagen nicht nur in den weit überdehnten Fronten und den fehlenden Reserven, sondern auch in dem wesentlich verstärkten russischen Widerstand und in der Schwäche der abgekämpften deutschen Divisionen, besonders denen der Infanterie. Dadurch wurden wir gezwungen, zur Verteidigung überzugehen. Aber in welcher Linie? In der zur Zeit erreichten? Die rein zufällig im Angriff entstandene Linie war zur nachhaltigen Verteidigung an kaum einer Stelle geeignet und dazu noch weit überdehnt. Ihre Flanken waren durch die Seen und Sümpfe westlich und südwestlich Ostaschkow sowie südwärts des Ilmensees und das große Delta der Flüsse Pola, Lowat, Redja und Polisty nur scheinbar gesichert. Diese Sicherung würde bei eintretendem strengen Frost durch das Zufrieren der Seen, Flüsse und Sümpfe sofort problematisch werden, zumal diese Gebiete aus Mangel an Reserven nur schwach besetzt und gesichert werden konnten. Die einzige Möglichkeit, diesen Mängeln auch nur einigermaßen zu begegenen, war die Zurücknahme der Verteidigung in eine genügend erkundete und vorbereitete rückwärtige neue Linie. Selbstverständlich mußte dabei der Anschluß an den Nordflügel der Heeresgruppe Mitte (9. Armee) gewährleistet bleiben.

Ende November/Anfang Dezember wurden Wege und Gelände durch leichteren Frost wieder gangbar, so daß die Zurücknahme möglich wurde. Ob sie freilich bei der Führung durchzusetzen gewesen wäre, erscheint angesichts der Abhängigkeit von Hitlers Genehmigung für jeden Schritt rückwärts mehr als fraglich.

An irgendeine Wiederaufnahme einer Offensive zur Unterstützung der Heeresgruppe Mitte auf Moskau Anfang Dezember war überhaupt nicht mehr zu denken. Wie notwendig eine Zurücknahme der Front gewesen wäre, sollten die schweren russischen Angriffe im Januar 1942 erweisen. Erst am 12. Januar 1942 erfolgte der Antrag des Feldmarschalls Ritter von Leeb, die Verteidigungslinie zurückzuverlegen. Die Ablehnung des Antrages veranlaßte den Feldmarschall, seinen Rücktritt zu erklären.

So blieben wir also nach den letzten Angriffen von Ende November in der bisherigen weit überdehnten Linie stehen und richteten uns für die Winterverteidigung ein. Unsere Hauptsorge galt jetzt der Auffrischung der Truppe, den Pferden sowie der Waffen- und Materialpflege. Alle bedurften dringend der Ruhe. Zum ersten Mal konnten wir ein Bataillon als Reserve herausziehen. Die Bevölkerung in oder unmittelbar um die vordersten Linien wurde auf Befehl des Armeekorps evakuiert und nach rückwärts abgeschoben. Dadurch war vorn für die Unterbringung der Truppe Raum geschaffen.

Große Sorgen bereiteten uns die zunehmenden Erfrierungen. Durch geradezu sträflichen und verbrecherischen Leichtsinn bestand unsere Ausrüstung für den Winter nur aus den normalen, ungefütterten Mänteln, Ohrenschützern, etwas wärmerer Unterwäsche und ledernen hohen Stiefeln oder Knobelbechern. Jede weitere Vorbereitung für den Winter hatte Hitler bei der Planung des Rußlandfeldzuges verboten, weil der Krieg nach seinen Vorstellungen vor Eintritt des Winters bereits siegreich beendet sein würde. Im nördlichen Rußland sind aber Kältegrade von minus 40° bis 50° Celsius durchaus nichts Einmaliges, wenn sie auch nicht jeden Winter vorkommen; man muß dennoch damit rechnen. Jedes Kind in Rußland weiß das. Daher hat jeder Russe, ob Mann, Frau oder Kind und selbstverständlich erst recht jeder Soldat Wattejacke, Wattehose, wollene Unterwäsche, Pelzmütze, Pelzhandschuhe und Walinkis (das sind filzgefütterte hohe Stiefel mit Gummiüberschuhen für den Fall vorübergehenden Tauwetters). Was konnten wir tun? Wie konnten wir uns helfen? An warme Winterbekleidung aus der Heimat war in der nächsten Zeit nicht zu denken. Als einzige Hilfe blieb uns zunächst nur die sehr häufige Ablösung aller in der vordersten Linie eingesetzten Männer, aller Posten usw. – aber es war nur ein Notbehelf.

Für mich als Divisionskommandeur wurden die Fahrten zur Truppe durch die zunehmende Kälte und nun auch einsetzende hohe Schneeverwehungen immer schwieriger. Ich bedauerte am meisten, daß wir der Truppe aufgrund ihrer Beschwerden und Wünsche immer weniger helfen konnten, da auch der Bahnnachschub und die motorisierten pferdebespannten Kolonnen auf einen solchen Winter nicht eingestellt waren.

Die Bevölkerung, die wir zum Schneeräumen und Wegebau heranzogen, verhielt sich ruhig und machte keine Schwierigkeiten, trotz all der unvermeidlichen kriegsbedingten Maßnahmen, die ihr Leben oft sehr erschwerten. Nur einmal kam es zu einem Zwischenfall: Bei dem zurückgezogenen Grenadierregiment 89 nahm ein junger Russe namens Stepanow einem Grenadier das Gewehr weg und erschoß ihn. Selbstverständlich hätte ein anderer Grenadier Stepanow nach Kriegsrecht sofort erschießen können. Man tat das nicht, sondern verhaftete ihn und stellte ihn vor ein Kriegsgericht, das ihn zum Tode verurteilte. Nachdem ich als Gerichtsherr das Urteil bestätigt hatte, wurde Stepanow durch den Strang hingerichtet.

Mitte Dezember 1941 benutzte ich die relative Kampfruhe, um mit unserem linken Nachbarkorps, dem Hamburger X. Armeekorps, das die Lübecker 30. Infanteriedivision und die SS-Totenkopfdivision befehligte, persönlich Verbindung aufzunehmen. Deren General war ein alter Regimentskamerad, General der Artillerie Hansen. Er betrachtete die Lage bei uns auf den Waldai-Höhen ziemlich pessimistisch, vor allem wegen seiner nur schwach gesicherten linken Flanke südostwärts des Ilmensees. Ich konnte ihm nur beipflichten, zumal vor unserer Front seit Tagen fast ununterbrochen nächtliche russische Kolonnenbewegungen mit voll aufgeblendeten Scheinwerfern aus der Gegend Waldai in Richtung südostwärts des Ilmensees beobachtet und gemeldet wurden.

Während der Fahrt zu Hansen kam ich auf den Waldai-Höhen an einem für die bisherigen Kämpfe ganz ungewöhnlich großen Soldatenfriedhof vorbei. Wie ich feststellte, war es der Friedhof der SS-Division Totenkopf. Ich konnte mir die übergroßen Verluste nicht anders erklären, als daß die SS-Regimenter bei ihren Einsätzen die Höhe ihrer blutigen Verluste überhaupt nicht achteten oder daß sie das Zusammenwirken aller Waffen nicht genügend beherrschten. Dabei durfte die SS sich unter den Wehrpflichtigen das Beste vom Besten heraussuchen.

Wir waren ohne Überheblichkeit stolz darauf, daß wir bis dahin unsere Erfolge in der Armee und in der Heeresgruppe mit geringsten Verlusten erreicht hatten. Dabei war uns klar, daß wir das der hervorragenden Friedensausbildung unserer Regimenter sowie dem ausgezeichneten Zusammenwirken der Waffen, insbesondere der glänzenden Unterstützung der drei Infanterieregimenter durch das Artillerieregiment 12 (Oberst Noeldechen) und der motorisierten (10-cm-) Heeresartillerieabteilung (Major der Reserve Böhringer) zu verdanken hatten. Ich kannte meine Mecklenburger gut und hatte sie schon im Frieden sehr schätzen gelernt, als ich in Schwerin neun Jahre Regimentsadjutant und Batteriechef war, zuletzt unter dem späteren Generaloberst Freiherr von Fritsch.

Ich möchte bei dieser Gelegenheit noch die ausgezeichnete Zusammenarbeit mit unserem II. Armeekorps hervorheben. Zwischen uns gab es ein gegenseitiges Vertrauensverhältnis, das viel zum Erfolg beitrug. Unser Kommandierender General, General der Infanterie Graf von Brockdorff, war eine ausgesprochen sympathische, im besten Sinne vornehme Soldatennatur, von stets fürsorglichem Herz für seine Truppe. Aber er konnte auch hart sein, wo es sein mußte. Er besaß die entsprechenden Führerqualitäten. Das bewies er besonders unter allerschwersten Bedingungen als ruhmreicher Verteidiger des Kessels von Demjansk. Dieser Kessel, der von Anfang Februar bis Ende April 1942 bestand (72 Tage), wurde allgemein nach ihm »Die Grafschaft Demjansk« genannt. Sein hochbewährter Chef, Oberst im Generalstab Koch, trat wenig hervor, er wirkte mehr im Hintergrund. Doch war er wesentlich mehr, als er schien, und entsprach dem, was einst Schlieffen von einem Generalstabsoffizier verlangt hatte: »Mehr sein als scheinen«.

Das Kriegsjahr 1941 ging schließlich ohne schwere Kämpfe seinem Ende entgegen. Weihnachten konnten wir noch leidlich ruhig feiern, so gut es bei der Kälte und dem hohen Schnee möglich war. Weihnachtsbäume gab es auf den Waldai-Höhen mehr als reichlich. Kurz vor Neujahr 1942 fiel das Thermometer auf 40° C unter Null. Damit brach der Winter erst mit seiner ganzen sibirischen Kälte über uns herein. Keiner von uns hatte so etwas je schon erlebt. Es traten ungeheuerliche Schwierigkeiten auf, die wir erst allmählich meistern lernten. Die Kälte hat nur einen Vorteil: sie ist sehr trocken bei meist wolkenlosem, sonnigen Himmel; gibt es Niederschläge, so handelt es sich um ganz feinen Pulverschnee. Mangels richtiger Winterbekleidung und wegen des stark heruntergekommenen Zustandes unserer Pferde waren wir nur noch beschränkt beweglich. Von irgendwelchem Nachschub an Winterbekleidung war nichts zu hören, geschweige denn zu sehen.

Mitten in diesen sorgenvollen, sibirisch kalten Tagen wurde ich durch ein Telegramm völlig überrascht, durch das ich in die Führerreserve versetzt wurde, so daß ich meine Division abgeben mußte. Ich hatte sie erst eindreiviertel Jahr, war noch Generalmajor und hatte damit noch nicht im entferntesten gerechnet. Gleichzeitig verlieh mir der Führer durch ein Telegramm das Eichenlaub Nr. 54. Unser Kommandierender General, Graf Brockdorff, versah das Telegramm mit einem besonderen Glückwunsch an alle Truppenteile der Division, die damit als erste Division zweimal das Eichenlaub erhalten hatte.

So schlug für mich an der Jahreswende des schwersten Kriegswinters 1941/42 die Abschiedsstunde von meiner 12. mecklenburgischen Infanteriedivision, die ich März 1940 in Bonn übernommen und von der Eifel bis an die Atlantikküste, in Holland und schließlich von Ostpreußen bis tief nach Rußland hinein geführt hatte. Mir war diese Division, in der ich selbst einst Regimentsadjutant und Batteriechef gewesen war und mit der ich so lange im Krieg Freud und Leid geteilt hatte, sehr ans Herz gewachsen. Der Abschied fiel mir schwer, zumal ich dieser Division, ihren Regimentern und Abteilungen, ihren Kommandeuren, Offizieren, Unteroffizieren und Mannschaften, die sich überall hervorragend schlugen und bewährten, unendlich viel zu verdanken hatte. Ich bin mir des Glückes, diese Division kommandiert zu haben, stets bewußt gewesen und geblieben.

Besonderer Dank gebührt im Zusammenhang mit meinem Abschied von der Division noch meinem Divisionsstab, besonders meinem Ia, Oberstleutnant von Colani. Wir haben uns ausgezeichnet verstanden und waren glänzend aufeinander eingespielt. Er war im Ersten Weltkrieg Infanterist gewesen, dann zur Kavallerie versetzt worden. Seine Vorschläge und die von ihm ausgearbeiteten Befehle waren großzügig und weitblickend. In dieser Art der Führung stimmten wir weitgehend überein. Die großen Erfolge der Division von Ostpreußen bis zu den Waldai-Höhen führe ich nicht zuletzt auf diese glückliche Übereinstimmung zurück. Eine große Genugtuung für die Division, aber auch für mich, war es, daß zu meinem Nachfolger, der inzwischen zum Generalmajor beförderte letzte Kommandeur des Grenadierregiments 89 Freiherr von Lützow ernannt wurde. Bis zu seiner Wiederherstellung von seiner Verwundung wurde der Korpsartilleriekommandeur Oberst Hernekamp mit der stellvertretenden Führung beauftragt.

So verließ ich denn am 3. Januar 1942 mit Tagesanbruch unser Divisionsstabsquartier Podgorje (etwa 10 km ostwärts Demjansk) zur Fahrt zunächst nach Dno zur Abmeldung bei der 16. Armee. Die Fahrt bei solcher Kälte und so hohem Schnee über eine Entfernung von ungefähr 250 km war für Fahrer und Wagen unvorstellbar schwierig. Wir konnten uns nur mit kleinen Salzbeuteln winzige Sichtlöcher in der zugefrorenen Windschutzscheibe offenhalten. Wischer und Heizung versagten natürlich vollkommen bei der Kälte von minus 40° C.

Am frühen Mittag erreichten wir Staraja-Russa, eine der ältesten russischen Städte mit einer großen Zahl architektonisch wertvoller alter byzantinischer Kirchen. Die meisten alten russischen Städte sind schlecht erhalten und wenig gepflegt. Nur im Winter deckt der hohe Schnee vieles zu, und die großen Schäden treten weniger hervor. Die Schönheit der Winterlandschaft konnten wir infolge der dicht zugefrorenen Fenster kaum genießen. Von Staraja-Russa bis Schimsk, der großen Straßenkreuzung am Westufer des Ilmensees, hatten wir ausnahmsweise das Glück, eine der großen russischen Magistralen befahren zu können, die auch jetzt relativ gut gepflegt und freigehalten war.

So erreichten wir noch vor Einbruch der Dunkelheit Schimsk mit einem herrlichen Blick über die ruhigen weiten Flächen des Ilmensees. Dann mußten wir die gute Straße leider schon wieder verlassen und uns den Weg über Ssolzy nach Dno in der Dunkelheit suchen, wo wir gegen 19.00 Uhr im Stabsquartier der 16. Armee von General Busch landeten und herzlich aufgenommen wurden. Hier konnten wir uns nach der langen und kalten Fahrt endlich aufwärmen. In meinem Koffer aber waren inzwischen Waschbeutel, Schwamm und Seife tief gefroren. Wir besprachen kameradschaftlich unsere Erfahrungen aus den Feldzügen, und es wurde ein sehr aufschlußreicher Abend.

Am nächsten Morgen ging es früh weiter nach Pleskau (Pskow) zur Abmeldung beim Heeresgruppenkommandeur Nord, Generalfeldmarschall Ritter von Leeb. Wir waren gut bekannt seit der Zeit, als er Chef des Stabes des Wehrkreiskommandos II in Stettin war (1921–24) und ich in Schwerin stand. Er begrüßte mich sehr herzlich und beglückwünschte mich zu den ungewöhnlichen Erfolgen meiner Division. Anschließend aßen wir, zusammen mit seinem mir gleichfalls bekannten Stabschef General Brennecke, im kleinen Kreis zu Abend. Später erst, lange Zeit nach dem Kriege und dem Tode des Feldmarschalls, hatte ich eine große Freude: Aus der vom Militärhistorischen Forschungsamt in Freiburg (Breisgau) herausgegebenen Lebensbeschreibung des Feldmarschalls erhielt ich die Aufzeichnungen seines Begleitoffiziers Freiherr von Grießenbeck: »3. Oktober 1941. Nach dem Urteil des Oberbefehlshabers ist die 12. Division unsere beste Division, Kommandeur ist Generalmajor von Seydlitz-Kurzbach. Diese Division hat bei großartigen Erfolgen geringste Verluste gehabt!«

Die nächste Etappe unserer Heimfahrt führte durch den südlichsten Zipfel des Landes (Walk) nach Riga, der Hauptstadt Lettlands. Die Kälte hatte glücklicherweise etwas nachgelassen. Riga war relativ wenig zerstört, so daß wir uns wenigstens eine der Hauptsehenswürdigkeiten, »das Schwarzhäupterhaus«, kurz ansehen konnten. Das gut erhaltene Haupthotel der Stadt nahm uns gastlich auf. Der letzte Tag der Fahrt, der 6. Januar, über Mietau–Schaulen–Tilsit bis Angerburg in Ostpreußen verschaffte mir noch die Bekanntschaft mit dem für die preußische Geschichte so bedeutsamen Städtchen Tauroggen. Die Mühle des Nachbardorfes Poscherun, in der die Konvention von Yorck und Diebitsch unterschrieben worden war, auch noch aufzusuchen, war leider aus Zeitmangel nicht mehr möglich. Nach viertägiger Fahrt erreichten wir das Hauptquartier des Oberkommandos des Heeres, wo ein Eisenbahnschlafwagen den Offizieren der Führerreserve als Unterkunft diente.

Die Zeit in der Führerreserve verschaffte mir einige, wenn auch nur flüchtige, so doch genügend lehrreiche Einblicke in die Lebens- und Arbeitsweise unserer höchsten Kriegsdienststellen. In Angerburg an der Nordspitze des Mauersees lag das Oberkommando des Heeres

(OKH), einschließlich des Heerespersonalamtes, das mich solange betreute. In der Wolfsschanze (am Südwestufer des Mauersees, unweit von Rastenburg) hatte Hitler mit dem Oberkommando der Wehrmacht (OKW) sein Hauptquartier aufgeschlagen. Beim OKH in Angerburg lebte und arbeitete man in einfachen Holzbaracken, die im Walde getarnt aufgestellt waren. Ein sehr malerisch am See gelegenes, beschlagnahmtes neues und modernes kleines Hotel diente, neben einigen Eisenbahnschlafwagen, als Unterkunft für die zahlreichen durchreisenden Offiziere aller Fronten. Dort war auch das allgemeine Kasino eingerichtet, das manch interessantes Treffen ermöglichte.

Nach meiner Ankunft am 6. Januar abends meldete ich mich am nächsten Tage beim Chef des Heerespersonalamtes, General der Infanterie Keitel, dem jüngeren Bruder des Feldmarschalls, sowie bei seinem Chef, Generalmajor Gebb. Ich hatte gehofft, bei dieser Gelegenheit zuerst Näheres über meine weitere Verwendung zu erfahren. Davon war jedoch zunächst noch keine Rede. Man machte mir vielmehr die für mich höchst unerfreuliche Eröffnung, Hitler beabsichtige, in der nächsten Zeit verschiedene Generäle, die in den letzten schweren Kämpfen bei Moskau versagt hätten, vor ein Kriegsgericht zu stellen. Ich sei ausersehen, bei diesen Kriegsgerichten als Richter (Beisitzer) zu fungieren. Da Näheres noch nicht zu erfahren war, und auch der Tag des Empfanges bei Hitler, an dem er uns das Eichenlaub überreichen sollte, noch ganz unbestimmt war, bat ich um Urlaub auf Abruf nach Königsberg. Dort konnte ich mich als Gast bei meinem alten Freund General der Flieger Putzier, Luftgaukommandeur Ostpreußen, etwas ausruhen und auch kurz meine Frau wiedersehen.

Erst Mitte Januar kam aus Angerburg telefonischer Befehl, daß die Audienz bei Hitler in der Wolfsschanze am 16. Januar stattfände. Außer mir erhielten noch zwei weitere Offiziere das Eichenlaub, ein Oberst Scheidies, Kommandeur eines ostpreußischen Infanterieregiments, und Major Buchterkirch, Führer einer Panzeraufklärungsabteilung. Wir versammelten uns am Eingang des Sicherheitssperrgürtels, der um das Wolfsschanzehauptquartier errichtet war. Das Ganze war gegen die Außenwelt hermetisch abgeschirmt. Selbst nach dem Haupteingang mußte man sicherheitshalber noch zwei Kontrollstationen passieren, ehe man die zuständige Stelle – in diesem Falle Hitlers Adjutanten Major Engel – errreichte. Das Führerhauptquartier Wolfsschanze war etwas solider und komfortabler gebaut als die Holzbaracken des OKH in Angerburg. Auch hier lag alles im Walde gut getarnt.

Wir wurden sofort in einen Bungalow geführt, der anscheinend repräsentativen Zwecken diente; er war mit schlichten Stilmöbeln ausgestattet. Hitler erschien bald, so daß wir nicht lange zu warten brauchten. Er sah ausgesprochen blaß und elend aus. Anscheinend war er auch stark abgemagert, denn seine Felduniform – brauner Rock und schwarze Hose – saß ausgesprochen schlotterig, ganz abgesehen davon, daß diese Uniform schon an sich wenig ansehnlich, ja fast häßlich war. Dazu verdeckte eine schwarze Haarsträhne fast seine ganze linke Stirnseite.

Der erste Eindruck, den Hitler auf uns machte, war wenig günstig, um nicht zu sagen düster. Auch was er danach zu uns sagte, war nicht geeignet, diesen Eindruck zu verbessern. Zwar beglückwünschte er uns alle drei summarisch – also nicht jeden einzelnen –, nachdem er jedem sein Eichenlaub überreicht hatte, zu dieser Auszeichnung, aber auf irgendwelche Einzelheiten ging er jedoch nicht ein. Dabei kamen wir alle drei unmittelbar von der Front, mitten aus den schweren Winterkämpfen mit 40° C Kälte und mit meterhohen Schneeverwehungen. Wir hatten die damit verbundenen Schwierigkeiten selbst erlebt: die fehlende Winterbekleidung und die dadurch bedingten furchtbaren Erfrierungen, den versagenden Nachschub und dadurch den Mangel an Pferdefutter mit den verheerenden Folgen für die Beweglichkeit der Truppe.

Jeder von uns hatte erwartet, Hitler würde diese günstige Gelegenheit nützen und uns fragen, wie es zur Zeit an der Front aussähe, wo besonders geholfen werden müßte, welche wichtigen Erfahrungen wir gemacht hätten. Aber nichts von all dem! Nicht ein Wort, nicht eine Frage! Statt dessen fing Hitler selbst an, von irgendwelchen neuen Zukunftswunderpanzern und ähnlichen Dingen zu erzählen. Das interessierte uns jedenfalls in diesem Augenblick sehr wenig. Uns war das Hemd näher als der Rock. Als Feldherr und Staatsmann strahlte Hitler in dieser Stunde nichts aus, was uns besorgte Frontsoldaten innerlich hätte erheben können. Ich war eher erschüttert von dieser Begegnung, nach den vorangegangenen Erlebnissen der ersten sechs Monate des Rußlandfeldzuges von Ostpreußen bis auf die Waldai-Höhen.

Der erste Akt der Audienz war damit beendet. Es folgte ein gemeinsames Mittagessen im kleineren Kreis. Dabei saß Hitler in der Mitte der Langseite eines längeren Tisches, ihm gegenüber in der Mitte Keitel, eingerahmt von Bormann und Himmler. Ich saß rechts neben Hitler, links von ihm Oberst Scheidies. Eine normale Tischunterhaltung zwischen Hitler und einem der übrigen Teilnehmer dieses Essens kam nicht zustande. Das Tischgespräch verlief vielmehr so, daß Hitler zu irgendeiner von Keitel, Bormann oder Himmler aufgeworfenen Frage kurz und diktatorisch seine Auffassung äußerte. Später verlas Bormann bei Tisch ein Telegramm über Abschluß und Ergebnis der Winterbekleidungssammlung. Hitler reagierte darauf laut und in seiner bekannten deklamatorischen Art: »Das deutsche Volk hat meinen Ruf verstanden.«

Wie mochte es in diesem Augenblick wohl mit seinem Gewissen bestellt gewesen sein? War doch an dieser fehlenden Winterbekleidung nicht der Generalquartiermeister schuld, sondern Hitlers verfehlte Planung, die von dem leichtfertigen Gedanken ausging, man könne die Sowjetunion bis zum Herbst 1941 besiegen. Tausende deutscher Soldaten aber hatten sich bereits schwere, oft sogar tödliche Erfrierungen zugezogen. Jetzt war es Ende Januar. Wann waren diese warmen Sachen in der Hand des Frontsoldaten? Eine Schande für die deutsche Armee!

Ich selbst versuchte bei Tisch noch einmal auf meine letzten Erfahrungen mit dem russischen Winter und der sibirischen Kälte auf den Waldai-Höhen einzugehen. Hitler wollte nichts hören. Er wisse Bescheid; er lehnte jedes Gespräch darüber ab.

Das Essen war übrigens einfach. Nur Hitler erhielt eine Sonderverpflegung, hauptsächlich verschiedene Gemüse und Kompotte – Vegetarierkost. Seine Eßmanieren schreckten ab. Nach Tisch gingen wir sofort auseinander. Damit war unsere Begegnung mit Hitler beendet.

Kriegsgericht gegen Graf Sponeck

Nach dem Empfang bei Hitler am 16. Januar 1942 begab ich mich wieder ins OKH-Hauptquartier bei Angerburg. Dort eröffnete man mir beim Heerespersonalamt, daß demnächst in Berlin ein Kriegsgericht gegen Generalleutnant Graf Sponeck stattfände, und zwar auf Anordnung Hitlers. Sponeck hätte durch schwerwiegenden Ungehorsam gegen den Hitlerbefehl, der jedes Zurückgehen von Truppenteilen, größer als Bataillonsstärke, ausdrücklich verbot bzw. von einer besonderen Genehmigung Hitlers abhängig machte, den Verlust der Halbinsel Kertsch auf der Krim verschuldet. Vorsitzender des Kriegsgerichts werde Göring sein. Ich sei als einer der Beisitzer bestimmt worden.

Graf Sponeck war im Frieden mein letzter Divisionskommandeur in Bremen (22. Infanteriedivision). Ich erklärte mich daher als befangen und bat darum, von meiner Bestimmung als Beisitzer abzusehen. Dieser mündlich vorgebrachte Antrag wurde jedoch vom Heerespersonalamt (Generalmajor Gebb) abgelehnt, denn er hätte keine Aussicht auf Erfolg bei Hitler. Ob ein schriftlicher Antrag Aussicht auf Erfolg gehabt hätte, erscheint mir bei der Kürze der Frist von nur vier Tagen unwahrscheinlich.

Ich glaubte, den Auftrag in Königsberg abwarten zu können, erhielt dort jedoch bereits am 21. Januar den Befehl, mich am nächsten Tage beim Reichsmarschall im Reichsluftfahrtministerium in Berlin in der Leipziger Straße zu melden. Görings Residenz befand sich nicht, wie ich angenommen hatte, in dem großen repräsentativen Neubau des neuen Luftfahrtministeriums, das man an der Ecke Leipziger Straße/Wilhelmstraße anstelle des alten preußischen Kriegsministeriums erbaut hatte, sondern in dem alten preußischen Handelsministerium innerhalb des Gesamtareals, das man dem neuen Luftfahrtministerium zugeschlagen hatte. Im Vorraum der Göring-Residenz empfing mich einer der Adjutanten Görings, der Oberleutnant von Brauchitsch (Sohn des Feldmarschalls). Er bat mich, mich noch etwas zu gedulden, vor mir sei noch der zweite Beisitzer, Generalleutnant Eugen Müller, beim Reichsmarschall.

Ich benutzte die Wartezeit, um zunächst die zwei Reichsmarschallstäbe zu bewundern, die in der Vorhalle auf einem Marmortisch lagen. Der eigentliche repräsentative Reichsmarschallstab war 30 bis 35 cm lang. Anscheinend war er nach Görings eigenen Entwürfen gefertigt und besonders reich mit Gold und Edelsteinen sowie mit nationalsozialistischen Emblemen verziert. Der andere Stab war der sogenannte Interimsstab für den täglichen Gebrauch. Er ähnelte den Reitgerten der britischen Offiziere, die diese zur Tagesuniform zu tragen pflegten.

Den Vorraum verlassend, betrat man eine repräsentative Vorhalle mit Säulen und Paneelen aus Marmor, ausgeschmückt mit zwei herrlichen alten, großen Gobelins aus dem 18. Jahrhundert mit wunderbaren Jagdszenen. Es hieß, Göring habe sie sich aus einem der alten Wiener Palais mitgebracht. Ich dachte unwillkürlich an die Parallele zu dem van-Gogh-Gemälde im Stabsquartier seines Freundes Christiansen in Wassenaar im Haag in Holland, das Göring so selbstlos gegen ein unbedeutendes Seestück des bekannten Marinemalers Stöver getauscht hatte. Aus den beschaulichen Kunstbetrachtungen wurde ich bald herausgerissen durch die Meldung des Adjutanten: »Der Reichsmarschall läßt bitten!« Der Herr Reichsmarschall empfing mich in seinem unmittelbar von der großen Vorhalle zugänglichen Arbeitszimmer. Auch dort legte man Wert auf Repräsentation. Es war ein großer rechteckiger Raum von der gleichen Länge wie die Vorhalle, ausgelegt mit den schönsten echten Teppichen. An Möbeln enthielt der Raum außer einigen Stühlen an den Wänden nur einen besonders großen und wuchtigen Eichenschreibtisch, dahinter ein mächtiger geschnitzter Eichenschreibtischsessel mit hoher Lehne. Auch alle Geräte auf dem Schreibtisch – Tintenservice, Blei- und Buntstifte, Aschbecher usw. – hatten ungewöhnliche Maße und wirkten außerordentlich klobig. Der Schreibtisch war im hinteren Drittel des Zimmers so aufgestellt, daß ich erst zwei Drittel des Raumes bis zu dem am Schreibtisch sitzenden Reichsmarschall durchschreiten mußte. Nach kurzer Meldung und normaler Begrüßung bat mich Göring, ihm gegenüber am Schreibtisch Platz zu nehmen.

Ich kannte Göring bis dahin nur von Fotos in Zeitungen und Illustrierten. Jetzt, bei diesem etwa einstündigen Empfang, hatte ich zum ersten Mal Gelegenheit, diese eigenartig pompöse Größe des Dritten Reiches etwas eingehender aus unmittelbarer Nähe zu studieren.

Schon die äußere Aufmachung Görings verriet seine Eitelkeit und ausgesprochene Prachtliebe. Er trug eine taubenblaue Phantasieuniform, eine Farbe, die ich bei der Luftwaffe noch nirgendwo gesehen hatte. Die Achselstücke waren nicht wie üblich geflochten, sondern aus vollem Gold mit aufgelegtem stilisierten Adler. Das Ganze offenbar eine Privatanfertigung nach Görings Entwurf. Seinen Hals schmückte der Orden »Pour le mérite« des Ersten Weltkrieges und das Großkreuz des Eisernen Kreuzes, das angeblich allein einem Reichsmarschall vorbehalten blieb. Görings Gesichtszüge verrieten Energie, jedoch mit einem unverkennbaren Einschlag zur Rücksichtslosigkeit. Seine Haartracht entsprach mehr der eines Schauspielers oder Künstlers; er trug die Haare locker und lose hochgekämmt.

Ich hatte erwartet, Göring würde mir darlegen, inwieweit Graf Sponeck als stellvertretender Kommandierender General des XXXXII. Armeekorps an den schweren Rückschlägen schuldig war, die zum Verlust der Halbinsel Kertsch geführt hatten. Ich kannte nur die allgemeinen Vorwürfe, die man Sponeck machte und die vor dem Kriegsgericht verhandelt werden sollten. Dabei ist vorauszuschicken, daß ich bis dahin nie als Vorsitzender oder Beisitzer in einem Kriegsgericht fungiert hatte. So wußte ich auch nicht, ob ein Laienrichter vor der Hauptverhandlung über die Anklagepunkte zu unterrichten war oder ob eine derartige Unterrichtung dem Vorsitzenden überlassen blieb. Jedenfalls wurde ich in meiner Erwartung, daß Göring sofort auf die Anklagepunkte gegen Graf Sponeck eingehen würde, enttäuscht. Nichts von all dem. Zu meiner größten Überraschung verbreitete er sich vielmehr eingehend über seine Luftwaffe. Die Tendenz seiner Darlegungen: das Heer habe viele grobe Fehler gemacht, daher jetzt die schweren Winterrückschläge. Die Luftwaffe dagegen habe alles richtig gemacht. So sei z. B. die Luftwaffe schon seit Beginn des Rußlandfeldzuges mit Winterbekleidung und Pelzen gut ausgestattet gewesen und nun gegen die Kälte geschützt. Das Heer habe rechtzeitige Maßnahmen versäumt und leide daher jetzt unter dem schweren russischen Winter. (Verantwortlich dafür war bekanntlich Hitler selbst, dessen Planung davon ausging, man könne das Sowjetregime bis zum Herbst 1941 beseitigen.)

Göring verweilte noch länger bei den verschiedenen Fehlern des Heeres und lobte seine Luftwaffe. Ich konnte zu all dem nur sehr wenig oder gar nichts bemerken, da mir die Gründe und Zusammenhänge dieser auffallenden Unterschiede zwischen Heer und Luftwaffe unbekannt waren. Andererseits konnte ich mir aber doch meinen Teil denken, war doch Göring Präsident des sogenannten 4-Jahres-Planes der gesamten deutschen Wirtschaft. Bei seiner bekannten rücksichtslosen, egoistischen Art und Veranlagung hatte ich keine Zweifel, daß er diese entscheidende Stellung nicht nur zum Vorteil für sich, sondern auch für seine Luftwaffe entsprechend ausnutzte.

Ich hatte schon im Frieden Fliegerhorste gesehen, die mit ungewöhnlich üppigen Kasinobauten, wunderbaren Hallenschwimmbädern usw. ausgestattet waren. Ich hatte mir schon damals über diese Entwicklung von einer seit Jahrhunderten gewohnten Sparsamkeit zu der luxuriösen nationalsozialistischen Staatswirtschaft sorgenvolle Gedanken gemacht. Auch gingen meine Gedanken zu meinem Hollanderlebnis 1940/41, als uns General Christiansens Adjutant von Görings eigenartigen Bestechungsmethoden als Generaldirektor des 4-Jahres-Planes gegenüber den von ihm abhängigen Industriellen erzählte.

Mir blieb bei der Lage der Dinge nur übrig, mir Görings weitere Darlegungen staunend anzuhören. Erst ganz zum Schluß äußerte er sich endlich doch noch kurz zum Thema »Fall Graf Sponeck« selbst. Dabei ging er jedoch auf die entscheidenden Anklagepunkte gegen Graf Sponeck wegen Ungehorsams mit den verhängnisvollen Folgen, des Verlustes der Halbinsel Kertsch, überhaupt nicht ein.

Er äußerte sich vielmehr nur grundsätzlich zu der Frage und Bedeutung des Gehorsams in der nationalsozialistischen Wehrmacht. Ungehorsam, insbesondere wenn er wie im Falle Graf Sponeck schwerste nachteilige Folgen sowohl für die Gesamtlage als auch für die beteiligte Truppe gehabt hätte, müsse scharf bestraft werden, ohne Ansehen der Person und des Dienstranges. Bereits im Hinausgehen bemerkte er dazu, der Führer verlange daher in diesem Falle die Todesstrafe, die er jedoch nachher auf dem Gnadenwege in 15 Jahre Festungshaft umwandeln würde. Die tatsächliche spätere Begnadigung zu sechs Jahren Haft war also nicht das Ergebnis eines Gesuchs Mansteins und des Feldmarschalls von Bock, sondern stand bereits vorher fest. Alles weitere werde die Hauptverhandlung selbst ergeben. Damit entließ er mich.

Die Hauptverhandlung gegen General Graf Sponeck fand am 23. Januar 1942 statt, und zwar im Hauptgebäude des neuen Reichsluftfahrtministeriums in der Leipziger Straße, im sogenannten »Kleinen Saal«. Der »Kleine Saal« war dafür entsprechend hergerichtet. Ein schlichter, würdiger Raum, ohne besonderen Schmuck, doch beherrscht von einem riesigen Ölgemälde. Es zeigte Friedrich den Großen auf seinem berühmten Schimmel Condé, begleitet von den beiden Reitergenerälen Seydlitz und Zieten.

Das Kriegsgericht tagte in folgender Zusammensetzung:

Vorsitzender: Reichsmarschall Göring; Beisitzer: a) juristische: Senatspräsident im Reichskriegsgericht Dr. Schmauser und Oberstrichter im Reichskriegsgericht Dr. Block; b) Laien: Generalleutnant Eugen Müller und Generalleutnant von Seydlitz-Kurzbach; Anklagevertreter: Generaloberst Haase und Oberreichskriegsanwalt Dr. Kraell; Verteidiger: Justizrat Dr. Neubert.

Göring erschien in dunkelblauer Fliegeruniform. Er trug Reithosen mit bordeauxroten Stiefeln und goldenen Anschnallsporen.

Das Gericht nahm an der längeren Seite des Saales an einem langen Tisch Platz: Göring in der Mitte, links neben ihm ein Vertreter des Reichskriegsgerichts, anscheinend als juristischer Berater; wir Beisitzer saßen zu seiner Rechten. Quer zu unserer Linken saß der Anklagevertreter, Generaloberst Haase, gleichfalls begleitet von einem Reichskriegsanwalt als juristischem Berater. Uns gegenüber an einem besonderen Tisch war der Platz des Angeklagten und seines Offizialverteidigers Justizrat Dr. Neubert. Der Angeklagte erschien im vollen Schmuck seiner Generalsuniform mit Ritterkreuz (das er für die Luftlandung der 22. Division in Holland im Mai 1940 erhalten hatte) sowie mit einem Stechdegen (altes Familienstück).

Zu dem Verlauf der nun folgenden Verhandlung sei vorweg bemerkt, daß sie sich im Gegensatz zu den »Freislerschen Gerichten« nach dem 20. Juli 1944 in jeder Weise kultiviert abspielte, sowohl in der Form als auch im Ton.

Irgendwelche Zeugen – Manstein oder sein Chef, einer seiner Generalstabsoffiziere, ein Offizier des Korpsstabes des Sponeckschen XXXXII. Armeekorps oder einer der Generalstabsoffiziere der sudetendeutschen 46. Infanteriedivision – waren, für uns unverständlicherweise, nicht geladen. Das Fehlen jeglicher Zeugen wurde auch während der Verhandlung weder von den anwesenden Juristen noch von der Verteidigung beanstandet.

Wir Beisitzer waren, wie gesagt, vorher nicht über den der Verhandlung zugrunde liegenden Tatbestand orientiert worden. Dafür fand jetzt jeder auf seinem Platz im Gerichtssaal einen kleinen Stoß verschiedener Papiere vor. Bei diesen Papieren, die wir während der Verhandlung nur einsehen, aber keineswegs eingehender studieren konnten, handelte es sich um folgende Dokumente:

a) Eine Generalstabskarte der Krim mit Einzeichnung der Lage des XXXXII. Armeekorps des Grafen Sponeck am 26. Dezember 1941 bei Beginn der sowjetrussischen Angriffsoperationen gegen die Halbinsel Kertsch und gegen den Hafen von Feodosia.

b) Eine Meldung des Armeeoberkommandos 11 des Generaloberst Manstein an die Heeresgruppe Süd des Generalfeldmarschalls von Reichenau über die Kämpfe der letzten Dezembertage 1941 auf der Krim, beginnend am 26. Dezember, die am 29. Dezember zum Verlust der Halbinsel Kertsch führten.
Der Verlust war »nach dieser Meldung« entstanden durch den Entschluß des XXXXII. Armeekorps (Generalleutnant Graf Sponeck), die Halbinsel zu räumen und die Kertsch verteidigende 46. Infanteriedivission (Generalleutnant Himer) auf die Enge von Parpatsch zurückzunehmen – gegen das ausdrückliche Verbot Mansteins. Gleichzeitig hatte Graf Sponeck den Schwerpunkt seiner Verteidigung nach Feodosia verlegt, wo starke sowjetische Flottenverbände angriffen und Kampfdivisionen und Panzerverbände landeten. Bei dem übereilten, teilweise angeblich fast fluchtartigen Rückmarsch der 46. Infanteriedivision von Kertsch auf die Enge von Parpatsch seien erhebliche Verluste an Geschützen (etwa 50%) sowie an schweren Waffen (etwa 20%) entstanden. Die Schuld an diesen Verlusten trage das XXXXII. Armeekorps des Grafen Sponeck.

c) Die Stellungnahme des Oberbefehlshabers der Heeresgruppe Süd, Generalfeldmarschall von Reichenau, zur Meldung des Armeeoberkommandos 11: Der Heeresgruppen-Oberbefehlshaber, Generalfeldmarschall von Reichenau, verurteilte ebenso wie Manstein in seiner Stellungnahme das Verhalten des Generalleutnants Graf Sponeck schärfstens und machte ihn durch seine Räumung der Halbinsel Kertsch – gegen Mansteins ausdrückliches Verbot – für deren Verlust verantwortlich. Reichenau hielt darüber hinaus für die 46. Infanteriedivision wegen ihres überstürzten Rückzuges und die dadurch entstandenen unverantwortlichen erheblichen Materialverluste noch eine besondere Strafe für erforderlich, die er in folgendem Befehl aussprach: »Ich spreche der 46. Infanteriedivision für das schlappe Zufassen bei der Anlandung der Russen auf der Halbinsel Kertsch sowie ihren übereilten Rückzug von der Halbinsel die soldatische Ehre ab! Auszeichnungen und Beförderungen sind bis auf weiteres gesperrt. Gez. von Reichenau, Generalfeldmarschall.«

Um 10.00 Uhr eröffnete Göring die Hauptverhandlung. Er begann mit der Vereidigung der beiden nicht beamteten Richter und Beisitzer Eugen Müller und mir. Anschließend vernahm Göring den Angeklagten zur Person. Im Verlauf der Vernehmung erkundigte sich Göring unter anderem auch nach der Familie des Grafen, besonders nach den beiden im Felde stehenden Söhnen des Grafen. Auf die Frage, ob Graf Sponeck ihm schon einmal begegnet sei, erwiderte dieser, das sei im Fritsch-Prozeß gewesen. Göring bestätigte das.

Erst danach trat man in die eigentliche Beweisaufnahme ein. Dazu verlas Göring zunächst die Hauptpunkte der Anklageschrift. Diese behandelte in großen Zügen die Vorgänge, die in den Kämpfen des XXXXII. Armeekorps des Grafen Sponeck im Rahmen der 11. Armee des Generalfeldmarschalls von Manstein auf der Krim in den letzten Dezembertagen 1941 (26. bis 30. Dezember) zum Verlust der Halbinsel Kertsch führten. Die Anklage warf dem Grafen folgende Vergehen vor:

1. Graf Sponeck habe den Verlust der Halbinsel Kertsch verschuldet, und zwar durch eindeutigen Ungehorsam gegen das zweimalige ausdrückliche Verbot des Armeeoberkommandos 11, einer Räumung der Halbinsel im Falle eines feindlichen Angriffs.
2. Graf Sponeck habe durch seine Funkmeldung über seinen selbständigen Entschluß zur Räumung der Halbinsel das Armeeoberkommando 11 – Manstein – vor eine vollendete Tatsache gestellt und jedes Eingreifen Mansteins durch Abbau seiner Funkstelle verhindert, nachdem die Fernsprechverbindung Korps–Armee bereits vorher unterbrochen war.
3. Die Zurücknahme der 46. Division von Kertsch auf die Enge von Parpatsch sei durch den Befehl des XXXXII. Armeekorps Sponeck zu beschleunigter Durchführung so überstürzt und übereilt erfolgt, daß sie teilweise fast fluchtartigen Charakter annahm. Das führte – allerdings durch plötzliche strenge Kälte, Glatteis und zum Teil fehlende Stollen mitverschuldet – zum Verlust von fast 50% der gesamten Divisionsartillerie sowie erheblicher Teile schwerer Waffen und schweren Geräts.
4. Graf Sponeck habe sich durch die eigenmächtige Räumung von Kertsch des Ungehorsams gegen Hitlers kategorischen Befehl schuldig gemacht, der nach der Übernahme des Oberbefehls über das Heer am 19. Dezember 1941 jeden Schritt rückwärts, soweit es sich

um Verbände über Bataillonsstärke handelte, ausdrücklich verboten bzw. von seiner persönlichen Genehmigung abhängig gemacht hatte.

Nach der Verlesung der Hauptanklagepunkte wurde der Angeklagte hierzu vernommen. Göring erteilte ihm das Wort, er solle sich zu dem gesamten Sachverhalt der Anklage äußern, insbesondere zu der Anklage des doppelten schweren Ungehorsams. Graf Sponeck sprach in jeder Hinsicht ruhig und würdig. Er vertrat seinen Standpunkt mannhaft und soldatisch fest. Zunächst schilderte er die Lage bei Beginn des sowjetrussischen Angriffs am 26. Dezember. Der Gefechtsstand des XXXXII. Armeekorps befand sich zu der Zeit in Keneges, ungefähr in der Mitte der Halbinsel, der des Armeeoberkommandos 11 (Manstein) in Simferopol. An diesem Tage war es den Sowjets gelungen, die schmale Meerenge von Kertsch überschreitend, zunächst mit Teilen zweier Divisionen beiderseits der Stadt Kertsch zu landen, kleinere Landungen glückten anschließend an der Nordküste der Halbinsel. Aufgrund dieser fraglos gefährlichen Lage, die Sponeck allein mit der 46. Infanteriedivision nicht glaubte abwehren zu können, erbat er sich beim Armeeoberkommando 11 (Manstein) die Genehmigung zur Räumung der Halbinsel, in der Hoffnung, diese danach an der Enge von Parpatsch abriegeln zu können.

Das Armeeoberkommando 11 teilte diese Auffassung des Grafen Sponeck jedoch nicht, zumal gleichzeitig noch die Belagerung von Sewastopol nicht abgeschlossen war. Es befürchtete vielmehr, durch eine zweite Front auf der Halbinsel könnte für die Armee eine äußerst bedrohliche Lage entstehen. Manstein befahl daher dem Armeekorps, den gelandeten Gegner wieder ins Meer zu werfen. Gleichzeitig ergriff er Maßnahmen, um alle Kräfte der 46. Infanteriedivision dafür frei zu machen. Er setzte seine noch verfügbaren Reserven (4. rumänische Gebirgsbrigade und 8. rumänische Kavalleriebrigade sowie eine noch greifbare Regimentsgruppe der abmarschierenden 73. Infanteriedivision) auf Feodosia in Marsch, um sowjetische Landungsversuche an dieser kritischen Stelle in der tiefen Flanke der Halbinsel Kertsch abwehren zu können.

Tatsächlich gelang es Graf Sponeck, mit der 46. Infanteriedivision bis zum 28. Dezember die feindlichen Landeköpfe nördlich und südlich Kertsch bis auf einen kleinen Rest am Nordufer wieder zu beseitigen. Trotzdem erbat Sponeck nochmals beim Armeeoberkommando 11 die Genehmigung zur Räumung der Halbinsel Kertsch. Manstein verbot sie wiederum, und zwar ausdrücklich aus den gleichen Gründen wie am 26. Dezember.

Inzwischen war das LIV. Armeekorps am 28. Dezember zum »vermeintlich letzten Sturmangriff« auf Sewastopol angetreten. In dieser äußerst gespannten Lage – die Halbinsel Kertsch nur durch eine einzige Division verteidigt und die gesamten Hauptkräfte der Armee durch den Angriff auf Sewastopol gebunden – holte der Russe in der Nacht vom 28. zum 29. Dezember zu einem neuen Schlage aus. Er wiederholte seine Angriffe gegen die 46. Infanteriedivision beiderseits Kertsch und landete unter dem Schutz starker Seestreitkräfte bei Feodosia. Die dort stehenden eigenen Sicherungskräfte des XXXXII. Armeekorps (Sponeck) hatten die Landung nicht verhindern können. Gleichzeitig war an der Südseite der Halbinsel, in der Mitte zwischen Kertsch und Feodosia, starkes schweres Artilleriefeuer hörbar. Graf Sponeck rechnete daher auch dort mit einer Landung feindlicher Kräfte, um so mehr, als die fast 100 km lange Küste wegen der fehlenden Kräfte nur mit einigen Beobachtungsposten besetzt war und daher für den Feind offen dalag.

Dieser höchst kritischen, völlig neuen Lage sah sich Graf Sponeck in den frühesten Morgenstunden des 29. Dezember 1941 gegenüber. Seine Beurteilung der neuen Lage ging dahin, daß nunmehr die Halbinsel Kertsch allein durch die 46. Infanteriedivision nicht mehr zu halten sei und der Schwerpunkt der Verteidigung des XXXXII. Armeekorps nach Feodosia verlegt werden müsse. Dementsprechend befahl er die sofortige Räumung der Halbinsel durch die 46. Infanteriedivision (Himer) und ihre beschleunigte Rückführung auf die Enge von Parpatsch.

Die Fernsprechverbindung vom Generalkommando XXXXII. zum Armeeoberkommando war zu der Zeit unterbrochen, und auch die Funkverbindung war gestört. Die bereits befohlene Räumung und seinen Entschluß meldete Sponeck um 08.30 Uhr der Armee mit dem Funkspruch: »Außer Landung Feodosia landet Gegner seit 07.30 Uhr zwischen Ssarygol und Daln-Kamyschi, Stärke bisher nicht feststellbar. Halten der Halbinsel Kertsch unter diesen Umständen unmöglich! Habe sofort Absetzen der verstärkten 46. Infanteriedivision unter Schutz starker Nachhuten und Abschirmen durch kampfkräftige Seitendeckungen nach Süden befohlen. Rumänische Kavalleriebrigade und Mot.-Reg. erhalten Befehl, nördlich Daln-Kamyschi–Adshigol–Dalnaja–Bajbuga nach Süden abzuschirmen und Enge Parpatsch–AK

Monai offenzuhalten. Erbitte Jägerschutz und Fliegerkampfkräfte zur Deckung der Bewegungen. Gefechtsstand zunächst Keneges, später voraussichtlich Ismail-Terek. Unterschrift Sponeck.«

Die Armee erhielt diesen Spruch um 10.25 Uhr. Ein Eingreifen Mansteins wurde von Sponeck durch den sofortigen Abbau seiner Funkstelle und der Verlegung seines Gefechtsstandes in die Gegend nördlich Feodosia verhindert. Auf dem bisherigen Gefechtsstand ließ das Korps nur einen Unteroffizier zurück.

Manstein verbot darauf wiederum – nun zum drittenmal – die Räumung der Halbinsel, weil er nicht glaubte, daß ein überstürzter Rückzug die Lage irgendwie bessern könnte. Dieses dritte Verbot erreichte das XXXXII. Armeekorps nicht mehr rechtzeitig, weil die Fernsprechverbindung unterbrochen und die Funkstelle bereits abgebaut war. Gleichzeitig mit dem erneuten Verbot enthob Manstein den General Sponeck seines Kommandos.

Über diese Kommandoenthebung schreibt Manstein in seinen »Verlorenen Siegen« (S. 244): »Ich hatte nach Erhalt der Meldung über die vom Generalkommando entgegen dem ausdrücklichen Befehl des Armeeoberkommandos angeordnete Räumung der Halbinsel Kertsch den Grafen Sponeck seines Kommandos enthoben. Diese erfolgte nicht etwa, weil er eigenmächtig gehandelt hatte. Die Enthebung Sponecks vom Kommando erfolgte vielmehr, weil ich nicht die Gewißheit hatte, ob er zu der Zeit noch der Mann war, eine so kritische Situation wie die auf der Halbinsel Kertsch durchzustehen.

In den schweren Kämpfen um den Dnjeprübergang war er außerordentlichen Belastungen ausgesetzt gewesen. Ich hatte an seine Stelle den außerordentlich bewährten Kommandeur der 72. Infanteriedivision, General Mattenklott, berufen.«

Das Kriegstagebuch der 11. Armee vermerkt dazu: »Chef gibt an Korpschef XXX. Armeekorps den Befehl durch, daß General Mattenklott baldmöglichst die Führung des XXXXII. Armeekorps übernimmt. Inmarschsetzung umgehend. Einweisung am 30. früh durch Oberbefehlshaber. General Graf Sponeck wird nach Übergabe an General Mattenklott voraussichtlich die Führung des XXX. Armeekorps übernehmen.«

16.10 Uhr: »Diese interne Regelung, für die sich auch Generalfeldmarschall von Reichenau nachdrücklich eingesetzt hatte, wurde jedoch von Hitler selbst verworfen, nachdem ihm der Rückzugsentschluß des Grafen Sponeck gemeldet worden war.

Hitler explodierte zunächst, gab sich haltlos und cholerisch. Er fing sich aber rasch und war dann eiskalt. Er ordnete ein Kriegsgerichtsverfahren an. Einwendungen des Generaloberst Halder und des Generals Jodl wies er ab. (Darstellung des Heeresadjutanten.) Er wünschte dann ganz klar die Einreichung eines Tatberichts gegen General Graf Sponeck.«

Das Kriegstagebuch der Heeresgruppe Süd vom 4. Januar 1942 vermerkt über ein Gespräch des Oberbefehlshabers (Reichenau) mit Hitler: »Zu dem Tatbericht über Generalleutnant Sponeck hatte ich eindeutig Stellung genommen, die keinen Zweifel darüber läßt, daß es sich hier um Ungehorsam mit erheblichem Nachteil und Gefahr für die Sicherheit des Reiches handelt.«

Ich habe diese Umstände um die Enthebung Sponecks von seinem Posten sowie die Reaktion Hitlers in der ganzen Frage hier näher beschrieben, um die Einstellungen der verschiedenen Persönlichkeiten zu dieser Frage zu beleuchten. Bei der Verhandlung kamen sie nicht zur Sprache.

Hinsichtlich seiner Beurteilung der neuen Lage und seines daraus resultierenden selbständigen Entschlusses – selbständig, »da die Verbindung zum Armeeoberkommando 11 Manstein« unterbrochen war – gab Graf Sponeck folgende Erklärung ab:

Hitlers kategorischer Befehl vom 26. Dezember 1941, der jeden Schritt rückwärts ausdrücklich verbot bzw. von seiner persönlichen Genehmigung abhängig machte, sei ihm am 29. Dezember, als er seinen Entschluß faßte, noch nicht bekannt gewesen. Graf Sponeck berief sich vielmehr auf die in der Armee bis dahin gültigen Führungsgrundsätze. Danach durfte ein Führer von dem ihm erteilten Befehl abweichen, sobald eine neue Lage entstand und die Verbindung zur nächst höheren Dienststelle für längere Zeit unterbrochen war.

Hierzu folgende Erklärung des Verfassers: Diese Führungsgrundsätze waren sozusagen seit Jahrhunderten in der Armee fest verwurzelt und tausendfach bewährt. Dazu wurde man als Offizier vom ersten Tage an erzogen. Sie wurden sowohl bei Planspielen wie bei Aufgaben im Gelände immer wieder bei der Auftragserteilung als Einlage angewandt. Alle Offiziere sollten dadurch zu selbständigem Denken und Handeln erzogen werden. Danach konnte ein Führer, ja er mußte sogar u. U. selbständig handeln, sobald die Lage sich grundlegend änderte und die Verbindung zur vorgesetzten Dienststelle unterbrochen war. Voraussetzung dafür war, daß die Lage drängte, die Verbindung unterbrochen und voraussichtlich nicht rechtzeitig wieder hergestellt werden konnte.

Sofortiges Handeln mußte also geboten sein. Wichtig war dabei ferner, daß man im Sinne der Gesamtlage handelte. Dazu kam schließlich noch, daß eine Unterlassung eines u. U. notwendigen selbständigen Handelns schwerer belastet als ein Fehlgreifen in der Wahl der Mittel. Meines Erachtens waren das die Grundsätze, die die Grundlagen für alle Erfolge unserer Armee waren. Hitlers Eingreifen dagegen bis hinunter zu den Bataillonen führte zur Unbeweglichkeit, ja, zur Erstarrung und damit zur Vernichtung der deutschen Wehrmacht.

Die Lage für das XXXXII. Armeekorps war in der Tat völlig verändert gewesen gegenüber den Angriffen bei Kertsch am 26. und 28. Dezember 1941. Damals hatte es sich nur um Angriffe mit begrenztem Ziel gehandelt, dieses Mal hatte der Russe gleichzeitig mit starken Kräften, unterstützt von schwerster Schiffsartillerie von Panzerkreuzern der russischen Schwarzmeerflotte, bei Feodosia in der tiefen, vollkommen ungeschützten Flanke der 46. Infanteriedivision angegriffen und starke Kräfte gelandet.

Die bei der Durchführung seines eigenmächtigen neuen Entschlusses auftretenden Schwierigkeiten legte Graf Sponeck eindringlich dar: das Fehlen ausreichender Abwehrvorkehrungen in Feodosia, obwohl er alles versucht habe, dem abzuhelfen; den personellen und materiellen Zustand der 46. Infanteriedivision; den Kälteeinbruch, die Wegeverhältnisse, das Versagen der Rumänen; seine Bemühungen, die zur Armee abgerissene Verbindung so rasch wie möglich wiederherzustellen, und schließlich seine Überlegungen und Maßnahmen, um vom Korps aus im Sinne der 11. Armee (Manstein) zu handeln.

Damit wurde die Beweisaufnahme geschlossen. Das Wort erhielt nunmehr der Ankläger, Generaloberst Haase. Er trat in Haltung und Ton ausgesprochen soldatisch auf und sprach betont knapp und militärisch.

Die bei der Beweisaufnahme von Graf Sponeck vorgebrachten Gründe für seinen selbständigen Entschluß erkannte er als nicht stichhaltig an. Es liege vielmehr ein klarer Ungehorsam gegen das ausdrückliche Verbot der 11. Armee (Manstein) vor, die Halbinsel Kertsch zu räumen. Das Gelingen der Angriffe der 46. Infanteriedivision am 28. Dezember, die die gelandeten Teile der Russen wieder ins Meer warfen, hätte die Richtigkeit der Lagebeurteilung der 11. Armee bewiesen. Nicht nur der dadurch entstandene Verlust der Halbinsel

Kertsch ginge daher zu Lasten des Angeklagten, sondern darüber hinaus auch die überstürzte und übereilte Rückführung der 46. Infanteriedivision mit ihren schweren und vermeidbaren Folgen: Verlust der Hälfte der Geschütze und eines erheblichen Teiles der schweren Waffen und des schweren Materials.

Am Schluß seiner Anklagerede beantragte Generaloberst Haase wegen Ungehorsams im Felde die Todesstrafe. Der Oberreichskriegsanwalt Dr. Kraell erläuterte hierzu die juristische Begründung.

Anschließend erteilte Göring das Wort dem Verteidiger des Grafen Sponeck, Justizrat Dr. Neubert, für sein Plädoyer. Der Text dieses Plädoyers liegt schriftlich vor. Er ist aber nach meiner Erinnerung und der des Oberstrichters Dr. Block – wir beide waren ja Zeugen des Geschehens – damals bestimmt nicht in dieser ausführlichen Form gehalten worden. Justizrat Dr. Neubert hielt ein kürzeres, aber nach Inhalt und Form gleichfalls eindrucksvolles Plädoyer, wahrscheinlich weil Graf Sponeck einen Teil seiner Verteidigung anschließend selbst übernahm.

Nach der Erinnerung der beiden Zeugen der Verhandlung beschränkte sich Justizrat Dr. Neubert mehr auf den rein juristischen Teil der Verteidigung. Die Stenogramme über die tatsächlich von Dr. Neubert gehaltene Verteidigungsrede existieren nicht mehr. So bleibt nur übrig, hier den schriftlich vorliegenden Text aus dem Nachlaß des verstorbenen Anwalts wiederzugeben. Er begann mit einigen grundsätzlichen Ausführungen zur Frage der Grenzen der Gehorsamspflicht. Sie waren mit einer Reihe von Zitaten aus der kriegsgeschichtlichen und militärischen Literatur überzeugend unterbaut. Als Grundlage für die kriegsrechtliche Beurteilung des Falles stellte er heraus:

»Der Angeklagte handelte straffrei, wenn er nach sorgfältiger Prüfung feststellte, daß der ihm erteilte Befehl auf die veränderte Lage nicht mehr paßte und er an dessen Stelle einen selbstgefaßten Entschluß setzte, der sich in die ihm erkennbaren operativen Absichten seines Vorgesetzten einfügte.«

Von dieser These ging er zur Prüfung der folgenden Fragen über:

1. Wie war die Lage, als der Angeklagte das Verbot der Rückführung der 46. Infanteriedivision erhielt?
2. Wie hatte sich die Lage geändert, als er sich zum Abgehen von dem erteilten Verbot entschloß?
3. Konnte er damit rechnen, daß sein selbstgefaßter Entschluß dem operativen Grundgedanken seines Armeeführers entsprach?

In seiner Antwort auf die einzelnen Fragen kam der Verteidiger zu dem Schluß, er glaube nachgewiesen zu haben, daß der Angeklagte sich verpflichtet fühlen konnte, infolge der veränderten Lage von einem überholten Befehl abzuweichen und an dessen Stelle einen Entschluß zu setzen, von dem er erwarten durfte, daß er den operativen Absichten seines Armeeoberbefehlshabers am besten entsprach. Dieser habe auch in seinem Bericht bekannt, daß die Entwicklung der Lage der Auffassung des Grafen Sponeck im gewissen Grade recht gegeben habe.

(Es kann sich hier im Rahmen der Kriegsgerichtsverhandlung nur um den Bericht Mansteins gehandelt haben, den dieser unmittelbar nach dem Fall Sponeck am 29./30. Dezember 1941 der Heeresgruppe vorlegte. Dieser Bericht lag nebst der Stellungnahme Feldmarschalls von Reichenau auf dem Platz jedes Richters. In dem Bericht stand meiner Erinnerung nach davon nichts. Dagegen hat Manstein später [1955] in seinen »Verlorenen Siegen« eingehender dazu Stellung genommen.)

Die Befehle des Angeklagten an die 46. Infanteriedivision nach seinem Entschluß seien der Lage angemessen gewesen und dem Divisionskommandeur in ruhiger, unmißverständlicher Form bekanntgegeben worden. Trotzdem eingetretene materielle Verluste könnten dem Angeklagten daher nicht angelastet werden. Der Angeklagte habe auch alles in dieser kritischen Lage nur mögliche getan, die zeitweise unterbrochene Verbindung zur Armee wiederaufzunehmen.

Der Schuldvorwurf vorsätzlichen Ungehorsams – Verstoß gegen Hitlers Durchhaltebefehl vom 26. Dezember 1941 – müsse verneint werden, da der Angeklagte diesen Befehl noch nicht kannte, als er seinen Entschluß faßte. Auch der Vorwurf des fahrlässigen Ungehorsams sei zu verneinen. Dr. Neubert schloß mit der Feststellung, der Angeklagte habe aus lautersten Beweggründen und in der festen Überzeugung gehandelt, in einem entscheidenden Augenblick durch seine Tat dem Wohle des Ganzen zu dienen und die Absichten seines Armeeoberbefehlshabers zu fördern. Ein solcher Mann könne nicht ehrlos und wehrunwürdig sein. Der Verteidiger beantragte daher, den Angeklagten straffrei zu stellen.

Nach dem Plädoyer des Verteidigers Dr. Neubert erbat und erhielt Graf Sponeck selbst noch einmal das Wort zu seiner Verteidigung. Er wandte sich ausschließlich nochmals den operativ-taktischen Grundfragen des ihm zur Last gelegten Ungehorsams gegenüber den Befehlen des Armeeoberkommandos 11 zu. Am 29. Dezember habe er sich mit seinem XXXXII. Armeekorps einer grundlegend veränderten Lage gegenüber gesehen. Diese neue Lage hätte ihn geradezu gezwungen, von den ihm von der Armee (Manstein) gegebenen Weisungen abzuweichen, die für die weitere Führung des Kampfes um die Halbinsel Kertsch ausgegeben worden seien. Die bedauerliche Unterbrechung der Fernsprech- und Funkverbindung Korps–Armeeoberkommando sei lediglich durch unglückliche Umstände bedingt gewesen. Nach der Selbstverteidigung des Grafen erhielt dieser von Göring, wie vorgeschrieben, das letzte Wort des Angeklagten. Graf Sponeck betonte daraufhin nochmals, daß er sich nicht schuldig fühle und, vor die gleiche Lage gestellt, genauso handeln würde. Göring schloß daraufhin die Verteidigung.

Die Beratung des Gerichts unter Görings Vorsitz fand im gleichen Saale statt. Alle übrigen Personen mußten ihn während der Zeit verlassen. Zunächst wurde die Schuldfrage gestellt. Ein Verstoß gegen Hitlers Befehl vom 26. Dezember 1941, der jedes Zurückgehen von Truppenteilen über Bataillonsstärke verbot bzw. von seiner vorherigen Genehmigung abhängig machte, wurde verneint. Graf Sponeck konnte diesen Befehl zur Zeit der Tat am 29./30. Dezember 1941 noch nicht kennen. Im übrigen wäre das ein vorsätzlicher Ungehorsam gewesen, der eine Begnadigung in Frage gestellt hätte. Es blieb die Frage des fahrlässigen Ungehorsams. Er war nach § 92 des Militärstrafgesetzbuches nur zu bestrafen, wenn durch ihn ein erheblicher Nachteil oder Gefahr für die Sicherheit der Truppe entstanden wäre. Auch bei fahrlässigem Ungehorsam mit den vorgezeichneten Folgen konnte die Todesstrafe verhängt werden. Die Freigabe der Halbinsel Kertsch und damit eines für den Feind operativ wichtigen Landekopfes, Verlust zahlreichen Materials und der schweren Waffen, waren schwerwiegende Nachteile, die nach Meinung des Gerichts für den Angeklagten voraussehbar gewesen wären. Graf Sponeck habe nicht nur einem wiederholten Befehl seines Oberbefehlshabers zuwidergehandelt, dem Angeklagten könne auch keine notstandsähnliche Zwangslage zugebilligt werden, die einen Ungehorsam vielleicht entschuldigt hätte. Ein Abweichen vom gegebenen Befehl sei nur zulässig, wenn eine veränderte Lage ein Abweichen vom bisherigen Auftrag erforderlich mache und keine Möglichkeit bestehe, die Zustimmung des Vorgesetzten einzuholen. Der Angeklagte habe diese Möglichkeit jedoch gehabt. Im übrigen werde Handeln gegen den ausdrücklichen Befehl nur gebilligt, wenn der Entschluß des Untergebenen zu einem operativen Erfolg geführt habe. Auf Kertsch sei jedoch das Gegenteil eingetreten.

Danach wurde die Straffrage unter Berücksichtigung der Generalprävention erörtert. Alle Richter brachten zum Ausdruck, die Todesstrafe komme nur in Frage, wenn eine anschließende Begnadigung einigermaßen gesichert sei. Die Persönlichkeit des Angeklagten rechtfertige es, daß man weitgehend vom Milderungs- und Begnadigungsrecht Gebrauch mache.

Göring pflichtete dieser Auffassung bei und erklärte, er wolle noch am nächsten Tage bei Hitler den Fall vortragen und die Begnadigung durchsetzen. Hierzu hatten die Richter zuvor schriftlich Stellung zu nehmen. Sie taten es mit dem Vorschlag: Umwandlung der verhängten Todesstrafe in Festungshaft mit dem Ziel der späteren Wiederverwendung. Anschließend wurde, der Vorschrift entsprechend, abgestimmt. Oberstrichter Dr. Block als jüngster zuerst, Göring als letzter.

Nach der abschließenden Beschlußfassung wurde die Verhandlung wiederaufgenommen. Göring verkündete das Todesurteil, das alle stehend anhörten. Der Angeklagte Graf Sponeck nahm sein Todesurteil in soldatischer Haltung und mit vorbildlich gefaßtem Ausdruck entgegen.

Der Abschluß des Prozesses hatte für mich noch ein kurzes unerwartetes Nachspiel. Wie bereits erwähnt, spielte sich der ganze Prozeß durchweg in auffallend sachlicher und guter Form ab. So war der Angeklagte vorher nicht verhaftet und auch während der Verhandlung nicht irgendwie offiziell bewacht. Er konnte sich frei bewegen. So kam es auch für mich noch zu einer kurzen überraschenden Begegnung mit Graf Sponeck.

Nachdem Göring um 17.00 Uhr die Verhandlung für geschlossen erklärt hatte, versammelten sich anschließend noch alle Teilnehmer zwanglos in einem vor dem Saal gelegenen Gesellschaftsraum. Dabei erschien auch der eben zum Tode verurteilte Graf Sponeck in Begleitung seines ihm offiziell beigegebenen Oberst Hoffmann. Alle unterhielten sich über die soeben hinter uns liegende Gerichtsverhandlung. Da trat Graf Sponeck auf mich zu und begrüßte mich in alter ungezwungener Kameradschaft. Er bedankte sich bei mir für meine Haltung während der Verhandlung. Ich erwiderte ihm, etwas verlegen, daß ich dabei leider nichts für ihn hätte tun können. Damit erst endete auch für mich dieser unerfreuliche und unbefriedigende Gerichtstag.

Es war aber nicht nur dieser leider unberechtigte Dank des Grafen, sondern auch die ganze Art dieses präjudizierten Gerichts, die mich danach sobald nicht zur Ruhe kommen ließ. Mich bedrückte vor allem – auch heute noch – die Art des Verfahrens und mein ohnmächtiges Mitwirken. Ich war als Beisitzer völlig unerfahren und in jeder Hinsicht homo novus in Gerichtssachen, außer dem, was ich hier und da über Prozesse gelesen hatte. Jedenfalls sah ich an diesem Tage keine Möglichkeit, wie ich mich hier noch besonders für den Grafen hätte einsetzen können. Sämtliche der Verhandlung zugrunde liegende Berichte Mansteins an die Heeresgruppe Süd über den Verlust der Halbinsel Kertsch, Graf Sponecks Ablösung sowie Reichenaus Stellungnahme hierzu, einschließlich der ganz außergewöhlichen und ungeheuerlichen Maßnahmen Reichenaus gegen die 46. Infanteriedivision – Absprechen der Ehre und Sperrung sämtlicher Auszeichnungen – enthielten nur schärfste Anklagen und Verurteilung. Dagegen vermochten die Argumente des Grafen damals nicht genügend zu überzeugen, schon deshalb nicht, weil Zeugenaussagen fast völlig fehlten, außer denen, die schriftlich vorlagen. Weder Manstein noch sein Chef waren als Zeugen geladen. Das wäre ohne weiteres möglich gewesen, denn am 18. Januar war die Lage auf der Krim soweit wieder hergestellt. Auch eine schriftliche Stellungnahme Mansteins zum Fall Sponeck hatte man nicht angefordert. Welch unentschuldbares Versäumnis das war, wird erst deutlich, wenn man die gesamte Entwicklung der Mansteinschen Operation auf der Krim 1941/42 in seinem Buch »Verlorene Siege« nachliest. Einzelheiten würden hier zu weit führen. Jedenfalls fällt auf, daß Manstein sein erstes Urteil über Sponeck ganz erheblich abschwächt.

Das schriftliche Urteil mit Begründung – von Oberstrichter Dr. Block ausgearbeitet – lag bereits am Tage nach der Verhandlung vor. Es war von Göring ohne Abänderung mit einer kurzen gutachtlichen Stellungnahme unterschrieben. Göring trug es dann allein Hitler vor, der es am 20. Februar 1942 bestätigte und entsprechend seiner Zusicherung in Festungshaft umwandelte. Die endgültige Fassung lautete:

Führerhauptquartier, 20. Februar 1942

I. In der Strafsache gegen General Graf Sponeck bestätige ich das Urteil des besonderen Senats des Reichskriegsgerichts vom 23. Januar 1942.

II. Im Gnadenwege wandele ich die erkannten Strafen in eine Fe-

stungshaft von sechs Jahren um und bestimme dazu: Der Verurteilte scheidet aus jedem Wehrmachtsverhältnis aus. Er verliert den militärischen Rang, die Dienstbezeichnung, das Recht auf Tragen der Uniform, der Orden- und Ehrenzeichen und die Ansprüche auf Fürsorge und Versorgung.

III. Die Strafe ist zu vollstrecken.

IV. Der Verurteilte und seine Familie sind vor finanzieller Not zu schützen.

Der Führer
gez. Adolf Hitler

Der Chef des Oberkommandos
der Wehrmacht
gez. Keitel

Bald nach der Bestätigung des kriegsgerichtlichen Urteils durch Hitler traf Graf Sponeck in Begleitung von Oberst Hoffmann in Germersheim, der alten kleinen Reichsstadt am linken Rheinufer, südlich Speyer, ein. Dort erhielt er in der aus dem 18. Jahrhundert stammenden Klosterkaserne, die Festungshaftanstalt geworden war, zwei Zimmer zugewiesen. Er hatte im Festungsbereich begrenzte Bewegungsfreiheit, so daß er freundschaftlichen Verkehr zu einigen Bürgerfamilien der Stadt unterhalten konnte. Seine Frau durfte ihn jeden Monat fünf Tage besuchen. Im ganzen muß er sich in Germersheim so exponiert haben, daß über die Partei und Gestapo sicherlich Beschwerden und negative Berichte nach Berlin gelangten. Ein Gnadengesuch Mansteins für Sponeck anläßlich des Jahrestages der Einnahme von Sewastopol wurde bereits vom Personalamt als zur Vorlage nicht geeignet abgelehnt. Die Begründung hieß: »Die Ablehnung muß erfolgen, da Sponeck sich in keiner Weise so führt, daß ein Gnadenerweis angebracht erscheint.« Graf Sponeck ist dann im Zusammenhang mit dem mörderischen Wüten der SS anläßlich des 20. Juli 1944 auf Himmlers Befehl am 23. Juli 1944, 07.00 Uhr, erschossen und damit wirklich schamlos ermordet worden.

Nach dem Kriegsgericht mußte ich noch einige Tage in Berlin bleiben, bis das Urteil mit Begründung unterschriftsreif war. An einem dieser Tage erhielt ich aus der Reichskanzlei den telefonischen Befehl, mich dort bei Hitlers Chefadjutant General Schmundt zu melden. Ich ahnte nicht, worum es sich handeln könnte. Schmundt, den ich nicht kannte, begrüßte mich kameradschaftlich und fragte mich unvermittelt, ob ich unter Umständen bereit sei, Chef des Heerespersonalamtes zu werden. Diesen Posten bekleidete bis dahin General der Infanterie Keitel, der jüngere Bruder des Feldmarschalls. Ich war von diesem unerwarteten Angebot so überrascht, daß ich zunächst fragte, wie er auf diese Idee gekommen sei. Daraufhin erwiderte er, der Reichsmarschall hätte mich ihm dafür vorgeschlagen. Ich war verwundert, zumal ich mit Göring vor der Verhandlung gegen den Grafen Sponeck nur ein sehr kurzes Gespräch geführt hatte und dann noch einmal bei der Gerichtsverhandlung selbst.

Schmundt entgegnete: »Anscheinend haben Sie einen so guten Eindruck beim Reichsmarschall hinterlassen.«

Ich brauchte nicht lange zu überlegen und konnte Schmundt meine Entscheidung sofort mitteilen. Mein Herz gehörte nun einmal der Truppe und nicht dem Büro. Einen kleinen Begriff von der Tätigkeit des Heerespersonalamtes hatte ich zudem aus der Friedenszeit, in der ich als Adjutant des Heereswaffenamtes viel mit dem Personalamt zu tun hatte, aber auch von Angerburg her, wo mich das Personalamt betreute, so daß ich dort manchen aufschlußreichen Einblick erhielt. Daher bat ich General Schmundt, von dieser Verwendung abzusehen; eine derartige Tätigkeit läge mir nicht.

Demjansk

Nach dem Sponeck-Prozeß am 23. Januar verbrachte ich die folgende Zeit auf Urlaub in meiner Friedensgarnison Verden/Aller und wartete auf meine nächste Verwendung. Am 2. März 1942 erreichte mich der telegrafische Befehl, mich umgehend beim Chef des Generalstabes, Generaloberst Halder, in Angerburg zu melden. Generaloberst Halder wies mich am 4. März in den mir zugedachten Auftrag ein und setzte mich über die allgemeine Lage bei meiner alten 16. Armee ins Bild. Seit meiner Versetzung in die Führerreserve Anfang Januar hatte sich auf den Waldai-Höhen und in den Cholmer Sümpfen im Rahmen der 16. Armee folgendes abgespielt:

Bereits Ende Dezember hatte die Truppe starke russische motorisierte Truppenbewegungen in Richtung auf die beiden Flanken der 16. Armee bei Ostaschkow und nördlich Staraja-Russa am Ilmensee gemeldet. Am 8. Januar begann dann der russische Großangriff und brach sofort tief in die beiden Flanken ein. Noch am 12. Januar beantragte Generalfeldmarschall von Leeb die Zurücknahme der 16. Armee in die verkürzte Linie Cholm–Lowat–ostwärts Staraja-Russa–Ilmensee. Als Hitler ablehnte, bat Leeb um seinen Abschied und ging. Nachfolger wurde Generaloberst von Küchler (bisher 18. Armee). Inzwischen waren die Waldai-Höhen tief verschneit, und das Thermometer war auf minus 40° bis minus 50° C abgesunken. Jetzt waren die Russen in ihrem Element. Sie verfügten über tadellose Winterbekleidung und konnten mit ihren Panzern teilweise auch auf den tiefgefrorenen Flüssen vorgehen. Die großen Moore waren nun ohne weiteres für die Russen überschreitbar und fielen für uns als Flankensicherung aus. Wir hingegen waren, wie bereits mehrfach dargelegt, nur mit sehr ungenügender Winterbekleidung ausgerüstet.

Vier Wochen dauerte die Schlacht, bis sich am 8. Februar der Ring um das II. Armeekorps des Grafen Brockdorff – jetzt die sogenannte Grafschaft Demjansk – endgültig schloß. Was in diesen Kämpfen an schwersten Winterstrapazen gelitten worden ist, kann dieser kurze Bericht nicht ausreichend würdigen. Geradezu Ungeheuerliches wurde von der Truppe verlangt und auch erbracht. Aber welch schwerer

Mißbrauch wurde hier mit dem unerhörten Einsatz bester deutscher Soldaten durch Hitlers dilettantische militärische Führung getrieben!

Zweieinhalb Monate, von Anfang Februar bis Ende April 1941, blieb der Kessel abgeschnitten und mußte durch die Luft versorgt werden. Was in diesen 72 Tagen im Kessel an Abwehr schwerster und andauernder russischer Angriffe – einschließlich der Landung russischer Luftlandetruppen im Kessel – geleistet wurde, gehört zu den Ruhmesblättern der Geschichte der »Grafschaft Demjansk«.

Nachdem Generaloberst Halder mir die Entwicklung seit Anfang Januar kurz geschildert hatte, gab er mir den Auftrag, den Demjansker Kessel zu befreien. Hierzu bekam ich einen Sonderstab für eine ad hoc zu bildende »Gruppe Seydlitz«. Chef des Stabes: Oberstleutnant im Generalstab Bürcker, Ia: Major im Generalstab Kuntze, Ic: Hauptmann im Generalstab von Hinkeldey; als Hauptstoßdivisionen die 8. Jägerdivision, Generalleutnant Höhne, 5. Jägerdivision, Generalleutnant Allmendinger, ferner 122. Infanteriedivision, Generalleutnant Machholz, 329. Infanteriedivision, Generalmajor Dr. Mayer (diese beiden Divisionen für den Einsatz auf den Flügeln bzw. zur Flankendeckung); Reserve: Gebirgsjägerbrigade Hoffmeister zur Verfügung der Armee.

Meiner »Gruppe Seydlitz« fiel für den Angriff die operativ-taktische Führung zu. Auf allen übrigen Gebieten blieben die Divisionen ihrem bisherigen Stellungsarmeekorps, dem X. Armeekorps des Generals der Artillerie Hansen, unmittelbar unterstellt. Angriffsbeginn: 20. März 1942; Schwerpunkt: Richtung Jaswy–Ramuschewo an der Lowat; Schwerpunktdivision: 8. und 5. Jägerdivision; Deckname für den Angriff: »Brückenschlag«. Bei Annäherung unseres Angriffs »Brückenschlag« an den Kessel sollte uns das Sonderkorps des Generals der Infanterie Zorn entgegenstoßen; Deckname für diesen Angriff: »Fallreep«.

Der Angriff begann tatsächlich am 20. März aus der bei der Einkesselung des I. Armeekorps an der Polisti verbliebenen Stellung, noch bei vollem Winterwetter, d. h. bei hohem Schnee und 20° C Kälte. Durch sehr gute Artillerievorbereitung und durch Stukas glänzend unterstützt, wurden die russischen Stellungen durchbrochen, und der Angriff gewann anschließend sehr rasch bedeutend an Gelände. Um mir zu ermöglichen, die Divisionen schnell und sicher zu erreichen, hatte mir Generaloberst Busch einen »Storch« zur Verfügung gestellt, mit dem ich gleich am ersten Morgen ein aufregendes Erlebnis hatte.

Ich flog zunächst zur 8. Jägerdivision und orientierte mich dort über die Fortschritte des Angriffs. Danach stieg der Flugzeugführer zunächst gegen den Ostwind auf und drehte dann nach Norden zum Flug zur 5. Jägerdivision. Kaum hatten wir gedreht, als ich mich mit dem Storch mitten unter 10 bis 12 russischen Jägern befand. Über mir und neben mir nur noch rote Sterne. Ein wildes Geschieße begann, und ich dachte nur noch: »Helm ab zum Gebet.« Mein Storchführer, ein Feldwebel, ging daraufhin (der Storch hatte Schlittenkufen) runter in den Schnee und rief mir zu: »Herr General, raus, raus, die kommen gleich wieder!« Ich robbte in dem tiefen Schnee, so gut es ging, so weit weg von dem Storch wie möglich. Sie kamen aber, Gott sei Dank, nicht zurück. Wir bestiegen den Storch und flogen zur 5. Jägerdivision des Generals Allmendinger.

Bereits am ersten Tage erreichten die beiden Stoßdivisionen den Porussjaabschnitt, und in den nächsten Tagen stießen sie so energisch weiter über den Porussjaabschnitt hinaus vor, daß wir Anfang April vor dem Redjaabschnitt standen.

Ende März hatte die Frühjahrsschneeschmelze eingesetzt und ließ die zahlreichen Wasserläufe auftauen. Alles tiefer liegende Gelände wurde dadurch unter Wasser gesetzt, und der unmittelbare Frontnachschub konnte nur noch durch doppelspurige Knüppeldämme aufrechterhalten werden. Das erforderte den Einsatz zahlloser Baubataillone. Die Länge der doppelbahnigen Knüppeldämme betrug insgesamt 205 km.

Trotz all dieser großen Schwierigkeiten und Hemmnisse stand die hervorragende 5. (baden-württembergische) Jägerdivision des Generals Allmendinger Anfang April mit dem Jägerregiment 56 des Oberst Thumm vor ihrem entscheidenden Durchbruch auf Ramuschewo an der Lowat. Das Gelände begünstigte durch einen sandig-trockenen schmalen Landrücken dort ausnahmsweise den Angriff. Die seit dem 20. März ununterbrochen unter schwierigen Bedingungen eingesetzte und angreifende Infanterie der Division hatte allein nicht mehr die Kraft, um diesen letzten entscheidenden Durchbruch zu vollenden. Jetzt galt es aber, den erreichten Erfolg mit aller verfügbarer Kraft und Reserve auszunutzen – nach alten klassischen Lehren – und bis zur Lowat durchzustoßen.

Unter dem Sonderkommando des Generals Zorn sollte der Durchbruch durch einen Angriff von bereits im Kessel stehenden Kräften auf dem Ostufer der Lowat unterstützt werden (Deckname »Fallreep«).

Glücklicherweise war die Gebirgsjägerbrigade Hoffmeister bisher noch nicht eingesetzt worden und somit für den Durchbruch verfügbar. Für ihren Einsatz war jedoch die Genehmigung des X. Armeekorps und der Armee notwendig. Wir zweifelten nicht daran, diese Genehmigung zu erhalten, galt es doch nur noch, durch diesen letzten Stoß den greifbar nahen Sieg zu erringen.

Da geschah etwas für uns Unglaubliches und Unvorstellbares, unseren altbewährten, operativ-taktischen Grundsätzen absolut Entgegengesetztes: Die Brigade Hoffmeister wurde mir von der Armee nicht freigegeben. Darüber hinaus wurde mir unmittelbar vor diesem erfolgversprechenden letzten und entscheidenden Durchstoß befohlen, den bisherigen Schwerpunkt des Angriffs zu verlegen, und zwar von Ramuschewo 7 bis 8 km weiter südlich auf Tscherentschizy und Kalitkilo.

Wir fielen aus allen Wolken ob dieses völlig unverständlichen Befehls. Alles, aber auch alles sprach dagegen. Alle nur denkbaren, vernünftigen Einwände und Gegengründe ließ ich dagegen vorbringen, und zwar: Hier, d. h. Richtung Ramuschewo, der unmittelbar bevorstehende und greifbare Sieg – Gelände für Fortsetzung des Angriffs für die hiesigen Verhältnisse ausnahmsweise günstig (trockener Sandboden); die gesamte Schwerpunktartillerie feuerbereit; Versorgung durch die unmittelbar dahinter aufgebaute doppelte Knüppeldammstraße voll gewährleistet; Nachschub hierauf basierend – dort, d. h. Richtung Tscherentschizy–Kalitkilo, muß alles für den Angriff umgruppiert werden, dabei die Wegelosigkeit durch die Schneeschmelze – Gelände für den Angriff schütterer und unterschiedlich hoher Wald, sumpfig bzw. teilweise unter Wasser; Nachschub muß teilweise neu organisiert und umgelegt werden; Angriffsbereitschaft am neuen Schwerpunkt kaum vor einer Woche, also fünf bis sechs Tage Zeitverlust.

Als ich durch nichts von der Richtigkeit dieser Schwerpunktverlegung zu überzeugen war, fuhr die Armee schwerstes Geschütz auf: »Der Führer wünscht diese Schwerpunktverlegung!« Das war vollkommen unverständlich, nachdem die Operation bis dahin so erfolgreich verlaufen war. Ich gab mich auch jetzt noch nicht zufrieden und beschwerte mich schriftlich über diese unsinnige Schwerpunktverlegung. Mein Chef, Oberstleutnant im Generalstab Bürcker, setzte diese Beschwerde mit eingehender Begründung auf. Die großen entscheidenden Nachteile der Änderung des Schwerpunktes mitten in der Operation wurden eingehend dargelegt. Doch es nützte nichts! Weder Armee noch Heeresgruppe unterstützten mich. Ohne jede nähere

Begründung wurde die Beschwerde von der Armee abgelehnt. So blieb mir schweren Herzens nichts anderes übrig, als den Befehl auszuführen.

Wie recht wir mit unserem Einspruch hatten, sollte sich nur gar zu schnell zeigen. Die Umgruppierung dauerte mehrere Tage. Besonders die Artillerie hatte große Schwierigkeiten mit den Wege- und Geländeverhältnissen. Das neue Angriffsgelände erwies sich – wie vorausgesagt – als wesentlich schwieriger, sowohl für die Infanterie als auch für die Artillerie, dazu sehr schlechte Beobachtungsverhältnisse und nur ganz geringe Erfolge bei erheblichen Verlusten. Zum Verzweifeln! Da kam mir ein glücklicher Zufall zu Hilfe. Vom Chef des Generalstabes des Heeres, Generaloberst Halder, entsandt, meldete sich bei mir Major im Generalstab von Below. Er sollte sich an Ort und Stelle über die Lage orientieren. Ich ergriff die äußerst günstige Gelegenheit beim Schopfe und nahm Major von Below mit in die vorderste Linie des neuen Schwerpunktes ostwärts Nowoje-Sselo/Tschernitschewo, um ihm die bis dahin nicht überwundenen Schwierigkeiten ad oculos zu demonstrieren. An Ort und Stelle zeigte sich der ganze Wahnsinn der Änderung: sumpfiges, unübersichtliches, für einen Angriff denkbar ungeeignetes Gelände; die russischen Linien glänzend getarnt, nur vereinzelt erkennbar, Scharfschützen auf den Bäumen; wirksame Fliegerunterstützung durch Stukas sowie Panzerverwendung so gut wie ausgeschlossen!

Below stimmte mit meinem negativen Urteil huntertprozentig überein. Ich entschloß mich daher sofort, von hier aus den Armeeoberbefehlshaber, Generaloberst Busch, anzurufen. Und, o Wunder, ich bekam tatsächlich unmittelbar aus der vordersten Schußlinie telefonische Verbindung mit Busch. Die ganze Ungunst und das Unglück des neuen Schwerpunktes legte ich dem Oberbefehlshaber noch einmal kurz dar: »Hier kommen wir so nicht weiter. Täglich steigende Verluste bei nur ganz unbedeutenden Erfolgen. Wollen Herr Generaloberst nicht auch mal hierherkommen und sich selbst von der Richtigkeit meiner Lagebeurteilung überzeugen? Ich schlage sofortige Rückkehr in den alten Schwerpunkt vor.« Und wieder, o Wunder: Der Oberbefehlshaber gab mir sofort ohne jeden Widerspruch die Genehmigung: »Zurück, marsch, marsch, an die alte Stelle – Richtung Ramuschewo!«

Aber warum wurde der Führer gar nicht erst gefragt? Er hatte doch diese Schwerpunktverlagerung gewünscht! Ein Rätsel! Oder war dieser Wunsch nur vorgetäuscht worden? Alle Maßnahmen wurden unverzüglich eingeleitet. Sie beanspruchten etwa drei Tage. Der Angriff konnte an der alten Stelle wieder beginnen. Und in drei Tagen waren wir durch!

Zur gleichen Zeit zog General Zorn mit seinen Kräften aus dem Kessel, bei Wasilschewtschtschina–Omutschkino durchbrechend, auf dem Ostufer der Lowat bei Nowoje–Ramuschewo gleich (Unternehmen »Fallreep»). Der Kessel war befreit, der Kesselring, wenn auch nur an einem schmalen Abschnitt, gesprengt. Am 28. April 1942 war die Brücke geschlagen. Was aber kostete dieser unsinnige Befehl der Schwerpunktverlagerung? Rund 14 Tage Zeitverlust und über 1000 Mann blutige unnütze Verluste! Wer trägt die Schuld daran? Alle bisherigen Veröffentlichungen bringen darüber kein Wort.

Das Hauptverdienst am Erfolg gebührt dem heldenhaften Angriffsgeist der beiden Schwerpunktdivisionen, der 5. und 8. Jägerdivision. Allerdings möchte ich das Verdienst der beiden anderen Divisionen in keiner Weise schmälern (122. und 329. Division).

Es verdient hier noch folgendes Erlebnis vermerkt zu werden: In dem Raum zwischen Polisti und dem Kessel stieß ich bei verschiedenen Frontfahrten auf ein Totenfeld, wie ich es in beiden Weltkriegen sonst noch nie gesehen hatte. Ein großes Blachfeld buchstäblich mit russischen gefallenen Infanteristen übersät, Leiche an Leiche. Hier mußte ein russischer Kommandeur ohne Artillerieunterstützung seine Truppe buchstäblich in das deutsche Maschinengewehrfeuer hineingetrieben haben. Ein unvorstellbarer Anblick!

Leider fand ich nicht mehr die Zeit, nach Demjansk zu fahren, um Graf Brockdorff und meine alte 12. Division unter General von Lützow wiederzusehen, denn ich erhielt den Befehl, Generaloberst von Küchler, den Heeresgruppenkommandeur, zum Vortrag bei Hitler zu begleiten. Bei diesem Vortrag sollte ich die Ausführungen des Oberbefehlshabers durch meine monatelangen Erfahrungen und persönlichen Kenntnisse von dem Gelände der Waldai-Höhen und der Cholmer Sümpfe sowie des Gebietes der Wolga-, Szeliger- und Veljeseen westlich Ostaschkow ergänzen. Zweck des Vortrages: Besprechung eines Angriffsplans Hitlers, der dahin ging, jetzt, nach der Befreiung des Kessels von Demjansk, den zwischen Rshew und Ostaschkow stark nach Westen einspringenden Frontbogen durch den Stoß einer »Panzerstoßarmee Model« von Rshew auf Ostaschkow abzuschneiden. Generaloberst von Küchler wollte sich scharf gegen diesen Plan wenden. Ihm lag einzig und allein daran, den nunmehr befreiten Demjansker Frontvorsprung durch den freigeschlagenen Schlauch zu räumen und damit endlich für die Heeresgruppe Nord die bis dahin fast völlig fehlenden Reserven zu gewinnen. Waren doch noch die 12 Divisionen durch den nun verbliebenen Frontbalkon und seine Verbindung nach rückwärts gebunden! Sie sollten frei und beweglich für neue Operationen werden. Wir flogen also am 3. Mai von Pleskau nach Wolfsschanze zum Vortrag.

Sofort nach unserem Eintreffen begann der Vortrag in dem für die täglichen Lagevorträge bestimmten Gebäudeteil, in dem am 20. Juli 1944 das Attentat Stauffenbergs scheiterte. Es war bereits alles versammelt: Keitel, Jodl, ferner die entsprechenden Generale für das Nachrichtenwesen, für den Nachschub, die Eisenbahn, die Luftwaffe usw. Das Heer war durch Generaloberst Halder, Chef des Generalstabes, die Operationsabteilung durch Oberst Heusinger vertreten.

Alles stand um einen riesigen Kartentisch mit den Lagekarten. Sofort nach Hitlers Erscheinen begann Küchler mit seinem Vortrag. Nach kurzer Darstellung der bei der 16. Armee nach der Befreiung des Demjansker Kessels entstandenen Lage beantragte er nunmehr die Räumung dieses Frontbalkons, um für die Heeresgruppe endlich wieder die unbedingt erforderlichen Reserven zu schaffen. Außerdem wollte er, statt der rein passiven Bindung russischer Kräfte durch den Frontbalkon, endlich wieder selbst operative Freiheit gewinnen. Den Stoß einer »Panzerstoßgruppe Model« von Rshew auf Ostaschkow, der den Frontbogen von Rshew über Welikije Luki/Cholm/Ostaschkow abschneiden sollte, lehnte er wegen der großen Geländeschwierigkeiten als wenig erfolgversprechend ab. Zum Schluß bat er Hitler, noch kurz eine Ergänzung zu einem Vortrag von mir anzuhören, da ich große Teile jenes Geländes durch fast halbjährige Kampfführung persönlich sehr genau kennengelernt hätte.

Hitler war einverstanden. Ich kannte besonders die Cholmer Sümpfe, die Waldai-Höhen südostwärts, ostwärts und nordostwärts Demjansk, sowie das große Seen- und Sumpfgebiet westlich Ostaschkow mit dem Wolgaquellgebiet, dem Wolgasee, Szeligersee und Veljesee, also alle wesentlichen Teile des Gebietes, in dem sich der Kampf bei einem Stoß von Rshew auf Ostaschkow abspielen würde. Ich zeigte diese in Betracht kommenden Gebiete auf der Karte und unterstrich besonders, daß sie gerade für eine Panzerverwendung im großen durch Sümpfe, Wasserläufe verschiedenster Größe und Wälder denkbar ungeeignet seien. Größere freie Flächen zur Entfaltung von Panzern gäbe es nirgends. Ich konnte meine Ausführungen durch ausgezeichnete Fotos meiner Propagandakompanie sehr drastisch illustrieren, die sich allerdings Hitler mit seiner vorgefaßten Meinung nicht sehr interessiert ansah. Auch Generaloberst Halder unterstützte die Lagebeurteilung Küchlers und die von ihm vorgetragenen Absichten. Er wies besonders darauf hin, daß der Schwerpunkt der Operationen in diesem Sommer im Süden Richtung Kaukasus/Stalingrad läge und daß für diesen von Hitler beabsichtigten Stoß keine weiteren Kräfte verfügbar seien.

Nun geschah das fast Unglaubliche. Hitler setzte sich in Feldherrnpose. Ohne auf Küchlers und Halders eingehend begründete Lagebeurteilung irgendwie einzugehen und ohne auf deren Ausführungen irgend etwas Sachliches zu erwidern, beharrte er auf seiner eigenen genialen strategischen Idee. Heusinger erhielt unmittelbar den Befehl, den Plan für Hitlers Stoß einer »Panzerstoßgruppe Model« vorzubereiten. Damit war die Entscheidung gegen Küchler gefallen und der Vortrag beendet. Beim Hinausgehen aus dem Bunker sagte Generaloberst Jodl, der Chef des Wehrmachtsgeneralstabes, den ich flüchtig von seinem Kriegsakademiekommando zu meinem Regiment nach Schwerin kannte, folgendes zu mir: »Nach dem, was Sie dort eben vorgetragen haben, kann ich Ihnen nur rechtgeben.« Worauf ich erwiderte: »Wie ist es aber möglich, daß Sie dort drinnen kein Wort gesagt haben?« Er gab mir keine Antwort. Ich nehme an, daß er Hitler gut genug kannte, um zu wissen, daß er während des Vortrages einen solchen Widerspruch abgelehnt oder sogar mit einem Tobsuchtsanfall beantwortet hätte. Einwände hätten, wenn überhaupt, wahrscheinlich nur unter vier Augen Erfolg gehabt.

Hitlers Entscheidung, den vorgeschobenen Balkon von Demjansk mit seinem Lebensschlauch nicht zurückzunehmen, sondern ihn stehen zu lassen, war selbstverständlich auch für die große operative Lage ein enormer Fehler. Es bleibt mir nach wie vor unverständlich, daß die maßgebenden Ratgeber Hitler von der Unmöglichkeit seiner Strategie nicht mit Gewalt abbrachten. Nun jedenfalls waren nicht weniger als zwölf Divisionen dort gebunden. Der Schlauch konnte nur unter schweren und verlustreichen Kämpfen aufrechterhalten werden. Hitler jedoch klebte nach wie vor an jedem Quadratkilometer russischen Bodens und war völlig unfähig zu beweglicher, eventuell auch mit örtlichen Rückzügen verbundener strategischer Konzeption. Erst im Februar 1943, erzwungen durch die Katastrophe von Stalingrad, die über zwei volle Armeen gekostet hatte (22 Divisionen), mußte Hitler seine Einwilligung dazu geben, den vom befreiten Kessel gebliebenen Frontbalkon von Demjansk endlich zu räumen. Fast volle zehn Monate blieben also die zwölf Divisionen von Demjansk noch gebunden. So ließ sich Hitler von den Russen das Gesetz des Handelns vorschreiben.

Der von der Operationsabteilung des Generalstabes vorbereitete Stoß einer Panzerstoßabteilung Model von Rshew auf Ostaschkow fand niemals statt. Die zehn Monate weiteren Durchhaltens des Frontbalkons Demjansk dienten zwar dazu, den Korridor dort noch etwas zu verbreitern, aber die Russen sorgten durch ständige kleinere und größere Angriffe auf den Balkon und den Korridor auch dafür, daß dieses Aushalten weiterhin eine verlustreiche und kostspielige Angelegenheit wurde. Gewiß banden die zwölf Divisionen nicht unerhebliche russische Kräfte, aber wieviel unangenehmer wären sie für die Russen gewesen, wenn sie durch einen kurzen Rückzug auf die kürzere Linie Cholm–Lowat–Staraja-Russa–Ilmensee und durch Ausscheiden von Reserven ihre Bewegungsfreiheit rechtzeitig wiedergewonnen hätten.

Die Operation Zieten begann am 17. Februar 1943 und war am 25./26. Februar beendet. Der Russe hatte die Räumung nicht wesentlich stören können, meines Erachtens ein Beweis dafür, daß die gebundenen russischen Kräfte gar nicht so stark gewesen sein können, wie man annahm bzw. wie heute behauptet wird.

Es war geradezu grotesk, daß Hitler erst jetzt, nach der Räumung von Demjansk, die Tatsache des damals entstandenen Kessels und seiner Befreiung am 28. April 1942 dem deutschen Volk im Wehrmachtsbericht bekanntgeben ließ. Der Grund dafür war: Er hatte befürchtet, daß die sofortige Bekanntgabe der Befreiung Stalin veranlassen könnte, den Korridor wieder zu zerstören und damit den Kessel erneut zu schließen.

Demjansk war der erste und einzige Kessel des Zweiten Weltkrieges, der zweieinhalb Monate auf dem Luftwege versorgt wurde, ehe er planmäßig befreit werden konnte. Die Bedingungen für das Gelingen des Aushaltens und der Befreiung waren aus folgenden Gründen verhältnismäßig günstig:

1. Die Entfernung des Kessels von der neuen Front betrug durchschnittlich nur etwa 35 bis 40 km.
2. Die im Kessel zu versorgenden Divisionen hatten eine Stärke von etwa 100000 Mann; ihre Verluste von 35400 Soldaten konnten ersetzt und durch Einfliegen von 30500 Mann Ersatz ausgeglichen werden.

3. Das zu überfliegende Gelände war sehr waldig und für die russische Luftabwehr ungünstig.

Daß die Befreiung unter diesen relativ günstigen Vorbedingungen gelang, hatte mit Glück nichts zu tun! Sie verführte Hitler dazu, dieses Experiment im Herbst desselben Jahres bei Stalingrad im Maßstabe 1 : 4 zu wiederholen – dort jedoch unter katastrophal ungünstigeren Verhältnissen. So wurde das Gelingen Demjansk im weiteren Verlauf des Krieges letzten Endes der Keim des Untergangs der 6. Armee.

Stalingrad

Nach dem Vortrag bei Hitler in der Wolfsschanze am 3. Mai 1942 konnte ich noch ein paar Urlaubstage in Königsberg genießen, bevor ich am 8. Mai nach Charkow fliegen mußte und dort meine neue Aufgabe als Kommandierender General des LI. Armeekorps übernahm. Meine Frau und ich ahnten damals nicht, daß dies ein Abschied für fast 14 Jahre war, ehe ich Heimat und Familie wiedersehen sollte.

Der Flug führte von Königsberg über die Pripjetsümpfe und Schitomir nach Poltawa westlich von Charkow in der Ukraine. Es war ein eigenartiges Erlebnis, aus dem Norden, den Waldai-Höhen und Ostpreußen, die nach dem langen, ungewöhnlich schweren Winter 1941/1942 noch fast tot dalagen und eben erst zu neuem Leben erwachten, über die gleichfalls so gut wie leblosen Pripjetsümpfe in den vollen Frühlingsschmuck der Ukraine zu kommen. Im Vergleich mit der Ukraine wirkte der Norden am Ilmensee, auf den Waldai-Höhen und in den Cholmer Sümpfen fast wie kahl gefressen. Dort war es in der letzten Zeit nicht einmal meinem erfindungsreichen Burschen Bruno Müller mehr möglich gewesen, etwas zum Frühstück aufzutreiben. Die reiche Ukraine dagegen zeigte wundervolle Kleeböden und satte grüne Wiesen. Das nach dem langen Winter stark abgemagerte Vieh hatte sich schon sichtbar erholt. Trotz des über das Land hinweggerollten Krieges konnte man hier gegenüber dem Norden beinahe von einer Milch- und Eierschwemme reden, so ungewöhnlich war der Unterschied.

Poltawa – für mich die erste Stadt in der Ukraine – war vom Kriege kaum zerstört. Sie ist bekannt durch den Sieg Peters des Großen über den Schwedenkönig Karl XII. im Jahre 1709, der entscheidend zum Endsieg Rußlands über Schweden und damit zu seinem Aufstieg zur europäischen Großmacht beitrug. Auf einem runden, zentralen Platz befand sich ein altes Denkmal in Obeliskenform zur Erinnerung an jenen Tag. Ringsherum standen einige alte und größere Bauten aus zaristischer Zeit, in denen die Heeresgruppe Süd (Generalfeldmarschall von Bock) und die 6. Armee des Generals der Panzertruppen (Paulus) mit ihren Stäben untergekommen waren.

Ich meldete mich bei Feldmarschall von Bock und General Paulus und wurde von beiden kurz über die allgemeine Lage orientiert und in meine neuen Aufgaben eingewiesen. Die beiden Generalstabschefs, General der Infanterie Sodenstern und Generalleutnant Heim, waren gute Bekannte von mir von der Kriegsschule in Hannover 1909 und vom Ministerium in Berlin 1929–33. Feldmarschall von Bock war ein im 100000-Mann-Heer bereits allgemein bekannter und vom Frankreichfeldzug her bewährter Armeeführer. Mit Paulus verbanden mich aus der Berliner Zeit 1930 bis 1933 etwas nähere Beziehungen. Er galt schon damals als operativ und taktisch ebenso befähigter wie erfahrener Generalstabsoffizier. Er war ein besonders talentierter Lehrer auf diesem Gebiete an der 1932 wiedererstandenen »Kriegsakademie«. Ich nahm damals als Adjutant des Waffenamtes an seinem sehr interessanten Unterricht teil, den er den zum Hochschulstudium an die Berliner Technische Hochschule kommandierten Offizieren erteilte.

Bei dieser »Kriegsakademie« handelte es sich zunächst um eine Zusammenfassung der bis dahin bei denselben Wehrkreisen eingerichteten »Führergehilfenausbildungen« in Berlin, so genannt, weil wir laut Versailler Vertrag keinen Generalstab haben durften. Ich nahm mit meinem Amtschef, General von Bockelberg, an der Eröffnungsfeier teil. Eine endgültige, wesentlich größere und offiziellere »Kriegsakademie« mit entsprechenden Gebäuden eröffnete erst Hitler, und zwar im Rahmen seiner gewaltigen Aufrüstung 1936. Er prahlte bei Kriegsbeginn 1939 damit, daß er für diese Aufrüstung bereits 90 Milliarden Reichsmark ausgegeben habe.

Am Abend des Tages in Poltawa war ich bei Generalfeldmarschall von Bock, zusammen mit seinem Adjutanten Graf Hardenberg, zu Gast. Am 9. Mai fuhr ich mit der Bahn weiter nach Charkow zur Übernahme meines Korps. Mein neuer Adjutant, Major Schmidt, holte mich ab. Bahnhof und Stadt waren nur wenig zerstört. Die Bauten stammten im wesentlichen noch aus zaristischer Zeit, außer einer neuen Universität im bombastischen neuen Stalinstil und einem großen, von den Amerikanern erbauten Traktorenwerk. Im Zentrum gab es fast nur Ziegelbauten, weiter draußen überwog die übliche Holzbauweise. Die Häuser waren fast alle ebenerdig.

Mein neues Korps war das nach der Besetzung Österreichs in Wien neu aufgestellte LI. Armeekorps, mit der aktiven 44. Wiener Infanteriedivision, Generalleutnant Deboi, mit dem Hoch- und Deutschmeisterregiment und der erst bei Kriegsbeginn neu aufgestellten 297.

Infanteriedivision, Generalleutnant Pfeffer, gleichfalls aus Wien. Der Stab des Korps war in den Generalstabsstellen mit nichtösterreichischen Offizieren besetzt, während Nachschub und Versorgung im wesentlichen in den Händen österreichischer Offiziere und Beamter lagen. Unteroffiziere und Mannschaften stammten durchweg aus Österreich. Chef des Stabes war Oberst im Generalstab Clausius, mir bereits vom II. Armeekorps her bekannt, wo er Ia der Kösliner 32. Infanteriedivision war. Er war ein sympathischer und sehr kameradschaftlicher Mann mit hervorragenden soldatischen Eigenschaften, Typ des etwas wortkargen und zunächst zurückhaltenden Norddeutschen. Bei näherem Kennenlernen taute er aber schnell auf. Er war ohne irgendwelche Generalstabsallüren, hart gegen sich selbst, was sich beispielsweise auch im schweren Feuer zeigte. Er war Idealist und damals offenbar auch überzeugter Nationalsozialist. Religiös war er auf den Glauben der Nordmark von Jensen eingeschworen, wie er mir später im Kessel einmal gestand. Wir haben uns vom ersten Tage unserer Zusammenarbeit bis zum letzten Tag im Stalingrader Kessel ausgezeichnet verstanden.

Die zwei Divisionen des Korps lagen in Verteidigungsstellungen ostwärts Charkow, mit dem rechten Flügel – 44. Infanteriedivision – bei Balakleja am Donez und mit dem linken Flügel – 297. Infanteriedivision – westlich Woltschansk, gleichfalls am Donez. Beide Divisionen hatten im Januar/Februar schwere russische Winterangriffe gegen ihre Stellungen erfolgreich abgeschlagen. Beide waren jedoch seit Kriegsbeginn gegen die Sowjetunion ununterbrochen im Einsatz und begannen jetzt erst, sich von den schweren Strapazen und Winterkämpfen zu erholen.

Die nächsten Operationen der Heeresgruppe Süd (von Bock) sahen die Beseitigung und das Abschneiden des von den Russen bei ihren Januar- und Februarangriffen erreichten tiefen Einbruchs zwischen Slawjansk und Balakleja und die Wiedergewinnung der zwischen diesen beiden Eckpfeilern verlorengegangenen alten Donezlinie vor. Die 6. Armee (Paulus) sollte dabei die nördliche Angriffszange von Balakleja aus stellen. Für den Angriffsbeginn war der 17. Mai in Aussicht genommen. Aus der wiedergewonnenen Linie sollte alsdann zu der großen Sommeroffensive 1942 in Richtung Stalingrad und Kaukasus angetreten werden.

Es kam jedoch wieder einmal ganz anders als bis dahin vorgesehen! Nicht wir, sondern die Russen unter Marschall Timoschenko griffen an, und zwar bereits zwei Tage nach meiner Korpsübernahme am 12. Mai. Dieser Angriff richtete sich konzentrisch auf Charkow mit einem Zangenarm aus dem russischen Brückenkopf westlich Woltschansk über Lipzi auf Charkow. Mit einem massierten Infanterie- und Panzerstoß aus dem Einbruchsraum zwischen Balakleja-Slawjansk stießen die Russen in Richtung Poltawa vor.

Mein Korps war mit seiner Südflanke bei Balakleja zunächst durch den Donez geschützt, während der Angriff westlich Woltschansk die Nordflanke meines Korps stark gefährdete, zumal es über keinerlei Reserven verfügte. Die Abwehr dieser sogenannten Timoschenko-Offensive auf Charkow oblag auf dem Nordflügel der 6. Armee westlich Woltschansk dem XI. Armeekorps (General der Infanterie Strecker) und meinem LI. Armeekorps. Beim XI. Armeekorps brach der Russe tiefer durch und kesselte bei Ternowaja ein verstärktes Infanterieregiment ein. Mein Korps erhielt daraufhin den Auftrag, den nördlichen Einbruch mit Teilen der 3. Panzerdivision des Generals Breith abzuriegeln und mit zwei neu zugeführten, aufgefrischten und ausgeruhten Divisionen, der 71. Infanteriedivision des Generals von Hartmann und der 23. Panzerdivision des Generalmajors von Boineburg, die Südflanke des nördlichen russischen Einbruchs anzugreifen und den Russen auf seine Ausgangsstellung zurückzuwerfen. In mehrtägigen schweren Kämpfen gelang es uns, nicht nur den Kessel von Ternowaja zu befreien, den zweiten Kessel, den ich befreien durfte, sondern auch den auf dem Südflügel des XI. Armeekorps erfolgten russischen Einbruch wieder zu beseitigen. Den Panzerangriff der 23. Panzerdivision fuhr ich selbst in einem Befehlswagen mit und lernte dabei die Praxis eines solchen Angriffs kennen.

Nachdem das erste Angriffsziel, ein Höhenrand, erreicht war und zahlreiche zum Gegenstoß angetretene russische Panzer abgeschossen waren, wurden Teile der Panzergrenadiere eingesetzt. Der Divisionsstab der 23. Panzerdivision nahm seinen Gefechtsstand an einem sogenannten Kurgan (alten Grabhügel), um von dort aus weiter zu führen. Der Angriff gewann zwar noch nach Norden nicht unerheblich an Boden, aber bevor es gelang, die Woltschansker Beule ganz zu beseitigen, mußte ich die 23. und Teile der 3. Panzerdivision zum Angriff gegen den südlichen Zangenarm wieder abgeben.

Wesentlich gefährlicher als der Stoß westlich Woltschansk gestaltete sich der massierte Angriff Timoschenkos mit Infanterie- und Panzerverbänden aus dem russischen Januar-Februar-Einbruchsraum westlich der Donezlinie Isjum–Balakleja gegen den Südflügel der 6. Armee in Richtung Poltawa. Er erreichte die Gegend von Borki südwestlich Charkow und gefährdete damit Charkow selbst. Bei diesem tiefen erfolgreichen Stoß beging Timoschenko jedoch den schweren Fehler, seine bedrohte Südflanke nicht genügend zu sichern und abzudecken. Diesen Fehler nutzte unsere Führung – Generalfeldmarschall von Bock – äußerst geschickt aus. Sie setzte gegen die Südflanke Timoschenkos starke Teile der Armeegruppe Kleist und der 17. Armee (Hoth) an, insbesondere das Panzerkorps des Generals von Mackensen. Der Flankenstoß führte zu einem vollen Erfolg. Es gelang in schweren Kämpfen, die tief eingebrochenen russischen Kräfte anzuschneiden und einzukesseln. Die eingekesselten zwei russischen Armeen mit 22 Schützendivisionen, 7 Kavalleriedivisionen und 15 Panzerbrigaden wurden völlig aufgerieben. 239000 Gefangene und riesige Materialmengen waren die Beute. Die alte Front am Donez zwischen Slawjansk und Balakleja war wiederhergestellt. Die Mitte der Front der 6. Armee, mein LI. Armeekorps, war während dieser Operationen – Timoschenko-Offensive – zunächst nicht angegriffen worden.

Bei einer kurzen Fahrt über das Schlachtfeld des Kessels traf ich riesige Gefangenenkolonnen. Die russischen Soldaten machten äußerlich einen guten Eindruck, viele große, kräftige, gut gewachsene Männer slawischen Typs. Innerhalb der Kolonnen sah ich zum ersten Male auch Frauen in Uniformen des Sanitätsdienstes. Besonders auffallend war das Bild einiger erbeuteter russischer Batterien. In den Feuerstellungen neben den Geschützen lagen zum Teil sämtliche Offiziere tot auf dem Boden. Sie hatten sich selbst erschossen, anscheinend, um die Schande einer Gefangennahme nicht auf sich nehmen zu müssen. Die Batterien schienen einem Eliteregiment angehört zu haben.

Der Marsch auf Stalingrad

Unsere eigentlich für Ende Mai vorgesehene Sommeroffensive 1942 »Blau« verschob sich durch die Timoschenko-Offensive auf Charkow bis zum 28. Juni. An diesem Tage begann der eigentliche Marsch auf Stalingrad. Das Operationsziel Stalingrad wurde der Armee und uns erst Ende Juli bekanntgegeben. Der Angriff am 28. Juni früh über den Donez stieß nur auf verhältnismäßig geringen russischen Widerstand und gewann in den folgenden Tagen rasch an Boden in Richtung auf den Oskolabschnitt beiderseits Kupjansk.

Leider mußte ich in diesen Tagen für etwa eine Woche mein Korps an den Kommandeur der 297. Division Generalleutnant Pfeffer abgeben, um mich im Lazarett in Charkow an einem sehr lästigen allergischen Hautausschlag, verbunden mit Appetitlosigkeit, behandeln zu lassen. Das Kriegslazarett war im Krankenhaus der Universität gut untergekommen. Dem beratenden Internisten der Armee, Professor Westphal aus Hannover, gelang es glücklicherweise schon nach wenigen Tagen, mir mit dem richtigen Medikament Erleichterung und Besserung zu verschaffen. Ich konnte daher schon nach ungefähr acht Tagen mit dem Storch an die Front zurückfliegen und mein Korps wieder übernehmen. Den Armeestab traf ich in Starobielsk. Nach kurzer Orientierung flog ich zum Korpsstab weiter.

Zu größeren entscheidenden Kämpfen war es nach dem Überschreiten des Oskolabschnittes bei Kupjansk während meiner Abwesenheit nicht gekommen. Der Russe war vielmehr – im ganzen wieder hinhaltend kämpfend – ausgewichen. Dementsprechend waren Gefangenenzahlen und Beute relativ gering. Aber der Russe wußte, was er tat. Unsere rückwärtigen Verbindungen wurden dadurch empfindlich lang und außerdem wegen des nur schwach ausgebauten Straßen- und Eisenbahnnetzes sehr schwierig.

Von Millerowo aus ging der Vormarsch in Richtung auf den großen Donbogen ziemlich zügig voran: auf dem rechten Flügel die 71. Division (Generalmajor von Hartmann) über Morosowskaja auf Potemkinskaja an der Aksaimündung in den Don, in der Mitte die 297. Division (Generalleutnant Pfeffer) auf Nish-Tschirskaja und auf dem linken Flügel die 44. Division (Generalleutnant Deboi) auf Obliwskaja–Ssurowikino. Die Divisionen gingen mit entsprechender Aufklärung durch Vorausabteilungen aus dem Raum Millerowo in Marschkolonnen vor. Der Vormarsch wurde nicht unerheblich durch das Fehlen einigermaßen brauchbarer Generalstabskarten erschwert. Wir besaßen lediglich Karten ohne Geländeeinzeichnung mit sehr großen Wege- und Flußsignaturen. Die guten russischen Generalstabskarten mußten immer erst erbeutet und dann nachgedruckt werden, was meist einige Tage erforderte. Darüber hinaus waren große Zwischenräume der Marschkolonnen der drei Divisionen mangels ausreichender beweglicher Kräfte und infolge der fehlenden bzw. unzureichenden Karten nur sehr schlecht aufgeklärt. Die Folge dieser Übelstände waren oft in den Zwischenräumen verbliebene feindliche Kräfte, die dort allerlei Unheil anrichteten.

Mir selbst wären diese Umstände bei meinen Fahrten zu den Divisionen einmal um ein Haar zum Verhängnis geworden. Ich war der 71. Division (Generalmajor von Hartmann) über Morosowskaja gefolgt und traf sie mittags aufgeschlossen rastend in einer neuen Geflügel-Sowchose. Ihre Aufklärung hatte Fühlung mit schwachen ausweichenden Feindkräften. Nach kurzer Rast bei glühender Steppenhitze und nach Orientierung über Lage und Gelände fuhren wir im Kübelwagen in nördlicher Richtung, um zur 297. Division (Mitte) zu gelangen. Mit mir fuhren mein Ia, Oberstleutnant im Generalstab Sprenger, und mein Adjutant, Major Schmidt, dazu mein Fahrer, Unteroffizier Majarowski, und ein Kradfahrer, Gefreiter Brandt aus Wien. Für alle Fälle hatte ich aus Sicherheitsgründen und bedingt durch die sehr ungenauen Karten schon etwas mehr nach rückwärts, d. h. nach Westen, ausgeholt. Ich selbst war hellwach, da mir die Lage zwischen den beiden Divisionen reichlich ungeklärt schien, während mein Ia und mein Adjutant – durch die Hitze und den Staub ermüdet – nur wenig aufmerkten und sich auf meine Führung verließen. Auf der Karte waren keine Querverbindungen eingezeichnet, man fuhr nur nach der Himmelsrichtung. Keinerlei Besiedlung, kein Mensch, regungslos glühte die Steppe in der heißen Nachmittagssonne. Plötzlich bemerkte ich auf einem Kleestück rechts des Weges, etwa 500 m entfernt, einen Feldwagen russischen Typs mit zwei Pferden bespannt. Die Pferde grasten; kein Soldat war in der Nähe sichtbar. Wir hatten viele solcher russischer Feldwagen erbeutet. Da sie sehr praktisch waren, wurden sie auch von uns verwendet. Es brauchte also nicht unbedingt ein sowjetisches Fahrzeug zu sein. Genau konnten wir den Sachverhalt durch das Glas nicht klären, waren natürlich mißtrauisch, fuhren nur noch langsam und vorsichtig weiter und bemerkten dann auf dem leicht ansteigenden Gelände Bewegungen. Wir hielten sofort und versuchten mit dem Fernglas auszumachen, ob wir Freunde oder Feinde vor uns hatten. Die uns direkt ins Gesicht scheinende und blendende Sonne und die unmittelbar über der Erde flimmernde Luft erschwerten die Beobachtung derart, daß keiner von uns einwandfrei sagen konnte, ob es Russen waren. Es waren nur verdächtige leichte Schanzarbeiten zu sehen, und nach unserem Erscheinen erstarb sofort alle Bewegung. Unsere Verbände aber waren auf dem Marsch bzw. rasteten, sie schanzten nicht. Der Deutsche schanzt nur, wenn er unbedingt muß, der Russe dagegen schanzt, wo er auch nur kurze Zeit anhalten muß. Einzig und allein mein Adjutant, Major Schmidt, glaubte felsenfest, daß es sich bei der beobachteten Bewegung nur um Deutsche handeln könne. Da jedoch keine absolute Klarheit zu schaffen war, wollte ich zur 71. Division zurückfahren, um reguläre Aufklärung anzusetzen. Als wir gerade kehrtmachen wollten, erklärte sich Major Schmidt dazu bereit, mit dem Kradfahrer, Unteroffizier Brandt, ein Stück näher heranzufahren und noch genauer aufzuklären. Widerstrebend erklärte ich mich damit einverstanden. Schmidt setzte sich seinen Stahlhelm auf und fuhr los, während wir mit dem Glas seine Fahrt verfolgten. Er kam auf etwa 150 m heran, als plötzlich ein Feuerüberfall von Infanterie- und MG-Feuer sowie Granatwerfern und Minen auf Schmidts Krad und auch auf unseren Kübelwagen losbrach. Also war unsere Beurteilung der Lage doch richtig gewesen. Wie aber reagierte Major Schmidt auf dieses ihm entgegenschlagende Feuer? Wir beobachteten, wie er, anstatt sofort kehrtzumachen, vom Krad absprang und mit hochgehobener drohender Faust auf die feuerspeiende feindliche Stellung zulief. Offenbar – anders konnten wir uns sein Verhalten überhaupt nicht erklären – war er so davon überzeugt, Deutsche vor sich zu haben, daß er drohend auf sie zulief, um ihnen gewissermaßen zuzurufen: »Ihr seid wohl total verrückt, auf deutsche Kameraden zu schießen!«

Für unsere Beobachtung waren beide, Schmidt und Brandt, zunächst verschwunden. Uns blieb nur übrig, zur Division zurückzufahren, um von dort Hilfe zu holen. Mindestens ein verstärktes Bataillon mußte durch einen Angriff auf die feindliche Position die Situation klären. Vielleicht konnten wir dadurch auch noch unseren Kameraden irgendwie Hilfe bringen. Sehr bald machten sich Teile des linken Flügelregiments der 71. Division auf und gingen gefechtsbereit in die von mir angegebene Richtung vor. Wir beobachteten den Angriff, als uns plötzlich aus dem blühenden Sonnenblumenfeld Unteroffizier Brandt entgegenkam. Auf unsere erstaunte Frage, wie er das geschafft habe, sagte er, er hätte sofort bei Beginn des feindlichen Feuerüberfalls sein Krad weggeworfen und sei in die hohen Sonnenblumen gelaufen – Major Schmidt sei gefallen. Ihm, Brandt, wäre sein Tarnanzug außerordentlich zustatten gekommen, denn sehr bald wären Kosaken gekommen und hätten das Sonnenblumenfeld nach ihm durchsucht, ihn aber nicht gefunden.

Die Leiche meines treuen Adjutanten, Major Schmidt, wurde erst nach Tagen in einem unweit des Gefechts gelegenen Dorfe völlig ausgeplündert auf einem Misthaufen gefunden, zusammen mit der Leiche des Pionierkommandeurs des Korps, der kurz darauf bei einer Erkundung gefallen war.

Unser Angriff selbst lief sich sehr bald vor den feindlichen Stellungen fest und kam nicht weiter vorwärts. Der eingegrabene Feind erwies sich für den Angriff eines verstärkten Bataillons als zu stark. So befahl ich der 71. Division, die Feindgruppe am nächsten Tag – für diesen Tag wurde es durch die langsamen infanteristischen Bewegungen zu spät – in ihrer linken Flanke zwischen den beiden Marschkolonnen der 71. und der 297. Division anzugreifen und zu beseitigen.

Ich selbst fuhr nun nach Westen Richtung Morosowskaja zurück, um wieder zu meinem Korpsstab zu gelangen, der nach Obliwskaja gehen wollte. Erst wenige Kilometer hatten wir hinter uns, als wir auf die Spitze einer motorisierten Kolonne stießen. Wie sich herausstellte, war es die Aufklärungsabteilung der 24. Panzerdivision, die wegen Treibstoffmangels mehrere Tage liegengeblieben war und nun nachzog. Diese Aufklärungsabteilung führte der älteste Sohn meines langjährigen besten Freundes und Regimentskameraden vom alten Friedensregiment, dem 2. preußischen Feldartillerieregiment 36, Danzig, Erich Schulz-Fademrecht. Er verlor im Laufe dieses Krieges seine vier Söhne, seinen Schwiegersohn und von zwei Enkelkindern das jüngere während der Flucht über das gefrorene Haff. Ich besprach mit dem Kommandeur die Lage und erklärte ihm, daß er nach wenigen Kilometern auf seinem Vormarschweg auf eine feindliche verschanzte Truppe stoßen würde, die den Weg sperre. Ich hielt es für möglich, daß er mit seiner motorisierten Abteilung noch heute einen Angriff mit Erfolg führen könnte.

Wir fuhren also zurück; ich begleitete die Aufklärungsabteilung und wies den jungen Schulz-Fademrecht in Gelände und Lage ein. Er entschloß sich zum sofortigen Angriff, obwohl er nicht ganz sicher war, ob er mit dem Aufmarsch und dem Angriff nicht in die Dunkelheit hineinkommen würde. Noch vor Beginn der Dämmerung begann der Angriff seiner Panzergrenadiere, unterstützt von seinen schweren Waffen. Jetzt erst zeigte der Russe all seine Wafffen und die wahre Ausdehnung seiner Stellung. Sie waren stärker und die Stellung ausgedehnter als bis dahin aufgeklärt. Die Nacht verhinderte die volle Entfaltung des Angriffs, dessen Weiterführung nun doch auf den nächsten Morgen verschoben werden mußte.

Am nächsten Morgen war der Russe fort. Wie wir später erfuhren, hatten wir Teile des 62. russischen Korps des Generals Tschuikow vor uns gehabt. Tschuikow war der erste russische General, dem ich nach meiner Gefangennahme am 31. Januar 1943 begegnete. Als erstes fragte er mich nach diesem Gefecht.

Der weitere Vormarsch meines Korps bis zum unteren Tschir wurde mir noch einmal durch russische Truppen gesperrt. Die 24. Panzerdivision (General von Hauenschild) konnte diese Sperre jedoch schnell beseitigen. So erreichten wir in den letzten Julitagen den Don südlich der Tschirmündung mit der 71. Division und den unteren Tschir von Nish-Tschirskaja bis Ssurowikino mit der 297. Infanteriedivision rechts und der 44. Infanteriedivision links. Teile beider Divisionen überschritten den Tschir sofort auf neuen Brücken, die die Russen während ihres Rückzuges nicht mehr hatten zerstören können. Nördlich des Tschir und ostwärts der Dobroja verstärkte sich der russische Widerstand allerdings sehr schnell, so daß wir zunächst zur Verteidigung übergehen mußten und in Anbetracht der überdehnten Front des Korps von der Aksaimündung nördlich Potemkinskaja bis zur Dobraja nördlich Ssurowikino auch infolge der teilweise stärkeren russischen Gegenangriffe zum Halten gezwungen wurden.

Die Schlacht von Kalatsch und um das Donwestufer

Noch vor dem Beginn des Aufmarsches zur Schlacht um den russischen Brückenkopf westlich des Don bei Kalatsch hatte ich ein freudiges Wiedersehen mit zwei alten Kameraden vom Verdener Artillerieregiment 22, Oberst von Nostiz, Artillerieregimentskommandeur der 24. Panzerdivision, und seinem Ordonnanzoffizier, Oberleutnant Wippern. Es sollte das letzte Wiedersehen sein. Nostiz – ein früher sehr bekannter Springreiter – wurde kurz darauf in Stalingrad schwer verwundet und ist 1945 noch kurz vor dem Zusammenbruch in Holstein gefallen. Den Namen Wippern fand ich wenige Tage später auf einem hohen, über dem Don gelegenen Soldatengrab für mehrere Angehörige der 24. Panzerdivision. Auch der älteste Sohn meines Freundes Schulz-Fademrecht fiel in diesen schweren Kämpfen. Sie gehörten alle zur Elite des alten aktiven Offizierkorps, ich kannte sie als frohe und lebenstüchtige Menschen.

An der schweren Schlacht von Kalatsch war mein LI. Armeekorps nur auf dem nichtentscheidenden Süd- und Südwestflügel am Tschir und beiderseits Ssurowikinos beteiligt. Durch eine Umgruppierung verlor ich dort meine alten Wiener Stammdivisionen, die 297. Division (Pfeffer), die mit der 24. Panzerdivision an die ostwärts des Don angreifende 4. Panzerarmee (Hoth) des IV. Armeekorps (General von Schwedler) abgegeben wurde, während die 44. Division (Deboi) dem VIII. Armeekorps (Heitz) unterstellt wurde. Dafür erhielt ich die 195. Infanteriedivision des Generalleutnants Wuthmann, früher mit mir zusammen im Artillerieregiment 2 Schwerin-Itzehoe, und die 76. Division (Generalleutnant Rodenburg), die beide von der 17. Armee vom Donez her, ohne wesentliche Kämpfe bestehen zu müssen, nachgeführt worden waren.

Die Schlacht von Kalatsch war ein Meisterstück der 6. Armee und unserer Panzer, insbesondere des VIII. Armeekorps (Heitz) und des XIV. Panzerkorps (von Wietersheim). Der Russe räumte nach dieser Niederlage das Westufer des Don beiderseits Kalatsch und ließ auf dem Schlachtfeld wohl an die hundert schwere Panzer, die von den Deutschen abgeschossen worden waren. Von weitem glaubte man zunächst, eine riesige Elefantenherde vor sich zu haben; erst wenn man näher kam, sah man, daß es abgeschossene schwere und schwerste russische Panzer waren.

Bei den großen Schwierigkeiten unseres Nach- und Abschubs blieben diese Beutepanzer so lange stehen, daß sie bei Beginn der Kesselschlacht am 19./20. November 1942 fast alle wieder in russische Hände fielen. Das war um so bedauerlicher, als die Panzer zum Teil so geringfügig beschädigt waren, daß sie mit wenigen Mitteln hätten wieder einsatzfähig gemacht werden können. So ging vieles von dem, was die Truppe schwer erkämpft hatte, durch die Mängel der rückwärtigen Verbindungen wieder verloren.

Der Russe verteidigte nach dem Verlust seines Kalatschbrückenkopfes nunmehr das Ostufer des Don. Mein LI. Korps hatte die Aufgabe, Brückenköpfe bei Peskowatka (295. Division, General Wuthmann) und Werjatschi (76. Infanteriedivision, General Rodenburg) über den Don vorzubereiten. Nachdem schwächere Brückenköpfe schon vorher erkämpft und gesichert worden waren, wurden diese in der Nacht vom 22. zum 23. August derart verbreitert und ausgeweitet, daß an beiden Stellen Brücken geschlagen werden konnten. Die so wichtigen und entscheidenden Brückenbauten unter der Leitung des Armeepionierführers Oberst Selle gingen so schnell und glänzend vonstatten, daß das XIV. Panzerkorps bereits am 23. August mit drei Divisionen, der 16. Panzerdivision, der 3. Infanteriedivision (mot.) und der 60. Infanteriedivision (mot.), zügig über sie hinwegrollen und sofort auf dem Kotlubanlandrücken zwischen Don und Wolga bis Lataschamka durchstoßen konnte. Meinem LI. Armeekorps fiel jetzt die Aufgabe zu, den Rossoschkaabschnitt (auf halbem Wege zwischen Don und Wolga) zu gewinnen und damit gleichzeitig die Südflanke der Landbrücke des XIV. Panzerkorps zwischen Don und Wolga zu sichern.

Die Russen setzten nun alles daran, das XIV. Panzerkorps von seinen rückwärtigen Verbindungen, die durch die Länge der Landbrücke bis zum Don sehr empfindlich geworden waren, abzuschneiden. Hierzu machten sie sogar Arbeiterbataillone aus den großen Stalingrader Industriewerken beschleunigt mobil und warfen sie mit Werks-Lkw unmittelbar in den Angriff. Anfangs gelang es ihnen auch immer wieder, die Verbindungen zu unterbrechen. Diese äußerst schwierige und exponierte Lage des Panzerkorps veranlaßte General von Wietersheim (XIV. Panzerkorps) mehrfach zu dem Antrag, seine gefährdete

Position an der Wolga wieder aufgeben zu dürfen. Das Armeeoberkommando 6 lehnte dies jedoch ab, was zu Unstimmigkeiten zwischen Paulus und Wietersheim führte, die schließlich Paulus dazu brachten, sich von Wietersheim zu trennen und General Hube (bisher Kommandeur der 16. Panzerdivision) an seine Stelle zu setzen. Erst nach etwa einer Woche gelang es endgültig, die Verteidigung der Nordfront zwischen Wolga und Don so zu festigen, daß alle russischen Angriffe dagegen unter großen Verlusten zerschellten.

Die Armee beabsichtigte ursprünglich, das XIV. Panzerkorps nach Erreichen der Wolga nach Süden einzudrehen, um den Nordteil der Stadt, flankierend angreifend, zu nehmen, während der Südteil von der 4. Panzerarmee (Hoth) aufgerollt werden sollte. Dazu reichten die Kräfte des XIV. Panzerkorps jedoch nicht aus. Die Schwierigkeiten des Angriffs auf die großen, im Nordteil der Stadt liegenden Industriewerke und Arbeitersiedlungen hatte man doch erheblich unterschätzt. Außerordentlich bedeutsam war auch, daß Stalin befohlen hatte, »seine« Stadt – das frühere Zarizyn –, die er selbst in der Oktoberrevolution Denikyn entrissen hatte, bis zum Letzten zu verteidigen. Um jedes Haus, um jeden Stein Stalingrads sollte gekämpft werden.

So kam es nicht zu dem von der oberen Führung beabsichtigten Zangenangriff vom Norden und Süden auf die Stadt entlang des Wolgawestufers. Nur die 4. Panzerarmee konnte ihren Angriff im vorgesehenen Sinne führen, da die Geländeverhältnisse und die Bauweise der Stadt im Süden dies zuließen. Die 6. Armee hingegen war gezwungen, vom Westen gegen den alten Stadtkern nördlich der Zariza und gegen die großen Industriewerke mit ihren ausgedehnten Arbeitersiedlungen westlich und nordwestlich davon vorzugehen und damit frontal anzugreifen.

Vor diesem eigentlichen Angriff auf die Stadt galt es für uns, zunächst den von den Russen verteidigten Rossoschkaabschnitt zu gewinnen und sich dann in den Besitz des schwierigen westlichen Vorgeländes des Nordteils der Stadt zu setzen. Schwierig war das Vorgelände insofern, als es von zahlreichen tiefen Balkas (Erosions-Erdrissen) durchzogen war. Das Gelände fällt dann zur Wolga hin, von zahlreichen Arbeitersiedlungen unterbrochen, erst allmählich ab, ausgenommen der Steilabfall ostwärts des Mamajew-Kurgan (Höhe 102). Diese Vorfeldkämpfe sollten mein Korps, die 71. Infanteriedivision (von Hartmann), die 295. Infanteriedivision (Wuthmann/Dr. Korfes) und die 389. Infanteriedivision (General Jaenicke) vom Überschreiten des Don am 22./24. August noch bis in den September hinein in Anspruch nehmen. Mein rechter Korpsflügel, die 71. Infanteriedivision, stellte zunächst an der Zariza die Verbindung mit dem linken Flügel der 4. Panzerarmee (Hoth; 24. Panzerdivision) her. Erst am 10./11. September hatten wir nach täglichen, kräftezehrenden Kämpfen das Häusermeer der eigentlichen Stadt Stalingrad vor uns. Über zwei Monate – wohl die schwersten meines militärischen Lebens –, bis zur Einkesselung am 19./20. November, sollte der blutige Kampf um die Stadt dann dauern, der mit voller Last die ganze Zeit über auf den Schultern meines LI. Armeekorps lag. Welche Ausmaße dieser Kampf annahm, zeigt wohl am besten die Tatsache, daß dem Korps dabei zeitweise bis zu 9 Divisionen unterstellt wurden, die sich in das Häusermeer der Stadt mit den großen Industriewerken und Arbeitersiedlungen festgekrallt hatten.

Stalingrad – die Stadt an der Wolga

In der Geschichte Rußlands hat die etwa 55 km breite Landbrücke zwischen den beiden großen Strömen Rußlands, Wolga und Don, schon sehr früh eine große Rolle gespielt. Das beweist schon der gegen die Einbrüche der Tataren in diesem Zwischenraum errichtete, noch heute gut erhaltene Tatarenwall, der sich vom Mamai-Kurgan in Stalingrad (der Höhe 102) an der Wolga bis zum Donknie bei Katschalinskaja erstreckt. Auch in der neueren Geschichte der Sowjetunion sind die Kämpfe, die hier während und nach der Oktoberrevolution 1917–1920 um das alte Zarizyn tobten, von entscheidender Bedeutung gewesen. Die Verteidigung dieser strategisch wie wirtschaftlich so wichtigen Position zwischen Wolga und Don gegen die weiße Garde unter Denikyn, mit dem Schwerpunkt am Wolgaknie bei Zarizyn, lag damals in den Händen Stalins. Er löste die Aufgabe mit größter Umsicht und Tatkraft, so daß die Stadt später nach ihm ihren Namen erhielt.

Seit jenen Revolutionstagen hatte die Stadt an der Wolga einen gewaltigen Aufschwung genommen. Sie erstreckte sich wohl über 30 km entlang des rechten Wolgaufers, mit einem etwa 8 km langen Stadtkern beiderseits der Zarizamündung in die Wolga. Die geschlossene Bebauung der Stadt zog sich nirgends mehr als etwa 1 bis $1^1/_2$ km nach Westen auf die Hänge hinauf. Während der sich südlich anschließende Stadtteil mit seinen zahlreichen Wohnsiedlungen durch eine riesige Getreidesiloanlage sein Gepräge erhielt, war der nach Norden sich noch ungefähr 12 km an der Wolga bis an den Gorodischtschebach hinziehende Stadtteil durch große Industriewerke und ein gewaltiges Treibstofflager mit zahlreichen großen Öltanks gekennzeichnet. Dort lagen dicht nebeneinander das von den Amerikanern erbaute Traktorenwerk Dscherjinski, die Geschützfabrik Rote Barrikade und das metallurgische Werk Roter Oktober, letzteres allein mit einer Belegschaft von ungefähr 20000 Arbeitern. Es war daher kein Wunder, daß Stalin die nach ihm benannte Stadt bis zum letzten Stein zu verteidigen befahl, während sie Hitler wegen ihrer Schlüsselstellung an der Wolga, ihrer kriegswirtschaftlichen Bedeutung, aber auch als Namensträger seines verhaßten Feindes wie ein Magnet anzog.

Der Kampf um die Stadt

Während unser rechter Nachbar, die 4. Panzerarmee (Hoth) mit dem XXXXVIII. Panzerkorps (Kempf), die 94. Division (General Pfeiffer), die 14. Panzerdivision (General Heim) und die 24. Panzerdivision (General von Hauenschild) gegen den Südteil der Stadt südlich der Zariza sowohl vom Süden entlang der Wolga als auch vom Südwesten her vorgingen, fiel meinem Korps mit den bereits erwähnten drei Divisionen die Aufgabe zu, nach Einnahme des westlichen Vorgeländes (des Flugplatzes mit der Fliegerkaserne) die Stadtmitte mit dem Roten Platz und den Hauptbahnhof anzugreifen. Dies gelang in mehrtägigen schweren Kämpfen in der zweiten Septemberhälfte, hervorragend unterstützt durch Artillerie und Stukas, so daß wir am 13. September in die Stadtmitte nördlich der Zariza bis zur Wolga durchstoßen konnten. Dabei fielen der Hauptbahnhof, der Rote Platz mit dem Univermag und die alte Barockstadtkirche in unsere Hände, außerdem die nördlich der Fliegerkaserne gelegenen Orte Rasguljajewska und Gorodischtsche.

Es gelang uns zunächst jedoch nicht, den Erfolg nach Norden weiter auszubauen. An der Hauptpost kam unser Angriff zum Stehen; die Markthalle, die Nagelfabrik, das Fleischkombinat sowie das große Öllager mit den 10 Riesentanks und dem sogenannten Tennisschläger – große Gleisanlagen, die aus der Luft und von den Höhen wie ein riesiger Tennisschläger aussahen und deshalb von der Truppe so genannt wurden – blieben in russischen Händen. In den folgenden Wochen sollte es nicht gelingen, hier nach Norden in der Stadt weiter Boden zu gewinnen. Besonders am Mamai-Kurgan (Höhe 102) westlich des metallurgischen Werkes Roter Oktober verkrampfte sich der beiderseitige Kampf völlig in dem Häuserwirrwarr und führte bei schweren blutigen Verlusten nur noch zu einem sinnlosen Einzelkampf um jedes Haus, ohne wesentlichen Gewinn für das Ganze. Nach Säuberung und Festigung des Erreichten wurde daher der Kampf zunächst nicht fortgesetzt.

Der Schwerpunkt des weiteren Angriffs Ende September/Anfang Oktober wurde auf die großen Industriewerke gelegt, die sich anschließend an den Stadtkern nördlich des großen Öllagers noch etwa 10 km bis zum Gorodischtschebach hinzogen. Dazu wurden dem Korps die 100. Jägerdivision (Generalleutnant Sanne) und die 24. Panzerdivision (Generalmajor von Lenski) neu zugeteilt. Mit diesen Verstärkungen und der 389. Division gelang es Ende September/Anfang Oktober, die wichtigen Höhen 102 (Mamai-Kurgan) und 107 sowie das westliche Vorgelände der Industriewerke mit den großen Arbeiter- und Beamtensiedlungen zu besetzen. Allein die Höhe 102 wurde so erbittert umkämpft, daß sie mehrfach den Besitzer wechselte und zum Schluß doch in russischen Händen blieb. Damit war aber auch die Angriffskraft dieser Divisionen erschöpft, zumal der größte Teil unserer Divisionen weder zur Zeit der Angriffe auf Stalingrad noch später, während der Zeit des Kessels, irgendwelchen Ersatz erhielt. In den Demjansker Kessel (Februar bis April 1942) hatte man dagegen etwa 30500 Mann Ersatz eingeflogen.

Wie war das möglich? Über die Gründe für diesen krassen und unverständlichen Unterschied gingen natürlich allerhand Gerüchte um. Schließlich hörten wir, daß Göring zu diesem Zeitpunkt auf Hitlers Befehl 22 sogenannte Luftwaffenfelddivisionen aufstellte. Schon dieser bisher unbekannte Begriff mit der merkwürdigen Zusammenziehung der beiden Namen Luftwaffe und Felddivision ließ nichts Gutes ahnen. Wir hatten jedenfalls das Nachsehen.

Die wahren Ursachen darüber, wie es zu diesen Luftwaffenfelddivisionen kam und warum wir deswegen auf unseren so brennend notwendigen Ersatz in Stalingrad verzichten mußten, erfuhr ich erst nach dem Kriege durch Mansteins »Verlorene Siege«. Es ist besonders interessant, was sich unsere allerhöchste Führung hier unter den gegebenen Umständen für organisatorische Extravaganzen leistete und wie sich das natürlich zu Lasten unserer schwer kämpfenden, alten aktiven und kampferprobten Kampfdivisionen auswirkte. Auch einer der Nägel zum Sarge unserer einst so stolzen Wehrmacht!

Im Norden der Stadt standen wir nun vor der schwersten Aufgabe, noch die drei großen Industriewerke – das Traktorenwerk, die Geschützfabrik und das metallurgische Werk – zu nehmen, um auch dort überall das Wolgaufer zu erreichen. Der Angriffsplan sah vor, zunächst das Traktorenwerk Dscherjinski anzugreifen, dann die beiden anderen Industriewerke und schließlich das Öllager und den Rest des Stadtzentrums von Norden nach Süden aufzurollen. Für diese Aufgabe wurden weitere zwei Divisionen neu zugeteilt, die 305. Infanteriedivision (General Oppenländer) und die 14. Panzerdivision (Generalleutnant Heim). General Oppenländer mußte kurz nach dem Eintreffen der Division im Verband des LI. Armeekorps das Kommando wieder abgeben, weil er nach soeben überstandener schwerer Krankheit den Anstrengungen dieser Kämpfe offentsichtlich noch nicht gewachsen war. Sein Nachfolger wurde Generalmajor Steinmetz, bis dahin Chef des Stabes des VIII. Armeekorps. Auch der Kommandeur der 14. Panzerdivision, Generalleutnant Heim, mußte seine Division kurz nach der Einnahme des Traktorenwerkes am 14. Oktober abgeben, um das Kommando über das XXXXVIII. Panzerkorps zu übernehmen; Nachfolger wurde Generalmajor Baessler.

Von den Stukas des Generaloberst von Richthofen und der Artillerie gut unterstützt, gelang es der 14. Panzerdivision am 14. Oktober, das Traktorenwerk mit sämtlichen Anlagen und Maschinen einzunehmen, einschließlich des dortigen Wolgaufers; die Wolga fließt dort unmittelbar am Ostrand des Werkes vorbei. Auch die sich südlich anschließende Geschützfabrik Rote Barrikade konnte in den folgenden Tagen in schweren blutigen Kämpfen den zäh verteidigenden Russen entrissen werden. Die Hallen der Geschützfabrik waren vollkommen geräumt bis auf einige große Pressen, die nach den daran befindlichen Schildern einwandfrei deutschen Ursprungs waren. Außerdem fanden wir vor der Fabrik noch einige große Schiffskanonenrohre. Das Wolgaufer blieb dort in russischen Händen. Für uns lag es zu ungünstig: Es zu halten, wäre sehr verlustreich geworden.

Dieser große Angriff kostete uns wiederum die Angriffsfähigkeit der zwei Divisionen, so daß dem Korps für die weiteren Angriffe auf das metallurgische Werk Roter Oktober Ende Oktober/Anfang November nur noch eine neue, leidlich aufgefrischte Division zugeführt werden konnte, die 79. Infanteriedivision (General von Schwerin).

Es war Ende Oktober, als nach wochenlangem sommerlich warmen Sonnenschein das Wetter umschlug. Es wurde kalt, stürmisch und trübe. Die Erfahrungen des Winters 1941/42 in Rußland besagten nun eigentlich, daß man spätestens am 1. Oktober zur Verteidigung, Winterversorgung und Auffrischung aller Truppen übergehen mußte, um allen Schwierigkeiten des russischen Winters gewachsen zu sein. Hitler selbst hatte dies bei meiner Meldung im Hauptquartier im Januar 1942 als wesentlichste Erfahrung des harten Winters 1941/42 ausgesprochen. Das veranlaßte mich, Anfang November mündlich bei unserem Armeeoberkommando anzuregen, die 14. und die 24. Panzerdivision jetzt aus diesen kräfteverzehrenden Stadtkämpfen ganz herauszunehmen, aufzufrischen und sozusagen als Feuerwehr für den Fall russischer Winterangriffe hinter der Armeefront bereitzustellen. Wir nahmen an, daß selbstverständlich auch die Armee schon ähnliche Überlegungen angestellt hatte.

Paulus und sein Chef, Schmidt, benutzten die Gelegenheit eines Treffens bei einer Reparaturwerkstatt westlich des Traktorenwerkes, um auf diese Frage zurückzukommen. Zu dieser Anregung sagte Paulus, daß eine derartige Lösung auch seiner Ansicht nach sicherlich erwünscht sei, aber in diesem Stadium der Kämpfe – vor Beseitigung der noch besetzten russischen Brückenköpfe – wäre das noch nicht möglich. Erst wenn das ganze Westufer von der Zariza bis zum Gorodischtschebach nördlich des Traktorenwerkes in unserem Besitz sei, wäre eine derartige Umgruppierung denkbar. So ging die Ausblutung aller Divisionen unvermindert weiter, ohne daß wir Gelegenheit fanden, besonders die Panzerdivision zurückzuziehen und wieder aufzufrischen. Wir waren vielmehr mit allen Kräften noch tiefer in den Stadtkampf verkrampft, als der russische Großangriff am 19. November begann.

Doch noch war es Anfang November. Die neu herangeführte letzte Reserve der Armee, die 79. Infanteriedivision (Schwerin), wurde für den Angriff auf das metallurgische Werk Roter Oktober bereitgestellt. Der Angriff am 5. November, von starken Stukaverbänden und massierter Artillerie unterstützt, drang auch ziemlich tief in das große Werk ein. Der berühmte kritische Zeitpunkt jedoch, wo Flieger und Artillerie ihr Feuer vorverlegen – in einem solchen Wirrwarr von Fabrikanlagen mangels guter Beobachtung doppelt kritisch –, wurde von der in dieser Kampfform wenig oder gar nicht erfahrenen Infanterie nicht überwunden. Die Russen hatten das schwere Feuer, in den Siemens-Martin-Öfen sitzend, gut überstanden und tauchten nun plötzlich kampfbereit wieder auf. So blieb der Angriff nach kurzem Geländegewinn innerhalb des Fabrikterritoriums entweder liegen oder wurde durch russischen Gegenstoß wieder in die Ausgangsstellung zurückgeworfen.

Auch diese Division war dadurch rasch ausgeblutet und nicht mehr angriffsfähig, ähnlich wie einst in den großen Materialschlachten im Ersten Weltkrieg in Flandern, an der Somme oder vor Verdun. Dort brannten die Divisionen im Trommelfeuer des Gegners meist in zwei bis drei Tagen völlig aus. Jeder weitere Versuch, bei dem jetzt einsetzenden Winter die von den Russen noch gehaltenen Brückenköpfe zu nehmen, erschien uns bei dem traurigen Zustand unserer Divisionen vollkommen sinnlos. Hitler jedoch hatte bereits am 9. November im Bürgerbräukeller in München hohnlachend hinausposaunt, daß er Stalingrad längst habe. So gab er allen Erfahrungen und sachverständigem Rat zum Trotz die Angriffe auch jetzt noch nicht auf. Pionierspezialtruppen sollten und mußten es nun schaffen! Mit der Bahn und mit Flugzeugen wurden fünf derartige Pionierbataillone herantransportiert. Am 14. November sollte der Angriff mit ihnen noch einmal wiederholt werden. Aber auch diese Spezialtruppen verfügten nicht mehr in ausreichendem Maße über die alten Spezialisten, die für so schwierige Häuserkämpfe ausgebildet waren. So sahen sich nach ersten Erfolgen auch diese fünf Pionierbataillone durch die Russen, die in den Siemens-Martin-Öfen unser Artilleriefeuer und das Stukabombardement überlebt hatten, wieder auf ihre Ausgangsstellung zurückgeworfen.

Den gleichen Mißerfolg wie die 79. Infanteriedivision und die fünf Pionierbataillone erlebte auch das XIV. Panzerkorps (Hube) mit der 16. Panzerdivision und der 94. Infanteriedivision. Sie hatten am gleichen Tage (14. November) den Auftrag, endlich auch den russischen Brückenkopf von Rynok und Spartakowka nördlich des Traktorenwerkes durch zusammengefaßten Angriff zu nehmen. Dieser gleichzeitige Angriff des Panzerkorps sollte außerdem verhindern, daß das russische Abwehrfeuer sich wieder nur auf einen einzigen Punkt (metallurgisches Werk) konzentrieren konnte. Auch das XIV. Panzerkorps drang in die Ortschaften Rynok und Spartakowka ein, sah sich jedoch gleichfalls kurz darauf durch einen Gegenstoß frischer russischer Reserven im wesentlichen in die Ausgangslinie zurückgeworfen.

Die alten erfahrenen Frontsoldaten hatten wieder einmal Recht behalten. Jedoch – um welchen Preis? Man kann seit Monaten aufs höchste beanspruchte und ausgeblutete Truppen nicht immer wieder zu schweren Angriffen ansetzen, die nun einmal ausgeruhte und qualifizierte Einheiten erfordern. Nach dieser großen letzten Enttäuschung griff Hitler nunmehr zur ultima ratio. Er glaubte, Generäle wie Truppe ans Portepee fassen zu müssen, um Stalingrad doch noch vor dem Winter einzunehmen. Es sandte uns folgenden Führerbefehl, den uns unser Armeeoberkommando am 17. November bekanntgab:

AOK 6 *AHQ 17. 11.42/13.15 Uhr*

GEHEIM
K.R. Fernschreiben
An Generalkommando LI. A.K.

Folgender Führerbefehl ist allen in Stalingrad eingesetzten Kommandeuren bis zum Reg.-Kommandeur einschließlich bekanntzugeben:
»Die Schwierigkeiten des Kampfes um Stalingrad sind mir bekannt. Die Schwierigkeiten für die Russen sind jetzt aber bei dem Eisgang auf der Wolga noch größer. Wenn wir diese Zeitspanne ausnutzen, sparen wir später viel Blut.
Ich erwarte deshalb, daß die Führung nochmals mit aller wiederholt bewiesener Energie und die Truppe nochmals mit dem oft gezeigten Schneid alles einsetzen, um wenigstens bei der Geschützfabrik und beim Metallurgischen Werk bis zur Wolga durchzustoßen und diese Stadtteile zu nehmen.
Luftwaffe und Artillerie müssen alles tun, was in ihren Kräften steht, diesen Angriff vorzubereiten und zu unterstützen.«

Der Führer
gez. Adolf Hitler

»Ich bin überzeugt, daß dieser Befehl unseren braven Truppen neuen Impuls geben wird!«

gez. Paulus AOK 6
Ia Nr. 4640/42 G

Ich empfand diesen Befehl damals nach all unseren Anstrengungen als reinen Hohn. Die Quittung darauf war die zwei Tage später am 19. November beginnende russische Großoffensive, die die Armee in Stalingrad auslöschen sollte.

Der Kessel von Stalingrad

Der Darstellung der Entstehung dieses 72-Tage-Kessels und dem Ablauf der Ereignisse bis zur totalen Katastrophe am 31. Januar/2. Februar 1943 möchte ich zwei Aussprüche der hervorragendsten Generalstabschefs der deutschen Armee voranstellen, die mir für Stalingrad von besonderer symptomatischer Bedeutung zu sein scheinen. Hierin sind die Maßstäbe gegeben, mit denen auch Tun und Unterlassen der für Stalingrad Mitverantwortlichen zu messen sind.

1. Generalfeldmarschall Graf Moltke:
   »Gehorsam ist Prinzip. Der Mann steht über dem Prinzip.«
2. Generaloberst Beck:
   »Es ist ein Mangel an Größe und Erkenntnis der Aufgabe, wenn ein Soldat in höchster Stellung in solchen Zeiten seine Pflicht und Aufgabe nur in dem begrenzten Rahmen seiner militärischen Aufträge sieht, ohne sich der höchsten Verantwortung vor dem gesamten Volk bewußt zu werden. Außergewöhnliche Zeiten verlangen außergewöhnliche Handlungen.«
   »Die heute noch so oft zu bemerkende Auffassung weiter Kreise, daß ein großer Krieg nur durch Waffensiege gewonnen werden kann, ist falsch und verhängnisvoll und in einer Zeit, in der alle Welt den sogenannten totalen Krieg im Munde führt, geradezu unverständlich.«

Ein Kessel wie der von Stalingrad entsteht ja nicht aus heiterem Himmel und entwickelt sich in seinem Verlauf nicht ohne tiefere Gründe zu einer der furchtbarsten Katastrophen, die jemals die deutsche Wehrmacht in ihrer Geschichte erlebte. Deshalb möchte ich zunächst der Vorgeschichte, der Sommeroffensive 1942 an der Südfront, mit den operativen Zielen Stalingrad und Kaukasus bis zum Kessel (19./20. November 1942) einige Worte widmen.

Der Gedanke, auf Stalingrad vorzustoßen, erscheint zum erstenmal in einer Führerweisung an das Oberkommando des Heeres vom 11. November 1941, also sogar schon vor Beginn der schweren Winterschlacht 1941/42 und noch zur Zeit des Oberbefehlshabers des Heeres Generalfeldmarschall von Brauchitsch. Dort heißt es u. a., »daß es bei entsprechender Wetterlage den äußersten Einsatz rechtfertigen würde, im Süden durch einen Vorstoß auf Stalingrad bzw. durch baldigen Gewinn von Maikop und Grosny im Nordkaukasus unsere beschränkte Erdölversorgung zu verbessern und zu sichern«. (Aufzeichnung des damaligen Chefs des Generalstabs der Heeresgruppe Süd, General der Infanterie von Sodenstern, auf Grund der am 13. November 1941 vom Chef des Generalstabs des Oberkommandos des Heeres, General Halder, in Orscha den Chefs der Hohen Kommandobehörden der Südfront gegebenen Unterrichtung.)

Endgültige Gestalt fand dieser Gedanke Hitlers vom November 1941 erst durch seine Weisung vom 5. April 1942. (Nach Brauchitschs Erkrankung und Verabschiedung am 19. Dezember 1941 hatte Hitler zu seinem Obersten Befehl über die gesamte Wehrmacht auch noch den besonderen Oberbefehl über das Heer übernommen; Chef des Generalstabs des Heeres blieb Generaloberst Halder.)

Hitlers Weisung 41 bestimmte: als Hauptziel der Sommeroffensive 1942 der Heeresgruppe Süd den Kaukasus, der in vier Operationsabschnitten erreicht werden sollte.

1. Durchbruch auf Woronesh (2. Armee und 4. Panzerarmee);
2. Vernichtung des Gegners vor der 6. Armee westlich des Don, hierzu: a) Durchbruch der 6. Armee ausgehend ostwärts Charkow nach Osten, b) gleichzeitig Abdrehen der auf Woronesh vorgeführten 4. Panzerarmee am Don entlang nach Süden, um gemeinsam mit 6. Armee den Feind westlich des Don zu vernichten;
3. Vorstoß nach Stalingrad mit: Heeresgruppe B (6. Armee und 4. Panzerarmee) donabwärts nach Südosten, Heeresgruppe A (17. Armee und 1. Panzerarmee) aus dem Raum ostwärts Taganrogg–Artemowsk über den unteren Donez und dann nach Nordosten donaufwärts. Beide Heeresgruppen sollten sich im Raume Stalingrad treffen und die Stadt als Rüstungs- und Verkehrszentrum durch Inbesitznahme oder durch Feuer ausschalten;
4. Eroberung des Kaukasus durch Heeresgruppe A. Die Operation sollte also ausdrücklich so geführt werden, daß nach der Vernichtung der Feindkräfte westlich des Don die beiden Heeresgruppen B und A zunächst gemeinsam Stalingrad nehmen sollten und dann das Hauptziel, den Kaukasus, mit seinen für uns kriegswirtschaftlich so lebenswichtigen Erdölgebieten.

Also ein klares Nacheinander beider Operationen: erst Stalingrad, dann Kaukasus!

Dazu wurde die Teilung der Heeresgruppe Süd, Oberbefehlshaber Feldmarschall von Bock, notwendig, da die Ausdehnung ihrer Front bei Beginn der Offensive am 28. Juni 1942 bereits über 800 km betrug (von Taganrogg über Rostow–Donknie bei Katschalinskaja–Woronesh –Orel): Heeresgruppe B – Generaloberst von Weichs mit 6. Armee, 2. ungarischer Armee sowie 8. italienischer Armee und Heeresgruppe A – Feldmarschall List mit 17. Armee, 1. und 4. Panzerarmee, 3. rumänischer Armee und 11. Armee. Gleichzeitig wurde der bisherige Oberbefehlshaber Heeresgruppe Süd, Feldmarschall von Bock, wegen Unstimmigkeiten in der Auffassung mit Hitler seines Postens enthoben.

Am Schluß der Weisung 41 folgte noch eine besondere Anordnung über die Verwendung der verbündeten Armeen: »Für die Besetzung der sich im Laufe der Operation mehr und mehr verlängernden Donfront werden in erster Linie die Verbände der Verbündeten mit der Maßgabe herangezogen, daß deutsche Truppen als starke Stütze zwischen Orel und Don sowie an der Stalingrader Landenge einzusetzen sind.«

Bei der Beurteilung dieser Planung für die Sommeroffensive auf dem Südflügel der Ostfront scheint es, als sei alles in bester Ordnung. Ein begabter, kühn, aber realistisch denkender und handelnder Feldherr konnte auf dieser Grundlage erfolgreich antreten und operieren. Nachdem wir den bisherigen Verlauf der Operation bis zum Beginn des Kessels erlebt haben, stellt sich die entscheidende Frage: Welche grundlegenden Fehlerquellen persönlicher und sachlicher Art führten, entgegen allen berechtigten Erwartungen, nicht zu den Zielen Stalingrad und Kaukasus, sondern zur Einschließung der 6. Armee im Kessel von Stalingrad? Wodurch kam es zu jenem Drama eines totalen Zusammenbruchs und Untergangs der großen 6. Armee des Feldmarschalls Paulus mit insgesamt fünf Armeekorps und 22 Divisionen?

Der Oberste Befehlshaber der Wehrmacht und – nach der erfolgten Verabschiedung Brauchitschs – zugleich auch der unmittelbar verantwortliche Oberbefehlshaber des Heeres und damit der Führer dieser Sommeroffensive auf dem Südflügel der Ostfront, war ohne jede Frage Hitler. Irgendein Zweifel hieran besteht um so weniger, als Hitler seine Schuld nach der Kapitulation ohne weiteres Manstein gegenüber eingestanden hat.

Hitler bildete sich ein, sowohl einer der größten Staatsmänner als auch zugleich einer der genialsten Feldherrn zu sein. Die Schuld, daß er diese Überzeugung bis zum Ende des Krieges behielt, trifft vor allem seine engste Umgebung, die sich trotz besserer Einsicht nicht mit letzter Konsequenz gegen ihn gewandt hat. Wie es um Hitlers militärische Fähigkeiten und Unfähigkeiten tatsächlich bestellt war, schildert uns eingehend Feldmarschall von Manstein in einem besonderen Kapitel seines Buches »Verlorene Siege«: »Hitler in der Ausübung des militärischen Oberbefehls.«

Die Sommeroffensive 1942 verfolgte zwei exzentrisch auseinanderlaufende Ziele, die aus Mangel an ausreichenden Stoßdivisionen nur nacheinander erreichbar waren. Das war die Vorbedingung für ihren Erfolg. Das Hauptziel war und blieb die Aufgabe der Heeresgruppe A: der Kaukasus, mit seinen für unsere Kriegswirtschaft lebenswichtigen Ölquellen. Bevor man sich diesem Endziel mit aller Kraft widmete, mußte vorweg Stalingrad, das durch die Kalmückensteppe 300 km vom Kaukasus getrennt war, von der Heeresgruppe B völlig genommen werden, und zwar unter starker Mitwirkung der Heeresgruppe A. Selbst nach der völligen Inbesitznahme von Stalingrad bedurfte dieser vorgeschobene, exponierte Frontbalkon an der Wolga einer ständigen starken Sicherung einschließlich der erforderlichen Reserven. Besondere Berücksichtigung verlangten dabei die Flanken in der Kalmükkensteppe und am mittleren Don, die fast ausschließlich mit verbündeten Verbänden mit nicht vollwertiger Bewaffnung besetzt waren. Dazu befanden sich hinter diesen Fronten der Verbündeten keineswegs genügend starke deutsche Unterstützungsverbände, ganz zu schweigen von so gut wie völlig fehlenden operativen Reserven der Heeresgruppe B hinter der 6. Armee.

Aber Hitler, ohne klare und feste strategische und operative Vorstellungen und Grundsätze, verfolgte nicht die vorher geplante und auch so angelaufene Entwicklung der auf Stalingrad angesetzten Operation. Dies zeigte sich besonders in den Tagen vom 17. bis 23. Juli, als die Heeresgruppe A Rostow überraschend genommen hatte, und zwar durch die 1. Panzerarmee und die 17. Armee. Hierbei waren jedoch weder größere Gefangenenzahlen angefallen, noch waren stärkere Feindverbände vernichtet worden. Der Russe war also vielmehr einer Entscheidung ausgewichen und über den Don nach Süden in den Kaukasus zurückgegangen. Ebenso hatte er sich bei der Heeresgruppe B über den mittleren Don nach Osten zurückgezogen. Zu diesem Zeitpunkt – 23. Juli 1942 – waren die Vorbereitungen zum Angriff der 6. Armee über den Don auf Stalingrad gerade angelaufen. Erst einen

Monat danach – am 22./23. August 1942 – begann der eigentliche Angriff auf die Stadt. Trotzdem glaubte Hitler allen fundamentalen Grundsätzen erfolgreicher Strategie entsagen zu dürfen und gab bereits jetzt die Weisung Nr. 45 für den Angriff der Heeresgruppe A auf den Kaukasus.

Nunmehr liefen also beide Angriffe – der der Heeresgruppe B auf Stalingrad und der der Heeresgruppe A auf den Kaukasus/Ostküste Schwarzes Meer und Westküste Kaspisches Meer – völlig exzentrisch auseinander. Die Folgen wurden sehr bald offenbar. Die Fronten beider Heeresgruppen, die bei Beginn der Sommeroffensive rund 800 km betrugen, dehnten sich nunmehr, als der Feind in der zweiten Septemberhälfte die Einstellung der Angriffe der Heeresgruppe A erzwang, auf 2600 km: von der Enge von Kertsch/Noworossisk–nördlich Tuapse/südlich Maikop–Elbrus/südlich Mosdok–100 km westlich Astrachan–Stalingrad–Woronesh!

Doch wie im September 1941 stand die Truppe auch hier wieder noch in schweren Kämpfen, anstatt sich auf den bevorstehenden russischen schweren Winter vorzubereiten. Dabei waren die Divisionen im erheblichen Maße abgekämpft und überanstrengt. Der Ersatz für die großen Verluste war völlig unzureichend oder gleich null. Ablösungen waren infolge der überbreiten Gefechtsstreifen ohnehin kaum möglich. Örtliche Reserven waren so gut wie nicht vorhanden, ganz zu schweigen von operativen Heeresreserven.

Wie Hitler aber mit frei werdenden neuen Reserven umging und seine Kräfte für Nebenziele zersplitterte, zeigen folgende Beispiele:

1. Mansteins 11. Armee hatte inzwischen durch die Wiederbesetzung der Weihnachten 1941 verlorenen Halbinsel Kertsch (im Mai 1942) sowie die Eroberung der berühmten Festung Sewastopol (im Juli 1942) die gesamte Krim in Besitz genommen und war dadurch für eine andere Verwendung frei. Welch glückliche Möglichkeit, die an entscheidendem Kräftemangel leidenden Heeresgruppen A und B wieder mit den unbedingt notwendigen Reserven auszustatten! Doch Hitler zerstreute diese geballten Kräfte in alle Winde. Die aus einem Armeestab, drei Generalkommandos und acht Divisionen bestehende Armee teilte er restlos auf: Stab der 11. Armee, zwei Generalkommandos und vier Divisionen wurden nach Norden abtransportiert, um mitzuwirken, Leningrad zu nehmen und damit die Landverbindung zu den Finnen herzustellen (24., 132., 170. und 128. Jägerdivision); XXXXII. Armeekorps und 46. Division zur Heeresgruppe A,

Kertsch/Noworossisk, 50. Infanteriedivision Besatzung der Krim, 22. Infanteriedivision als Luftlandedivision nach Kreta und 72. Infanteriedivision abgedreht zur Heeresgruppe Mitte.

2. Einen weiteren Fall unglaublicher Kräftevergeudung erlebte ich selbst, wie schon erwähnt, im Führerhauptquartier Wolfsschanze am 4. Mai 1942.

Generaloberst von Küchler – Heeresgruppe Nord – hatte mich zum Vortrag bei Hitler nach der Befreiung des Kessels von Demjansk (21. März bis 21. April 1942) mitgenommen. Hier handelte es sich um zwölf Divisionen: sechs im befreiten, aber nicht geräumten Kessel von Demjansk und sechs, die den Zangenschlauch sicherten. Küchler hatte bei diesem Vortrag nur ein Ziel: diese zwölf Divisionen für seine Heeresgruppe freizubekommen, teils als Reserven, teils zum sofortigen Einsatz an der Nordfront. Generaloberst Halder, der Chef des Generalstabs, und Oberst im Generalstab Heusinger unterstützten diesen Antrag Küchlers entsprechend. Hitler ging aber trotz Halders Einspruch, daß der Schwerpunkt dieses Jahres im Osten ganz auf dem Südflügel für die Sommeroffensive läge, über alle Gegenargumente mit einer Handbewegung hinweg und ließ sich auf eine Diskussion überhaupt nicht ein. Er befahl die Belassung des II. Armeekorps in dem befreiten Kessel und beabsichtigte, später aus dem Raume von Rshew mit einer Panzerstoßgruppe Model in Richtung Demjansk vorzustoßen, um den von Rshew nach Westen über Cholm nach Demjansk schwingenden Frontbogen abzuschneiden. Es kam jedoch niemals zu diesem Panzerstoß. Die zwölf Divisionen wurden bis nach Stalingrad – d. h. bis zum März 1943 – nicht sinnvoll eingesetzt; sie hatten nur die passive Aufgabe, russische Truppen zu fesseln.

Hier zeigte sich in geradezu erschreckender Weise Hitlers operative Unfähigkeit und sein völliges Unverständnis für reale strategische Grundsätze und Prinzipien, die wir später bei Beginn und im Verlauf des Kessels noch in wesentlich krasserem Maße erlebten. Der Oberbefehlshaber der Luftwaffe, Göring, war und ist nach Hitler einer der Hauptschuldigen der Entwicklung, die zum Kessel von Stalingrad und dann zur totalen Katastrophe der 6. Armee führte. Wie Hitler bildete sich Göring ein, zugleich genialer Staatsmann und Stratege zu sein.

Bevor ich auf sein Versagen und seine Schuld am Kessel von Stalingrad eingehe, möchte ich kurz einige Worte zitieren, die sein Ministerkollege in der Hitlerregierung, Minister der Finanzen Graf Schwerin von Krosigk, über ihn schrieb.

»›Pour le mérite‹-Flieger des 1. Weltkrieges, schloß er sich nach dem Zusammenbruch Hitler an. Die Genießerfreude der Beleibten verdeckte dem, der Göring nicht kannte, seine andere Seite: eine Rücksichtslosigkeit, die bis zur Brutalität gehen konnte.

Er war der Begründer der ersten organisierten Konzentrationslager in Preußen, der Begründer der Geheimen Staatspolizei. Er führte in Berlin die Säuberungsaktion des 30. Juni 1934 durch und hatte ebenso wie Himmler eine Todesliste, auf der Namen standen, die nur von einem robusten Gewissen mit dem (Röhm-)Putsch in Verbindung gebracht werden konnten. Er lieferte bedenkenlos Material zur Entfernung Blombergs und Fritschs, die beide seinem Ehrgeiz im Wege standen...

In allen Bereichen beanspruchte er die höchste Stelle. Er bekleidete die folgenden Stellen zugleich: Reichsluftmarschall; Oberbefehlshaber der Luftwaffe; Reichsluftfahrtminister; Ministerpräsident von Preußen; Beauftragter des 4-Jahres-Wirtschaftsplans; Vorsitzender des Ministerrates für die Reichsverteidigung; Wirtschaftsdiktator für die besetzten Gebiete (bei deren Ausbeutung sich seine Rücksichtslosigkeit und Habgier im schlechtesten Sinne zeigte); Reichsforstmeister und Reichsjägermeister... So viele Aufgaben wären über die Kraft selbst des Stärksten hinausgegangen. Aber Göring besaß nicht einmal die einfachsten Voraussetzungen: Fleiß und Gründlichkeit.

Aus Eitelkeit und aus Furcht vor Hitler faßte er verhängnisvolle Entschlüsse... Es war Schuld des Oberkommandierenden der Luftwaffe, daß diese trotz der Tapferkeit der deutschen Flieger und ihrer Anfangserfolge zurückfiel... Görings Schuld ist schließlich die des Unterlassens gegen besseres Wissen. Energisches Handeln hätte ihm die Laufbahn gefährdet... So wurde er der größte Versager, ein neuer brillant failure der deutschen Politik.«

Dieser kurze Auszug zeigt die Unfähigkeit und entscheidenden Charakterfehler eines der Mächtigsten der 12jährigen Hitlerherrschaft. Göring bevorzugte als Beauftragter des 4-Jahres-Planes die Luftwaffe gegenüber dem Heer bei der Ausstattung mit Winterbekleidung und brüstete sich mir gegenüber damit, daß seine Luftwaffe den schweren russischen Winter 1941/42 gut überstehe, während die Armee leiden müsse – angeblich durch ihre eigene Schuld. Die Bevorzugung der Luftwaffe verschwieg er. Eine seiner unglaublichsten Machenschaften war meines Erachtens die Aufstellung von 22 Luftwaffenfelddivisionen im Herbst 1942.

Am schlimmsten aber wirkte sich später die von Manstein immer wieder als völlig unmöglich erklärte sogenannte Spitzengliederung aus. Darunter verstand man die höchste befehlende Spitze der gesamten Wehrmacht und die ihr unmittelbar untergeordneten Spitzen der drei Wehrmachtsteile Heer, Luftwaffe und Marine. Mit am schwierigsten zu trennen waren hierbei die Befugnisse und die Vorrangigkeit in bezug auf die Rüstung und auf den Nachschub.

Wie nachhaltig sich die Mängel dieser Spitzengliederung im Verlauf des ganzen Ostfeldzuges auswirkten, zeigte sich ferner noch in der Auswahl der Gefechtsstände der verschiedenen höchsten Stäbe in jenen Jahren. Hitler hatte zwar seinen ständigen Gefechtsstand in der berühmten Wolfsschanze bei Rastenburg in Ostpreußen, und nicht weit von ihm entfernt war auch Görings Gefechtsstand (Rominter Heide); wo aber hielten sich diese beiden führenden Persönlichkeiten auf, wenn es galt, unmittelbar an der Front zu führen und bei schweren Krisen an der Front und nicht nur per Telefon oder Funk einige tausend Kilometer entfernt auf die Entscheidung einzuwirken? Hitler schuf sich immerhin für die Sommeroffensive 1942 im Süden einen vorgeschobenen Gefechtsstand in Winniza in der Ukraine. Göring jedoch hielt sich meist nicht auf seinem Gefechtsstand in Ostpreußen auf, sondern in Berlin oder in einem seiner Jagdschlösser. Hitler saß, als die Krise bei Stalingrad ausbrach, auf seinem Berghof bei Berchtesgaden – 3000 km von Stalingrad entfernt. Göring hielt sich wahrscheinlich in Berlin auf, wo er vielleicht versuchte, den Pflichten seiner zahlreichen Ämter irgendwie gerecht zu werden.

Wo aber gehörten die Befehlshaber hin, als die schwere Krise in Stalingrad ausbrach? Ohne Zweifel auf einen gemeinsamen oder doch zumindest dicht zusammenliegenden vorgeschobenen Gefechtsstand in der Ukraine, auf dem sie nach gemeinsamer Lagebesprechung ihre unmittelbaren Entschlüsse hätten fassen können. Jedenfalls gehörte Göring in dieser Lage in die unmittelbare Nähe des Obersten Befehlshabers der Wehrmacht (OKW) und auch des Heeres (OKH). Welche verheerenden Folgen diese außergewöhnlich schlechten Verbindungen und Befehlsverhältnisse haben sollten, zeigte sich bei Beginn der großen sowjetrussischen Offensive auf Stalingrad in den Tagen vom 19. bis 24. November 1942.

Die nächsten unmittelbar Mitverantwortlichen an den Operationen, die zum Kessel führten, waren der Oberbefehlshaber der Heeresgruppe B, Generaloberst Freiherr von Weichs, und dessen Chef, General der Infanterie von Sodenstern, die ihre Weisungen direkt vom OKH – also Hitler – bekamen. Beide waren hervorragende Generale, die bis zum Beginn der russischen Großoffensive am 19./20. November alles getan hatten, um den Kampf der Heeresgruppe B um Stalingrad erfolgreich zu führen. Es war nicht ihre Schuld, daß sich die Lage der Heeresgruppe B, insbesondere um Stalingrad, durch die exzentrische Führung der Operation der Heeresgruppe A auf den Kaukasus und der Heeresgruppe B auf Stalingrad so verschlechtert hatte. Hatten sie doch bei der berühmten Besprechung in Winniza bei Hitler am 11. September 1942 eindeutig darauf hingewiesen, daß sie die Lage des vorgeschobenen Frontbalkons Stalingrad ohne operative Reserven für äußerst gefährlich hielten. Daraufhin hatten sie die Zurücknahme der Heeresgruppe B für den Winter auf eine wesentlich verkürzte Linie (ungefähr Donknie bei Kalitwa/Donez-Einmündung in den Don bei Schachty) vorgeschlagen. Hitler aber hatte ihre Vorschläge als Zumutung empfunden und mit der Bemerkung abgelehnt, er werde Stalingrad niemals aufgeben.

Verantwortung trugen auch Paulus und Schmidt, die Führer unserer 6. Armee. Beide waren vorzügliche Generalstabsoffiziere, in hohen Stellungen erprobt und bewährt. Daß auch sie alles nur Denkbare taten, um unsere 6. Armee bei Stalingrad zum Sieg zu führen, bedarf keiner besonderen Begründung. Ihre großen Erfolge vom Kessel bei Charkow bis zu der so erfolgreichen Panzerschlacht bei Kalatsch und weiter über den Don bis Stalingrad beweisen das zur Genüge. Auch taktisch und operativ taten sie im Sinne der Abwendung von Gefahren von der 6. Armee alles nur Mögliche. Ob sie allerdings mit der erforderlichen Energie, d. h. mit unerbittlicher Härte, auch nach oben ihre Ansichten durchzusetzen versuchten, wage ich bei den etwas weichen und vorsichtigen Charakteren beider Persönlichkeiten offengestanden zu bezweifeln.

Paulus berichtete mir ziemlich eingehend über die Besprechung in Winniza. Außerdem erfuhr ich von seiten des Armeeoberkommandos über die verschiedenen Anträge unseres Armeeoberkommandos und über die entsprechende Orientierung wichtiger höherer Persönlichkeiten, die unsere Armee bei Stalingrad aufsuchten, um ihren Einfluß oben geltend zu machen. Immer wieder wurde auf die Gefährdung der beiden Flanken der 6. Armee hingewiesen, die von unzureichend, ja, unmodern bewaffneten rumänischen Divisionen verteidigt werden mußten. Nicht besser stand es um die Ausrüstung der italienischen und ungarischen Verbände, die sich im Norden bis Woronesh anschlossen. Hinzu kam noch, daß nennenswerte Reserven, zumindest als Feuerwehr hinter all diesen Fronten, fast restlos fehlten. Abgesehen von diesen schwerwiegenden Gefahren für die so exponierte Stalingradfront geriet auch der lebenswichtige Nachschub für diese 2500 km von ihren heimatlichen Versorgungsbasen entfernten Armeen für den bevorstehenden Winter 1942/43 in eine äußerst bedrohliche Lage. Sie wurde noch dadurch erheblich verschärft, daß entscheidende Teile des Nachschubschienenweges nur eingleisig ausgebaut waren und rund 80000 russische Partisanen (Schätzung des Oberkommandos der Wehrmacht) im Hinterland durch unaufhörliche Schienensprengungen, Zugentgleisungen und sonstige Sabotageakte für zusätzliche, kräfteverzehrende Schwierigkeiten sorgten.

Man hätte annehmen sollen, daß nach den teilweise sehr schweren Krisen des vergangenen Winters 1941/42 nun entsprechende Gegenmaßnahmen eingeleitet worden wären, besonders hinter den Fronten mit nichtdeutschen Truppenverbänden. Die Einsicht in diese Notwendigkeit war zwar bei der Heeresgruppe B (von Weichs) und bei der 6. Armee (Paulus) vorhanden, nicht jedoch bei Hitler selbst.

So berichtete mir Paulus über die Lagebesprechung bei Hitler in dessen Interimshauptquartier in Winniza am 11. September 1942 und seine eingehenden Schilderungen und Warnungen. Besonders hatte er auf die Schwäche der Front und auf die Gefahr in der Flanke hingewiesen und die Notwendigkeit betont, deutsche Verbände in die Front der Verbündeten einzuschieben und als Reserven hinter der Front bereitzustellen. Hitler, in seiner nun schon fast krankhaften Unterschätzung des Gegners, erwiderte darauf: »Die Russen sind am Ende ihrer Kraft. Der Widerstand bei Stalingrad ist daher nur örtlich zu werten. Zu Gegenmaßnahmen strategischen Ausmaßes, die uns gefährlich werden können, sind sie nicht mehr fähig. Die Verteidigung am Don wird zudem in zunehmendem Maße eine wesentliche Unterstützung erfahren durch Heranführen weiterer verbündeter Kräfte.« Dies war ein Versprechen, das niemals eingehalten werden konnte, weil die Reserven einfach nicht vorhanden waren.

Die eklatante Diskrepanz zwischen der Auffassung der höchsten Führung und der an der Front verantwortlichen Heeresgruppe B und der 6. Armee mußte sich naturgemäß in den nun folgenden Wochen bis zum Beginn der russischen Gegenoffensive am 19./20. November im steigenden Maße verheerend und schließlich katastrophal auswirken.

Eine rechtzeitige Zurücknahme des Stalingrader Balkons in die vorgeschlagene verkürzte Linie, die Anfang Oktober hätte eingeleitet werden müssen, wäre zweifellos die richtige Lösung gewesen. Doch bei Hitler, dem es bekanntlich um jeden Quadratmeter russischen Bodens ging, war an eine derartige bewegliche Strategie überhaupt nicht zu denken. Die Folgen waren nach den beachtlichen Anfangserfolgen das allmähliche Verebben unserer Angriffskraft. Alle Bemühungen der 6. Armee um Auffrischung, Reserven und Schutz ihrer Flanken blieben ohne Erfolg.

Die operative Lage änderte sich grundlegend, als ab Mitte Oktober deutlich wurde, daß sich bei den Russen etwas tat. Sie begannen ganz offensichtlich damit, eine Offensive gegen die beiden Flanken der 6. Armee vorzubereiten. Die Truppe meldete damals täglich größere russische Marschbewegungen am hellichten Tage in Richtung Kalmükkensteppe (Krasnoarmeisk–Beketowka) wie auch gegenüber dem großen Donbogen nach Norden zur rumänisch-italienischen Front. Alle höheren Abgesandten des Oberkommandos des Heeres, wie z. B. General Ochsner (General der Nebeltruppen), Fellgiebel (Chef des Wehrmachtsnachrichtendienstes) und Schmundt (Chefadjutant Hitlers) wurden eindringlich instruiert, gleichfalls an höchster maßgebender Stelle im obigen Sinne zu berichten. Schließlich beantragte Paulus selbst noch drei frische Infanteriedivisionen, um die in russischer Hand verbliebenen Brückenköpfe noch zu nehmen und damit in den Besitz des ganzen Wolgaufers von Beketowka bis Lataschamka zu gelangen. Alles blieb jedoch vergeblich. An den geschilderten Notständen und Gefahren änderte sich grundsätzlich nichts. Das wenige, was wirklich geschah, um noch das Wolgaufer ganz in Besitz zu nehmen und die Flanken besser zu sichern, spricht für sich selbst.

Die linke tiefe nördliche Flanke der 6. Armee am Don wurde im Anschluß an ihren linken Flügel (XI. Armeekorps, General der Infanterie Strecker) durch die 3. rumänische Armee (Generaloberst Dumitrescu) verteidigt. Als Verstärkung und Eingreifreserve stellte hier die Heeresgruppe B (von Weichs) hinter der 3. rumänischen Armee das XXXXVIII. Panzerkorps (Generalleutnant Heim) bereit, und zwar mit folgenden Divisionen: 22. Panzerdivision mit nur rund 45 Panzern fast durchweg leichten Typs, 1. rumänische Panzerdivision mit nur etwa 40 tschechischen Beutepanzern und 14. Panzerdivision (General Bässler, der jedoch in letzter Minute als nicht genügend qualifiziert durch General Lattmann abgelöst wurde). Die Panzerkraft des XXXXVIII.

Panzerkorps war also höchstens gleich der eines Panzerregiments. Bereitstellungsraum: Peresalowsky–Bol. Donshinska–Petrowska – in erster Linie für eventuell erforderliche Gegenangriffe in Richtung Kletskaja–Serafimowitsch. Die 6. Armee selbst konnte hinter ihrem gefährdeten linken Flügel nur die reichlich schwache Eingreifgruppe Simons bereitstellen, bestehend aus: 1 Panzerjägerverband, 1 Radfahrbataillon und 1 Schweren Artillerieabteilung (mot.). Von den drei beantragten frischen Infanteriedivisionen kam keine einzige, einfach weil derartige Reserven nicht vorhanden waren.

Kaum besser sahen die Dinge für die 6. Armee in ihrer rechten Flanke aus. Diese verteidigte im Anschluß an die Angriffsfront der 6. Armee – LI. Armeekorps (General von Seydlitz) – die 4. Panzerarmee (Generaloberst Hoth) und im Anschluß daran die 4. rumänische Armee (Generaloberst Konstantinescu). Einzige Reserve war dort die vorsorglich aus der Front zurückgezogene 29. Infanteriedivision (mot.). hinter dem IV. Armeekorps (General Jaenecke). Die 4. rumänische Armee verfügte über keinerlei Reserven.

Beginn der großen sowjetischen Winteroffensive

Am 19. November 1942 begann bei erstem Frost und einsetzendem Schneefall, zu einer Zeit also, als die Russen in allem wieder ganz auf den Winter – Winterbekleidung, Winterausrüstung und vor allem voll aufgefrischte Reserven – vorbereitet waren, die von allen, außer von Hitler, lang erwartete große Winteroffensive. Die Russen waren wieder in ihrem Element, dem Winterkrieg.

Der russische Großangriff setzte genau da an, wohin die seit Wochen beobachteten und täglich gemeldeten großen russischen Marschbewegungen zielten, nämlich gegen die beiden Flanken der 6. Armee, die von rumänischen Armeen verteidigt wurden: Am ersten Tag (19. November 1942) in der Nordwestflanke gegen die 3. rumänische Armee (Generaloberst Dumitrescu) bei Kletskaja/Serafimowitsch, am zweiten Tag (20. November 1942) in der Südwestflanke gegen die 4. rumänische Armee (General Konstantinescu) bei Beketowka/Krasnoarmeisk.

Am ersten Tag brach der russische Angriff gegen die Front der 3. rumänischen Armee bei winterlich einsetzendem Frost und Schneetreiben, also unter Ausschaltung der für uns so wichtigen Luftaufklärung und Kampfunterstützung, nach vorausgegangenem mehrstündigen Trommelfeuer sofort in ganzer Breite durch. Die Russen traten hierzu gleichzeitig mit zwei Armeen an, und zwar mit einer östlichen, der 3. russischen Stoßarmee aus ihrem Donbrückenkopf bei Kletskaja, und einer westlichen, der 5. russischen Panzerarmee aus ihrem Brückenkopf bei Serafimowitsch. Die weit überlegenen russischen Panzermassen walzten sozusagen die gegen die Panzer fast hilflosen Rumänen einfach nieder und überrannten sie, ohne wirksamen Widerstand zu finden. Wie unaufhaltsam sich ihr Vormarsch nach dem Durchbruch gestaltete, zeigen die am Abend dieses ersten Tages erreichten Ziele:

Die östliche Stoßarmee stand abends in der Gegend Seliwanow, während die westliche mit Vorausabteilungen bereits Gussinka und Kalmokoff rund 60 km tief im Rücken der 3. rumänischen Armee nahm. Die einzige Reserve der Heeresgruppe B hinter der 3. rumänischen Armee, das XXXXVIII. Panzerkorps (Generalleutnant Heim),

22. Panzerdivision und 1. rumänische Panzerdivision mit insgesamt nur etwa einem schwachen Panzerregiment tschechischer Beutepanzer – bei Peresalowskij–Bol. Donshinska–Petrowka bereitgestellt –, erwies sich, wie eigentlich vorauszusehen war, gegen die weit überlegenen russischen Panzer als viel zu schwach für wirksame Gegenstöße, ebenso wie die am linken Flügel der 6. Armee hinter der 44. Infanteriedivision (Deboi) bereitgestellte Reserve Simons und die 14. Panzerdivision, letztere ohne ihre noch von der Wolgafront nicht eingetroffenen Schützenregimenter.

Außerdem war das Korps des Generalleutnants Heim bei seinen Einsatzversuchen auch mangels Luftaufklärung noch von besonderem Pech verfolgt. Auch verschiedene Versuche des OKH (Hitler, Zeitzler), über die Heeresgruppe B (von Weichs) unmittelbar dem Einsatz dieser Reserve doch noch zum Erfolg zu verhelfen, erwiesen sich als undurchführbar und verfehlt. Das OKH hätte besser rechtzeitig für genügend operative Reserven der Heeresgruppe B sorgen sollen, anstatt bis zur letzten Minute auf den Angriffen abgekämpfter Divisionen an der Wolga zu beharren.

Die Heeresgruppe B (Generaloberst Freiherr von Weichs) und ihr Chef (General der Infanterie von Sodenstern) erkannten bereits an diesem ersten Tag den ganzen Ernst der Lage für ihre gesamte Front von der Kalmückensteppe bis Woronesh. Die überraschenden und katastrophalen Ein- und Durchbrüche bereits an diesem ersten Tag der Schlacht ließen keinen Zweifel über das Ausmaß der russischen Großoffensive und der den beiden Flanken der 6. Armee drohenden Gefahr, und das alles gegenüber weit überlegenen russischen Panzerarmeen, bei einer außergewöhnlich schlechten Versorgungslage und äußerst schwierigen Nachschubverhältnissen sowie bei einsetzendem Winter und den damit verbundenen Schwierigkeiten für uns.

Jetzt rächte es sich bitter, daß man den Balkon von Stalingrad ohne operative Reserven stehengelassen und nicht – wie Paulus und von Weichs es am 11. September in Winniza rechtzeitig beantragt hatten – vor dem Winter auf eine verkürzte Linie zurückgenommen hatte. Die Heeresgruppe B befahl daher schon am Abend dieses ersten Tages:

Entwicklung der Lage bei 3. rumänischer Armee zwingt zu radikalen Maßnahmen mit dem Ziele, schnellstens Kräfte zur Abdeckung der tiefen Flanke der 6. Armee und Sicherung ihrer Nachschubbasis Lichaja, südlich Kaminsk–Schachtinskij–Tschir, freizumachen.

Ich befehle daher:
1. Alle Angriffshandlungen in Stalingrad, mit Ausnahme der auch in der Verteidigung unerläßlichen Stoßtruppunternehmungen, sofort einzustellen.
2. Die 6. Armee macht umgehend zwei schnelle Verbände, eine Inf.-Div. und einen weiteren möglichst schnellen Hilfsverband, alle unter Gen.-Kommando XIV. Pz.-Korps (Hube), außerdem im weitesten Umfange Panzer-Abwehrmittel bereit und versammelt sie Zug um Zug hinter ihrem linken Flügel derart, daß sie in nordwestlicher Richtung oder in westlicher Richtung zum Angriff vorgeführt werden können.

gez. Frhr. v. Weichs

Eingang bei der 6. Armee 22.00 Uhr.

Bereits in dieser Nacht vom 19. zum 20. November ergingen auf Grund dieses Heeresgruppenbefehls die Weisungen und Befehle der 6. Armee. Sie betrafen in erster Linie:

1. Einstellung aller weiteren Angriffe an der Wolga (LI. Armeekorps und XIV. Panzerkorps).
2. Herauslösung des XIV. Panzerkorps (Hube) mit einer Panzer- und einer schnellen Division zur Verfügung der 6. Armee.
3. Abgabe der noch für den Angriff an der Wolgafront zugeteilten und eingesetzten Truppen.
4. Zusätzliche Übernahme des Kommandos über die gesamte bisherige Nordostfront des XIV. Panzerkorps (Hube) durch das LI. Armeekorps (Seydlitz), ohne 3 km ostwärts HP Kotluban, die dem westlich anschließenden VIII. Armeekorps (Heitz) zufallen.

Sehr geschickt – einen Tag nach dem russischen Großangriff im Nordwesten am Don bei Kletskaja und Serafimowitsch gegen die 3. rumänische Armee (Dumitrescu) – begann ebenso ein Angriff im Südosten gegen die 4. rumänische Armee (Konstantinescu) in der nördlichen Kalmückensteppe aus dem Raum Krasnoarmeisk–Beketowka. Diese rumänische Armee war der 4. Panzerarmee (Generaloberst Hoth) mit unterstellt. Auch hier, genügend abgesetzt von dem anschließenden deutschen IV. Armeekorps (Jaenecke) und vom Südflügel der 6. Armee, brach der Angriff der 51. russischen Armee, wieder nach längerem vorbereitenden Trommelfeuer, bei Tagesanbruch sehr schnell mit überlegenen Panzerkräften in breiter Front durch. Der Feind nahm die Höhen nordwestlich Bahnhof Tundutowo und stieß von dort aus weiter in nordwestlicher Richtung auf Kalatsch. Der Einsatz der 29. Infanteriedivision (mot.) (Leiser), der Reserve der 4. Panzerarmee (Hoth), konnte diesen Anfangserfolg zwar vorübergehend aufhalten, aber doch nicht verhindern.

Südlich der 51. russischen Armee stieß von Zaza eine Stoßgruppe mit Panzern über Plodowitojo auf Abganerowo und nahm das dortige beherrschende Höhengelände um den Bahnhof dieses Ortes. Das VI. rumänische Armeekorps wurde geschlagen und wich auf Akssai aus.

Sowohl die östliche wie die westliche russische Stoßarmee bauten ihre bisherigen Erfolge an diesem zweiten Tage erheblich weiter aus. Die östliche russische Stoßarmee stieß dabei weiter nach Südosten und erreichte noch an diesem Tage Werch–Businowka. Durch einen Teilangriff auf Krainij wurde die linke Flanke der 6. Armee unmittelbar bedroht, da ein Gegenangriff der in Wenzy liegenden örtlichen Reserve, darunter auch Teile der 14. Panzerdivision, keinen Erfolg hatte. Der linke Flügel des XI. Armeekorps (Strecker) mußte daraufhin auf Wenzy zurückgenommen werden. Die westliche russische Panzerstoßarmee – offenbar in Richtung Kalatsch angetreten – erreichte auf dem Marsch dorthin über Plessikowskij noch an diesem Tage Ostroff und Katschalinskaja, rund 15 km nordwestlich Kalatsch; außerdem reichte sie ihrer ostwärtigen Nachbarstoßarmee bei Monoylin die Hände.

Das Ergebnis dieses zweiten Tages mit dem Durchbruch der Russen auch an der Südostflanke der 6. Armee bei Krasnoarmeisk/Beketowka ließ keinerlei Zweifel mehr darüber aufkommen, daß die russische Großoffensive auf die Einkreisung und Einkesselung der 6. Armee abzielte.

Waren die beiden ersten Tage, der 19. und der 20. November, schon je ein »Dies ater« erster Ordnung, so entwickelten sich die Dinge am dritten und vierten Tage mit geradezu dramatischer Schnelligkeit weiter zu unseren Ungunsten, d. h. zu einer schweren Niederlage. Vor allem bestätigte sich jetzt, daß der Russe mit seinen frischen Angriffskräften, insbesondere seinen Panzermassen sowie seinen Reserven, unseren seit Monaten ununterbrochen eingesetzten und ausgebrannten Divisionen erheblich überlegen war. Jedenfalls konnte keine Rede davon sein, »daß er die Masse seiner nach dem schweren Winter 1941/1942 noch für spätere Operationen bestimmten Reserven bereits verbraucht hätte« (Hitlers Weisung 41).

Die nördlichen beiden russischen Stoßarmeen, die am zweiten Tage bereits Werch–Businowka und die Höhen von Ostroff, rund 15 km nordwestlich Kalatsch erreicht hatten, stießen am dritten Tage mit aller Energie stürmisch weiter in den Rücken der 6. Armee am Donwestufer zwischen Kalatsch und Golobinskaja vor.

Der westlichen russischen Stoßarmee, der 5. russischen Panzerarmee, fiel dabei Kalatsch mit seiner unzerstörten Donbrücke fast kampflos in die Hände. Anscheinend hatte das Armeeoberkommando 6 die ungeheure Wichtigkeit dieses ihres lebensnotwendigsten rückwärtigen Nachschub- und Verkehrsknotenpunktes nicht als so gefährdet eingeschätzt, wie es sich jetzt tatsächlich zeigte. Die Verteidigung von Kalatsch war jedenfalls in keiner Weise auf ihre wichtige Aufgabe vorbereitet.

Auch der östliche Angriffsarm, die 51. russische Armee, die am 20. November bei Krasnoarmeisk die rumänische Front durchbrochen hatte, nutzte ihren zweiten Angriffstag (21. November) mit äußerster Energie. Verzögert durch den Gegenstoß der 29. Infanteriedivision (mot.) vom Vortage, der ihr schwere Verluste zugefügt hatte, kam sie an diesem Angriffstag noch nicht bis zu ihrem Ziel nach Kalatsch, sondern nur bis Werch/Zarizunskij, wo sie den Stab des Generalobersten Hoth von seinem Gefechtsstand vertrieb. Immerhin mußte das auf dem nördlichen Flügel der 4. Panzerarmee im Anschluß an den Südflügel der 6. Armee – LI. Armeekorps (Seydlitz) – eingesetzte IV. Armeekorps (Jaenecke) jetzt infolge der Bedrohung seiner Südflanke nach Norden zurückgenommen und der 6. Armee unterstellt werden. Erst am 22. November nahm dieser russische südliche Angriffsarm Businowka und drang dann, ohne Widerstand zu finden, bis Kalatsch vor. Dort hatte die 5. russische Panzerstoßarmee inzwischen auf dem Ostufer einen großen Brückenkopf besetzt. Mit ihr stellte die russische Südfront nunmehr die Verbindung her.

Wie eigenartig sich die letzten Kämpfe um Kalatsch einem unfreiwilligen Beobachter darstellten, zeigt ein Bericht des Obersten Euler. Er war damals Kommandeur einer rückwärtigen Versorgungseinheit südostwärts Kalatsch.

»Diese Vereinigung der Russen bei Kalatsch mußte und konnte meines Erachtens verhindert werden. Der Stoßkeil, der im Süden (Krasnoarmeisk) durchgebrochen war, erschien bei Kalatsch erst $1^1/_2$ Tage später. Als ich mit dem Rest meiner Kampfgruppe am Montag, dem 21. November, auf dem Wege nach Stalingrad war, stieß ich bei

Anbruch der Dunkelheit auf diese russische Truppe. Ich konnte gerade noch in einer Mulde verschwinden und beobachtete den Vormarsch. Die Russen fuhren, als wenn der Teufel hinter ihnen wäre, sie sahen weder nach links noch rechts. Es war ein imposanter Anblick, diese Panzerkolonnen vorbeiziehen zu sehen.

Wäre die Brücke bei Kalatsch gesprengt worden, hätte die südliche Zange der Russen zunächst in der Luft geschwebt. Die Mehrzahl der Verpflegungs- und Spritlager der 6. Armee lag auf der Westseite des Don, erreichbar nur für den nördlichen Zangenarm der Russen. Ich habe den Oberquartiermeister der 6. Armee, Oberst Bader, immer und immer wieder am Sonntag, dem 20. November, darauf aufmerksam gemacht, daß die Brücke bei Kalatsch gesprengt und die wenigen Panzer der Russen, die sich nicht von der Brücke wegwagten, vernichtet werden müßten. Ich bat ihn, doch einmal selbst nach Kalatsch zu kommen; sein Stab lag etwa 15 km entfernt. Er lehnte ab und schickte seinen Generalstabsoffizier, Major von Tümpling. Er selbst wich so schnell wie möglich über den Tschir zurück und ging nach Morosowskaja. Nach zwei Tagen kam ich zu seiner Befehlsstelle, kein Russe war dort gewesen. Ich habe dort mit größtem Appetit seine Weihnachtsgänse verzehrt und die Akten verbrannt, die sein Stab bei der kopflosen Flucht zurückgelassen hatte.«

Diese Schilderung zeigt zugleich, wie wenig wirklich zur Verteidigung dieses äußerst wichtigen rückwärtigen Stützpunktes seitens der Armee geschehen war. Die unter Umständen verständlichen Gründe für ein solches Versäumnis sind mir allerdings nicht bekannt.

Mit der Vereinigung der russischen Stoßkeile bei Kalatsch war die 6. Armee zwar von ihren rückwärtigen Verbindungen abgeschnitten, aber noch keineswegs völlig eingeschlossen. Die totale Einkesselung wurde erst in den folgenden Tagen vollendet. Sie wurde den Russen dadurch wesentlich erleichtert, daß wir keine sofortigen Gegenangriffe unternahmen, uns vielmehr im Gegenteil ganz auf die Verteidigung beschränkten und uns einigelten.

Am 21. November vormittags wurden bereits russische Panzer im Vormarsch auf Golubinskaja, dem Gefechtsstand des Armeeoberkommandos 6 am Westufer des Don, gemeldet. Diese Tatsache, ebenso wie die Gesamtentwicklung der letzten Tage, veranlaßten die Armeeführung, nunmehr auch ihren Gefechtsstand in das Zentrum des beabsichtigten Igels bzw. des sich abzeichnenden Kessels nach Gumrak zu verlegen. Da Kalatsch und der dortige Übergang über den Don bereits in russischer Hand waren, blieb nur der Übergang bei Peskowatka. Der gesamte Stab der Armee unter Führung des Ia, Oberstleutnant im Generalstab Elschlepp, wurde über diesen Übergang nach Gumrak in Marsch gesetzt. Er bezog dort den Gefechtsstand der 295. Infanteriedivision (Generalmajor Dr. Korfes), dessen Stab mit Teile seiner Division an der Wolgafront herausgezogen und an die neue Südfront abgegben worden war. Die Unterkünfte bestanden, ebenso wie meine unmittelbar benachbarten, aus verlassenen russischen Flakbunkern.

Paulus selbst begab sich zunächst mit seinem Stabschef, Generalmajor Arthur Schmidt, im Flugzeug nach Nish-Tschirskaja, an der Einmündung des Tschir in den Don, etwa 35 km südlich Kalatsch. Dort hatte sich der Armeestab seinen Gefechtsstand für den erwarteten Winterstellungskrieg um Stalingrad 1942/43 ausbauen lassen. Da zu einem solchen Ausbau auch die Nachrichtenverbindungen gehörten, konnten alle abgerissenen Nachrichtenverbindungen von dort aus wieder aufgenommen werden. Es handelte sich in erster Linie um die Verbindung zur Heeresgruppe B (Weichs) sowie zum Oberkommando des Heeres und zum Oberkommando der Wehrmacht.

In Nish-Tschirskaja trafen Paulus und Schmidt für ihre erste weitere Orientierung sowie für ihre Entschlüsse auf Grund der neuen Lage folgende wichtige Persönlichkeiten: Generaloberst Hoth (4. Panzerarmee), Generaloberst Freiherr von Richthofen (Luftflotte 4) und Generalmajor Pickert (Kommandeur der 9. Flakdivision). Paulus berichtet über das Treffen in seinem Buch »Ich stehe hier auf Befehl«.

»Nachmittags 21. 11. – vom Gefechtsstand Nish-Tschirskaja – erfolgt Antrag an HGr. Weichs:

Zurücknahme der 6. Armee auf Don-Tschir – d. h. die Sehne der bisherigen Armeefront –, Zeitmaß der Durchführung dieser Bewegung im Einklang mit der Lage bei den Nachbarn.

Stoß mit hierbei frei werdenden Kräften des südlichen Armeeflügels in die Flanke des Richtung Kotelnikowo vorgehenden Feindes, um ihn im Zusammenwirken mit 4. Pz.-Armee (Hoth) und Kräften der HGr. Kaukasus zum Stehen zu bringen.

Zum Einsatz gegen Front und Flanken des russischen Nordangriffs hätten bei dieser Lösung zur Verfügung gestanden:

a) XIV. Pz.-Korps (Hube) und weiter frei werdende Kräfte der 6. Armee,
b) die von der HGr. vorgesehenen und die weiter noch zugesagten Reserven des OKH.

Die HGr. stimmte der operativen Auffassung der 6. Armee zu. Am späten Abend (21. 11.) traf jedoch ein Befehl der HGr. ein, etwa lautend:

Auf Befehl OKH hat die 6. Armee Stalingrad und Wolgafront unter allen Umständen zu halten. Falls durch Aufreißen der Flanken ein Einigeln notwendig, hat dies nach Osten hin zu erfolgen. IV. A. K. der 4. Pz.-Armee (drei deutsche, eine rum. Div.) wird der 6. Armee unterstellt. Weiterer Befehl folgt.

Am 22. November ca. 07.00 Uhr früh eintrifft in Nish-Tschirskaja der OB der 4. Pz.-Armee, Gen.Oberst Hoth. Er konnte über Einzelheiten der unklar gewordenen Lage seiner Armee keine Orientierung geben.«

Soweit das Dokument von Paulus über Nish-Tschirskaja. Außer Paulus' Aussage zu Nish-Tschirskaja gibt es aber noch Auszüge aus dem Kriegstagebuch der Luftflotte 4 und dem persönlichen Tagebuch des Chefs der Luftflotte 4, Generaloberst Wolfram Freiherr von Richthofen. Auch dieses Dokument befindet sich in dem Buch von Paulus »Ich stehe hier auf Befehl«. Danach war Generalmajor Pickert bei einer Besprechung des Armeeoberkommandos 6 am Morgen des 22. November 1942 der Ansicht, daß man sofort nach Südwesten durchbrechen müsse, worauf Schmidt, Chef des Generalstabs, antwortete: »Nein, die Armee igelt, sie ist durch Befehl an Stalingrad gebunden.« Generalmajor Pickert hielt die Versorgung einer ganzen Armee mit 22 Divisionen bei den Schwierigkeiten des russischen Winters nicht für möglich, worauf Schmidt erwiderte: »Es muß gehen, es können ja auch die vielen Pferde im Kessel erst einmal gegessen werden.«

Die Art und Weise, wie Schmidt hier erstmalig zur Frage des Einigelns oder des Durchbruchs Stellung nahm, ist meines Erachtens symptomatisch für seine gesamte weitere Einstellung während des Kessels. Mir blieb vollkommen unverständlich, wie er leichtfertig die Pferde als Verpflegung einplanen und damit auf die für einen Durchbruch so entscheidende Beweglichkeit verzichten konnte. Sicherlich wollten auch Paulus und Schmidt ausbrechen, doch bereits jetzt vermißte man den eisernen Willen, einen Ausbruch mit allen denkbaren Mitteln anzustreben und, wenn es sein mußte, ihn gegen alle Gewalten mit größter Energie durchzusetzen. So blieb es bis zum bitteren Ende!

Schmidt fürchtete eine Katastrophe. Er malte sie immer wieder an die Wand. So auch später, als Generaloberst Hoth mit seinem Entsatzversuch so nahe heran war, daß wir mit Aussicht auf Erfolg hätten ausbrechen und ihm entgegenstoßen können. Die dabei entstandenen Verluste hätten in keinem Verhältnis zu der Katastrophe gestanden, die wir dann tatsächlich Ende Januar/Anfang Februar 1943 erleben sollten! Sie übertraf in ihrem Ausmaß alle bis dahin nur denkbaren Vorstellungen.

Paulus soll in jenen Novembertagen seinem Stabschef Schmidt gegenüber angeblich geäußert haben: »Ich würde ohne weiteres meinen Kopf für die 6. Armee riskieren, doch jetzt scheint mir das sinnlos zu sein.« Im weiteren Verlauf der Kesselschlacht bis zum Ende im Februar 1943 bot sich immer wieder Gelegenheit, durch selbständiges Handeln gegen Hitlers Befehle seinen Kopf hinzuhalten. Es sollte jedoch bis zum Schluß zu keiner erlösenden Tat des Feldmarschalls oder seines Stabschefs kommen.

Als ich gerüchteweise von all diesen Erwägungen in Nish-Tschirskaja hörte, dachte ich unwillkürlich zurück an 1914. Genau auf den Tag vor 28 Jahren, vom 19.–22. November 1914, erlebte ich die berühmt gewordene große Kesselschlacht von Lodz/Brzeziny in Polen.

Ich war damals junger Leutnant und Regimentsadjutant des 2. westpreußischen Artillerieregiments Nr. 36, das zur 36. Danziger Division (General von Heineccius) im Rahmen des XVII. Armeekorps (General von Pannwitz) unter der 9. Armee gehörte, die General der Kavallerie von Mackensen führte. Die Tage vom 19. bis zum 22. November waren auch damals die kritischsten jener Schlacht, als die Russen unter Rennenkampf unseren linken, Lodz von Osten umfassenden Flügel der Armee Mackensen durch einen Stoß von Warschau her ihrerseits im Rücken zu fassen und abzuschneiden drohten. Diese äußerst kritische Lage wirkte sich natürlich auch auf die ganze übrige Lodz-Umfassungsfront der Armee Mackensen aus, die ihre allerletzten Reserven einsetzen mußte, um heftigste russische Entlastungsangriffe abzuwehren. Wie stark die letzten Reserven damals bereits ausgegeben waren, geht vielleicht am deutlichsten aus unserem Divisionsbefehl hervor, in dem es in jenen Tagen jeden Abend stereotyp hieß: »Divisions-Reserve: Ein Zug Husaren-Regiment 5, Fürst Blücher v. Wahlstatt.«

Jene Tage vom November 1914 standen nun wieder vor mir, und ich fragte mich, ob man die schwere Krise hier ebenso kühn wie einst unter Hindenburg, Ludendorff und Mackensen lösen würde. Jener Durchbruch ging damals als einer der kühnsten und erfolgreichsten in die Geschichte des Ersten Weltkrieges ein: Durchbruch von Brzeziny.

Würde es eine würdige Parallele im Zweiten Weltkrieg geben in einem Durchbruch von Stalingrad?

Ich konnte mir damals eine andere Lösung dieser ungeheuerlichen Krise für zwei deutsche und zwei rumänische Armeen überhaupt nicht vorstellen. Daher sagte ich auch meinen versammelten Divisionsgeneralstabsoffizieren der mir damals unterstellten sieben Divisionen auf Grund jener Erfahrung vor 28 Jahren: »Hier gibt es nur eines: ein Brzeziny oder ein Cannae!« – Es sollte jedoch ein Cannae werden, ein Cannae furchtbarsten Ausmaßes.

Die Entwicklung der Lage an Ost- und Nordostfront

Die Heeresgruppe B (Generaloberst Freiherr von Weichs) hatte, wie bereits erwähnt, am ersten Angriffstag nach den schweren Einbrüchen russischer Panzerarmeen bei der 3. rumänischen Armee in die tiefe Nordwestflanke der 6. Armee (Paulus) die ganze Größe und Schwere der sich abzeichnenden möglichen Katastrophe für die gesamte Front der Heeresgruppe B von der Kalmückensteppe bis Woronesh erkannt. Daraufhin hatten die Heeresgruppe und das Armeeoberkommando 6 die sofortige Einleitung radikaler Gegenmaßnahmen befohlen – gleichfalls bereits am 19. November 1942. Diese Gegenmaßnahmen konnten selbstverständlich zunächst nur darin bestehen, für Heeresgruppe und Armee die so dringend notwendigen operativen und taktischen Reserven zu schaffen, die man während der vorangegangenen, verlustreichen Angriffe auf Stalingrad ebenso sträflich vernachlässigt hatte wie die nicht minder wichtige Frage des Ersatzes für die dabei ausgebluteten Divisionen. Folgende Maßnahmen wurden daher sofort eingeleitet und bis zum 22. November durchgeführt:

1. Einstellung sämtlicher weiterer Angriffsvorbereitungen beider Korps.
2. Herauslösung a) des XIV. Panzerarmeekorps (Hube) mit 16. Panzerdivision (Angern) und 3. Infanteriedivision (mot.) (Schlömer) zur Verfügung der 6. Armee, b) sämtlicher dem LI. Armeekorps, XIV. Panzerkorps für den Angriff zugeteilten Verstärkungen wie noch verbliebene Teile der 14. Panzerdivision, der 24. Panzerdivision (Lenski) und aller zugeteilter Heeres- und Armeetruppen, besonders der fünf für den Angriff auf das metallurgische Werk Roter Oktober zugeteilten Pionierbataillone.
3. Übernahme der gesamten Nordostfront des XIV. Panzerkorps (Hube) durch mein LI. Armeekorps – zusätzlich zu meinem bisherigen Wolgastadtfrontabschnitt –, ausgenommen 3 km ostwärts HP Kotluban, die dem westlich anschließenden VIII. Armeekorps (Heitz) zufielen.
4. Meine neue Gesamtfront umfaßte nunmehr: a) die bisherige Ost-

front (etwa 15 km Ausdehnung) mit fünf Divisionen: 295. Infanteriedivision (Dr. Korfes), 100. Jägerdivision (Sanne), 79. Infanteriedivision (Schwerin), 305. Infanteriedivision (Steinmetz), 389. Infanteriedivision (Magnus); b) die neue Nordostfront (Ausdehnung von etwa 30 km) mit zwei Divisionen: 60. Infanteriedivision (mot.) (Arenstorff) und 94. Infanteriedivision (Pfeiffer).

Im Gegensatz zu meiner Stadt- und Wolgafront bestand die neue Nordostfront aus reinen Feldbefestigungen. Sie verlief zunächst westlich der Ortschaften Spartakowka–Rynok und stieß dann bei Lataschamka kurz bis an die Wolga vor. Von Lataschamka verlief die Front dann rechtwinklig nach Westen, umbiegend fast geradlinig in Richtung auf Kotluban.

Diese Front, besonders mit dem Frontvorsprung von Lataschamka, hatte im August/September das XIV. Panzerkorps genommen und nur unter ständigen schweren Abwehrkämpfen gehalten und verteidigt. Sie war zuletzt von vier Divisionen verteidigt worden, der 94. Infanteriedivision, der 16. Panzerdivision, der 3. Infanteriedivision (mot.) und der 60. Infanteriedivision (mot.). Mit der Übernahme durch mein Korps wurden mir die zwei alten Divisionen erster Welle, die 16. Panzerdivision und die 3. Infanteriedivision (mot.), genommen. Ich mußte mich also für die neue rund 30 km lange Front mit nur 1½ Divisionen, der 60. Infanteriedivision (mot.) und der 94. Infanteriedivision, behelfen. Der Zustand der beiden Divisionen kennzeichnet die neue Lage bei Übernahme dieser Front in besonderem Maße. Während die 60. Infanteriedivision (mot.) noch leidlich kampffähig war, hatte die 94. Infanteriedivision nicht einmal die Hälfte ihres normalen Infanteriekampfwertes. Der damalige Ib der 94. Infanteriedivision, Günter Toepke, schreibt hierüber in seinem Buch »Stalingrad – wie es wirklich war«: »Die Division war so ausgebrannt, daß im Durchschnitt nur noch ein Viertel oder noch weniger an zahlenmäßiger Kampfstärke vorhanden war. Und diese Restkompanien waren nun seit einem Vierteljahr ununterbrochen Tag und Nacht am Feind. Der körperliche Zustand der Grenadiere und Pioniere war beklagenswert.«

Ich hielt es für völlig ausgeschlossen, die neue 30-km-Front von Gorodischtsche bis 3 km ostwärts HP Kotluban mit diesen mir verbliebenen 1½ Divisionen zu halten. Irgendwelche Verstärkungen der beiden Divisionen aus meiner bisherigen Wolga- und Stadtfront aber war leider nicht möglich. Die Gründe:

Der Russe hatte am 3. und 4. Angriffstag (21./22. November) auch in der tiefen Südostflanke unserer 6. Armee – westlich Krasnoarmeisk/Beketowka – tiefe Panzerdurchbrüche erzielt. Die südlich an uns anschließende 4. Panzerarmee (Hoth) hatte daher Teile ihres Nordflügels – das IV. Armeekorps (Jaenecke) – nach Norden zurückbiegen müssen. Dieses Korps wurde daraufhin der 6. Armee unterstellt und mußte eine neue Südwestfront zwischen Wolga und Don abriegeln. Seine Kräfte reichten jedoch dafür nicht aus. Dafür mußte wieder mein LI. Armeekorps aushelfen, und zwar, wenn auch nur mit vorübergehenden Abgaben einzelner Infanteriebataillone und Artillerieabteilungen, unter dem Stab der 295. Infanteriedivision (Korfes). Die Stärke dieser Abgaben betrug annähernd eine Division.

Für die weitere Verteidigung der Wolga- und Stadtfront aber waren wenigstens die zunächst verbleibenden fünf Divisionen ohne Abgaben erforderlich: 295. Infanteriedivision, 100. Jägerdivision, 79., 305. und 389. Infanteriedivision.

Diese Wolgafront zog sich über etwa 15 km hin. Das unübersichtliche Wirrwarr der Häuser und Industriewerke, die so heiß umkämpfte Höhe 102 (Mamajew-Kurgan) sowie die in russischer Hand verbliebenen Brückenköpfe vom metallurgischen Werk Roter Oktober bis zur Brotfabrik und das Steilufer an der Geschützfabrik Rote Barrikade machten sie besonders schwierig. Dort standen zudem russische Elitetruppen unter General Tschuikow. Angriffe gegen diesen Abschnitt waren, namentlich sobald die Wolga zufror, nicht ausgeschlossen.

Mein Chef, Oberst Clausius, und ich sahen die Lösung dieser heiklen neuen Aufgabe nur in einer wesentlichen Frontverkürzung, und zwar durch die Zurücknahme des so exponierten Frontvorsprungs von Lataschamka. Dies bedeutete eine effektive Kürzung um etwa 10 km auf 20 km. Danach entfielen auf die 94. Infanteriedivision etwa 8 km und auf die 60. Infanteriedivision (mot.) rund 12 km. Beide Divisionen konnten dabei mit ihren äußeren Flügeln unverändert stehen bleiben und brauchten nur ihre inneren Flügel zurückzubiegen (die 94. Infanteriedivision ungefähr 4½ km und die 60. Infanteriedivision etwa 3½ km). Diese Verkürzung hatte außerdem den Vorzug, daß die neue Verteidigungslinie artilleristisch sehr viel günstiger zu verteidigen war als der alte Vorsprung. Dieser Vorteil sprang geradezu in die Augen. Bei der relativen Schwäche der infanteristischen Verteidigung kam es gerade hierauf besonders an.

Andererseits war uns natürlich auch der Nachteil klar, der darin bestand, daß die neuen Stellungen gegenüber den alten des Frontvorsprunges nur wenig oder teilweise gar nicht ausgebaut waren. Wir rechneten selbstverständlich damit, daß im Hinblick auf den baldigen Ausbruch diese Stellungen nur kurze Zeit zu verteidigen sein würden.

Uns war klar, daß die neuen Stellungen der 94. Division und der 60. Division (mot.) gegenüber den gesamten Stellungen der neuen West- und Südfront des Kessels der 6. Armee bedeutende Vorteile boten. Dort lagen die Stellungen ohne jeden Graben und Unterstand auf dem blanken Boden. Solange sich die Armeespitze (Paulus/Schmidt) in Nish-Tschirskaja aufhielt, war unsere Verbindung zum Armeeoberkommando 6 schwach. Da unsere Wolgafront nicht angegriffen wurde, blieb sie zunächst die geringste Sorge der Armee. Jedenfalls war der Gedankenaustausch zwischen dem Armeechef, General A. Schmidt, und meinem Korpschef, Oberst im Generalstab Clausius, am 20., 21. und 22. November, d. h. bis zum Einfliegen der Armeespitze nach Gumrak, wesentlich geringer als sonst üblich. Mein Korpschef sprach in jenen Tagen fast nur mit dem Ia der Armee, Oberstleutnant im Generalstab Elschlepp. Durch ihn erhielten wir auch fernmündlich alle Weisungen der Armee, alle Orientierungen über die Entwicklung der Lage sowie eventuelle dementsprechende Vorbefehle.

Ich selbst habe in jenen Tagen weder Paulus noch Schmidt gesprochen. Soviel ist mir jedoch gut erinnerlich, daß alle Weisungen durch Oberstleutnant Elschlepp im wesentlichen besagten, daß sich Heeresgruppe und Armee völlig darüber einig seien, daß sich die 6. Armee nur durch einen Ausbruch befreien könne und müsse. Reserven, um die 6. Armee von außen her zu entsetzen, seien im Umkreis der Heeresgruppe nirgendwo verfügbar. Der Ausbruch sei voraussichtlich für den 25. November beabsichtigt. Dementsprechend sei alles vorzubereiten, d. h. abzustoßen oder zu vernichten, was nicht lebensnotwendig sei. Beweglichkeit und Kampffähigkeit gingen jetzt allem anderen vor. Diese Weisungen wurden weitergeleitet an die Divisionen, die sofort damit begannen, alles Überflüssige zu vernichten.

Im übrigen hielt ich es für völlig undenkbar, daß eine Armee mit 22 Kampfdivisionen und einer Flakdivision (also mehr als zwei normale Armeestärken) den Befehl erhalten könnte, sich einzuigeln und damit von vornherein jeder Beweglichkeit beraubt zu werden. Dagegen sprachen nicht nur alle bis dahin bewährten operativen und taktischen Grundsätze des deutschen Heeres, sondern auch meine persönlichen bisherigen Erfahrungen in zwei Weltkriegen.

Entsprechend der Lagebeurteilung unserer Armee und meines LI. Armeekorps an der Ost- und Nordostfront waren unsere Befehle ergangen:

1. Herauslösung des XIV. Panzerkorps vom 20. bis 22. November; Übernahme der Stellungen durch 94. Infanteriedivision und 60. Infanteriedivision (mot.).
2. Zurücknahme des Lataschamkazipfels in der Nacht vom 22. zum 23. November.

Mein Chef und ich waren uns dabei völlig im klaren, daß wir hier selbständig handelten und handeln mußten. Selbstverständlich geschah dies im Sinne und im Rahmen der Gesamtlage und Absichten, wie wir sie bis zum 22. November in den fernmündlichen Weisungen der Armee durch den Ia, Oberstleutnant im Generalstab Elschlepp, erfahren hatten. Daß wir in dieser, für die Existenz der gesamten 6. Armee gefährlichen und äußerst kritischen Lage auch an den berühmt-berüchtigten Hitlerbefehl vom Dezember 1941 gebunden sein sollten, der die Zurücknahme jeder Truppe über Bataillonsstärke von seiner ausdrücklichen Genehmigung abhängig machte, hielten wir für ausgeschlossen. Ja, ich kann sagen: das kam uns tatsächlich überhaupt nicht in den Sinn. Auch die negative Erfahrung im Prozeß gegen Graf Sponeck hielt mich in keiner Weise davon ab, hier selbständig zu handeln.

Nachträglich ist mir nicht ganz verständlich, warum mein Chef, Oberst Clausius, unsere Absichten und Maßnahmen nicht zeitgerecht gemeldet hat. Hierzu lag meines Erachtens keinerlei Veranlassung vor. Irgendwelche Absprachen zwischen uns beiden hierüber hat es nicht gegeben. Keinesfalls aber trifft die Version zu, ich hätte mit der Zurücknahme des Lataschamkazipfels »den Durchbruch der Armee zum Westen ins Rollen bringen wollen«, das ist absolute Fabel! Schon die Vorstellung, daß man dies durch das Abschneiden eines Stellungszipfels und die Zurücknahme von Teilen einer einzigen Division bewerkstelligen könnte, ist militärisch absurd.

Am 22. November nachmittags flog Paulus mit Schmidt in den Kessel und bezog den noch nicht 100 m von mir entfernten bisherigen Gefechtsstand der 295. Infanteriedivision (Generalmajor Dr. Korfes) nordwestlich des Bahnhofs Gumrak. Zu diesem Zeitpunkt hatte die Armee von der Heeresgruppe Weichs verschiedene Weisungen über die Weiterführung der Operationen erhalten. Am Abend des 22. November, nach dem Einflug von Paulus, folgte noch ein Führerbefehl: »6. Armee igelt sich ein und wartet Entsatz von außen ab.«

Wegen der erheblichen Unklarheiten und Meinungsverschiedenheiten über die wahre Lage und deren Lösung berief Paulus bald nach seinem Eintreffen auf dem neuen Gefechtsstand mich und meinen Chef, Oberst Clausius, zu sich. Wie er uns beim Eintritt sagte, wollten er und Schmidt einen Funkspruch an Hitler aufsetzen, in dem er für einen von ihm für unabwendbar gehaltenen Ausbruch der Armee um Handlungsfreiheit bitten wolle. Wir sollten dazu unsere Meinung sagen. Diese bedeutungsvolle Besprechung habe ich ganz besonders gut in der Erinnerung behalten!

Wir alle vier waren uns darin einig, daß die Lösung der einmalig schweren Krise einzig und allein in einem möglichst baldigen Ausbruch der Armee nach Südwesten gefunden werden konnte. In diesem Sinne sollte der aufzusetzende Funkspruch an Hitler gar keine andere Möglichkeit offenlassen. So begannen Paulus und Schmidt, den Funkspruch aufzusetzen und zu formulieren.

Während Clausius und ich erwartet hatte, daß in dieser ungeheuerlichen Lage, in die Hitler und das OKH die Armee gebracht hatten, in einem solchen Funkspruch auch die entsprechende Sprache gesprochen würde, erlebten wir das Gegenteil. Noch heute klingt es mir in den Ohren: Bei fast jedem Wort und jedem Satz fragten Paulus und Schmidt: »Ist das nicht zu scharf?«, »Kann man das sagen?« Clausius und ich rieten im Gegensatz dazu zu einer fordernden Sprache. Hitler verstehe diese nüchterne, rein sachliche Generalstabssprache nicht, schon gar nicht in dieser Lage.

Unzufrieden mit dem nach einiger Zeit noch unfertigen Konzept schlug ich, unterstützt von Clausius, vor, überhaupt nicht mehr um Handlungsfreiheit zu bitten, sondern zu melden, daß die Armee ausbricht. Die Ereignisse hätten sich derart überstürzt und veränderten sich stündlich, daß keine andere Lösung mehr möglich sei. Wenn man bitte und frage, müsse man auch die Antwort abwarten, dann aber wäre es zu spät! Paulus lehnte das ab: »Gegen Hitler oder ohne Hitlers Erlaubnis kann ich nicht handeln!«

Es wurde spät, und der Funkspruch wurde nicht fertig. Tatsächlich wurde er von der Armee erst einen vollen Tag später, am 23. November, fertiggestellt und um 21.30 Uhr abgesetzt. Der Wortlaut war folgender:

G. Kdos Chefsache
Funkspruch an OKH
An Heeresgruppe B
nachr.

Mein Führer!

Seit Eingang Ihres Funkspruchs vom 22. 11. abends hat sich die Entwicklung der Lage überstürzt. Die Schließung des Kessels ist im Westen und Südwesten nicht geglückt. Bevorstehende Einbrüche zeichnen sich hier ab.
Munition und Betriebsstoffe gehen zu Ende. Zahlreiche Batterie- und Panzerabwehrwaffen haben sich verschossen. Eine rechtzeitige ausreichende Versorgung ist ausgeschlossen.
Die Armee geht in kürzester Zeit der Vernichtung entgegen, wenn nicht unter Zusammenfassung aller Kräfte der von Süden und Westen angreifende Feind vernichtend geschlagen wird.
Hierzu ist sofortige Herausnahme aller Divisionen aus Stalingrad und starker Kräfte aus der Nordfront erforderlich. Unabwendbare Folge muß dann Durchbruch nach Südwesten sein, da Nord- und Ostfront bei derartiger Schwäche nicht mehr zu halten.
Uns geht dann zwar zahlreiches Material verloren. Es wird aber die Mehrzahl wertvoller Kämpfer und wenigstens ein Teil des Materials erhalten.
Die Verantwortung für diese schwerwiegende Meldung behalte ich in vollem Umfang, wenn ich melde, daß die Kommandierenden Generale Heitz, von Seydlitz, Strecker, Hube und Jaenecke die gleiche Beurteilung der Lage haben.
Bitte aufgrund der Lage nochmals um Handlungsfreiheit.

Heil mein Führer!
gez. Paulus

Durchgabe an OKH:
23. 11. 42 23.45 Uhr

Diese Sprache war und blieb für Hitler meiner Ansicht nach völlig unverständlich und ohne jede Wirkung. Beste Generalstabsarbeit in dieser katastrophalen Lage, jedoch nicht für einen Mann wie Hitler, der stur und ohne jede Rücksicht seinem irren Willen folgte.

Clausius und ich rieten dagegen, auf Grund der neuen, sich stündlich überstürzenden und verschärfenden katastrophalen Lageentwicklung zu handeln und nicht mehr um Handlungsfreiheit zu bitten. Die Lage sei nur hier an Ort und Stelle zu übersehen und zwinge zu sofortigem Handeln. Als einzig möglicher Ausweg aus der drohenden völligen Einschließung bleibe, den Ausbruch nach Südwesten umgehend einzuleiten! Erst wenn der Ausbruch eingeleitet und in vollem Gange sei, wäre Hitler ungefähr wie folgt zu melden:

Lage der Armee stündlich sich überstürzend katastrophaler. Tiefe, nicht zu beseitigende Einbrüche am Nordwestflügel und Flanke, ebenso am Südostflügel sowie auf dem linken Flügel VIII. Armeekorps. Durch Wegnahme von Kalatsch von rückwärtigen Verbindungen völlig abgeschnitten! Einzig mögliche Lösung: Sofortiger Ausbruch nach Südwesten unter Aufgabe von Stalingrad. Alle Bewegungen hierzu eingeleitet und in vollem Gange.

Trotz aller Einwände von mir und Clausius blieben Paulus und Schmidt dabei, vor einem Ausbruch Hitler um Handlungsfreiheit zu bitten. (Das Eintreten von mir und Clausius für einen sofortigen Ausbruch, ohne um Handlungsfreiheit zu bitten, findet übrigens bei Manstein eine interessante Bestätigung.)

Der endgültige Entschluß von Paulus und seinem Stabschef Schmidt war gefaßt und unterwegs zu Hitler: Handlungsfreiheit zum Ausbruch! Auch die Heeresgruppe B – Generaloberst von Weichs und dessen Stabschef General von Sodenstern – war uneingeschränkt für den sofortigen Ausbruch. Sie stand seit Tagen ständig in Gedankenaustausch mit Hitlers Generalstabschef in Wolfsschanze, General der Panzer Zeitzler (Nachfolger des am 24. September 1942 zurückgetretenen Generalstabschefs Generaloberst Halder).

Ungefähr zur gleichen Zeit wie Paulus hatte von Weichs seine Lagebeurteilung, die von Anfang an voll mit der Zeitzlers übereinstimmte, in einem Fernschreiben an Hitler zusammengefaßt (23. November 1942, 18.45 Uhr):

Trotz der ungewöhnlichen Schwere des zu fassenden Entschlusses muß ich melden, daß ich die Zurücknahme der 6. Armee, die von Gen. Paulus vorgeschlagen wurde, für notwendig halte.
1. Die Versorgung der 20 Divisionen umfassenden Armee auf dem Luftwege ist nicht möglich.
Mit dem verfügbaren Lufttransportraum kann – entsprechendes Wetter

vorausgesetzt – täglich nur ein Zehntel des wirklichen Tagesbedarfs in den Kessel eingeflogen werden.
2. Der Entlastungsangriff kann, da rasches Durchschlagen im Hinblick auf die zu erwartende Weiterentwicklung nicht mit Sicherheit vorausgesagt werden darf, in Anbetracht der Dauer des Aufmarsches kaum vor dem 10. Dezember geführt werden. Aufmarschzeiten im einzelnen sind dem OKH gemeldet.
Die 6. Armee kann aber mit ihren rapide absinkenden Vorräten nur wenige Tage reichen. Die Munition wird schnell aufgebraucht sein, da der Kessel an allen Fronten angegriffen wird. Ich verspreche mir aber von einem Durchschlagen der 6. Armee nach Südwesten eine Entspannung der Gesamtlage. Die Armee ist die einzige Kampfkraft, mit der ich nach dem völligen Ausfall der 3. rumänischen Armee dem Feind noch Schaden zufügen kann.
Die zunächst nach Südwesten, dann mit dem Nordflügel längs der Eisenbahn Tschir bis Morosowskaja zu wählende Stoßrichtung wird zudem die bereits gespannte Lage im Raum Ssawetnoje – Kotelnikowo auflockern.
Endlich bedeutet die verbleibende Kampfkraft der 6. Armee einen unentbehrlichen Zuwachs für die neu aufzubauende Verteidigung und für die Vorbereitung der Gegenangriffe.
Ich verkenne nicht, daß mit der vorgeschlagenen Operation hohe Opfer, insbesondere materieller Art, verbunden sein werden. Sie werden aber immer hinter denen zurückbleiben, die mit dem nach Lage der Dinge unvermeidlichen Aushungern der Armee im Kessel gebracht werden müssen.

gez. Frhr. v. Weichs
Generaloberst

Als Hitler schließlich in der Nacht vom 23. zum 24. November nach Wolfsschanze zurückkehrte, gelang es angeblich Zeitzler vorübergehend, Hitler dazu zu bringen, sich mit dem von ihm geforderten Ausbruch einverstanden zu erklären. Ausschlaggebend war die von Zeitzler dargelegte Unmöglichkeit der Luftversorgung der 6. Armee. An diesem Abend gelang es Zeitzler jedoch nicht, Hitler einen für den Ausbruch fertiggestellten Befehl zur Unterschrift vorzulegen. Zeitzler benachrichtigte zwar fernmündlich den Chef des Generalstabes der Heeresgruppe B um 02.00 Uhr früh, »daß es ihm endlich gelungen sei, Hitler davon zu überzeugen, daß Stalingrad aufgegeben werden müsse«. Zeitzler soll gesagt haben: »Der Befehl für den Ausbruch wird am 24. 11. früh gegeben.«

Am nächsten Morgen, also am 24. November 1942 früh, soll Hitler zunächst wieder auf die Zusage des Reichsmarschalls verwiesen haben, ließ aber dann schließlich Göring selbst holen. Göring habe mit erhobenem rechten Arm und feierlichem Nachdruck erklärt: »Mein Führer, ich versichere Ihnen, daß die Luftwaffe die 6. Armee versorgen kann.« Daraufhin soll es zu einer heftigen Auseinandersetzung gekommen sein. Zeitzler habe erklärt, daß mit Sicherheit das Fliegen nicht an jedem Tage möglich sein werde und daß die absoluten Minimalansprüche von täglich 300 Tonnen deshalb nur mit einer Tagesleistung von 500 Tonnen zu erfüllen seien, das aber sei unmöglich. Auf Görings »Das kann ich!« habe Zeitzler seine Fassung verloren und ausgerufen: »Mein Führer, das ist eine Lüge!« Nach längerem eisernen Schweigen habe Hitler sich dennoch an die Erklärung des Reichsmarschalls gehalten und Zeitzler lediglich – gegen Görings Widerspruch – zugebilligt, ihm jeden Tag Meldung über die eingeflogene Tonnenzahl zu erstatten. Obwohl in der Folgezeit das tägliche Minimum nicht eingehalten werden konnte, habe Hitler den Vertröstungen und Ausreden Görings nicht nur Glauben geschenkt, sondern sie auch anderen einzureden versucht.

Ein Einspruch des im Raume Stalingrad befehlenden Oberbefehlshabers der Luftflotte 4, Generalfeldmarschall von Richthofen, der die Luftversorgung der 6. Armee für ganz unmöglich erklärte (21. November) – Tagebuch Richthofens –, drang nicht mehr durch.

Das Todesurteil für die 6. Armee

Mit der fernmündlichen Mitteilung des Generalstabschefs Zeitzler vom 24. November, 02.00 Uhr früh, an die Heeresgruppe Weichs schien es so, als sei endlich die rettende Entscheidung gefallen. Nun durchkreuzte plötzlich ein gegenteiliger Befehl Hitlers unmittelbar an die 6. Armee alle bereits eingeleiteten Maßnahmen der Heeresgruppe Weichs und der 6. Armee für den rettenden Ausbruch. Für alle nüchtern denkenden und urteilenden Soldaten mit langjährigen Erfahrungen in zwei Kriegen war damit klar, daß das Todesurteil für die 6. Armee gesprochen worden war.

Da die letzte Fernsprechleitung von der Armee zur Heeresgruppe am 24. November früh unterbrochen war, erhielt Paulus den Hitlerbefehl unmittelbar. Das denkwürdige Dokument lautete:

Die 6. Armee ist vorübergehend von russischen Kräften eingeschlossen. Ich beabsichtige, die Armee im Raume Stalingrad-Nord – Kotluban – Höhe 137 – Höhe 135 – Marinowka – Zybenko – Stalingrad-Süd zusammenzufassen.
DIE ARMEE DARF ÜBERZEUGT SEIN, DASS ICH ALLES TUN WERDE, UM SIE ENTSPRECHEND ZU VERSORGEN UND RECHTZEITIG ZU ENTSETZEN. ICH KENNE DIE TAPFERE 6. ARMEE UND IHREN OBERBEFEHLSHABER UND WEISS, DASS SIE IHRE PFLICHT TUN WIRD.

gez. Adolf Hitler

24. 11. 42

Die Würfel waren damit gefallen! Eine Armee mit 22 Divisionen (20 deutsche, 2 rumänische), also eigentlich zwei volle Armeen, igelte sich ein.

Die Herauslösung des XIV. Panzerkorps mit der 16. Panzerdivision (Angern) und der 3. Infanteriedivision (mot.) (Schloemer) sowie deren Ablösung in den bisherigen Stellungen durch die 94. Infanteriedivision (Pfeiffer) und die 60. Infanteriedivision (mot.) (Arenstorff) wurde vom 20. bis 22. November planmäßig und befehlsgemäß durchgeführt.

Dabei gab es keine unvorhergesehenen Zwischenfälle oder Schwierigkeiten.

Anders verlief die Zurücknahme des Lataschamkazipfels in der Nacht vom 22. zum 23. November 1942 durch die 94. Infanteriedivision und die 60. Infanteriedivision (mot.). Die Russen – Teile der 62. Armee des Generals Tschuikows, des Kommandanten von Stalingrad – bemerkten vorzeitig das Anlaufen dieser Absetzbewegung aus dem Zipfel. Wodurch sie auf die Räumung bei Nacht zu früh aufmerksam wurden, ahnte ich nicht. Falls hier unmittelbar vor oder während der Räumung noch Munitionsbestände verbrannt und vernichtet wurden, was die Russen natürlich sehen und hören mußten, war dies sicher ein großer Fehler der Truppe. Das aber hat nichts mit dem allgemeinen Befehl der Vernichtung von Ausrüstungsstücken und sonstigen Sachen zu tun, die die Truppe bei einem möglichen Ausbruch an ihrer Beweglichkeit hätte hindern können.

Der Ib der 94. Infanteriedivision (Hauptmann im Generalstab Toepke) hat diese Absetzbewegungen seiner Division unmittelbar erlebt und schrieb darüber in seinem Buch »Stalingrad – wie es wirklich war«: »Der Russe nutzte sofort die günstige Gelegenheit, die sich ihm bot, und drängte in pausenlosen Nachtangriffen unseren räumenden Truppen nach. Im freien Steppengelände ohne Deckung wehrten die Grenadiere die nachdrängende Flut ab.

Welle auf Welle russischer Infanterie, begleitet von Panzern, stürmte gegen sie an. Jedes Erdloch, jede Ruine ausnutzend, sickerten die Russen durch, um dann immer wieder in hellen Haufen mit ›Urrä‹ anzugreifen. Wieder und wieder quollen Rudel geduckter Gestalten hinter unseren sich absetzenden Grenadieren nach. Scharfschützen mit Zielfernrohren schossen unsere Zugführer und MG-Bedienungen ab.

Ein großer Teil der Russen, meist aus der 5. und 6. Welle des Angriffs, waren nur noch mit Spaten und Handgranaten ausgerüstet, Gewehre griffen sie sich erst von ihren gefallenen Kameraden. Trotzdem wurde in wechselvollen Kämpfen der Russe immer wieder zurückgeworfen, seine Absicht mißlang.

Die Verluste auf beiden Seiten waren groß. Die unsrigen aber nicht mehr zu ersetzen. Unsere erschöpften Regimenter aber mußten durch die schnell zugeführte 16. Panzerdivision und 24. Panzerdivision, die auch schon schwer angeschlagen waren, abgelöst werden. Beide Panzerdivisionen übernahmen die Reste meiner 94. Infanteriedivision. Die 94. Division hatte aufgehört zu existieren.«

Die 94. Division wurde wegen ihrer so geschwächten und zusammengeschmolzenen Infanterie aufgelöst und ihre Reste – ebenso wie die der 384. Division (Gablenz) und der 79. Division (Schwerin) – auf andere Divisionen zur Auffüllung verteilt. Völlig abwegig sind daher so übertriebene und entstellende Darstellungen wie z. B. in dem Buch des Amerikaners William Craig: »Seydlitz versuchte einen nicht genehmigten Abzug von der Wolga auszulösen. Er befahl der 94. Division, ihren Abschnitt im Nordostvorsprung des Kessels zu räumen. Das Ziel dieser Operation bestand darin, die Nachbardivisionen zu ähnlichen Rückzugsbewegungen – und in der Konsequenz Paulus zum Ausbruch aus dem Kessel zu zwingen. Bei Anbruch der Morgendämmerung hatte die 94. Division aufgehört zu existieren.«

Tatsächlich hatte die bewährte Division in verbissener Abwehr die Russen immer wieder zurückgeworfen, und die neuen Stellungen wurden so lange gehalten, unterstützt aus der Stadt- und Wolgafront sowie durch Teile der 60. Infanteriedivision (mot.), bis die zwei Panzerdivisionen (16. und 24.) zurückkehrten und die Stellungen übernahmen. Das oben Gesagte gilt auch für entstellende und den Tatsachen widersprechende Darstellungen von W. Görlitz in »Paulus – Ich stehe hier auf Befehl« (Seite 203): ». . . dabei wurde die 94. Division vom nachstoßenden Gegner erfaßt und völlig zerschlagen . . .«; und in »Entscheidungsschlachten des 2. Weltkrieges« (Seite 300): ». . . fast völlig vernichtet«.

Selbstverständlich war mein selbständiges Handeln ein Ungehorsam. Aber damals wie heute glaube ich, diesen Ungehorsam verantworten zu können.

Hitler erfuhr von der Aufgabe des Lataschamkazipfels ausnahmsweise nicht durch seinen Sonderoffizier beim Armeeoberkommando 6, sondern durch einen Funktrupp der Luftwaffe, der im Katastrophenraum saß. Dieser hatte die Meldung an den Luftwaffenverbindungsoffizier im Führerhauptquartier gegeben. Schon wenige Stunden später funkte Hitler an die Heeresgruppe Weichs und verlangte Rechenschaft. Paulus erhielt die Meldung mit der Morgenmeldung des LI. Armeekorps am 23. November 1942. Außerdem bekam die Armee am 24. November früh den Befehl Hitlers, zu melden, wie es gegen seinen Sonderbefehl, der die Zurücknahme von Truppen über Bataillonsstärke ohne seine persönliche Genehmigung verbot, zu dieser Aufgabe des Lataschamkazipfels gekommen sei. Gleichzeitig damit befahl Hitler: »Die Ost- und Nordfront sind unter den einheitlichen Befehl des

Generals von Seydlitz, Kommandierender General LI. Armeekorps, zu stellen, der mir für das Halten dieser Front unmittelbar verantwortlich ist. Die Verantwortlichkeit des Armeeoberbefehlshabers für seine Armee wird hierdurch nicht berührt.«

Diese für mich sehr merkwürdige »Auszeichnung«, die sich praktisch überhaupt nicht auswirkte, verdankte ich anscheinend der Tatsache, daß meine 12. mecklenburgische Infanteriedivision im Frankreichfeldzug sowie beim Vormarsch von Ostpreußen bis auf die Waldai-Höhen und bis zur Wolgaquelle besondere Erfolge gehabt hatte, ferner der erfolgreichen Befreiung des Demjansker Kessels im März/April 1942.

Paulus nahm die Verantwortung für mein selbständiges Handeln in vornehmer Gesinnung ohne weiteres auf sich. Ich habe ihm das stets sehr hoch angerechnet. Andererseits muß ich betonen, daß ich die volle Verantwortung dafür niemals auch nur mit einem Wort abgelehnt habe. Die auf Grund meines selbständigen Entschlusses und des neuen Hitlerbefehls, der mir den Befehl über die gesamte Ost- und Nordfront übertrug, naturgemäß zwischen Paulus und mir entstandene Verstimmung wurde bereits am nächsten Tage – am 25. November früh – geklärt und beseitigt.

Paulus suchte mich am Morgen dieses Tages auf meinem nahe benachbarten Gefechtsstand auf. Schmidt war nicht dabei! Selbstverständlich stellte mich Paulus wegen meines selbständigen Handelns bei Lataschamka zur Rede, aber in einer durchaus sachlichen Form, ohne irgendwelche persönliche Schärfe. Gleichzeitig teilte er mir den uns allen unverständlichen Hitlerbefehl mit. Dabei fügte Paulus leicht ironisch hinzu: »Nun können Sie ja selbständig handeln und ausbrechen!« Darauf erwiderte ich – dem Sinne nach –, daß das wohl eine Utopie sei. Ich hatte zu gehorchen. Wie sollte ausgerechnet ich allein mit der Ost- und Nordfront ausbrechen, die auf der der Ausbruchsfront nach Südwesten entgegengesetzten Seite des Kessels lagen? Zudem war es eine Binsenwahrheit, daß ein Ausbruch einzig und allein von der Armee befohlen und durchgeführt werden konnte.

Es gab schließlich noch die Version, ich hätte durch die selbständige Zurücknahme des Lataschamkavorsprunges Paulus das Handeln aufzwingen bzw. den Entschluß zum Ausbruch erleichtern wollen. Mein Chef, Oberst Clausius, soll angeblich eine derartige Äußerung dem Armeechef, General Schmidt, gegenüber getan haben. Ich kann dies weder bestätigen noch bestreiten; Clausius lebt nicht mehr.

Beide, Schmidt und Clausius, verstanden sich nicht sehr gut, sie waren zu verschiedene Naturen. Jedenfalls sind zwischen meinem Chef und mir derartige Ideen über Sinn und Ziel dieser Operation niemals erörtert worden. Andererseits kann ich mir – so weit, glaube ich, kannte ich Paulus – überhaupt nicht vorstellen, daß er sich durch diese kleine, ganz begrenzte taktische Operation dazu hätte bewegen lassen, den Durchbruch selbständig zu befehlen.

Im übrigen kann ich auch hier nur wieder sagen: 1. Wie sollte ich mit noch nicht 1½ Divisionen 30 km halten? 2. Ich befinde mich als »Meuterer« in allerbester Gesellschaft. Kein geringerer als Manstein sagt von sich in seinen »Verlorenen Siegen« (S. 244): »Ich habe selbst oft genug operativen Weisungen selbst Hitlers entgegenhandeln müssen, um nicht auch den mir nachgeordneten Führern das Recht zuzugestehen, notfalls nach eigenem Gewissen zu handeln.«

Die Beurteilung der Lage am 25. November 1942

Nach der Aussprache mit Paulus kehrte ich in verzweifelter Stimmung zu meinem Stabe zurück, verzweifelt über die düsteren Aussichten der 6. Armee nach Hitlers endgültigem Igelbefehl. Dort war es mein Chef Clausius, der mir wieder Mut machte. Mut zu einem letzten Versuch, das nunmehr anscheinend drohende tödliche Verhängnis gegen alle Gewalten noch einmal zu wenden. Clausius war bereits dabei, eine Beurteilung der Lage der 6. Armee im Kessel von Stalingrad am 25. November 1942 aufzusetzen. Dies war wohl die einzige Möglichkeit für uns, uns noch einmal einzuschalten. Ich war mit dem Entwurf von Clausius durchaus einverstanden. Nur auf einen zusätzlichen Hinweis legte ich noch besonderen Wert.

Ich hatte selbst im März/April des Jahres den Kessel von Demjansk befreit, und zwar im Sonderauftrag von Generaloberst Halder mit einer Sonderkorpsgruppe. Diese Befreiungskämpfe waren äußerst schwierig. Trotzdem führten sie nach einmonatigen schweren und verlustreichen Kämpfen schließlich dennoch zur Befreiung. Diesen Erfolg verdankte ich u. a. einigen relativ günstigen Umständen, die jedoch in Stalingrad durchweg nicht gegeben waren. In der endgültigen Fassung hatte die Denkschrift folgenden Wortlaut:

Der Kommandierende General *O. U., den 25. 11. 1942*
des LI. A. K.
Nr. 603/42 g. Kdos. *Geheime Kommandosache*

An den

Herrn Oberbefehlshaber der 6. Armee.

Im Besitz des Armeebefehls vom 24. 11. 42 für die Weiterführung des Kampfes fühle ich mich im Bewußtsein des Ernstes der Stunde verpflichtet, meine Beurteilung, die durch die Nachrichten der letzten 24 Stunden nur noch bestärkt ist, noch einmal schriftlich vorzulegen.

Die Armee steht vor dem eindeutigen Entweder – Oder: Durchbruch nach Südwesten in allgemeiner Richtung Kotelnikowo oder Untergang in wenigen Tagen.

Diese Erkenntnis beruht auf nüchterner Erkenntnis der tatsächlichen Gegebenheiten.

1. Da schon zu Beginn der Schlacht so gut wie gar keine Bevorratung auf irgendeinem Versorgungsgebiete vorhanden war, ist die Versorgungslage bei der Entschlußfassung entscheidend. Stand der Versorgung des LI. A. K. am 23. 11. abends s. Anlage. Die Zahlen sprechen für sich selbst.

Schon die kleineren Abwehrkämpfe der letzten Tage haben die Munitionsbestände fühlbar absinken lassen. Wird das Korps, womit täglich zu rechnen ist, auf ganzer Front angegriffen, so wird es sich in 1, 2 oder 3 Tagen vollständig verschießen. Es ist kaum anzunehmen, daß die Munitionslage bei den bereits seit Tagen im Großkampf stehenden anderen Korps der Armee besser ist.

Aus der anliegenden Berechnung ergibt sich, daß eine genügende Versorgung auf dem Luftwege schon für das LI. A. K. fraglich, für die Armee also völlig ausgeschlossen ist. Was 30 Ju (am 30. 11.) oder die erst in Aussicht gestellten weiteren 100 Ju bringen können, ist nur ein Tropfen. Hoffnungen daran zu knüpfen, bedeutet, sich an einem Strohhalm festzuhalten. Woher die für die Versorgung der Armee benötigte große Zahl Ju genommen werden soll, ist nicht ersichtlich. Wenn sie überhaupt vorhanden ist, müssen die Maschinen aus ganz Europa und Nordafrika erst zusammengeflogen werden. Ihr eigener Brennstoffbedarf wäre bei den zu überbrückenden Entfernungen so gewaltig, daß angesichts der bisher erlebten Brennstofflage die Deckung höchst fraglich erscheint, ganz abgesehen von den operativen Folgen dieses Aufwands für die gesamte Kriegsführung. Selbst wenn täglich 500 Maschinen statt der bisher in Aussicht gestellten 130 landen werden, können nicht mehr als 1000 to Güter herangebracht werden, die für den Bedarf einer Armee von rd. 200000 Mann, im Großkampf und ohne Vorräte, nicht ausreichen. Mehr als die Deckung des allernotwendigsten Brennstoffbedarfs, eines kleinen Bedarfs einiger Munitionssorten, vielleicht auch eines Bruchteiles des Bedarfes der menschlichen Verpflegung ist nicht zu erwarten. Die Pferde werden in einigen Tagen bis auf das letzte verendet sein. Die taktische Beweglichkeit wird dadurch weiter eingeschränkt, die Durchführung der Versorgung bis zur Truppe selbst wesentlich erschwert, der Brennstoffbedarf andererseits gesteigert.

Daß die Masse der wetterfesten russischen Jagdkräfte zum Angriff auf die anfliegenden Transportflugzeuge und die einzigen für Großbetrieb geeigneten Landeplätze Pitomnik und Peskowatka eingesetzt werden, ist nicht zu bezweifeln. Erhebliche Verluste sind unausbleiblich, ununterbrochener Jagdschutz für die lange Anflugstrecke und die beiden Plätze kaum gewährleistet. Auch die Wetterlage wird die Transportleistung wechselnd beeinflussen.

Die damit erwiesene Unmöglichkeit einer ausreichenden Luftversorgung kann den Aufbrauch der Versorgungsgüter der Armee in wenigen Tagen – bei Munition in etwa 3 bis 5 Tagen – also nur wenig verzögern, aber nicht verhindern. Die Streckung der Verpflegungsbestände hat man bis zu einem gewissen Grade selbst in der Hand (beim LI. A. K. Streckung um 100% bereits vor 3 Tagen befohlen). In der Streckung der Brennstoff- und Munitionsbestände ist man aber fast ausschließlich vom Feinde abhängig.

2. Das vermutliche Handeln des Feindes, dem ein Sieg in einer Vernichtungsschlacht klassischen Ausmaßes winkt, ist leicht zu beurteilen. Bei Kenntnis seiner aktiven Kampfweise ist nicht zu bezweifeln, daß er seine Angriffe gegen die eingekesselte 6. Armee mit unverminderter Heftigkeit fortsetzen wird. Es muß ihm auch die Erkenntnis zugebilligt werden, daß er die Armee vernichten muß, ehe Entsetzungsmaßnahmen deutscherseits wirksam werden können. Menschenopfer achtet er erfahrungsgemäß nicht. Die Abwehrerfolge, besonders des 24. 11., und die an mehreren Stellen festgestellten Verluste des Feindes dürfen nicht zur Selbsttäuschung führen.

Dem Feinde sind sicherlich auch unsere Versorgungsschwierigkeiten nicht ganz unbekannt. Je ausdauernder und heftiger er angreift, desto schneller verbrauchen wir unsere Munition. Wenn nicht ein einziger dieser Angriffe zum Erfolge führt, wird doch der Enderfolg eintreten, wenn die Armee sich verschossen hat und wehrlos ist. Ihm diese Überlegungen abzusprechen, hieße vom Feinde das unrichtige Handeln erwarten. Dies hat in der Kriegsgeschichte stets zur Niederlage geführt. Es wäre ein Vabanque-Spiel, das mit der Katastrophe der 6. Armee die schwerwiegendsten Folgen für die Dauer des Krieges, vielleicht auch für das Endergebnis haben würde.

3. Operativ ergibt sich daher unwiderleglich: die 6. Armee kann bei Verharren in der Igelstellung nur dann der Vernichtung entgehen, wenn der Entsatz in wenigen, d. h. etwa 5 Tagen, soweit wirksam wird, daß der Feind seine Angriffe einstellen muß. Hierfür liegt nicht ein einziges Anzeichen vor. Wird der Entsatz erst später wirksam, so tritt unweigerlich der Zustand der Wehrlosigkeit, d. h. der Vernichtung der Armee ein.

Welche Maßnahmen vom OKH zum Entsatz der 6. Armee getroffen worden sind, ist nicht zu übersehen. Entsatz vom Westen kann nur in weiter Ferne liegen, da eigene Sicherungskräfte erst westlich des oberen Tschir und etwa ab Obliwskaja am unteren Tschir stehen, ein Aufmarsch von Entsatzkräften also weitab von der 6. Armee vollzogen werden muß. Der Aufmarsch einer zum schnellen Durchstoß über den Don und gleichzeitiger Abdeckung ihrer Nordflanke ausreichenden Armee mit Hilfe der leistungsfähigen Bahn über Millerowo dauert Wochen. Hinzu kommt der Zeitbedarf der Operation selbst, der bei den Unbilden der Witterung und den kurzen Tagen der jetzigen Jahreszeit bedeutend größer ist als im Sommer.

Die für den Entsatz vom Süden eingeleitete Versammlung von 2 Panzerdivisionen bei Kotelnikowo und der Angriff ist mit mindestens 10 Tagen zu berechnen. Die Aussichten für schnelles Durchschlagen des Angriffs werden durch die Notwendigkeit stark beeinträchtigt, die mit jedem Schritt länger werdenden Flanken, besonders die Ostflanke, abzudecken, ganz abgesehen von dem nicht bekannten Zustand der Divisionen und der Frage, ob überhaupt 2 Panzerdivisionen ausreichen. Mit der Möglichkeit, den Aufmarsch von Entsatzkräften durch Einsatz einer größeren Zahl von mot. Kolonnen zu beschleunigen, kann nicht gerechnet werden. Weder die Kolonnen noch der Brennstoff können vorhanden sein, sonst hätten sie schon früher – bei weit geringerem Transportraumbedarf – zur Bevorratung der so exponierten Stalingradfront verfügbar gemacht werden müssen.

4. Die Aussicht, in der versorgungsmäßig noch tragbaren Zeit den Entsatz wirksam werden zu lassen, ist also gleich null. Der Befehl des OKH, den Igel zu halten, bis Hilfe heran ist, beruht offensichtlich auf unrealen Grundlagen. Er ist daher unausführbar und hat die Katastrophe der Armee unweigerlich zur Folge. Soll die Armee erhalten werden, so muß sie einen anderen Befehl sofort herbeiführen oder sofort einen anderen Entschluß selbst fassen.

Der Gedanke, die Armee bewußt aufzuopfern, dürfte im Hinblick auf die operativen, politischen und moralischen Folgen außerhalb jeder Diskussion stehen.

5. Die Gegenüberstellung der versorgungsmäßigen und operativen Zeitberechnung unter Berücksichtigung des vermutlichen Handelns des Feindes führt zu einem klaren Schluß, daß sich weitere Überlegungen eigentlich erübrigen. Trotzdem wird auf die folgenden Punkte hingewiesen, die in gleiche Richtung weisen:

a) Noch keineswegs stabilisierte Lage auf der Südwestfront des Igels.

b) Unmöglichkeit, auf der Nordfront einem scharf zusammengefaßten Angriff der gegenüberstehenden Kräfte längere Zeit standzuhalten, nachdem wegen Herausziehens erst der 16. Pz.-Div., dann der 3. ID. (mot.) die Front in eine zwar kürzere, aber fast gar nicht ausgebaute Linie zurückverlegt werden mußte.

c) Angespannte Lage auf der Südfront.

d) Verminderte Kampfkraft der stark ausgekämmten Wolgafront, besonders wenn die Eisdecke des Stromes, wie bald zu erwarten, geschlossen und kein Hindernis mehr für den Angreifer ist.

e) Infolge Munitionsmangel Verhinderung der laufenden Kräftezufuhr in den feindlichen Wolgabrückenkopf, an dessen Front schon die bisherigen Feindangriffe den Einsatz aller örtlichen Reserven erforderten.

f) Zustand der durch die Angriffe in Stalingrad ausgebluteten Divisionen.

g) Die Armee eng zusammengedrängt in einem dürftigen Steppenraum, der fast gar keine noch brauchbaren Unterkünfte und Deckungsmöglichkeiten bietet, so daß Truppen und Material überall der Witterung und feindlichen Luftangriffen ausgesetzt sind.

h) Drohender Kälteeinbruch bei nahezu gänzlichem Fehlen von Heizmaterial im größten Teil der jetzigen Linien.

i) Nur unzulängliche Unterstützung durch die Luftwaffe mangels günstig gelegener Einsatzhäfen.

Demgegenüber kein Flakschutz, da die vorhandenen Flakverbände zur Panzerabwehr eingesetzt werden mußten.

Ein Vergleich mit dem vorjährigen Demjansk-Kessel kann zu gefährlichen Trugschlüssen führen. Die für den Angreifer schwierigen Geländeverhältnisse begünstigten die Verteidigung. Die Entfernung von der deutschen Front war um ein Mehrfaches kleiner. Der Versorgungsbedarf für ein eingeschlossenes Korps war bedeutend kleiner, zumal viel weniger der hier in der kahlen Steppe unentbehrlichen schweren Kampfmittel (Panzer, schwere Artillerie, Werfer usw.) versorgt werden mußten. Trotz der geringen Entfernung zur deutschen Front hat damals die Schaffung eines schmalen Zugangs in den Kessel wochenlange, schwere Winterkämpfe erfordert.

6. Die Forderung ist eindeutig:

Entweder verteidigt sich die 6. Armee in der Igelstellung, bis sie verschossen, d. h. wehrlos ist. Da bei der sicheren Fortsetzung und wahrscheinlichen Ausdehnung der Feindangriffe auf die bisher noch ruhigen

Frontteile dieser Zustand früher eintreten muß als der Entsatz wirksam werden kann, bedeutet dieses passive Verhalten das Ende der Armee. Oder die Armee sprengt in aktivem Handeln den Einkreisungsring. Dies ist nur noch dadurch möglich, daß die Armee unter Entblößung der Nord- und Wolgafront, d. h. unter Frontverkürzung, Stoßkräfte freimacht, um mit ihnen an der Südfront anzugreifen und unter Aufgabe von Stalingrad in der Richtung des schwächsten Widerstandes, d. h. in Richtung Kotelnikowo, durchzubrechen. Dieser Entschluß macht die Zurücklassung erheblicher Materialmengen nötig, bietet aber Aussicht, die südliche Backe der Umfassungszange zu zerschlagen, einen großen Teil der Armee und ihrer Rüstung der Katastrophe zu entziehen und für die Fortführung der Operationen zu erhalten. Hierdurch bleibt ein Teil der Feindkräfte dauernd gebunden, während nach Vernichtung der Armee in der Igelstellung jegliche Bindung von Feindkräften aufhört. Nach außen hin ist eine Darstellung der Ereignisse möglich, die schweren moralischen Schäden vorbeugt: »Nach völliger Zerstörung des sowjetischen Rüstungszentrums Stalingrad ist die Armee unter Zerschlagung einer feindlichen Kräftegruppe von der Wolga abgesetzt worden.«

Die Erfolgsaussichten für den Durchbruch sind um so größer, als die bisherigen Kämpfe vielfach eine geringe Standfestigkeit der feindlichen Infanterie im freien Gelände gezeigt haben und an den kleinen Flußabschnitten ostwärts des Don und am Aksaiabschnitt noch eigene Kräfte stehen. Jedes Zögern mindert seine Aussichten. Mit jedem Zögern nimmt die Zahl von Kämpfern und Munition ab. Mit jedem Zögern wird der Feind an der Durchbruchsfront stärker und kann er mehr Abdeckungskräfte gegen die Gruppe Kotelnikowo heranführen. Mit jedem Zögern wird die Kampfkraft durch Pferdesterben und damit Ausfall pferdebeweglicher Waffen geringer.

Hebt das OKH den Befehl zum Ausharren in der Igelstellung nicht unverzüglich auf, so ergibt sich vor dem eigenen Gewissen gegenüber der Armee und dem deutschen Volk die gebieterische Pflicht, sich die durch den bisherigen Befehl verhinderte Handlungsfreiheit selbst zu nehmen und von der heute noch vorhandenen Möglichkeit, die Katastrophe durch eigenen Angriff zu vermeiden, Gebrauch zu machen. Die völlige Vernichtung von 200000 Kämpfern und ihrer gesamten Materialausstattung steht auf dem Spiel. Es gibt keine andere Wahl.

gez. v. Seydlitz
General der Artillerie

Anmerkung des Chefs des Generalstabes der Armee, Generalmajor Arthur Schmidt:
Wir haben uns nicht den Kopf des Führers zu zerbrechen und Gen. v. Seydlitz nicht den des O. B.

Für die Richtigkeit der Abschrift
gez. Schatz, Leutnant

Anlage zu 603/42 g. K.
Versorgungslage des LI. A. K.
Stand 23. 11. abends

a) Munitionslage (ohne 3. (mot.), 60. (mot.) und 94. ID.):

Handgranaten	*30% der Erstausstattung*
8 cm Wf. Gran.	*20% der Erstausstattung*
l. I. G.	*8% der Erstausstattung*
s. I. G.	*12% der Erstausstattung*
l. F. H. 16	*60% der Erstausstattung*
l. F. H. 18	*30% der Erstausstattung*
s. F. H. 18	*25% der Erstausstattung*
10 cm Kan.	*12% der Erstausstattung*
Panzerbrechende Munition	*etwa 30–40%*

Leucht- und Signalmunition nur noch sehr schwache Bestände.
3. ID. (mot.), 60. ID. (mot.) und 94. ID., letztere mit Stand vom 22. 11. stehen durchschnittlich auf:

l. F. H.	*60%*
s. F. H.	*50%*
s. I. G.	*25%*
l. I. G.	*40%*

Täglicher Munitionsbedarf des Korps (aufgrund der bisherigen Abwehrkämpfe):
a) 400 to bei leichten Abwehrkämpfen (50 to je Div.) = 200 Ju
b) 800 to bei schweren Abwehrkämpfen (100 to je Div.) = 400 Ju

b) Betriebsstofflage:
Genaue Meldungen können von den Div. nicht gegeben werden.
Bestände so gut wie aufgebraucht.
Die notwendigsten Versorgungsfahrten, Einsatz von Pz. Jg., Sturmgeschützen nur noch kurze Zeit durchführbar.

Täglicher Bedarf des Korps bei allergrößter Einschränkung:
80 cbm (je Div. 10 cbm) = 40 Ju

c) Verpflegungslage:
Im Durchschnitt sind bei den Div. vorhanden:
7 volle Tage Mundverpflegung
4 volle Tagessätze Brot
3,5 volle Tagessätze Mehl
Es ist jedoch anzunehmen, daß der Backbetrieb ruht, da Masse der Bäck.Kp. im Karpowkatel eingesetzt ist.
Täglicher Bedarf des Korps (bei halben Portionen):
80 to Mundverpflegung = 40 Ju
70 to Hartfutter = 35 Ju
Für die Versorgung des Korps werden somit die Zugrundelegung der halben Verpflegungssätze insgesamt benötigt:
a) bei leichten Abwehrkämpfen: 590 to Versorgungsgüter = 295 Ju
b) bei schweren Abwehrkämpfen: 990 to Versorgungsgüter = 495 Ju
F. d. R. d. A.:

gez. Unterschrift

Diese Beurteilung der Lage vom 25. November wurde nach Paulus »Ich stehe hier auf Befehl« (S. 211) von Paulus mit Flugkurier an die Heeresgruppe Manstein weitergeleitet (nach neuen Forschungen soll das Dokument nicht an die Heeresgruppe Don (Manstein) weitergesandt worden sein):

a) mit seiner Stellungnahme, daß die Beurteilung der Kampf- und Versorgungslage übereinstimmte mit den Meldungen der Armee,
b) unter Erneuerung seiner Anträge vom 21./22. November 1942 Handlungsfreiheit und Freigabe des Durchbruchs zum Don. Die anderen vier Kommandierenden Generale (Jaenecke, Heitz, Strekker und Hube) stimmten nach Paulus der Stellungnahme der Armee zu, verwarfen jedoch ein Handeln gegen den Führerbefehl.

In Mansteins »Verlorenen Siegen« wird die »Beurteilung der Lage« nicht erwähnt. Hat sich diese Beurteilung der Lage am 25. November, einen Tag nach Hitlers endgültigem Befehl zur Einigelung, später als richtig erwiesen?

Im großen gesehen hat sich alles erfüllt, was in dieser Beurteilung der Lage vorausgesagt wurde. Die Katastrophe im Januar wurde noch viel furchtbarer als wir es je ahnen konnten. Demgegenüber fällt nicht ins Gewicht, was nicht voll zutraf: die Zeitberechnung und das Verhalten des Feindes, wie wir es voraussagten. Wir mußten den schlimmsten Fall voraussetzen, d. h. ein Verhalten der Russen entsprechend unseren Führungsgrundsätzen. Wir wären in einem solchen Falle sobald wie möglich wieder zum Angriff gegen den eingeschlossenen Feind angetreten.

Der Russe indes konnte ohne übermäßige Anstrengungen, ohne nochmaligen Rieseneinsatz von Menschen und Material warten. Der Einschließungsring mußte nur so fest und stark gemacht werden, daß ein Entweichen nicht mehr möglich war. Ihm lag zunächst außer der Festigung des ganzen Einschließungsringes nur daran:

1. seine Einschließungsfront zwischen Don (Kalatsch) und Wolga (Beketowka) so zu verstärken, daß sie unter keinen Umständen durchbrochen werden konnte;
2. die Entsatzarmee, die 4. Panzerarmee (Hoth), so weit wie möglich zurückzudrücken. Das gelang auch bis Kotelnikowo, ja, teilweise sogar darüber hinaus, also über 130 km südlich der Einschließungsfront bei Zybenko/Marinowka.

So lief unser von Hitler gelenktes Schicksal unerbittlich und unabwendbar seinen Weg in die totale Katastrophe. Die vergebliche Befreiungs- und Entsatzoffensive der 4. Panzerarmee (Hoth) sollte es nur zu bald bestätigen.

Durchführung des Hitler-Igelbefehls

Die Lage der Armee hatte sich, nachdem sich die beiden russischen Zangen bei Kalatsch geschlossen hatten, entsprechend rapide weiter verschlechtert. Das als Eingreifreserve hinter der 3. rumänischen Armee bereitgestellte XXXXVIII. Panzerkorps des Generals Heim hatte den totalen 30 km breiten Durchbruch der rumänischen Front in dem großen russischen Donbrückenkopf bei Kremanskaja–Kletzkaja–Katschalino nicht aufhalten können. Der besonders tüchtige, hochbewährte Kommandierende General Heim wurde wegen angeblicher Entschlußlosigkeit abgesetzt, unter Anklage gestellt und monatelang unter unwürdigen Umständen in Untersuchungshaft gehalten.

Der Schwerpunkt der russischen Operationen nach gelungenem Durchbruch ging in zwei Richtungen: mit einem Panzerstoßkeil auf den rückwärtigen Versorgungsschlüsselpunkt Kalatsch am Don und mit der Masse der nachfolgenden Schützendivisionen gegen den Nordwestflügel und die tiefe Westflanke der 6. Armee – XI. Armeekorps (General Strecker).

Die 6. Armee hatte sofort bei Beginn der Katastrophe am 19. November das XIV. Panzerkorps (Hube) mit der 16. Panzerdivision (Generalmajor Angern), der 24. Panzerdivision (Generalmajor von Lenski) und der 3. Infanteriedivision (mot.) (Generalleutnant Schloemer) aus seinem Abschnitt an der Osthälfte des Riegels zwischen Don und Wolga herausgezogen. Das Korps sollte westlich des Don helfen, die Lage wiederherzustellen oder die Zurücknahme des XI. Armeekorps (Strecker) zu decken. Es kam jedoch zu spät, wie alle Reserven, die nicht schon als Feuerwehr hinter den am meisten bedrohten Fronten bereitstanden. Der linke Flügel der Armee, das XI. Armeekorps und die nach Westen über den Don herangezogenen Teile des XIV. Panzerkorps, mußte nach dem Debakel mit den Rumänen über den Don nach Osten zurückgenommen werden.

So begann nach Hitlers endgültigem Befehl zur Einigelung die Umgruppierung der Armee und die Einnahme folgender für den Igel befohlenen Linien: Stalingrad-Nord–Kotluban–Höhe 137–Höhe 135–Marinowka–Zybenko–Stalingrad-Süd. In dieser Linie richtete sich die

Armee zur Rundumverteidigung ein. Dabei kam es ihr zustatten, daß der Russe sie in den neuen Linien – der West- und Südfront des Kessels – nicht angriff, sondern sich darauf beschränkte, Reste der 3. rumänischen Armee im Nordwesten sowie die verbliebenen Teile der 4. Panzerarmee und der 4. rumänischen Armee im Südwesten so weit wie möglich zurückzudrängen. Dies war um so wichtiger, als die beiden neuen Fronten auf dem freien Blachfeld lagen. Selbstverständlich suchten die Russen ihren Einschließungsring – und da besonders die Südfront – so fest und dicht wie möglich zu machen, denn die Südfront zwischen Don und Wolga war diejenige, die allein für einen Ausbruch in Frage kam.

Inzwischen war der Winter mit Schnee und etwa 20° Steppenkälte hereingebrochen. Darunter hatten in erster Linie die neuen Fronten zu leiden. Sie hatten zudem das Pech, daß in ihrem Bereich nur wenige ärmliche Steppendörfer lagen und fast alles Holz und Baumaterial aus Stalingrad geholt werden mußte. Der Hin- und Rückweg betrug 60 bis 80 km, wobei der für einen eventuellen Ausbruch kostbarste Sprit verbraucht wurde.

Für den beabsichtigten Ausbruch nach Südwesten waren in diesem Raum des Igels bereits jetzt hauptsächlich motorisierte und Panzerdivisionen unter dem XIV. Panzerkorps eingesetzt. Hinsichtlich unseres von Hitler versprochenen Entsatzes gab die Armee folgende Parole aus:

»Hierzu werden gigantische Truppenreserven zusammengezogen, diese werden bereits in den ersten Dezembertagen zum Angriff antreten!«

Wie leichtfertig diese Versprechungen gegeben wurden, sollte der spätere Entsatzversuch mit erschreckender Deutlichkeit zeigen.

Inzwischen hatte Hitler die Kommandoverhältnisse an der Südostfront neu geregelt. Feldmarschall von Manstein übernahm in Nowo-Tscherkask (etwa 25 km nördlich Rostow) am 27. November 1942 das Kommando über die neugebildete Heeresgruppe Don zwischen der Heeresgruppe A im Kaukasus rechts (Generaloberst von Kleist) und der Heeresgruppe B (Generaloberst von Weichs) links; Grenze: »Weschenskaja«.

Manstein unterstanden damit 1. die Armeegruppe Hoth, 4. Panzerarmee – ostwärts des Don: 17. Panzerdivision (General von Senger-Etterlin), 4. rumänische Armee, LVII. Panzerkorps (General Kirchner) mit der 6. und der halben 23. Panzerdivision; westlich des Don:

Gruppe Gablenz, XXXXVIII. Panzerkorps (von Knobelsdorff), Gruppe Stumpfeld, 2. die 6. Armee Paulus – IV., VIII., XI., LI. Armeekorps, XIV. Panzerarmeekorps (mit insgesamt 20 deutschen Divisionen), 2 rumänische Divisionen, 9. Flakdivision (General Pikkert) – und 3. die 3. rumänische Armee – Gruppe Stahel, Gruppe Spang, I. rumänisches Armeekorps, II. rumänisches Armeekorps.

Der Auftrag an Manstein zur Befreiung der 6. Armee erweckte bei uns, trotz unserer verzweifelten Lage nach Hitlers Igelbefehl, doch wieder etwas Vertrauen. Manstein galt allgemein als der fähigste aller Marschälle. Er war der Erfinder des so erfolgreichen Sichelschnitts im Frankreichfeldzug und – wenn auch nach anfänglichen Rückschlägen – der siegreiche Eroberer von Sewastopol.

Der Entsatzversuch der Armeegruppe Hoth

Mansteins vordringlichste Aufgabe nach der Übernahme seines Oberbefehls über die neugebildete Heeresgruppe Don war ohne jeden Zweifel der von Hitler in seinem entscheidenden Igelbefehl vom 24. November 1942 versprochene Entsatz.

Unseren erheblichen Bedenken gegenüber diesem Entsatzversprechen Hitlers suchte die Armee durch grandiose Voraussagen über die Stärke der Entsatzarmee und den Zeitpunkt ihres Antretens zu begegnen. Anscheinend war sie durch allzu optimistische Versprechungen des OKH, die sich nachher sämtlich als unerfüllbar erwiesen, hierzu verleitet worden. So hieß es, daß gigantische Kräfte den Entsatzangriff führen und schon in den ersten Dezembertagen dazu antreten würden. Wie man plötzlich den Mund so vollnehmen konnte, setzte alle Kundigeren in nicht geringes Verwundern und Erstaunen.

So beurteilten wir diese Versprechungen mit erheblicher und, wie sich später herausstellen sollte, leider allzu berechtigter Skepsis. Wir hatten zwar keine genauen Unterlagen – ebensowenig wie unsere Armeeführung –, aber so viel wußten wir doch: Irgendwelche nennenswerten Reserven für einen durchschlagenden, schnellen Entsatz waren hinter unserer Armee nicht vorhanden. Ebensowenig aber gab es sie hinter unseren beiden Nachbararmeen, der 4. Panzerarmee rechts und der 3. rumänischen Armee links.

Weit und breit waren dort seit Monaten keine neuen Reserven aufgetreten. Sonst hätte man sie doch unserer 6. Armee für die verlangte Fortsetzung der Angriffe an der Wolga in Stalingrad gegeben, vor allem hätten sie unsere abgekämpften Divisionen ablösen können. Man hörte statt dessen von der Neuaufstellung mehr als merkwürdiger Zwitter, den sogenannten Luftwaffenfelddivisionen, jenen Gebilden aus dem Luftwaffenbodenpersonal.

Die Bedingungen für den Entsatzangriff erwiesen sich aber auch sonst als äußerst schwierig. Die von der 4. Panzerarmee Hoth verbliebenen und nicht mit eingekesselten Teile waren bis in den Raum von Kotelnikowo zurückgefallen. Dort wurden sie weiter vom Feinde bedrängt. Kotelnikowo lag zudem rund 130 km von der Kesselsüdfront entfernt, eine Entfernung, die wahrscheinlich nur dann zu überwinden war, wenn Teile der 6. Armee Hoth entgegenstießen. Bei Demjansk, das so gern zum Vergleich herangezogen wird, betrug dieser Abstand aber nur 35 bis 40 km. Schließlich ging es auch hier im Süden Anfang Dezember in den tiefsten Winter hinein mit Kältegraden von 20° bis 30° C. Der Entsatzangriff bei Demjansk dagegen begann mit Frühlingsbeginn. Die starken Fröste ließen damals schon merklich nach und hielten nur noch nachts an.

Wie sah die Wirklichkeit des Entsatzes unserer 6. Armee durch die Armeegruppe Hoth (4. Panzerarmee) aus? Am besten zitiere ich hier zunächst Manstein selbst über die Stärke der Entsatzstoßgruppe und über den Zeitpunkt ihres Antretens (»Verlorene Siege«, S. 354):

»Als erstes stellte sich heraus, daß die Frage der Stärke der vom OKH für den Entsatz der 6. Armee zur Verfügung zu stellenden Kräfte, wie auch die des Zeitpunktes ihrer Operationsbereitschaft, sich wesentlich ungünstiger entwickelte, als nach den Zusagen in Starobielsk (bei Heeresgruppe B, von Weichs) anzunehmen gewesen war . . .

Alle Berechnungen an Stärken wurden ebenso über den Haufen geworfen wie Zeitberechnungen und Zeitfestsetzungen, teils durch Verzögerungen und Verspätungen im Antransport, teils dadurch, daß Verbände, die für die 4. Panzerarmee Hoth vorgesehen waren, durch die Verschärfung der sehr labilen Lage bei der Heeresgruppe B (Weichs) sowie an der Grenze zwischen dieser und der Heeresgruppe Don am oberen Tschir abgezogen wurden.«

Der Schwerpunkt der Operationen der Heeresgruppe Don (Manstein) lag natürlich ganz bei der 4. Panzerarmee (Hoth) und deren Entsatzangriff zur Befreiung der 6. Armee. Alle anderen Fronten galt es so lange mit den geringstmöglichen Kräften zu halten, bis die 6. Armee wieder frei war. Trotz dieses Bestrebens der Heeresgruppe Don konnte das OKH – Hitler – schließlich für die Angriffsstoßgruppe der 4. Panzerarmeegruppe Hoth nur folgende Stärken aufbringen:
das LVII. Panzerarmeekorps (General der Panzer Kirchner), dazu a) die 6. Panzerdivision (General Raus), die als einzige mit 160 Panzern und 40 Sturmgeschützen voll aufgefüllt war; b) die 23. Panzerdivision (General von Vormann), die mit nur einem Viertel, nämlich 30 Panzern, ihrer normalen Kampfkraft antrat; c) zum Schutz der Flanken nach Osten gegen die Wolga das VII. rumänische Armeekorps, nach Westen gegen den Don das VI. rumänische Armeekorps.

Der Zeitpunkt des Antretens dieser Stoßgruppe verzögerte sich bis zum 12. Dezember, also um ganze drei Wochen seit Beginn der sowjetischen Großoffensive und unserer Luftversorgung ab 19./20. November 1942. Der Heeresgruppe Don wurde zwar noch eine Verstärkung durch die 17. Panzerdivision zugesagt, aber Hitler gab diese noch nicht frei, so daß sie beim Antreten am 12. Dezember leider noch nicht mit angreifen konnte. Aber auch diese Division hatte noch nicht einmal ihre halbe Kampfkraft. Der Kommandeur der Division, General von Senger-Etterlin, schrieb darüber in seinem Buch »Krieg in Europa« folgendes:

»Es war auffallend, mit wie unzulänglichen Kräften der Versuch zum Entsatz Stalingrads unternommen werden sollte: Eine ganze und zwei noch nicht einmal halbe Divisionen sollten eine rund 100 km (nach Manstein 130 km) tiefe Offensive bis Stalingrad durchkämpfen . . .

Meine Division, mit der ich am Entsatz der Stalingradarmee teilnehmen sollte, war materiell schwach. 30 Panzer ergaben eine schwache Abteilung. Es gab keine Schützenpanzerwagen, nur ein oder zwei Spähwagen. 30–40% aller Kraftfahrzeuge waren in langfristiger Instandsetzung. Von jedem Bataillon war daher eine Kompanie nur zu Fuß beweglich.«

General von Senger meldete dem Oberbefehlshaber der 4. Panzerarmee Hoth bei der Ankunft im Operationsraum am 15. Dezember ausdrücklich diesen beklagenswerten materiellen Zustand seiner Division.

Manstein hatte anfangs noch gehofft, er könnte den Entsatzangriff zur Befreiung der im Kessel von Stalingrad seit dem 22. November eingeschlossenen Armee Paulus aus zwei Richtungen führen: aus Richtung Kotelnikowo ostwärts des Don mit der 4. Panzerarmee gegen die Südfront des Einschließungsringes und aus Richtung mittlerer Tschir mit der Armeeabteilung Hollidt gegen die Westfront des Entschließungsringes beiderseits Kalatsch. Doch am 1. Dezember mußte Manstein einsehen, daß die Lage bei der Armeegruppe Hollidt am mittleren Tschir sowie am unteren Tschir bei den Resten der 2. rumänischen Armee den aus zwei Richtungen beabsichtigten Entsatz durch zwei Angriffsgruppen nicht mehr zuließ. Er konnte allenfalls noch hoffen, an einer Stelle stark genug zu sein. Nach Lage der Dinge kam, nach Manstein, hierfür nur die 4. Panzerarmee Hoth in Frage.

»Wintergewitter« und »Donnerschlag« waren die beiden Decknamen, die die Heeresgruppe Manstein am 1. Dezember für die Gesamtentsatzoperation bekanntgab. »Wintergewitter« sah vor, daß die 4. Panzerarmee mit der Masse ihrer Kräfte am X-Tag (frühestens 8. Dezember) ostwärts des Don aus dem Gebiet von Kotelnikowo antreten sollte. Nach Durchstoßen der sowjetischen Deckungskräfte war ihre Aufgabe, die südliche bzw. westliche Einschließungsfront anzugreifen und aufzurollen. Die Operation »Wintergewitter« bedeutete für die 6. Armee im Kessel, an einem noch zu befehlenden, auf das Antreten der 4. Panzerarmee am X-Tag folgenden Tage aus ihrer Südwestfront zunächst in Richtung Donskaja–Zaritza durchzubrechen, um die Verbindung mit der 4. Panzerarmee herzustellen und sich am Aufrollen der Einschließungsfront beiderseits ihres Durchbruchs zu beteiligen. Nach Hitlers ausdrücklichem Befehl sollte die Armee aber trotzdem die bisherigen Kesselstellungen halten.

Manstein hielt dies beides zusammen praktisch nicht für möglich: »Die Armee mußte, wenn die Sowjets die Nord- und Ostfront angriffen, schrittweise Raum geben und sich aus dem Kessel lösen.« Mit dieser Tatsache hätte sich Hitler notfalls abfinden müssen, meinte er. Wegen der Anwesenheit von Hitlers Sonderstabsoffizier bei Paulus konnte Mansteins Auffassung jedoch nicht im Befehl erwähnt werden.

Die Operation »Donnerschlag« war nur für den Fall vorgesehen, daß die 6. Armee nach dem Durchstoßen des Einschließungsringes – Hoth entgegen – als Ganzes ausbrechen müßte, weil Stalingrad nicht länger gehalten werden konnte. Manstein drang bei Hitler mit seiner Forderung nicht durch. Für Hitler war dies eine Prestigefrage. Er blieb hartnäckig, anstatt dem gesunden Menschenverstand zu folgen. Man muß das Oberkommando der Heeresgruppe Don bewundern, daß es angesichts von 259 Großverbänden der Sowjets vor seiner Front, davon 90 an der Einschließungsfront von Stalingrad, überhaupt noch an die Möglichkeit, die 6. Armee zu entsetzen, geglaubt hat. Für Manstein stand fest, »daß das höchste Risiko eingegangen werden muß, um unseren Kameraden der 6. Armee eine Chance der Rettung zu erkämpfen«.

Der tatsächliche Verlauf des Entsatzversuchs

Am 12. Dezember 1942 war es endlich so weit, daß die 4. Panzerarmee (Hoth) mit der Stoßgruppe des LVII. Panzerkorps (Kirchner) mit sage und schreibe 1½ Divisionen (6. und 23. Division) aus dem Raum um Kotelnikowo zum Entsatzangriff ostwärts des Don in Richtung auf die Kesselfront antreten konnte. Das Korps mußte bereits seine Ausladung und Versammlung in schweren Kämpfen gegen starke Feindkräfte, die seine Bereitstellung über den Haufen zu rennen versuchten, sicherstellen und diesen Gegner zurückschlagen, bis es endgültig antreten konnte. Seine Flanken deckten nach Osten und Westen die Rumänen. Es ging »jetzt nur noch darum, ob es ihr gelingt, der 6. Armee ostwärts des Don die Hand zu reichen, ehe der Feind den Abbruch der Entsatzoperation erzwingen wird« (Manstein).

Alle waren sich des ungeheuren Wagnisses bewußt. Es bestand in der großen Gefahr, daß die Sowjets mit ihrer zahlenmäßigen Überlegenheit unsere schwache Front am Tschir oder auf dem linken Flügel der Heeresgruppe Don (Armeeabteilung Hollidt) durchbrechen bzw. den rechten Flügel der Heeresgruppe B (8. italienische Armee) überrennen würden, um sich damit den Weg zum Abschneiden der rückwärtigen Verbindungen der Heeresgruppe Don und A (Kaukasus) zu öffnen.

Das Korps Kirchner kam zunächst gut vorwärts, doch der Feind führte immer neue Kräfte aus dem Gebiet von Stalingrad heran und versuchte durch Gegenangriffe, das von unseren 1½ Divisionen gewonnene Gelände mit seinen zahlenmäßig überlegenen Panzern wieder an sich zu reißen. Am 17. Dezember konnte auch die 17. Panzerdivision (von Senger), von Hitler endlich freigegeben, in die Entscheidungskämpfe des LVII. Panzerkorps mit eingreifen.

Bereits am 15. Dezember ließ sich übersehen, daß die Front am unteren Tschir nur noch wenige Tage zu halten sein würde. Auch am linken Flügel der Heeresgruppe Don (Manstein) und am rechten Flügel der Heeresgruppe B (Weichs) ließen Teilangriffe und das Auftreten neuer feindlicher Reserven auf die Absicht eines feindlichen Durchbruchs mit weiterem Ziel schließen.

Ostwärts des Don beim LVII. Panzerkorps war trotz Eingreifens der 17. Panzerdivision noch immer keine Entscheidung erkämpft, die Aussicht geboten hätte, daß das Korps schnell bis in die Kesselnähe gekommen und damit die Vorbedingung für einen Ausbruch der 6. Armee geschaffen worden wäre. Im Gegenteil – es sah so aus, als ob das Korps in die Abwehr gedrängt würde. Am unteren Tschir fanden schwere Kämpfe statt, ohne daß es gelang, die Front zu durchbrechen. Dagegen schien sich auf dem linken Flügel der Heeresgruppe Don eine schwere Krise zu entwickeln. Dort hatte der Feind zum Großangriff angesetzt, und zwar auf die Armeeabteilung Hollidt, bei der die Rumänen versagten. Auf dem rechten Flügel der Heeresgruppe B drohte die 8. italienische Armee überrannt zu werden. Die Flanke der Heeresgruppe wäre damit aufgerissen.

An diesem Tage (18. Dezember) forderte das Oberkommando der Heeresgruppe vom OKH – Hitler – die sofortige Einleitung des Ausbruchs der 6. Armee der 4. Panzerarmee entgegen, denn noch bestand die Aussicht, daß das LVII. Panzerkorps weiter Raum in Richtung auf den Kessel gewann. Doch Hitler lehnte diese Entscheidung, die der Armee die Genehmigung zum Ausbruch gegeben hätte, auch gegen Mansteins dringliche Anträge ab. Die Heeresgruppe ließ sich jedoch durch diese Weigerung Hitlers nicht hindern, das vorzubereiten, was in Kürze unabwendbar werden würde.

Die Krise um die letzte Entscheidung hinsichtlich des Entsatzes steuerte ihrem dramatischen Höhepunkt entgegen. Es ging um die Frage: Gegenstoß der 6. Armee der 4. Panzerarmee (Hoth) entgegen und unmittelbar folgend, Lösung der 6. Armee von Stalingrad?

Hitler wollte unter allen Umständen an Stalingrad festhalten. Der Gegenstoß der 6. Armee sollte zunächst nur dazu dienen, nach der Verbindungsaufnahme mit Hoth den Kessel mit dem dringendsten Nachschub zu versorgen (Betriebsstoff, Munition, Nahrungsmittel). Alsdann sollte der Schlauch zu einem Korridor erweitert werden, der eine Dauerversorgung der 6. Armee – wie bei Demjansk – und damit ihr Festhalten an der Ost-, Nord- und Westfront von Stalingrad auf längere Zeit ermöglichte.

Manstein hielt diese Lösung Hitlers im Hinblick auf die Gesamtlage sowohl der Heeresgruppe Don westlich des Don am unteren und mittleren Tschir als auch hinsichtlich der Lage der Heeresgruppe B (Weichs) mit der 8. italienischen Armee und der 2. ungarischen Armee bis hinauf nach Woronesch für völlig undurchführbar. Darüber hinaus erschien es ihm zumindest zweifelhaft, ob das LVII. Panzerkorps überhaupt bis zur Donskaja–Zaritza kommen würde, so daß es nötig wäre, den Gegenstoß von Paulus über diesen Abschnitt hinaus bis zur Vereinigung mit Hoth weiterzuführen. Dann aber müßte für die 6. Armee der Gesamtausbruch (»Donnerschlag«) zwangsläufig unmittelbar auf »Wintergewitter« folgen, entsprechend dem Fortschreiten des Durchbruchs nach Südwesten.

Er entsandte daraufhin den Ic des Oberkommandos der Heeresgruppe, Major im Generalstab Eismann, zum Armeeoberkommando 6. Dabei sollte er darlegen, daß die Lage westlich des Don an der Tschirfront und auf dem linken Flügel der Heeresgruppe so sei, daß man nur noch wenige Tage durchhalten könne. Ebenso sei der Kampf der 4. Panzerarmee ostwärts des Don um die Befreiung der 6. Armee auch nur noch begrenzte Zeit möglich. Der Feind warf Hoth aus der Einschließungsfront immer neue Kräfte entgegen, so daß der Durchbruch durch den geschwächten Einschließungsring unter Umständen für Paulus erleichtert würde. Eismann sollte Paulus außerdem warnen, auf eine bessere Luftversorgung zu hoffen. Ein längeres Ausharren der Armee im Gebiet von Stalingrad sei schon aus diesem Grund nicht mehr möglich.

Paulus schien anfangs durch Eismanns Ausführungen relativ beeindruckt. Er betonte jedoch die Schwierigkeiten, die mit dem Auftrag der Heeresgruppe verbunden seien. Der Ia der Armee vertrat denselben Standpunkt wie sein Oberbefehlshaber und sprach sich für einen baldigen Ausbruch aus: »Er muß und kann versucht werden!« Entscheidend für die Einstellung und Haltung des Armeeoberkommandos 6 zu den Vorschlägen der Heeresgruppe Manstein wurde jedoch die Stellungnahme ihres Stabschefs, Generalmajor Arthur Schmidt. Er erklärte: »Der Ausbruch ist zur Zeit unmöglich und würde eine katastrophale Lösung darstellen.« Und weiter: »Die 6. Armee wird auch noch Ostern eisern ihre Stellung halten. ... Ihr müßt sie nur besser versorgen!«

Sicherlich hatte die Armee keine Schuld an der katastrophalen Lage, in die sie geraten war. Wir – Clausius und ich – hatten rechtzeitig in der Besprechung mit Paulus und Schmidt am 22. November spätnachmittags gewarnt, außerdem in der »Beurteilung der Lage« vom 25. November 1942. Dabei hatten wir im besonderen darauf hingewiesen, daß positive Vergleiche mit Demjansk und der dort geglückten Luftversorgung abwegig seien. Aber wir hatten uns ja nicht »den Kopf der

Armee zu zerbrechen«, und so nahm das Verhängnis seinen Lauf. Was aber nützte es, alle diese wohlbegründeten Vorwürfe nun zu Recht auf Hitler zu schieben? Sie machten uns jetzt, mitten in der Katastrophe, nicht um einen Deut freier.

Alle Vorstellungen Eismanns, daß die Heeresgruppe alles Menschenmögliche tue, um die Versorgung aufrechtzuerhalten, daß sie jedoch weder die Wetterlage noch die Zahl der Transportflugzeuge ändern könne, prallten an Schmidt ab. Auch die von Eismann vorgetragenen operativen Gründe, daß die höchst labile Lage auf dem linken Flügel der Heeresgruppe den Ausbruch erfordere, konnten den Armeechef nicht von seinem Standpunkt abbringen. Dem folgte schließlich auch Paulus, indem er nun den Ausbruch der Armee für unmöglich erklärte. Die Aufgabe Stalingrads, fügte er hinzu, sei außerdem durch Führerbefehl verboten.

Schmidt bestreitet, entgegen Mansteins Ausführungen, daß er entscheidend für die ablehnende Haltung des Armeeoberkommandos gegenüber dem Ausbruch gewesen sei. »Er glaubte jedoch nicht, den Ausbruch gegen alle Befehle der Heeresgruppe und der obersten Führung riskieren zu dürfen, zumal ohne zusätzliche Luftversorgung. Die Bewegungsfähigkeit der Armee war stark herabgesunken.« (»Paulus – Ich stehe hier auf Befehl«, S. 237, Anm. 6.)

Nach Manstein war das Oberkommando der Heeresgruppe trotz allem nicht bereit, die einzige und letzte Chance zur Rettung der 6. Armee aufzugeben, auch wenn mit der Operation noch so viele Gefahren verbunden waren. Dazu mußte Manstein der Armee durch Befehl sowohl die Verantwortung für das Wagnis wie für die Lösung von Stalingrad abnehmen. Manstein sagt hierzu ausdrücklich: »Wir waren dazu bereit.«

Das Urteil Mansteins über Paulus und Schmidt sowie das des Generals Doerr, der beide als Lehrer und Mitschüler erlebte, ist hier vielleicht besonders aufschlußreich. Manstein (»Verlorene Siege«): »Es zeigte sich, daß Paulus wohl der operativ besser geschulte und klarer denkende Kopf sein mochte, daß aber sein Chef die stärkere Persönlichkeit war.« Doerr (»Der Marsch auf Stalingrad«): »Zwischen Paulus und Schmidt bestand ein korrektes Verhältnis ohne menschliche Herzlichkeit. Paulus – klug, operativ begabt, großzügig, doch sehr sensibel und leicht beeindruckbar, war keine starke Persönlichkeit ... Sein Generalstabschef Schmidt war Junggeselle, Schöngeist, klug, energisch, ein ausgesprochener Taktiker, hart bis zur Starrheit.«

Und schließlich noch Tippelskirch (»Geschichte des Zweiten Weltkriegs«): »Paulus war nicht die Persönlichkeit, den militärischen Gehorsam aufzukündigen und wurde in dieser Haltung durch seinen Chef bestärkt.«

Und nochmals Doerr: »Das Schicksalhafte, was beiden gemeinsam war, war ihr Glaube an das Glück Hitlers und ihr Vertrauen zu seinen moralischen Qualitäten. Ein Vertrauen, das sie mit vielen anderen teilten und das in ihnen gar nicht den Gedanken aufkommen ließ, daß ihr oberster Vorgesetzter mit lügenhaften Lageschilderungen feierliche Versprechungen abgab, die er nicht halten konnte.«

So hing das Leben von Tausenden weiterhin von der jeweiligen Stärke oder Schwäche der sie führenden Persönlichkeiten ab.

Am 19. Dezember und den unmittelbar folgenden Tagen ging es um die Entscheidung. An diesem Tage hatte die Heeresgruppe Don die Hoffnung, daß sich die Lage ostwärts des Don so weiter entwickeln würde, daß das Zusammenwirken der beiden Armeen, wie von der Heeresgruppe geplant, zum Freikämpfen der 6. Armee führen könnte. Dem LVII. Panzerkorps gelang es, den Akssayabschnitt zu nehmen, und bis an die Mischkowa weiter vorzustoßen. Seine Spitze war bis auf 48 km an die südliche Kesselfront hergekommen. Der Heeresgruppe Don schien der seit der Kommandoübernahme am 27. November 1942 ersehnte Augenblick gekommen, in dem das Herankommen der 4. Panzerarmee (Hoth) der 6. Armee die Chance bieten würde, sich durch einen Durchbruch mit nachfolgendem Gesamtausbruch aus dem Kessel zu befreien. Es schien möglich, zunächst wenigstens eine Verbindung zwischen der Entsatzarmee Hoth und der Armee Paulus herzustellen, so daß dieser Betriebsstoff, Munition, Verpflegung usw. für den weiteren Durchbruch zugeführt werden könnte. Auch die Lage westlich des Don ließ am 19. Dezember hoffen, daß es gelingen könnte, einen Abbruch des Entsatzangriffs ostwärts des Don mindestens so lange zu vermeiden, bis die 6. Armee freigekämpft war. Noch hielt die Front am unteren Tschir, aber es ging jetzt nach Ansicht der Heeresgruppe tatsächlich ums Letzte.

Das Oberkommando der Heeresgruppe richtete am 19. Dezember mittags den dringenden Appell an die oberste Führung, nunmehr den Weg für die Loslösung der 6. Armee von Stalingrad und ihr Durchstoßen nach Südwesten zur 4. Panzerarmee freizugeben.

Als auf dieses Fernschreiben wiederum keine Entscheidung erging, gab das Oberkommando der Heeresgruppe um 18.00 Uhr an die

6. Armee und an die 4. Panzerarmee den Befehl für das baldmöglichste Antreten der 6. Armee zum Durchbruch nach Südwesten.

1. Akt: Durchbruch einer Panzerstoßgruppe der 6. Armee auf das bereits am 1. Dezember angekündigte »Wintergewitter«, notfalls über die Donskaja–Zaritza fortzusetzen bis zur Verbindung mit der 4. Panzerarmee, um den Geleitzug mit den erwähnten Versorgungsgütern durchzuschleusen.

2. Akt: Unter diesen Umständen zweiter Durchbruch, der sich unmittelbar an »Wintergewitter« anzuschließen habe. Auf »Donnerschlag« sollte die 6. Armee ihren Durchbruch bis zur Vereinigung mit der 4. Panzerarmee unter abschnittweiser Räumung Stalingrads fortsetzen.

Die Ausgabe des Decknamens »Donnerschlag« blieb noch vorbehalten, weil die Angriffsoperationen beider Armeen laufend abgestimmt werden mußten. Auch die Frage des Durchschleusens des Geleitzuges spielte hier mit hinein. Vor allem aber mußte Manstein versuchen, Hitler dazu zu bringen, den der 6. Armee gegebenen Befehl, Stalingrad unter allen Umständen zu halten, zurückzunehmen.

Dieser Hitlerbefehl hemmte besonders Paulus, obgleich das Oberkommando der Heeresgruppe Don bereit war, die Verantwortung dafür auf sich zu nehmen, daß der Hitlerbefehl nicht befolgt würde, indem die Heeresgruppe notfalls von sich aus den Decknamen »Donnerschlag« ausgäbe.

An diesem Abend fand von 20.40–21.10 Uhr noch ein Gespräch zwischen den Heeresgruppen und dem Armeechef statt, das nach Schmidt nichts Tröstliches brachte. Schmidt erläuterte, ein Vorstoß über die Donskaja–Zaritza hinaus nach Südwesten sei nicht möglich, wenn die Festung gehalten werden sollte. In Frage käme nur kurzes Vorbrechen mit Panzern. Wollte man Stalingrad behaupten, könnte die Armee erst antreten, wenn das LVII. Panzerkorps sich dem Raume von Businowka genähert hätte.

Warum wurde die von der Heeresgruppe Don so eingehend vorbereitete letzte Chance zur Befreiung der 6. Armee nicht genutzt?

Es ging jetzt nur noch um die Frage, ob die 6. Armee den vom Oberkommando der Heeresgruppe gegebenen Befehl zum Durchbruch und Ausbruch ausführen wolle, könne und werde. Hitler zeigte sich zwar mit einem Angriff der 6. Armee nach Südwesten, um die Verbindung mit der 4. Panzerarmee herzustellen, einverstanden, aber Stalingrad sollte die Armee weiterhin halten. Er hoffte noch immer, daß es ihm gelingen werde, einen Korridor freizukämpfen und durch diesen dann die Armee noch längere Zeit versorgen zu können.

Bei Demjansk war dies im Frühjahr des gleichen Jahres gelungen. Aber auch dort konnte der Korridor nur unter ständigen verlustreichen Kämpfen freigehalten werden. Die Kämpfe bei Demjansk waren zu dieser Zeit – acht Monate nach der Befreiung des Kessels – noch immer im Gange. Die Gesamtlage dort war jedoch gegenüber dem Kessel von Stalingrad unvergleichlich günstiger:

1. Die Gesamtlage der Heeresgruppe B (Weichs) gestattete es nicht länger, die 4. Panzerarmee und die 6. Armee ostwärts des Don festzulegen. Es ging nicht nur um das Schicksal der 6. Armee, sondern auch um das der Heeresgruppe Don und A (Kaukasus), die von ihren rückwärtigen Verbindungen abgeschnitten zu werden drohten.
2. Die 6. Armee konnte niemals gleichzeitig ihre bisherigen Stellungen in Stalingrad halten und ihre ganze Angriffskraft zum Durchbruch nach Südwesten ansetzen.

Hitler widersetzte sich nach wie vor – nach Manstein aus irrealen Gründen – der Durchführung der am 19. Dezember niedergelegten operativen Absicht. Auch Paulus brachte Bedenken vor. Sie betrafen außer den bereits mehrfach erwähnten Fragen die Zweifel, ob es der Armee überhaupt möglich sein würde, die für den Ausbruch bestimmten Angriffskräfte aus den anderen Fronten herauszulösen, wo gerade in diesen Tagen immer wieder Teilangriffe des Feindes stattfanden. Auch hinsichtlich des Zeitbedarfs, den die Armee zur Bereitstellung der für den Ausbruch geforderten Kräfte zu benötigen glaubte, nämlich 6 Tage, erschien der Heeresgruppe erheblich zu hoch gegriffen. Außerdem erlaubte die äußerst gefährliche Lage auf dem linken Flügel der Heeresgruppe und auf dem rechten Flügel der Heeresgruppe B (8. italienische Armee) nicht mehr so lange Verzögerungen. Schließlich hatte die Armee noch folgende Bedenken, die nach ihrer Ansicht gegen die Unternehmen »Wintergewitter« und »Donnerschlag« sprachen:

1. Der erheblich herabgesetzte Kräftezustand der Truppe,
2. die durch das Abschlachten der Pferde stark herabgeminderte Beweglichkeit der Verbände,

3. fehlende Betriebsstoffvorräte für die zu überwindende Entfernung von über 30 km bis zur 4. Panzerarmee (u. U. sogar 50 km, falls das LVII. Panzerkorps den Mischkowa-Abschnitt nicht mehr wesentlich überschreiten könne).

Selbstverständlich lag in all diesen Punkten ein besonderes Risiko, aber ohne diese Risiken einzugehen war an eine Rettung der 6. Armee nicht mehr zu denken.

Die letzte, die allerletzte Entscheidung war für Manstein wie für Paulus die Tatsache, daß Hitler einen Verbindungsoffizier im Kessel hatte: Major im Generalstab von Zitzewitz. Durch ihn erfuhr Hitler, daß Paulus aufgrund der Betriebsstofflage nicht nur das Antreten zum Durchbruch nach Südwesten, sondern sogar die Durchführung der Bereitstellung für unmöglich erklärt hatte. Als Manstein versuchte, Hitler dazu zu veranlassen, dem Ausbruch der 6. Armee unter Aufgabe von Stalingrad zuzustimmen, gab Hitler ihm immer wieder zur Antwort: »Was wollen Sie eigentlich, Paulus hat ja nur für 20 km oder höchstens 30 km Sprit, er kann ja – wie er selbst meldet – zur Zeit gar nicht durchbrechen.«

Manstein war sich aller dieser Hindernisse und Risiken bewußt. Trotzdem kam er zu dem Schluß: Ausbruch blieb die allerletzte Chance der 6. Armee. Diese Chance auf jedes Risiko hin zu ergreifen hieß allerdings, alles auf eine Karte zu setzen. Die Heeresgruppe Don (Manstein) war dazu bereit. Manstein schließt mit der durch Erfahrung mit deutschen Truppen erhärteten Hoffnung: »Die Freiheit wieder zu gewinnen, dem Tode oder der Gefangenschaft zu entgehen, würden wohl die Truppe befähigt haben, das unmöglich Scheinende möglich zu machen.« Paulus billigt er dabei für seine negative Entscheidung »das Gefühl der auf ihm lastenden Verantwortung zu. Einer Verantwortung, der er aber weder vor Hitler noch vor sich selbst ledig werden zu können glaubte.«

In der Woche, die dem Befehl der Heeresgruppe Don vom 19. Dezember an die 6. Armee zum baldmöglichsten Angriff zum Durchbruch folgte – d. h. bis zum 25. Dezember 1942 –, entschied sich nun unabwendbar das Schicksal der Armee. Sechs Tage lang – genau so viel, wie die Armee für ihre Bereitstellung verlangt hatte – versuchte die Heeresgruppe auf jede Gefahr hin, der 6. Armee noch die Chance, sich zusammen mit der 4. Panzerarmee den Weg in die Freiheit zu erkämpfen, offenzuhalten. Es wurden äußerst kritische sechs Tage, aber die Heeresgruppe Manstein hielt durch. Sie stand jetzt täglich vor der großen Gefahr, daß die Front westlich des Don, d. h. der dünne Sicherungsschleier am unteren Tschir (3. rumänische Armee) und im Bereich der Armeegruppe Hollidt am oberen Tschir, endgültig zerreißen würde.

Die dramatische Entwicklung dieser Woche begann auf dem Flügel der Heeresgruppe B (Weichs) an der Grenze zur Heeresgruppe Don, wo zwei italienische Divisionen ohne jeden Feinddruck einfach zurückgingen, angeblich aus Sorge um ihre rechte Flanke. Hierdurch wurde die tiefe Flanke der Armeeabteilung Hollidt völlig entblößt. Jetzt zeigte sich der schwere Fehler, den das OKH – Hitler – begangen hatte, als er eine Front von etwa 350 km Länge von Kletzkaja bis Woronesch, von ganz vereinzelten Korsettstangen durch deutsche Divisionen abgesehen, ausschließlich rumänischen, italienischen und ungarischen Armeen anvertraut hatte. Die Lage wurde dort von Tag zu Tag kritischer. Schon im Laufe des 20. Dezember wurde auch die Armeeabteilung Hollidt selbst an zwei Stellen durchbrochen. Die 7. rumänische Division ging eigenmächtig zurück. Das rumänische I. Armeekorps verließ panikartig seinen Gefechtsstand. Zunächst half man sich für ein bis zwei Tage mit kleinen Aushilfen, Bildung neuer rückwärtiger Teilfronten usw., aber das waren und blieben nur Notbehelfe.

Vom OKH – Hitler – vermißte man jede klare, energische und operative Führung und Hilfe. Wie wenig man von Hitler in dieser verworrenen, von ihm selbst verschuldeten Lage erwarten durfte, zeigt symptomatisch folgender Vorfall:

Manstein hatte am 20. Dezember ein Fernschreiben an das OKH gerichtet und eindeutig darauf hingewiesen, daß die bei den Italienern durchgebrochenen Sowjetkräfte entschlossen handelnd die Richtung auf Rostow nähmen und damit die Gesamtentscheidung gegen die Heeresgruppe Don und A (Kaukasus) suchen würden. Dem Heeresgeneralstabschef Zeitzler gelang es jedoch nicht, an diesem Tage mit dem dringenden Fernschreiben des Oberkommandos der Heeresgruppe Don bis zu Hitler vorzudringen, der »Wichtigeres« zu tun hatte. Erst am 22. Dezember erhielt das Oberkommando der Heeresgruppe eine Weisung über eine nunmehr von der Armeeabteilung Hollidt zu haltende Linie, die durch die Ereignisse längst überholt worden war! So blieb dem Oberkommando der Heeresgruppe Don von nun an nur noch übrig, sich nach Möglichkeit selbst zu helfen.

Am 23. und 24. Dezember erreichte die Krise bei der Armeeabteilung Hollidt ihren Höhepunkt. Drei feindliche Korps waren durch die infolge des Versagens der Italiener und der 7. rumänischen Division gerissene Lücke durchgestoßen. Eines der russischen Korps stand bereits im Rücken der noch am oberen und mittleren Tschir kämpfenden Teile der Armeeabteilung Hollidt.

Zwei der Sowjetkorps näherten sich den für die Versorgung des Kessels unentbehrlichen Flughäfen Morosowskaja und Tazinskaja. Die Entscheidung der Heeresgruppe Don über Abgaben der ostwärts des Don kämpfenden Kräfte der Armeeabteilung Hollidt ließ sich nicht mehr hinausschieben.

Dabei war es gerade der Entsatzstoßgruppe Kirchner (LVII. Panzerkorps) in diesen Tagen gelungen, auf dem Nordufer der Mischkowa Fuß zu fassen und einen Brückenkopf zu bilden, und das gegen starke neue Feindkräfte und unter Abweisung feindlicher Massenangriffe. Die vordersten Teile des LVII. Panzerkorps sahen bereits am Horizont den Feuerschein des Artilleriefeuers an der Einschließungsfront. Doch umsonst! Der Angriff der 6. Armee, der 4. Panzerarmee (Hoth) entgegen, der die Befreiung hätte bringen können, blieb aus.

Der Heeresgruppe blieb nichts anderes als der Entschluß übrig, durch Kräfteverschiebung von Ost nach West die schwere Krise auf ihrem linken Flügel zu beheben. Hierzu mußte die 4. Panzerarmee (Hoth) eine Panzerdivision (die 6. Panzerdivision) des LVII. Panzerkorps zur unteren Tschirfront abgeben, da mit einem rechtzeitigen Ausbruch der 6. Armee nicht mehr zu rechnen war.

Am 25. Dezember war es auch für die Entsatzstoßgruppe des LVII. Panzerkorps (General Kirchner) so weit, daß sie, von überlegenen Feindkräften angegriffen, wieder auf den Akssayabschnitt zurückgedrängt wurde. Dem folgte in den nächsten Tagen ein weiteres Ausweichen wieder bis in den Raum von Kotelnikowo, von wo sie am 12. Dezember zum Angriff angetreten war.

Dieses Zurückgehen, nicht nur durch weit überlegene Feindkräfte erzwungen, war auch die unausweichliche Folge des Versagens der zwei rumänischen Armeekorps, die bis dahin die Flanken des Panzerkorps Kirchner nach Osten und Westen gedeckt hatten. Damit war der Entsatzversuch der Heeresgruppe Manstein endgültig zusammengebrochen.

Aller Einsatz, alles Heldentum und die unendliche Mühe, doch bis zum Enderfolg durchzuhalten, waren umsonst. Aber auch alle Ideen und berechtigten Wünsche, den Entsatz für die 6. Armee noch einmal wieder mit neuen Kräften zu versuchen, scheiterten an dem Unvermögen Hitlers. Er lehnte alle Anträge des Oberkommandos der Heeresgruppe Manstein auf schnelle Verstärkung der 4. Panzerarmee ab. Nicht anders erging es Hitlers eigenen Plänen. Seine Idee, mit den neu aufgefüllten und ausgerüsteten SS-Panzerkorps »Leibstandarte«, »Totenkopf« und »Reich« eine neue Befreiungsoffensive in Richtung Stalingrad zu starten, war Illusion, weil undurchdacht.

Diese Korps konnten frühestens Mitte Februar 1943 um Charkow versammelt sein! Ferner war dabei nicht berücksichtigt, daß der Angriff von Charkow aus über eine Entfernung von rund 590 km laufen mußte und auch nur im Rahmen einer neuen großen Offensivoperation auf den Kaukasus und Stalingrad möglich war. Die SS-Panzerkorps hätten, wenn diese Offensive geglückt wäre, in der Tat nur noch Kränze auf die frischen Gräber der in Stalingrad untergegangenen 6. Armee niederlegen können. Und dieser Mann wagte es, uns zum Heiligen Abend und Neujahr noch einen Glückwunsch zu funken: »Ihr könnt Euch felsenfest auf mich verlassen!« In dieser ausweglosen Lage war dieser Funkspruch der reine Hohn.

Wer trägt die Schuld?

Wer trägt die Schuld an diesem zweiten Desaster nach dem ersten der Einkesselung? Es bedarf keines besonderen Nachweises: Hitler war auch hier ohne jeden Zweifel der Hauptschuldige.

Meines Erachtens wäre es nie zu dieser zweiten Katastrophe des völligen Zusammenbruchs des Entsatzversuchs gekommen, wenn Hitler nicht von A bis Z wie ein Besessener an Stalingrad festgehalten hätte. Manstein, der Leiter der ganzen Aktion, hat alles nur denkbar Mögliche getan, um dem Unternehmen zum Erfolg zu verhelfen. Er war auch bereit, dabei gegen Hitler zu handeln. Das war aber nur möglich, wenn Paulus und Schmidt mitzogen. Dies jedoch lehnten beide aus Gründen ab, die Manstein teilweise anerkennt. Ihre letzte Verantwortung für die mögliche Rettung der 6. Armee nimmt er ihnen jedoch nicht ab.

Manstein erörtert bei dieser Gelegenheit, wie nach Lage der Dinge überhaupt nur eine Rettung der 6. Armee möglich gewesen wäre. Dabei kommt er zu folgendem Schluß: »Nur der sofort eingeleitete Ausbruch aus der drohenden Einkesselungsfront am 22. November 1942 hätte höchstwahrscheinlich zum Erfolg geführt, solange der Einschließungsring noch in den Anfängen steckte.« Und dazu General Tschuikows Frage an uns Generale am 31. Januar 1943: »Warum sind Sie nicht ausgebrochen? Wir hatten anfangs große Angst.« Manstein glaubte, daß sowohl die Heeresgruppe B (Weichs) wie die 6. Armee (Paulus/Schmidt) die der 6. Armee drohende tödliche Gefahr zu spät erkannt hätten.

Aus meiner Sicht trifft diese Annahme nicht zu. Heeresgruppe und Armee waren sich damals bewußt, daß nur der sofortige Ausbruch Rettung brachte. Sie waren jedoch nicht bereit, nach unseren altbewährten Führungsgrundsätzen aufgrund der »neuen Lage« selbständig zu handeln. Paulus und Schmidt handelten auch während aller weiteren Phasen des Kessels nicht anders.

Die Feldmarschälle von Weichs und Paulus waren zwar gelehrte Generalstabsoffiziere mit hervorragenden strategischen Fähigkeiten, ihnen fehlte jedoch die letzte Tugend eines Feldherrn: Sie konnten sich nicht zum »Ungehorsam« gegen Hitler entschließen, als es das Wohl der ihnen anvertrauten Truppen verlangte.

Zum Abschluß dieses Kapitels noch eine Anmerkung: Paulus und Schmidt klagten darüber, daß sie während des Entsatzversuches von seiten der Heeresgruppe Manstein schlecht über den Fortgang der Ereignisse orientiert worden seien. Nun, wir an der Ost- und Nordfront wurden von der Armee so gut wie völlig im dunkeln über die Entwicklung der Entsatzoperation gelassen. Wir erlebten davon so gut wie nichts. Ich habe mich daher bei der Schilderung der Operationen, wenn auch sehr gekürzt, an die heute vorliegende Literatur gehalten, denn ich durfte dem Leser das ganze Geschehen des Entsatzversuchs nicht vorenthalten, weil es für das Verständnis des gesamten Dramas unerläßlich ist.

General der Panzertruppen Hube, im Kessel Kommandierender General des XIV. Panzerkorps, wurde vom 29. Dezember 1942 bis zum 8. Januar 1943 ins Führerhauptquartier befohlen, um Hitler über die Zustände im Kessel zu berichten. Hube – nach Mansteins Urteil ein unerschrockener Mann – hat Hitler sicher ungeschminkt die Zustände im Kessel, insbesondere die völlig unzulängliche Luftversorgung, dargestellt. Wie Hitler darauf reagierte, wird nicht gesagt. Bemerkenswert war aber, wie Hube von diesem Aufenthalt bei Hitler beeindruckt war, wie sehr ihn Hitlers Zuversicht für die nächste Zeit beeinflußt hatte. Hitler versicherte ihm, es werde alles geschehen, um die 6. Armee auf lange Zeit hin zu versorgen. Er wies auf die beabsichtigte Operation des SS-Korps hin, das spätestens Mitte Februar um Charkow versammelt sein sollte. Hube hat sich durch diese Versprechungen Hitlers, ebenso durch dessen vage Pläne über eine spätere mögliche Rettung der 6. Armee stark beeinflussen lassen. Jedenfalls kehrte er voller Optimismus nach Stalingrad zurück.

Paulus war auch wieder hoffnungsvoller. Hitler hatte ihm durch das Oberkommando des Heeres übermitteln lassen: Stalingrad mit allen Kräften der 6. Armee zu halten, sei unerläßliche Vorbedingung für den Neuaufbau einer neuen Front im Süden. Im Zusammenhang damit war von Hitler sogar der Gedanke einer Großoffensive erwähnt worden.

Wir erfuhren von diesen Phantasien des »Größten Feldherrn« so gut wie nichts.

Das sowjetrussische Ultimatum

Nachdem die letzte Möglichkeit unserer Befreiung dahingeschwunden war und nunmehr über unser endgültiges Schicksal Klarheit herrschte, wartete eigentlich alles darauf, daß die Russen zum Generalangriff antreten würden, um den Kessel aufzusprengen und zu vernichten. Wo immer man Kameraden traf, gab es natürlich Diskussionen darüber, wie man sich das Ende unseres Kessels vorstellte: Gefangenschaft oder Tod? Die Armee ließ mündlich verbreiten, Selbstmord sei verboten. Jeder einzelne mußte sich für sich allein mit diesen Fragen auseinandersetzen. Von der Armee kamen keinerlei Weisungen.

Ich selbst schwankte damals noch, ob ich, falls es dazu käme, in die Gefangenschaft gehen sollte, und kam zu dem Schluß, keinen Selbstmord zu begehen, sondern die Gefangenschaft vorzuziehen, zumindest so lange, wie sie erträglich sein würde. Sich selbst zu richten war immer noch Zeit, auch in der Gefangenschaft.

Allen diesen Zweifeln und Fragen setzte das russische Ultimatum vom 8. Januar 1943 ein vorläufiges Ende. An diesem Tage erschien ein Parlamentär der Russen mit einem Ultimatum vor der Nordfront der 6. Armee. Es bestand zunächst aus einer kurzen Schilderung der völlig aussichtslosen Lage der 6. Armee seit dem 23. Dezember 1942, als der Entsatzversuch der Armeegruppe Hoth endgültig gescheitert war. Diese Lage würde sich durch den Winter und den Hunger täglich rapide verschlechtern. Weiterer Widerstand sei daher sinnlos. Deshalb und zur Vermeidung weiteren unnötigen Blutvergießens der Vorschlag an die 6. Armee zu kapitulieren, und zwar unter folgenden Bedingungen:

1. *Einstellung des Kampfes.*
2. *Organisierte Übergabe sämtlicher Angehöriger der Armee sowie sämtlicher Waffen und der gesamten Ausrüstung im unbeschädigten Zustand.*
3. *Garantie für Leben und Sicherheit aller Offiziere und Soldaten; Garantie für Rückkehr nach Deutschland nach Kriegsende.*
4. *Belassung aller Uniformen, Rangabzeichen sowie für Offiziere auch der Degen.*

5. Ab sofort normale Verpflegung.
6. Ärztliche Hilfe allen Verwundeten.

Antwort bis 9. Januar 1943, 10.00 Uhr.

Falls Vorschlag abgelehnt wird, Vernichtung der eingekesselten deutschen Truppen, wofür dann diese die Verantwortung tragen.

Unterschrift:

Vertreter des Hauptquartiers des Oberkommandierenden der Roten Armee.

gez. Woronow
gez. Rokossowski

Flugblätter gleichen Inhalts gingen gleichzeitig über der ganzen Front nieder.

Unsere Armeeführung lehnte dieses ultimative sowjetische Angebot ab. In welcher Form das geschah und auf welchem Wege, erfuhren wir nicht. Niemand von uns zweifelte an der Richtigkeit dieser Entscheidung, denn die Aufgabe der Armee nach dem Scheitern des Entsatzversuchs der Armeegruppe Hoth bestand jetzt nur noch darin, feindliche Kräfte so lange zu fesseln, um die übrige deutsche Front zu entlasten bzw. ihr den Aufbau einer neuen Verteidigungsfront zu ermöglichen. Das war für die beiden südlichen Heeresgruppen A und Don entscheidend. Solange ein sowjetischer Großangriff den Kessel noch nicht weiter zusammengedrückt hatte und noch eine gewisse Versorgung auf dem Luftwege möglich war, bestand keine zwingende und unmittelbare Veranlassung zur Kapitulation.

Wie stets in solchen Fällen gingen wieder tausend Gerüchte um, darunter auch eines, daß die Armec befohlen hätte, in Zukunft auf sowjetische Parlamentäre zu schießen. Tatsächlich aber hat es derartige Befehle unserer Armee nicht gegeben.

Am 10. Januar 1943 begann, wie von den Sowjets angekündigt, der russische Großangriff gegen unsere Süd- und Westfront, und zwar nach vorbereitendem schweren Trommelfeuer. Wie bei dem beklagenswerten Zustand unserer Truppen und ihrem Verpflegungs- und Munitionsmangel nicht anders zu erwarten war, brachen die am schwersten angegriffenen Fronten bald zusammen, so daß die Armee den Befehl zum Ausweichen auf verkürzte Linien geben mußte. Diese lagen ungefähr im Verlauf der Eisenbahn Gumrak–Woroponowo. Damit näherte sich auch der Tag, an dem das letzte Flugzeug noch im Kessel auf dem Flugplatz Pitomnik, westlich Gumrak, landen konnte. Eine

Landemöglichkeit für wenige Flugzeuge bestand dann nur noch in dem stark zusammengeschrumpften Kessel auf dem Notlandeplatz Stalingradski, wo die allerletzte Maschine am 24. Januar den sterbenden Kessel verließ, weil auch der Verlust dieses Platzes durch die Sowjets dicht bevorstand. Das Ende sollte sich jedoch noch länger hinziehen, als man seit Beginn des sowjetischen Großangriffs am 10. Januar 1943 eigentlich hätte erwarten müssen.

Naturgemäß wurde der schrumpfende Kessel durch unsere wesentlich verkürzten Linien zunächst etwas stärker in der Verteidigung, aber der Triumph konnte den Sowjets ja nicht mehr entgehen. So ließen sie sich auch jetzt wieder Zeit, um eigene Verluste zu vermeiden. Sie konnten sich das um so mehr leisten, als die Panzerstoßgruppe Hoth inzwischen wieder bis zum Ausgangspunkt ihres Entsatzversuchs Kotelnikowo zurückgefallen war und an den Flüssen Sal und Kuberle sowie am Manytsch über 170 km von uns entfernt um ihr Dasein kämpfte. Von ihr war also für die Sowjets nicht die geringste Gefahr mehr zu befürchten. Auch der grimmige Winter mit täglichen Temperaturen von 20° bis 25° C Frost verbot einen allzu forcierten sowjetischen Kräfteeinsatz in der deckungslosen und schneebedeckten Steppe, obwohl die Sowjets über so viele Großverbände zum Angriff verfügten, daß sie ständig für ausreichende Ablösung sorgen konnten, was bei uns völlig ausfiel.

So kam es, daß ich erst am 15./16. Januar den von mir seit dem 1. Dezember benutzten Korpsgefechtsstand in der Talowoischlucht räumte und an General Hube übergab, dessen XIV. Panzerkorps sich im Zurückgehen nach Osten der Eisenbahn Gumrak–Woroponowo näherte. Unser Korpsgefechtsstand wurde nach Hartmannsdorf verlegt, dem ehemaligen Gefechtsstand der 71. Infanteriedivision des Generals von Hartmann. Dort war auch Paulus mit seinem Reststab untergekommen.

Die Frage einer Kapitulation

Je schneller der Kessel zusammenschrumpfte, um so mehr beschäftigte angesichts der sich täglich mehrenden allgemeinen Verfallserscheinungen wohl einen jeden Verantwortlichen die Frage: Wann und wie wird diese totale Katastrophe enden?

Am Tage des sowjetischen Großangriffs (am 10. Januar 1943) band der Kessel noch wesentliche Feindkräfte. Nach Manstein (»Verlorene Siege«) standen »meiner Heeresgruppe Don etwa 143 sowjetische Großverbände gegenüber, davon 60 Großverbände zur Einschließung der 6. Armee in der Kesselfront«. Das bedeutete, daß auf die auf 19 Divisionen – drei Divisionen waren aufgelöst worden – zusammengeschrumpfte 6. Armee 60 Großverbände der Russen kamen, also auf jede deutsche Division etwa 3 Sowjet-Großverbände. Jeden Tag, den der Kessel mehr schrumpfte, wurden demnach mit Gewißheit mehrere sowjetische Großverbände frei, die von uns nicht gebunden wurden.

Nach Manstein hatte der Russe am 19. Januar durch inzwischen herangeführte neue Verbände sogar noch 90 Großverbände vor der 6. Armee festgelegt, also für jede deutsche Division noch etwa $4^1/_2$ russische Großverbände. Vor einer deutschen Division müssen demnach $4^1/_2$ sowjetische Divisionen in Reihen hintereinander gestanden haben.

Die Zuverlässigkeit des Nachrichtendienstes der Heeresgruppe in Ehren, aber die Richtigkeit einer solchen Kräftevergeudung der Russen gegenüber dem sterbenden Kessel bezweifle ich sehr. Doch wie dem auch sei, nach meiner Erinnerung war der Zustand der Truppe, die Versorgungslage an Verpflegung und Munition wenige Tage nach dem sowjetischen Großangriff vom 10. Januar bereits so katastrophal, daß man etwa ab 18./19. Januar auf keinen Fall mehr von einer wesentlichen Bindung sowjetischer Truppen durch uns sprechen konnte.

Die Russen wußten, wie es im Kessel aussah. Also waren von diesem Zeitpunkt an, wenn man jeder deutschen Division noch einen sowjetischen Großverband gegenüberstehen ließ, mindestens 60 Divisionen für eine andere Verwendung frei. Zur Erläuterung dieser Tatsache möge noch die Aussage eines Abteilungskommandeurs der 60. Infanteriedivision (mot.) dienen, des späteren Senatspräsidenten beim Oberlandesgericht Bremen, Dr. Hilger, der mir berichtete, daß sie am ersten Tage des Marsches in die Gefangenschaft durch sechs Reihen hintereinander stehender russischer Geschütze marschiert seien.

Da unsere Gefechtsstände in Hartmannsdorf unmittelbar nebeneinander lagen, suchte ich am 18. Januar abends Paulus auf, um seine Beurteilung der Lage zu erfahren. Ich fragte ihn, wie es weitergehen solle, vor allem im Hinblick auf den bedauernswerten Zustand der Truppe. Nach meiner Überzeugung war es an der Zeit, an die entscheidende Frage heranzugehen, wann und wie die ganze Armee den Kampf organisiert beendete.

Eine eigenartige Begegnung hatte ich noch kurz vor der Besprechung bei Paulus. Als ich den Vorraum zu Paulus' Bunker betreten wollte, kam gerade General Hube heraus. Er begrüßte mich im Vorbeigehen sehr kurz. Dabei schien es mir, daß er leicht verlegen war und ein Gespräch mit mir vermeiden wollte. Das berührte mich um so mehr, als er mich einige Tage vorher auf meinem Gefechtsstand Talowoischlucht abgelöst hatte, wobei wir uns kameradschaftlich und freundschaftlich getrennt hatten.

Der Grund für sein Verhalten sollte sich rasch klären. Kurz nachdem mich Paulus hereingebeten hatte, eröffnete er mir, daß Hube jetzt ausflöge. Auf meine verdutzte Frage: »Mit welcher Begründung?«, antwortete Paulus: »Hube soll die Luftversorgung in Ordnung bringen.« Ich glaubte erst, nicht richtig gehört zu haben, und fragte zurück: »Was soll er?« Noch einmal die Antwort: »Er soll die Luftversorgung in Ordnung bringen.« Darauf erwiderte ich ungefähr: »Was ist da noch in Ordnung zu bringen? Die pfeift doch schon auf dem allerletzten Loch! Wenn das Göring und den Luftwaffengenerälen Milch, Richthofen, Fiebig usw. nicht gelungen ist, was soll dann noch einem General der Armee gelingen? Die ein oder zwei Flugzeuge, die vielleicht noch kommen, ist dafür ein General der Panzer notwendig? Das Ganze ist doch wohl nur eine eigenartige Schiebung.« Paulus erwiderte mir, es handele sich dabei nicht nur um die Flugzeuge, sondern um deren Beladung. Es sei mehrfach vorgekommen, daß anscheinend zum Scherz mehrere Pakete mit Kondomen mitgeschickt worden seien. Ich konnte nur entgegnen, daß ich mir nicht vorstellen könnte, daß ein ausgewachsener Kommandierender General notwendig sei, um zwei oder drei Flugzeuge, die im besten Falle noch fliegen könnten, zu beladen. Als ganz merkwürdig hätte ich es aber empfunden, daß Hube mir nicht zu sagen gewagt hätte, daß er jetzt ausflöge. Ich hätte ihm doch zumindest gerne noch einen Abschiedsgruß für meine Frau und meine Kinder mitgegeben, denn Post ging ja schon lange nicht mehr.

Zu der katastrophalen Lage im Kessel sagte Paulus, daß er noch einmal an Hitler funken und um Handlungsfreiheit bitten wolle. Vorher wolle er jedoch nochmals die erreichbaren Divisions- und Kommandierenden Generale zu einer Besprechung bitten, um sich zu orientieren. Diese Besprechung fand am 20. Januar statt. Es erschien jedoch nur ein relativ geringer Teil von ihnen, u. a. die Komandierenden Generale Heitz (VIII. Armeekorps), Jaenecke (IV. Armeekorps) und Schloemer (XIV. Panzerkorps) sowie von den Divisionen Oberst von Beaulieu. Ich saß dabei neben Jaenecke, der mir erzählte, er hätte am Vortage einen Treffer auf seinen Unterstand erhalten. Dabei sei er durch einen herabfallenden Balken verwundet worden. Als Beweis dafür zeigte er mir eine blutunterlaufene Stelle auf seiner Stirn, sonst war ihm nichts anzumerken, er war im Gegenteil sogar ziemlich munter, soweit das bei der verzweifelten Lage überhaupt möglich war.

Paulus stellte zunächst den von meinem LI. Armeekorps angeregten »Ausbruch nach allen Seiten«, um das entsetzliche Elend zu beenden, zur Diskussion. Die Mehrheit der Anwesenden sprach sich jedoch dagegen aus, da undurchführbar. Danach ließ sich Paulus noch einmal von allen anwesenden Korps- und Divisionskommandeuren kurz über den Zustand der Truppe, über die Verpflegungs- und Munitionslage sowie über die allgemein verzweifelte Lage im Kessel berichten. Alle berichteten, daß es bereits überall Auflösungserscheinungen gäbe, so daß die katastrophale Lage dazu zwinge, den Wahnsinn zu beenden. Paulus versprach daraufhin, nochmals an Hitler zu funken und um Handlungsfreiheit zu bitten. Der Funkspruch vom 21. Januar 1943 hatte folgenden Wortlaut:

Die Armee meldet aufgrund der Korpsberichte und persönlicher Meldung der Kommandierenden Generale, soweit noch erfaßbar, folgende Lagebeurteilung: Truppe ohne Munition und Verpflegung, erreichbar noch Teile von sechs Divisionen, Auflösungserscheinungen an der Süd-, Nord- und Westfront. Keine einheitliche Befehlsführung mehr möglich. Ostfront geringfügig verändert. 18000 Verwundete ohne Mindesthilfe an Verbandszeug und Medikamenten.

44., 76., 100., 305., 384. Infanteriedivision vernichtet. Front infolge starker Einbrüche vielseitig aufgerissen. Stützpunkte und Deckungsmöglichkeiten nur noch im Stadtgebiet. Weitere Verteidigung sinnlos. Zusammenbruch unvermeidbar. Armee erbittet, um noch vorhandene Menschenleben zu retten, sofortige Kapitulationsgenehmigung.

gez. Paulus

Wer viel fragt, bekommt viele Antworten – und das in einer solch verzweifelten Situation, in der nur urteilen und handeln kann, wer sie selbst an Ort und Stelle durchlebt. Wenn je, so galt hier das Wort Moltkes: »Gehorsam ist ein Prinzip, aber über dem Prinzip steht der Mann.«

Die Antwort Hitlers war, wie vorauszusehen, eine brüske Ablehnung. Sie lautete meiner Erinnerung nach: »Kapitulation ausgeschlossen! Die Armee erfüllt damit ihre historische Aufgabe, den Aufbau einer neuen Front beiderseits Rostow zu ermöglichen, Kampf bis zur letzten Patrone!«

Kampf bis zur letzten Patrone

Der Zustand der Truppe in jenen Tagen spottete bereits jeder Beschreibung. Seit dem 20. November 1942 war die Verpflegung auf halbe Ration gesetzt, die Soldaten waren verseucht und verlaust. Es gab viele Tausende von unversorgten Verwundeten und Kranken. Die Munitionsvorräte waren so gering, daß sie Feuer nur noch im äußersten Fall erlaubten.

So dämmerten die Männer in elenden Löchern dahin, das Ende des Wahnsinns so oder so erwartend und herbeisehnend.

Die Armeeführung verhielt sich nach Hitlers Antwort völlig passiv. Wenn sie sich Hitlers Parole »Kampf bis zur letzten Patrone« zu eigen gemacht hätte, wären entsprechende anfeuernde Befehle zu erwarten gewesen. Aber nichts dergleichen! Statt dessen gingen zahlreiche Gerüchte um, wie es bei der verzweifelten Lage und der mangelnden Aktivität der Armeeführung allzu natürlich war. Wie die Armeeführung in diesen Tagen dachte, zeigt der Funkspruch, der nach Manstein am 24. Januar bei der Heeresgruppe Don als Mitteilung des Chefs des Generalstabes des Heeres, General Zeitzler, einging:

Hier ist folgender Funkspruch eingegangen: Festung ist nur noch wenige Tage zu halten. Ausbleibende Versorgung hat Männer entkräftet und Waffen unbeweglich gemacht. Letzter Flugplatz wird in Kürze verlorengehen. Damit Versorgung auf ein Minimum absinkend. Grundlage für Kampfauftrag zum Halten Stalingrads ist nicht mehr vorhanden. Schon jetzt kann Russe an einzelnen Fronten durchstoßen, da ganze Strecken durch Sterben der Männer ausgefallen. Heldenmut von Führern und Soldaten trotzdem noch nicht gebrochen. Um dies zum letzten Schlag auszunutzen, beabsichtige ich, kurz vor dem Zusammenbruch Befehle für alle Teile zum organisierten Durchschlagen nach Südwesten zu geben. Einzelne Gruppen werden durchkommen und hinter russischer Front Verwirrung stiften.

Während bei Stehenbleiben mit Sicherheit alles umkommt, da auch Gefangene an Hunger und Erfrierungen sterben werden, schlage ich vor, wenige Männer, Offiziere und Mannschaften als Spezialisten noch aus-

zufliegen, um sie für die weitere Kriegführung nutzbar zu machen. Befehl dazu muß bald ergehen, da voraussichtlich nur noch kurze Zeit eine Flugmöglichkeit. Offiziere bitte ich namentlich zu bestimmen, meine Person scheidet selbstverständlich aus.

gez. Paulus

Das OKH erteilte folgende Antwort:
Funkspruch erhalten, deckt sich voll mit meinem Vorschlag von vor acht Tagen. Führer nochmals vorgetragen. Führer hat entschieden:

1. Betreffend Durchschlagen – Führer hat sich letzte Entscheidung vorbehalten. Ich bitte also, mir gegebenenfalls noch einen Funkspruch zu schicken.

2. Bei Ausfliegen – Führer hat zunächst abgelehnt. Bitte Zitzewitz nach hier entsenden, der darüber nochmals vortragen soll. Ich werde ihn zum Führer mitnehmen.

gez. Zeitzler

Am 24. Januar war das letzte Flugzeug bereits abgeflogen, es kam also nicht mehr zum Ausfliegen einzelner Spezialisten. »Die letzte Entscheidung« Hitlers über das Durchbrechen kleiner Gruppen im letzten Augenblick durch die feindlichen Linien ist nie erfolgt.

Zum Ausfliegen möchte ich noch sagen: Die Russen hatten, wie uns später russische Generale bestätigten, das Prinzip, zunächst »das Beste« auszufliegen, also die Generale. Wir Deutschen hatten in einer Lage wie der der 6. Armee die alte deutsche soldatische Auffassung, daß die Offiziere, wenn es um die Rettung des Lebens geht, hinter den Mannschaften, für die sie verantwortlich sind, zurückzutreten haben. Aus diesem Grund hat die Heeresgruppe keinen Schritt getan, um den Vorschlag des Oberbefehlshabers Paulus bei Hitler durchzusetzen. So blieben mir auch die Begründungen für das Ausfliegen von General Hube ebenso unverständlich wie das mit den letzten Flugzeugen noch erfolgte Ausfliegen des Generals Jaenecke mit der Begründung »verwundet«.

Eine gewisse Empörung im Kessel verursachte auch der Ausflug des Generalmajors Pickert, Kommandeur der 9., im Kessel befindlichen Flakdivision, der merkwürdigerweise als Kommandeur einer Division ausgeflogen wurde, und zwar am 10. Januar 1943, um Feldmarschall Milch über die Zustände im Kessel zu unterrichten; ob auf eigenen Antrieb oder auf Befehl, wurde nicht bekannt. Bekannt wurde dagegen die Tatsache, daß er in den Tagen, als die letzten Flugzeuge noch nachts in Stalingradski landeten, den »Versuch« machte, den Befehl über seine Division wieder zu übernehmen. Das Wiedereinfliegen mißlang jedoch. Dafür schickte er einen Funkspruch an seine alte Division: »Wiedereinflug in den Kessel heute nacht durch Feindeinwirkung mißglückt. Aufstelle neue 9. Flakdivision, sie wird kämpfen mit dem Ruf: ›Rache für Stalingrad!‹« In derselben Nacht landeten in Stalingrad noch verschiedene Versorgungsflugzeuge.

Am frühen Nachmittag des 22. Januar saß ich in meinem Bunker und dachte über die aussichtslose Lage nach, als sich Oberst Selle, der Kommandeur der Pioniere der 6. Armee, bei mir melden ließ. Er wollte eigentlich zu meinem Chef, Oberst Clausius, geriet aber versehentlich zu mir. Sein Besuch war mir um so willkommener, als wir im Frieden mehrere Jahre in benachbarten Garnisonen (Verden und Harburg) Kommandeure waren und uns aus jener Zeit gut kannten und verstanden. Außerdem hatte ich seine erfolgreiche Tätigkeit als Armeepionierführer noch in besonders guter Erinnerung, und zwar beim Bau der beiden großen Pontonbrücken über den Don bei Peskowatka und Werjatschi. Ich wußte, daß ich ihm als Kameraden vertrauen und ganz offen mit ihm sprechen konnte. So ließ ich ihm gegenüber meinem ganzen Unmut über die Lage und die Haltung unseres Armeestabes freien Lauf. Wir waren über das ganze Ausmaß der verbrecherischen Schuld unserer unfähigen höchsten Führung derselben Auffassung, ebenso darüber, daß unsere Armeeführung die vielleicht einzig mögliche Gelegenheit zum selbständigen Handeln zweimal verpaßt hatte, nämlich gleich im November und dann am 23. Dezember bei der Möglichkeit, zu »Wintergewitter« und »Donnerschlag« anzutreten.

Wir kamen bei diesem Gespräch vom Hundertsten ins Tausendste, doch an erster Stelle stand die Zukunft unseres Vaterlandes. Dazu prophezeite ich für die weiteren Aussichten dieses wahnsinnigen Vierfrontenkrieges: Stalingrad ist ein Beresina im Quadrat, Deutschland wird einmal ein Stalingrad im Quadrat sein!

Am Schluß gab ich ihm – außer Grüßen an meine Familie in Verden – mit auf den Weg, er solle Hitler die düstere Wahrheit berichten und ihm darlegen, daß das, was jetzt noch in Stalingrad geschähe, ein Verbrechen sei. Selle hat nach seiner Rückkehr mit seiner Meinung über Stalingrad und unsere höchste Führung nicht zurückgehalten. Dafür mußte er – denunziert – jahrelang ins Gefängnis.

Dem Ende entgegen

Obwohl die völlige Auflösung rapide fortschritt, sollte es noch eine Woche dauern, bis die Todesstunde des Kessels nahte. Man wird fragen, wie es kommen konnte, daß sich der Todeskampf der 6. Armee noch so lange hinziehen konnte. Die Erklärung dafür sehe ich nicht in dem heldenmütigen Aushalten unserer Männer, sondern lediglich in dem Verhalten der Russen. Sie waren sich über die katastrophalen Verhältnisse im Kessel im klaren. Ihr Opfer lag vor ihnen. Sie hatten Zeit und konnten unseren Tod in Ruhe abwarten, ohne noch einen Mann zu opfern. Das wenige, was sie an eigenen Kräften noch am Kessel zu stehen hatten, war an der übrigen Front entbehrlich. Dort verfügten sie ohnehin über genügend Reserven, nachdem nicht nur die gesamte 6. Armee vernichtet, sondern auch die ganze Front weiter nördlich bei den Italienern und Ungarn bis hinauf nach Woronesch total zusammengebrochen war. Stalingrad brauchten sie zu diesem Zeitpunkt nicht mehr in ihre militärischen und strategischen Pläne einzubeziehen. Andererseits kann kein Zweifel darüber bestehen, daß bei wirklich energischem russischen Zupacken der Rest der 6. Armee schon mindestens acht Tage vorher zusammengebrochen wäre.

Die vordersten eigenen Linien waren jetzt nur noch etwa 1 km und weniger von uns entfernt. Daher entschlossen sich Clausius und ich, unseren Gefechtsstand – dem weiteren Schrumpfen des Kessels entsprechend – von Hartmannsdorf in das Stadtzentrum zu verlegen. Über die letzten Bunker des Stabes der 100. Jägerdivision am Stadtrand ging es nach Stalingrad-Mitte, in das noch leidlich erhaltene Gebäude der GPU. Es war ein niedriger und massiver Flachbau mit einer Vielzahl von Räumen – anscheinend früher Büroräume – und einigen Gefängniszellen. Gebäude und Hof waren von einem Stacheldrahtzaun umgeben. Auf dem Hof verstreut lagen mehrere Baracken, die noch vor kurzem zur Unterbringung russischer Gefangener gedient hatten.

Wir fanden dort bereits drei andere Stäbe vor, den Stab der 376. Division mit General von Daniels, der 3. Division (mot.) mit Oberst von Hanstein sowie den Stab des XIV. Panzerarmeekorps mit dem leichtverwundeten Generalleutnant Schloemer und seinem Chef,

Oberst im Generalstab Müller. Der gesamte Reststab unseres Korps – die Stabskompanie unter Führung des Ic, Rittmeister Heintze, war zur Verstärkung der Front am Eisenbahndamm abgegeben worden – kampierte in einem mittleren Zimmer im Keller. Es war die letzte gemeinsame Nacht.

In dieser Nacht vom 24. auf den 25. Januar brach mein Chef, Oberst Clausius, zusammen mit dem Quartiermeister, Oberstleutnant im Generalstab Witt, dem Korpsarzt, Oberstarzt Dr. Arndt, sowie Major Hachtl und Rittmeister Peukert auf, um den Ausbruch zu versuchen. Sie hatten sich entsprechend beweglich mit Skiern ausgerüstet und hofften, einzeln durch die Lücken in der russischen Front das Freie gewinnen und die deutschen Linien wieder erreichen zu können. Ihr Wille, alles, was noch möglich war, mit diesem Ausbruch zu versuchen, blieb unbeugsam, obwohl ein Major Pohl mit einigen Kameraden gerade von einem derartigen Versuch zurückgekehrt war und dringend davon abriet. Er hätte wieder umkehren müssen, als sich sein Unternehmen infolge der Kälte, des Schnees und nicht zuletzt durch die geschlossene russische Front als undurchführbar erwies. Ich selbst hatte von vornherein verzichten müssen, nachdem ich wenige Tage vorher bei einem Probelauf auf Skiern festgestellt hatte, daß ich solchen Anstrengungen nicht mehr gewachsen war.

Der Ausbruchsversuch unter Clausius mißglückte. Nur noch ein einziges Lebenszeichen der Beteiligten erreichte mich später in der Gefangenschaft. Oberst Clausius hatte sich ein oder zwei Tage nach dem mißlungenen Versuch beim Stab der 113. Infanteriedivision (General Sixt von Armin) eingefunden und diesem gesagt, er wolle sich wieder zu mir durchschlagen. Der Kessel war inzwischen in der Nacht vom 25. auf den 26. Januar in zwei Teile gespalten worden. Sonst ist nicht ein Sterbenswort über ihr Schicksal mehr zu mir gedrungen. Es muß daher angenommen werden, daß alle Teilnehmer bei dem Versuch, mich wieder zu erreichen, gefallen sind.

Paulus: »Ich tue nichts!«

Am Morgen des 25. Januar 1943 entschloß ich mich, noch ein allerletztes Mal Paulus aufzusuchen. Ich wollte wissen, welche Vorstellungen die Führung über das nahe Ende hatte und ob von ihr noch irgendwelche Befehle oder Maßnahmen, vielleicht hinsichtlich einer geschlossenen Kapitulation der ganzen Armee zu erwarten seien.

Mich trieben dazu die täglich und stündlich immer unerträglicher und entsetzlicher werdenden Zustände im Kessel. Jede geregelte Verpflegung hatte schon seit Tagen völlig aufgehört. Im besten Fall lebte ein noch einigermaßen geschlossener Truppenteil – Stab, Kompanie, Batterie – von den allerletzten eisernen Reserven.

Elende und ausgemergelte Gestalten leichter Verwundeter trieben sich zu Hunderten in der Stadtmitte und in der Umgebung der Kommandantur herum, die Generalmajor und Artillerieführer Vasoll befehligte. Am furchtbarsten aber waren die Zustände in den als Notfeldlazaretten eingerichteten Schulen. Vor diesen Gebäuden, auf den Korridoren und in den Zimmern lag alles dicht gedrängt voll mit Schwer- und Schwerstverwundeten und Sterbenden. Die wenigen Ärzte waren außerstande, Ordnung in dieses Chaos zu bringen. Kein Verbandsmaterial, keine Medikamente, keine Verpflegung! Die Toten wurden nur noch an den Außenseiten der Gebäude meterhoch aufgeschichtet. Dazu eisige Kälte und ständig über die kahle Steppe treibender Schnee! Unvorstellbar, was hier das Auge sah: Es war die Hölle auf Erden! So sah der »Kampf bis zur letzten Patrone« aus.

Ich ging zusammen mit dem Chef des Stabes des XIV. Panzerkorps, Oberst im Generalstab Müller, über das Eis der Zaritzamündung ziemlich dicht am Wolgaufer entlang zu dem sogenannten Sanatorium, Paulus' vorletztem Gefechtsstand. Er empfing uns zusammen mit seinem Chef, Generalmajor Schmidt, gleich nach unserem Eintreten.

Es entwickelte sich zunächst ein kurzes Gespräch über einen Funkspruch des OKH, General Zeitzler, den Schmidt mir zeigte. Er enthielt den Befehl, daß Schmidt als letzter aus dem Kessel ausfliegen sollte. Er fügte gleich hinzu, das letzte Flugzeug sei gestern bereits aus Stalingradski abgeflogen. Zu spät!

Ich trug dann kurz mein Anliegen vor, ohne noch näher auf die schweren Auflösungserscheinungen einzugehen, die Paulus nicht weniger bekannt waren als mir, und stellte die Frage, ob die Armeeführung noch irgend etwas zu tun gedenke hinsichtlich einer geschlossenen Kapitulation der ganzen Armee. Sonst stünde jeder einzelne Offizier und Soldat vor der Frage, ob und wie er für sich allein handeln solle.

Paulus, völlig resignierend, antwortete ohne jede Begründung: »Ich tue nichts!« Schmidt stand schweigend dabei. Darauf meldete ich nach kurzer Überlegung, daß ich dann selbständig handeln würde. Weder Paulus noch Schmidt erwiderten etwas, worauf ich mich wieder abmeldete. Es war die letzte persönliche Begegnung mit Paulus im Kessel.

Als ich wieder im GPU-Gebäude eingetroffen war, berief ich sofort die Generalsstabsoffiziere der beiden mir verbliebenen Divisionen – 100. Jägerdivision (Generalleutnant Sanne) und 295. Division (Generalmajor Dr. Korfes) – und diktierte ihnen folgenden Korpsbefehl (dem Sinne nach, da Wortlaut nicht erhalten):

LI. Armeekorps *Stalingrad, 25. 1. 43–21.00 Uhr–*

Korpsbefehl

1. *Lage stündlich katastrophaler.*
2. *Luftversorgung seit Tagen völlig eingestellt.*
3. *Ein Befehl der 6. Armee über das unmittelbar bevorstehende Ende des Kessels nicht zu erwarten.*
4. *Ich befehle daher:*
   Es muß unter allen Umständen vermieden werden, daß die Front durch russische Angriffe in kleine und kleinste Teile aufgespalten wird und letzte, völlig sinnlose Verluste entstehen.
   Die Regiments- und Bataillonskommandeure erhalten hiermit das Recht, je nach örtlicher Lage, den Rest der Munition zu verschießen und damit den Kampf einzustellen.

Unterschrift gez. von Seydlitz
General der Artillerie

Nach dem Aufbruch von Clausius und den anderen Offizieren des Korpsstabes zu ihrem Ausbruchsversuch befanden sich bei mir nur noch mein Adjutant, Major Rönisch, und der Ordonnanzoffizier, Rittmeister Bethge. Wir wurden von Korfes und seinem Reststab trotz engster Verhältnisse kameradschaftlich aufgenommen. Wir hatten keinerlei Verpflegung mehr, nur noch geschmolzenes Schneewasser. Die Armeeführung hatte ihren letzten Gefechtsstandwechsel, und zwar zum Roten Platz in den Keller des Univermag (Warenhaus) vollzogen.

In der folgenden Nacht vom 25. auf den 26. Januar griffen die Russen am Flugplatz am äußeren Stadtrand weiter an und spalteten den Kessel in zwei Teile. Bei der Aufspaltung des Kessels kam der nördliche Teil unter General Strecker, der südliche unter Paulus; das VIII. Armeekorps (Heitz) kam mit einem Teil seines Korpsstabes und der 76. Infanteriedivision (Generalleutnant Rodenburg) links neben mein LI. Armeekorps.

Rodenburg war mir mit seiner Division seinerzeit beim Übergang über den Don am 22./23. August bei Werjatschi unterstellt worden. Er rief mich, sobald die Verbindung hergestellt war, an und fragte erregt, was bei meinem Korps befohlen sei; er hätte etwas von Kapitulation gehört. Als ich ihm auseinandersetzte, was ich selbständig befohlen hatte, beruhigte er sich wieder, so schien es jedenfalls, und fand meine Lösung offenbar der katastrophalen Lage angemessen, meldete dann aber das, was er von mir gehört hatte, General Heitz, der es wiederum der Armee weitermeldete. Auf diese Weise erfuhr die Armee, was ich selbständig befohlen hatte.

Wie mir der Armeeadjutant, Oberst Adam, später in der Gefangenschaft erzählte, erwog die Armee zunächst, mich verhaften zu lassen. Da es sich jedoch nur noch um ein oder zwei Tage bis zum Ende handeln konnte, nahm sie von dieser Lösung Abstand und wählte einen anderen Ausweg aus dem Konflikt: Sie unterstellte mich mit meinen zwei Divisionen dem zehn Jahre älteren General Heitz. Das war vielleicht organisatorisch auch insofern gerechtfertigt, als sonst Heitz eine und ich zwei Divisionen, d. h. die Trümmer dieser Divisionen, befehligt hätte. Heitz hatte also nunmehr drei Divisionen, und ich war als Kommandierender General ohne Verwendung.

Wie ich schon kurz erwähnte, kannte ich Heitz sehr gut aus unserer gemeinsamen 36. Division in Danzig und aus dem Ersten Weltkrieg. Er war ein Soldat mit eisernen Nerven, den auch katastrophale Lagen und schwerstes Feuer nicht beirren konnten. Menschlich lag er vielen nicht, da er oft rücksichtslos und egoistisch war. Vor dem Krieg Präsident des Reichskriegsgerichts, gehörte er zu den überzeugten Nationalsozialisten.

Außer mir hatte sich bei Korfes noch ein zweiter abgelöster Kommandierender General (General der Artillerie Pfeffer) eingefunden, der das IV. Armeekorps nach General Jaeneckes Ausflug am 22. Januar übernommen hatte. Er brachte seinen Chef, Oberst im Generalstab Crome, mit. Pfeffer war schon fast 60 Jahre alt, hatte einen weißen Vollbart und trug eine weiße Kombination. Er war durch die Strapazen des Kessels in ziemlich elendem Zustande und wirkte mit seinem weißen Vollbart auf viele schon wie ein Greis. Kurz vorher hatte er noch das Ende des Generals von Hartmann am Bahndamm südlich der Zaritza miterlebt. Hartmann lehnte den Gedanken an die russische Gefangenschaft ab und stieg deshalb am Bahndamm auf die Barrikaden. Oben frei auf dem Bahndamm stehend, schoß er auf einzelne angreifende Russen, bis er selbst einen Kopfschuß erhielt und kerzengerade rückwärts den Bahndamm hinunterstürzte.

Heitz nahm die Zügel seines neuen Kommandos über die drei Divisionen sofort straff in die Hand. Eine Korpsbefehlsausgabe am 28. oder 29. Januar in einem etwas größeren alten Bunker diente ihm dazu, seinen Willen zum Kampf bis zur letzten Patrone, gemäß Hitlers Funkspruch, sofort mit allen Mitteln durchzusetzen. Die Szene ähnelte der Befehlsausgabe eines Oberwachtmeisters an seine versammelten Unteroffiziere. Nur standen hier vor dem »Oberwachtmeister« zwei andere Kommandierende Generale, drei Divisionskommandeure, drei Obersten, darunter sein Chef, Oberst im Generalstab Schildknecht, und noch einige jüngere Generalstabsoffiziere.

Was konnte man einer Truppe, die seit Tagen ohne jede Verpflegung mit nur noch geringster Munition, die bei eisiger Kälte in ihren Löchern dem Feuer offen aufgefahrener russischer Panzer preisgegeben war, wohl noch befehlen für diesen letzten Kampf bis zur letzten Patrone? So wie ich Heitz zu kennen glaubte, auch als überzeugten Nationalsozialisten, als eisernen General, hatte ich erwartet, er würde in einem letzten Befehl die Truppe noch einmal zu allerletztem Widerstand anfeuern. Dabei würde er vielleicht ihr wahrlich heldenhaftes Ausharren bis zu diesem bitteren Ende noch einmal in seiner ganzen Größe herausstellen. Er selbst würde sicherlich an der Spitze seines Armeekorps den Tod suchen und finden. Heitz verlor jedoch kein einziges Wort, das der ungeheuerlichen und ausweglosen Lage des deutschen Soldaten hier in Stalingrad und seinem Heldentum durch viele schwerste Monate gerecht wurde, im Gegenteil – es wurde vielmehr alles mit dem Tode bedroht, was seine Idealvorstellungen dieses letzten Kampfes bis zur letzten Patrone noch hätte beeinträchtigen können:

1. Wer kapituliert, wird erschossen!
2. Wer mit den Russen verhandelt, wird erschossen!
3. Wer die weiße Fahne zeigt, wird erschossen!
4. Wer ein Brot oder einen Schinken, die von unseren Fliegern nachts abgeworfen werden, nicht sofort abliefert, wird erschossen!

5., 6., 7. ... wird erschossen!

Angesichts des tausendfachen Sterbens ringsum nur noch Drohungen mit dem Tode durch das eigene Kommando. Wir nahmen in dieser Situation den Befehl schweigend hin.

Es ist schwer, sich vorzustellen, wie das bittere Ende eines 72tägigen Kampfes wirklich aussah. Der letzte Tag für den Südteil des Kessels unter Paulus, der 31. Januar 1943, brach an. Es war ein trüber und eisiger Steppenwintertag. Hatte Heitz' apokalyptischer Befehl dieses Ende noch hinausgezögert? Vielleicht um einen jämmerlichen Tag, um den die russischen Einschließungskräfte des Südteils des Kessels eher frei wurden. Also ohne jede Bedeutung, besonders, wenn man bedenkt, mit welch minimalen Kräften die Sowjets dieses Ende erzwangen. Einige Panzer und etwas Infanterie genügten, um die Einschließungsfront kampfkräftig zu halten. Sämtliche Großverbände waren längst frei geworden.

Seit Tagen bestenfalls noch ein Stück trockenes hartes Brot im Magen, gingen am Vormittag dieses Tages gegen 10.00 oder 11.00 Uhr Generalleutnant Pfeffer und ich auf der Sohle der Balka vor den drei Unterständen auf und ab. Das Thema unserer Unterhaltung ging – wie fast immer in jenen Tagen – um die letzten Lebensfragen. Es hieß, daß die Armeeführung Selbstmord verboten habe. Trotzdem griff noch vor dem Ende des Kesselteiles südlich der Zaritza der Selbstmord wie eine Seuche um sich. So zogen der Kommandeur der 371. Infanteriedivision, Generalmajor Strempel, und zwei seiner Regimentskommandeure den Tod der russischen Gefangenschaft vor.

Selbstmord lehnten Pfeffer und ich ab. Pfeffer tat dies nicht ohne bittere Vorwürfe gegen Hitler. Ich hatte mich mein Leben lang immer meinem Schicksal überlassen. Nur wenn mir die Wahl zwischen zwei oder mehreren Möglichkeiten geblieben war, hatte ich mich klar für die mir am besten erscheinende Lösung entschieden. Ich kann mich nicht entsinnen, jemals wesentlich in mein Schicksal eingegriffen zu haben. So war ich auch in diesem Falle entschlossen, mein Schicksal zumindest versuchsweise auf mich zu nehmen. Pfeffer und ich waren auf einer Stelle des etwa 30 m langen Balkateiles eine Weile stehengeblieben.

Als wir unser Auf und Ab wieder fortsetzten, schlug an der von uns gerade verlassenen Stelle eine Mine ein. Ich sagte zu Pfeffer, dies sei vielleicht ein Zeichen des Schicksals, die Gefangenschaft zu versuchen. Schluß zu machen, wenn sie unerträglich würde, könnten wir dann noch immer.

Die Gefangennahme am 31. Januar 1943

Der Gefechtslärm an diesem Vormittag war nur schwach, hier und da ein MG-Feuerstoß, einige Schüsse Artilleriefeuer und Minenwerfer-Feuerüberfälle. Plötzlich beobachteten wir, wie ein russischer Panzer T 34 auf die Brücke zurollte, die unsere Balka, nur etwa 10 m von unserem Bunker entfernt, überquerte. Er beherrschte mit seinem Feuer unsere Balka und zwang uns in unsere Bunker.

Gegen 13.00/14.00 Uhr saß ich allein in unserem Bunker, Korfes und Pfeffer waren zu den Kameraden in den Nachbarbunker gegangen. Etwas Unheimliches lag in der Luft.

Da wurde plötzlich die Tür aufgerissen. Vor mir stand ein russischer Soldat. Er gab keinerlei Kommandos wie etwa »Hände hoch!« oder ähnliches. Ich übergab ihm meine Pistole und war russischer Kriegsgefangener.

Als ich aus unserem Bunker heraustrat, waren vor den Nachbarbunkern Generale, Offiziere und Mannschaften im Begriff, unter dem Befehl eines russischen Offiziers anzutreten. Es waren die Generale Pfeffer, IV. Armeekorps, Dr. Korfes, 295. Division, und Sanne, 100. Jägerdivision, die Obersten Schilling (Pionierkommandeur), Crome (Chef des Generalstabes, IV. Armeekorps) sowie noch einige Majore und Hauptleute und schließlich fünf bis sechs Unteroffiziere und Mannschaften, insgesamt wohl 16 bis 18 Personen.

Nach diesem Antreten ging es sofort unter Führung eines russischen Leutnants und ein oder zwei Rotarmisten zunächst im Gänsemarsch auf einer schmalen Treppe die Steilwand der Balka hinauf, um oben zu sammeln, die vier Generale an der Spitze. Oben waren vielleicht fünf bis sechs der Generale und Offiziere angekommen, als wir plötzlich deutsches MG-Feuer in den Rücken erhielten. Deutsche schossen auf Deutsche auf Grund der Befehlsausgabe von Heitz, der jede Kapitulation mit dem Tode bedroht hatte. Zwei unserer Kameraden wurden dadurch tödlich in den Rücken getroffen und aus unseren Reihen jäh herausgerissen: der Pionieroberst Schilling und der Rittmeister Bethge meines Korpsstabes. Sie rollten den Steilhang hinunter, den unten stehenden russischen Offizieren und Soldaten vor die Füße. Versuche, ihnen aus unserer Kolonne heraus noch Hilfe zukommen zu lassen, wurden von den Russen nicht geduldet. Jedenfalls ließen sie ein längeres Verweilen bei unseren schwerverwundeten Kameraden nicht zu. Beide müssen bald ihren Wunden erlegen sein. Wir haben nie wieder etwas von ihnen gehört.

Nachdem alles oben beisammen war, traten wir in Viererkolonnen den Abmarsch an, in der ersten Reihe die vier Generale Pfeffer, Korfes, Sanne und ich. Das Ganze war durch die ungewöhnlichen Uniformen – Pelze, weiße Kombinationen, feldgraue Mäntel, die verschiedenen Pelzmützen usw. – ein merkwürdig aussehender Haufen. Der greisenhaft aussehende 60jährige Generalleutnant Pfeffer mit seinem weißen Vollbart wurde von allen Russen wie ein Weihnachtsmann angestaunt. Der Marsch ging zunächst die große Nord-Süd-Magistrale in nördlicher Richtung und bog dann nach Osten auf eine schmale, nur von einigen Holzhäuschen bestandene Nebenstraße ein, die der Richtung nach zur Wolga führen mußte.

Jeder hing seinen eigenen Gedanken nach und fragte sich wohl: Wohin führt dieser erste Marsch der Gefangenschaft? Was werden die allernächsten Tage, was die weitere Zukunft in sowjetischer Gefangenschaft uns bringen? Wie lange wird die Gefangenschaft dauern? Keiner sprach ein Wort. Schweigen umgab dieses elende kleine Gefangenenhäuflein, das langsam die kahle Straße entlangzog.

Doch die Szene sollte sich noch einmal grausig beleben. Ein russischer Offizier in kurzem Nacktpelz und eine junge, gut angezogene Russin – sie trug eine Pelzjacke und eine Pelzmütze und nicht, wie sonst üblich, eine Wattejacke und Kopftuch – kamen aus einem rechten Seitenweg. Sie setzten sich an die Spitze unserer Kolonne und gingen etwa fünfzehn Schritte voraus. Die Kolonne näherte sich einem Punkt auf der Straße, wo ein völlig zerrissener Leichnam eines deutschen Soldaten lag. Wir verlangsamten unwillkürlich unsere Schritte. Als sich die Leiche zwischen dem voranschreitenden Offizier und der Spitze unserer Kolonne befand, drehte sich der russische Offizier plötzlich um. Dabei rief er zornig, auf die Leiche zeigend: Großdeutschland! Ja, da lag er, ein gefallener unbekannter deutscher Soldat, offenbar von einer Mine gespalten. In diesem Augenblick durchzuckte es wohl einen jeden von uns nach den gerade hinter uns liegenden Tagen des Lebens und Sterbens unserer 6. Armee in Stalingrad. Sollte unserer Heimat wirklich ein solches Schicksal beschieden sein? Sollten wir sie nicht wiedererkennen?

Der Marsch der Gefangenen über das von Tod und Zerstörung starrende Schlachtfeld ging weiter. Eisiges Schweigen in uns, eisiges Schweigen ringsum. »Stalingrad – Stalingrad... morne plaine...!« Victor Hugos »Waterloo – Waterloo, morne plaine...« ging mir immer wieder durch den Kopf angesichts dieser Zerstörung und Trostlosigkeit des Schlachtfeldes. Längst vergangene Schultage aus der Gymnasialzeit in Danzig kamen mir ins Gedächtnis, wo wir im französischen Unterricht Victor Hugos berühmtes Gedicht lernen mußten.

Zweiundsiebzig Tage hatten unsere Männer im Kessel von Stalingrad durchgehalten, bis schließlich Hunger und Kälte, restloses Versagen der Luftversorgung, Munitionsmangel und feindliche Übermacht die Übergabe erzwangen. Eine wahrhaft verratene und verlassene Armee!

Heute wissen wir vom Kessel und vom Untergang der 6. Armee die erschreckend düsteren Zahlen:

Bestand der Armee bei Kesselbeginn am 19./20. November 1942 insgesamt etwa 350000 Mann, dezimiert durch die viermonatige Schlacht und zweieinhalb Monate Kessel und Feindeinwirkung auf etwa 120000 Mann, von den Russen als Gefangene gemeldet etwa 90000 Mann, heimgekehrt etwa 5500 Mann.

Wir hatten nur Teile dieses blutigen Schlachtfeldes gesehen. Die infolge der Kälte unbeerdigten Leichen türmten sich zu unvorstellbar riesigen Haufen. Ein katholischer Pfarrer, genannt der »Totenkönig von Gumrak«, der heute im Saargebiet ansässig ist, der auf diesem Verbandsplatz täglich über 200 Sterbende mit der Letzten Ölung versah, berichtete über die Aufräumung des Schlachtfeldes durch die Russen: »Noch über 65000 Leichen verluden die Russen wie Packholz auf niedrige Lastschlitten und übergaben sie der auftauenden Wolga.«

Und wohin ging unser Weg? Erwartete uns eine jahrelange und ungewisse Gefangenschaft? Die pessimistischen Phantasien jedes einzelnen waren grenzenlos, doch wir sprachen nicht darüber. Wir marschierten nur noch ein paar hundert Meter, als wir plötzlich die Wolga erblickten. Ein hoher Steilhang auf dem Westufer hatte sie bisher unseren Blicken entzogen. Am Ufer herrschte reges Leben, überall sowjetische Soldaten. Hier war der Übergang über die zugefrorene Wolga, die auch von Lastkraftwagen mit schweren Versorgungsgütern befahren wurde.

General Tschuikow

Unsere Kolonne hielt vor einigen der größeren Bunker, die in das Steilufer der Wolga hineingetrieben waren. Der größte der Bunker war, wie sich herausstellte, der Gefechtsstand des Kommandeurs der 62. sibirischen Armee, des Kommandanten von Stalingrad, General Tschuikow. (In den fünfziger Jahren war er längere Zeit Befehlshaber der sowjetischen Truppen in Berlin.) Die drei anderen Generale, Oberst im Generalstab Crome und Oberst im Generalstab Dissel wurden in diesen Bunker geführt, während man mich ohne ersichtlichen Grund zunächst allein vor der Tür stehen ließ. Erst etwa zehn Minuten später wurde auch ich hineinbefohlen. An einem kleinen Tisch am Fenster saß ein sowjetischer General und sprach über einen Dolmetscher – anscheinend ein Sonderführer in Uniform ohne Abzeichen – mit den an der Innenwand sitzenden gefangenen Generalen und Offizieren. Der General entpuppte sich, durch den Dolmetscher vorgestellt, als General Tschuikow.

Als ich eintrat, fragte er mich sofort, ob ich ihm mit meinem Korps damals im Sommer gegenübergestanden hätte, als mein Adjutant, Major Schmidt, vor seiner Stellung fiel. Ich bejahte das, worauf er selbstzufrieden und ironisch lächelte. Das weitere Gespräch zwischen General Tschuikow und uns spielte sich dann stereotyp in folgender Form ab: Der General stellte auf Russisch eine Frage. Der Dolmetscher – anscheinend ein Armenier – leitete sie jedesmal mit den Worten ein: »Unser General sagt so.« Dann antwortete meistens von uns als einziger Generalmajor Dr. Korfes, dessen Zunge hier bei dieser ersten Vernehmung merkwürdig locker saß, während wir anderen äußerst zurückhaltend und wortkarg blieben.

Tschuikow wollte vor allem wissen, warum wir nicht gleich nach der Einkesselung ausgebrochen wären. Darauf antworteten wir übereinstimmend, daß wir das selbstverständlich gewollt hätten; Hitler jedoch habe es verboten. Tschuikow erklärte: »Wir hatten große Angst.« Mehrfach regte er sich noch darüber auf, daß bei uns ein solcher »Jefreiter« derartige Befehle hätte geben können, wobei er »Jefreiter« in hartem Deutsch aussprach.

In der Zwischenzeit, in der es nichts zu übersetzen gab, untersuchte der Dolmetscher unser Gepäck, Rucksäcke und Tascheninhalte. Wir bekämen, versicherte man uns, die Sachen wieder, was nachher auch geschah, doch fehlte dann hier und da ein Taschenmesser. Im weiteren Verlauf dieser »Vorführung« kamen noch verschiedene andere russische Generale in den Bunker. Einer von ihnen, General Kirilow, fragte uns, warum wir nicht zum Schluß ausgeflogen worden wären. Die russischen Generale wären in Sewastopol am Ende alle ausgeflogen worden. Wir konnten nur antworten, daß dies bei uns, von Ausnahmen abgesehen, anders sei. Die Offiziere und Generale würden zuletzt ausgeflogen.

Zum Schluß erzählte General Tschuikow noch einiges in englischer Sprache. Es waren Erlebnisse aus seiner Zeit in Wladiwostock, an Einzelheiten erinnere ich mich nicht mehr. Er verschwand dann mit einer etwas verächtlichen Miene, ohne sich zu verabschieden.

Als wir am Ende allein waren, erschien eine recht drall aussehende russische Matka des Stabstrosses und überreichte jedem von uns ein Glas Tee und ein Stück Weißbrot. Nach dem Hunger und Durst der letzten Tage ein erstes Labsal.

Dann folgte das später so oft gehörte »Dawai – Transport«. Zum Abschied hatte man für uns ein Schauspiel in Szene gesetzt, das die ausgesprochene Vorliebe der Russen für alles Theatralische zeigte. Den etwa 80 bis 100 Meter langen Weg vom Tschuikow-Bunker bis zu einem unten am Fluß wartenden Lieferwagen säumte ein Spalier von bis an die Zähne bewaffneten Rotarmisten, alle mit Stahlhelm und mit Maschinenpistole. Damit uns diese »schimmernde« Wehr in der inzwischen hereingebrochenen Dunkelheit auch genügend Furcht und Achtung einflößte, gingen vor und hinter uns Offiziere mit Taschenlampen, mit denen sie ständig die spalierbildenden Soldaten anblitzten. Eine wahrhaft »furchterweckende« Machtentfaltung gegenüber einigen deutschen gefangenen Generalen.

Nächtliche Fahrt über das Eis der Wolga

Nach einem solchen Abschied von General Tschuikows Gefechtsstand wurden wir unten am Ufer in einen Lieferwagen verfrachtet. Die nächtliche Fahrt, die nun begann und bis zum Hellwerden am nächsten Morgen die ganze Nacht dauerte, ging zunächst über das Eis der Wolga auf das linke Ufer und dann weiter nach Osten auf unbekannten Wegen. Der Lieferwagen war nicht heizbar, und bald froren wir alle trotz Winterbekleidung bei 20 Grad Kälte barbarisch. Der begleitende russische Leutnant, der auch etwas Deutsch sprach, legte aber – sicherlich auf Weisung von oben – mitten in der Nacht in einem Panjehaus an der Straße eine kurze Rast ein, bei der wir uns etwas aufwärmen konnten.

Drinnen war es nicht nur warm, wir bekamen sogar ein Glas Tee gereicht. Das Innere des Holzhäuschens bestand aus einem großen Raum. Ein kleinerer Schlafraum war durch einen großen Ofen und etwas Wand ohne Tür abgetrennt. Wir standen daher in beiden Räumen um den Ofen herum, Möbel, außer einem Tisch und zwei Stühlen, waren nicht zu sehen, nur im Schlafraum stand rechts und links an der Wand je ein Eisenbett. In einem dieser Betten lag eine jüngere Frau. Ihr Baby hing in einem an einer Stange befestigten Korb unter der niedrigen Stubendecke, so daß die Mutter die hängende Wiege zu ihrem Bett heranziehen konnte, um das Baby zu nähren.

Die junge Mutter guckte sich das eigenartige Treiben der gefangenen Offiziere mit erstaunten Augen an. Nach etwa zwanzig Minuten ging es aber weiter. Noch im Lieferwagen erlebten wir das Hellwerden des nächsten Tages, des 1. Februar 1943. Gegen 9.00 Uhr landeten wir an einem alleinstehenden Panjehäuschen, das für die nächsten zehn Tage unser Quartier werden sollte. Auch hier ein größerer Raum und ein kleinerer Nebenraum, durch einen großen Ofen abgeteilt. An der hinteren Längswand hatte man eine große Holzpritsche für uns aufgestellt, an den übrigen Wänden dazu noch einige Einzelpritschen. Ich kam auf der großen Pritsche als zweiter vom Fenster zu liegen, neben mir am Fenster selbst Oberst Crome und links von mir General Korfes.

Während alle jüngere Offiziere und Mannschaften von uns längst getrennt waren, bekamen wir hier für einige Tage als Gast einen leichtverwundeten Leutnant der Reserve namens Ribbentrop, von dem die Sowjets wohl annahmen, er sei mit dem Außenminister Ribbentrop verwandt und daher für sie interessant. Die Verwandtschaft war jedoch nur sehr weitläufig, jedenfalls wurde Ribbentrop nach einigen Tagen wieder abgeholt. Am gleichen Tage stießen noch die Generale Rodenburg und Leyser zu uns, ferner ein rumänischer General, am nächsten Tage folgten General Vassol, Generaloberst Strecker und Generalmajor Lattmann.

Unsere Wache bestand aus einem Leutnant und einigen Mannschaften, die im selben Raum mit uns, aber im abgetrennten kleineren Teil, untergebracht waren. Sie sorgten für die Heizung unseres großen Ofens. Sonst merkten wir relativ wenig von ihnen, nur einer stand stets Posten an der Haustür. Die Verpflegung kam meist spät abends, manchmal auch erst nachts. Sie wurde von einem Mädchen gebracht. Die erste in Uniform glich äußerlich und auch in ihrem Benehmen sehr den von Goebbels an die Wand gemalten Flintenweibern, sie war außerdem ausgesprochen frech und schmuddelig. Nach einigen Tagen wurde sie durch eine Frau in Zivil abgelöst, die sehr sympathisch war und liebenswürdige Umgangsformen hatte.

Unsere Verpflegung bestand aus etwa 600 g Brot und einem schmackhaften Mittagessen, meist irgendein Brei (Kascha, Hirse oder Buchweizen) mit einem Stück Fleisch dazu und vorher die übliche Kohlsuppe (Schtschi). Einmal oder zweimal erschien in diesen ersten Tagen auch ein russischer General und fragte nach unseren Wünschen. Die Bitte nach besseren Wasserverhältnissen – wir konnten Wasser nur aus Schnee schmelzen – und einigen Waschschüsseln verstand er und versprach Abhilfe. Was wir wollten, bezeichnete er mit dem Sammelbegriff Kultura. Unsere Bewegung bestand aus täglich einem einstündigen Spaziergang in der Schneesteppe rings um das Häuschen herum, genannt Progulka.

Gleich zu Beginn unserer Gefangenschaft zeigte sich, wie wichtig eine gute Kameradschaft war. Es ging um einen gewissen Ausgleich der wenigen Sachen, die wir in die Gefangenschaft hatten mitnehmen können. Die meisten von uns besaßen nur das, was sie auf dem Leibe trugen, dazu noch einige Toilettensachen, wie Seife, Handtuch usw., bestenfalls verfügte der eine oder andere noch über ein Reservehemd. Eigentlich war keiner von uns auf den Gefangenenstatus vorbereitet. Nur zwei Generale, Strecker und Korfes, verfügten über einen kleinen

Vulkanfiberkoffer mit einigen Reserven. Beide, besonders Generaloberst Strecker, verteilten ihren Besitz an die bedürftigen Kameraden, Strecker sogar sein letztes Reservehemd.

Alle Kameraden auch das Kesselteiles, der erst am 1./2. Februar unter Generaloberst Strecker kapituliert hatte, waren ebenfalls bei uns eingetroffen, darunter die Generale Deboi, Lenski und Lattmann; von Angern, hieß es, habe sich selbst das Leben genommen. Nur einer aus dem Paulus-Kesselteil fehlte noch: General Heitz. Über ihn entspann sich eine Unterhaltung. So wenig ich die Korpsbefehlsausgabe von Heitz am 29. Januar begreifen konnte, glaubte ich ihn hier – so wie ich ihn kannte – verteidigen zu müssen. Ich erwähnte, daß ich Heitz seit meinen Leutnantstagen in Danzig und vom Ersten Weltkrieg her kannte. Wenn er befehle, was wir am 29. Januar von ihm erleben mußten, dann würde er auch selbst danach handeln. Er sei sicher auf seinem Gefechtsstand in der Gabelbalka gefallen, anders könne ich mir sein Ende nicht vorstellen. Kaum hatte ich das gesagt, da tat sich die Tür auf, und – wir trauten unseren Augen nicht – herein trat General Heitz. Als Begrüßung rief ich ihm zu: »Sie wagen es, hier zu erscheinen, nach dem, was Sie uns vor drei Tagen befohlen haben?« Heitz: »Mein Chef des Stabes, Oberst Schildknecht, hat mich daran gehindert, mich zu erschießen.« Darauf ich: »So mußte es ja kommen.«

Heitz' Ankunft hatte sich durch einen Aufenthalt bei General Schumilow verzögert. Der russische General hatte ihn nicht nur zum Essen eingeladen, sondern ihn auch noch mit einem neuen Paar Walinkis beschenkt. Dann hatte er ihn schließlich noch bei sich übernachten und mit seinem eigenen Mercedes-Dienstauto zu uns bringen lassen. Der Gegensatz zwischen Heitz mit seinem in diesem Augenblick unvorstellbaren Schatz an Gepäck (1 Privatkoffer, 2 Mercedes-Koffer, 1 Schlafsack, eine Pelzdecke und die neuen Walinkis, eine Waschschüssel) und uns übrigen Generalen, die sämtlich so gut wie nichts besaßen, beherrschte den ganzen Raum, obwohl niemand ein Wort darüber verlor.

Immerhin hatten wir jetzt alle zusammen eine Waschschüssel und konnten uns nun jeden Morgen mit geschmolzenem Schnee waschen.

Eine erste Unterbrechung erfuhren wir in diesen Tagen für mich dadurch, daß ich etwa eine Woche nach unserer Ankunft in dem Panjehäuschen in einem Lieferwagen abgeholt wurde. Zweck und Ziel der Fahrt wurden mir nicht mitgeteilt. Nach ziemlich kurzer Fahrt landeten wir anscheinend bei einem höheren Stab. Ich mußte zunächst eine ganze Weile im Speiseraum des Stabes – wie es schien in einer

Schule – warten und wurde dann dem Ic des Stabes, also dem Nachrichtenoffizier, einem Major oder Oberst, vorgeführt. Er stellte einige Fragen, die ein Dolmetscher übersetzte. So weit ich mich entsinnen kann, galten die Fragen dem Kessel und damit zusammenhängenden Problemen. Da er sehr bald merkte, daß er bei mir nichts Besonderes erfahren konnte, brach er die Vernehmung schnell wieder ab, und ich wurde zu meinen Kameraden zurückgefahren.

Bis zu unserem Abtransport nach Moskau-Krasnogorsk erlebten wir hier unten in der Gegend von Stalingrad noch zweimal einen Quartierwechsel in ähnliche Panjehäuschen. Die beiden neuen Quartiere, in denen wir jeweils etwa acht Tage lebten, waren etwas geräumiger und solider gebaut.

Am 24. Februar 1943 hieß es plötzlich für alle: »Dawai – Transport!« Diesmal ging es nicht in ein neues Quartier, sondern zur Bahn. Der Autobus, der uns dorthin brachte, hielt irgendwo auf der freien Strecke einer eingleisigen Eisenbahn. Ein Bahnhof oder etwas Ähnliches war weit und breit nicht zu sehen. Bald nach unserer Ankunft fuhr ein Zug mit den verschiedensten Waggons vor. Auf dem Trittbrett eines jeden Waggons stand ein mit Maschinenpistole ausgerüsteter Rotarmist, der auch während der Fahrt nachher dort stehen bleiben mußte.

Wir Generale kamen zu dreien und vieren in je ein Abteil eines D-Zug-Wagens. Dem Aussehen und Zustand nach handelte es sich um einen normalen russischen 2.-Klasse-Waggon, in dem nachts durch Herunterklappen je eines gepolsterten Lagers vier Menschen liegen konnten. Unsere Bewachung bestand aus einem Eisenbahner-Rotarmisten, der eine Art Tuchhelm mit rotem Stern trug. Von ihm erhielt jeder Verpflegung für die ganze Fahrt: Brot, etwas Fett und etwas Wurst. Während der etwa zweieinhalb Tage dauernden Fahrt bekamen wir außerdem noch dann und wann ein Glas heißen Tee, der nach altem Brauch auf jeder Station reichlich vorhanden war.

Die Fahrt verlief ohne bemerkenswerte Zwischenfälle. Mit den anderen Waggons bestand keinerlei Verbindungsmöglichkeit. Die später in verschiedenen Berichten aufgetauchten Beschreibungen unseres Waggons und dessen Ausstattung sowie unserer Verpflegung während dieser Fahrt sind erheblich übertrieben. Andererseits war unser Transport selbstverständlich nicht mit den Transporten anderer Offiziere und Mannschaften zu vergleichen, die oft nur in Holzwaggons zusammengepfercht wurden.

Gefangenschaft

Sonderlager 27
Moskau-Krasnogorsk

An einem noch dunklen, neblig-kalten Wintermorgen in den letzten Februartagen 1943 landeten wir auf einem Moskauer Vorortbahnhof und fuhren mit Lieferwagen und Pkw in ein nahes, kaum mittelgroßes Lager, das in der Nähe des Moskauer Vorortes Krasnogorsk lag und die Nummer 27 trug. Nach den Panjehäuschen östlich der Wolga war dies das erste russische Gefangenenlager mit drei Meter hohen Bretterzäunen, Stacheldraht, geharkten Sandstreifen und hohen Wachttürmen. Wie sich bald herausstellte, handelte es sich um ein Sonderlager. Hierher kamen im allgemeinen nur Gefangene, die die Sowjets aus irgendeinem Grunde besonders interessierten. Dieses Lager, dicht bei Moskau, »ermöglichte« zudem einen leichten Wechsel mit einem Aufenthalt in der Moskauer Lubjanka. Unmittelbar neben der Lubjanka befand sich auch die Hauptverwaltung für die Miliz und das gesamte Gefangenenwesen.

Wir Generale wurden geschlossen in einer der ebenerdigen Steinbaracken untergebracht. Innen befanden sich kahle Räume mit 4 bis 6 eisernen Betten und einem einfachen Holztisch in der Mitte. Wir wurden von den übrigen gefangenen Offizieren ferngehalten. Dementsprechend durften wir unseren Spaziergang (Progulka) auf der geraden und kahlen Lagerstraße nur vormittags eine Stunde zur jeweils festgesetzten Zeit vornehmen. Zu dieser Zeit durfte die Straße von den übrigen Gefangenen nicht benutzt werden. Die Gründe für diese merkwürdige Trennung blieben für uns ein Geheimnis.

Selbstverständlich waren wir auch des besseren Abhörens wegen hierher verlegt worden. Außerdem brauchten die Russen wohl Zeit, um das später zu beziehende Lager Woikowo besser einrichten und mit Abhöranlagen versehen zu können.

Nur Paulus und Schmidt waren in einer abgesonderten Holzbaracke untergebracht: mit ihnen durften wir nicht verkehren. Etwas Besonderes aber, was wir eigentlich erwartet hatten, passierte in diesem Lager nicht.

Wir lernten hier zum erstenmal drei Persönlichkeiten kennen, mit denen wir fast bis zum Ende unserer Gefangenenzeit immer wieder zusammentrafen: 1. die Lagerärztin, Frau Dr. Magnitowa – eine Jüdin, die uns stets freundlich und hilfsbereit behandelte –, 2. den Oberstleutnant Dr. Georgadze – in Zivil oder in Uniform Dolmetscher und Begleiter höherer Milizgenerale bei vielen Gelegenheiten –, 3. Herrn Stern, angeblich Major oder Oberstleutnant – Jude, gleichfalls Dolmetscher und Offiziersbegleiter; seine Frau, emigrierte Berlinerin, war im Lager als Sekretärin und gleichfalls als Dolmetscherin tätig. Georgadze und Stern erzählten mehrfach, daß sie vor dem Kriege in Berlin tätig waren.

Bücher gab es hier nur über Leninismus und Marxismus. Wir benutzten die Gelegenheit, uns über die Grundlagen dieser Ideologien zu orientieren. Sonst vertrieben wir uns die Zeit mit abendlich wechselnden Vorträgen, mit Themen aus dem Leben oder Wissen der einzelnen Kameraden.

Auf diese Weise vergingen der März und April des Jahres 1943. Erst Ende April hörte man eines Morgens den Ruf durch die Generalsbaracke: »Dawai – Dawai – Transport!« Zum Packen unserer Habseligkeiten brauchten wir nur etwa eine Viertelstunde. Dann ging es mit allen 22 Generalen in einem Omnibus durch Moskau hindurch gen Osten auf der großen Ausfallstraße Richtung Wladimir (etwa 350 km ostwärts Moskau). Von Moskau selbst sahen wir dabei so gut wie nichts. Wir fuhren weiter bis zu dem alten russischen Wallfahrtsort Susdal.

Lager Susdal

Susdal war einer der größten russischen Wallfahrtsorte des alten zaristischen Rußlands. Er besteht aus ungefähr 48 Kirchen verschiedenster Bauart mit den dazugehörigen Wohngebäuden, verschiedenen alten Klöstern mit zum Teil hohen Wehrmauern. In einem der größten dieser Klöster mit haushohen Mauern und Wehrgängen wurden wir Generale untergebracht. Paulus und Schmidt wurden jetzt mit uns zusammengelegt.

Unser wehrummauerter Bau war das größte der verschiedenen Klöster. Es war vorher mit Italienern und Rumänen belegt gewesen. Die Masse dieser Gefangenen, die beim Zusammenbruch der Front der italienischen, rumänischen und ungarischen Divisionen nördlich Stalingrad gefangengenommen worden waren, sei, so hieß es, ebenso wie die in den großen Lagern bei Stalingrad Krasnoarmeisk – Beketowka gefangenen Deutschen an den verheerenden Fleckfieberseuchen zugrunde gegangen. Die Anfälligkeit für diese Seuchen war natürlich durch die furchtbaren Entbehrungen und Unterbringungsverhältnisse im Stalingradkessel gegeben.

In Susdal hatten wir mehr Auslauf als bisher, und zwar in dem großen Garten, der von den Wehrmauern eingefriedet war. Unsere Gespräche drehten sich natürlich hauptsächlich um die katastrophale Weiterentwicklung der Lage im Osten, obwohl uns für eine reale Beurteilung der Kriegslage Unterlagen fehlten. Doch eine Nachricht, die wir der russischen »Iswestija« entnahmen, die wir regelmäßig erhielten, beleuchtete schlagartig die sich für uns weiter verschlechternde Lage. Am 13. Mai 1943 hatte auch die Heeresgruppe Tunesien in Nordafrika kapituliert. 225 000 Mann gingen in die Gefangenschaft.

Ein einziges Mal bot man uns in diesem Lager auch eine Abwechslung. Es fand ein plötzlich angesagtes sogenanntes Meeting auf dem großen freien Innenplatz des Klosters statt. Dabei wurden Gefangenenarbeiten ausgestellt, z. B. Holzschnitzereien und Malereien, und außerdem sang ein Mannschaftschor. Unter den eingeladenen Gästen sahen wir zum erstenmal Wilhelm Pieck, den Führer der deutschen Emigranten in Moskau.

Generalslager Woikowo bei Iwanowo

Ende Juni/Anfang Juli wurden wir wiederum verladen – diesmal in einzelne Pkw – und fuhren auf ländlichen Wegen wieder gen Osten. Nach einigen Stunden trafen wir in einem neu eingerichteten, noch völlig unbenutzten Lager ein. Wir wurden in einem alten Gutshaus mit großen und hohen alten Räumen, die unsere Schlaf- und Wohnzimmer waren, untergebracht. Dieses Haus hatte anscheinend vorher als Erholungsheim gedient. An das alte Gebäude hatte man noch einen großen Eßsaal angebaut, über dem sich ein Vortragssaaal befand. Zu diesem Gebäudekomplex kamen noch ein Wirtschaftsgebäude und ein Krankenrevier. Zu dem Lager gehörte eine deutsche Arbeitskompanie, die in der Nähe untergebracht war und einen deutschen Koch stellte, außerdem einige Ordonnanzen und unsere Bedienung.

Unterbringung und Verpflegung richteten sich nach den Normen für gefangene Generale. Wir schliefen in Zimmern zu zweit, viert oder sechst. Nur Paulus und Schmidt wohnten in einem etwas komfortabler ausgestatteten Wohn-Schlafzimmer. Wir aßen in dem großen Eßsaal an einzelnen Vierertischen. Der große Gutspark – natürlich mit hohen Bretterzäunen und Wachttürmen gesichert – bot reichlich Gelegenheit, spazierenzugehen und Sport zu treiben. Über die allgemeine Weiterentwicklung der großen Politik und Kriegslage erfuhren wir täglich durch die russische »Iswestija«, deren wesentliche Teile uns von einem der Herren, die Russisch konnten, vorgelesen wurde. So erfuhren wir auch zum erstenmal von der Gründung des Nationalkomitees »Freies Deutschland«, die am 12./13. Juli 1943 in Moskau-Krasnogorsk stattgefunden hatte. Über die Gründung und das Manifest dieses Nationalkomitees informierte eine deutsche Zeitung, die merkwürdigerweise mit schwarzweißroten Randbalken erschien. Jeder der 22 Generale erhielt ein Exemplar der Nr. 1 der Zeitung »Freies Deutschland« dieses Nationalkomitees, in der die Gründung eingehend beschrieben war.

Man hatte aus fast sämtlichen Offiziers- und Mannschaftslagern Delegationen nach Moskau-Krasnogorsk gebracht. Die Initiative dazu war von der sowjetischen Regierung und den deutschen Emigranten in

Moskau ausgegangen. Die Versammlung wählte ein Nationalkomitee als Führung einer breiten Bewegung »Freies Deutschland«. Es wurde von der Versammlung einstimmig gewählt und bestand aus 38 Mitgliedern, die sich wie folgt zusammensetzten: 13 Emigranten (darunter Pieck, Ulbricht und Weinert), 12 Offiziere (1 Oberstleutnant, 3 Majore, 8 Hauptleute, Oberleutnante und Leutnante) und 13 Unteroffiziere und Mannschaften. In die Führung des Nationalkomitees wurden gewählt: zum Präsidenten: Erich Weinert, kommunistischer Schriftsteller aus Berlin, zum Vizepräsidenten: 1. Karl Hetz, Major, Dipl.-Ing., 2. Heinrich Graf Einsiedel (Fliegerleutnant, ein Urenkel Bismarcks).

An beiden Tagen sprachen 22 Redner über das Ziel dieses Nationalkomitees, Deutschland von Hitler zu befreien, und über die Mittel, die zu diesem Ziele führen sollten. Nach Herkunft, Weltanschauung und Bekenntnis hätten die Redner nicht verschiedenartiger ausgewählt werden können. Es sprachen: ein demokratischer Studienrat, ein konservativer Stabsoffizier, ein unpolitischer einfacher Soldat, ein Fliegeroffizier und ehemaliger SS-Mann, ein Volkswirtschaftler, ein Arbeiter, ein Bauer, ein katholischer Missionar, ein evangelischer Pfarrer, ein Graf und ein kommunistischer Reichstagsabgeordneter.

Irgendeine Diskussion im größeren Rahmen unter uns Generalen über das Nationalkomitee »Freies Deutschland« fand nicht statt. Jeder einzelne sprach vielmehr nur mit dem einen oder anderen ihm näherstehenden Kameraden über die erhaltene Zeitung und die Sensation dieser Gründung von deutschen Emigranten, Offizieren und Mannschaften in der Sowjetunion. Allgemein kritisch vermerkt wurden zwei Merkwürdigkeiten: Das schwarzweißrote Stirnband der Zeitung, das allgemein als ziemlich plumper Gimpelfang empfunden wurde, und die Tatsache, daß als 2. Vizepräsident ein ganz junger Fliegerleutnant gewählt worden war – Graf Einsiedel –, wahrscheinlich nur, weil er ein Urenkel Bismarcks war, was ausdrücklich vermerkt wurde. Einen Vertreter Bismarckscher Rußlandpolitik hatte man sich anders vorgestellt. Wir hatten Einsiedel im Lager 27 – Krasnogorsk im März/April kennengelernt, wo er jedoch durch seine radikalkommunistischen Ansichten allgemein auf unverhohlene Abneigung stieß.

Das Hauptdokument des Nationalkomitees »Freies Deutschland« war ein Manifest, das von der Versammlung einstimmig angenommen worden war. Es richtete sich an die Wehrmacht und an das deutsche Volk und hatte folgendes Programm: Beseitigung des Reichs- und

Volksverderbers Hitler, Bildung einer neuen nationalen Regierung, sofortige Beendigung des längst verlorenen Krieges und Bildung eines wahrhaft demokratischen Deutschlands. Es hatte folgenden Wortlaut:

Manifest
des Nationalkomitees
»Freies Deutschland«
an die Wehrmacht und an das deutsche Volk

Die Ereignisse fordern von uns Deutschen unverzügliche Entscheidung. In dieser Stunde höchster Gefahr für Deutschlands Bestand und Zukunft hat sich das Nationalkomitee »Freies Deutschland« gebildet.

Dem Nationalkomitee gehören an: Arbeiter und Schriftsteller, Soldaten und Offiziere, Gewerkschaftler und Politiker, Menschen aller politischen und weltanschaulichen Richtungen, die noch vor einem Jahr einen solchen Zusammenschluß nicht für möglich gehalten hätten.

Das Nationalkomitee bringt die Gedanken und den Willen von Millionen Deutscher an der Front und in der Heimat zum Ausdruck, denen das Schicksal ihres Vaterlandes am Herzen liegt.

Das Nationalkomitee erachtet sich als berechtigt und verpflichtet, in dieser Schicksalsstunde im Namen des deutschen Volkes zu sprechen, klar und schonungslos, wie die Lage es erfordert. Hitler führt Deutschland in den Untergang.

An den Fronten:

Die Niederlagen seit 7 Monaten sind ohne Beispiel in der deutschen Geschichte:

Stalingrad, Don, Kaukasus, Libyen, Tunis. Hitler allein trägt die Verantwortung für diese Niederlagen. Er steht immer noch an der Spitze der Wehrmacht und des Reiches. Über tausende von Kilometern Frontlänge verzettelt, stehen die deutschen Armeen weit entfernt von ihrer Heimat, gestützt auf Bundesgenossen, deren Kampfwert und Zuverlässigkeit von vornherein fragwürdig waren, den mächtigen Schlägen einer von Woche zu Woche stärker werdenden Koalition ausgesetzt. Die Armeen Englands und Amerikas stehen vor den Toren Europas. Bald wird Deutschland nach allen Seiten zugleich kämpfen müssen. Die geschwächte deutsche Wehrmacht, immer enger eingekreist von übermächtigen Gegnern, wird und kann auf die Dauer nicht standhalten. Der Tag des Zusammenbruchs naht!

In der Heimat:

Deutschland selbst ist heute zum Kriegsschauplatz geworden. Städte, Industriezentren und Werften werden in steigendem Maße zerstört. Unsere Mütter, Frauen und Kinder verlieren Heim und Habe. Das freie Bauerntum ist entrechtet. Die totale Mobilisierung ruiniert den Handwerker und den Gewerbetreibenden und bringt das arbeitende Volk um seine letzten gesunden Kräfte.

Seit Jahren hat Hitler, ohne Willensbefragung des Volkes, diesen Eroberungskrieg vorbereitet. Hitler hat Deutschland politisch isoliert. Er hat die drei größten Mächte der Welt gewissenlos herausgefordert und zum unerbittlichen Kampf gegen die Hitlerherrschaft zusammengeschlossen. Er hat ganz Europa zum Feind des deutschen Volkes gemacht und dessen Ehre besudelt. So ist er verantwortlich für den Haß, der Deutschland heute umgibt. Kein äußerer Feind hat uns Deutsche jemals so tief ins Unglück gestürzt wie Hitler.

Die Tatsachen beweisen: Der Krieg ist verloren. Deutschland kann ihn nur noch hinschleppen um den Preis unermeßlicher Opfer und Entbehrungen. Die Weiterführung des aussichtslosen Krieges würde das Ende der Nation bedeuten.

Aber Deutschland darf nicht sterben! Es geht jetzt um Sein oder Nichtsein unseres Vaterlandes.

Wenn das deutsche Volk sich weiter willenlos ins Verderben führen läßt, dann wird es mit jedem Tag des Krieges nicht nur schwächer, ohnmächtiger, sondern auch schuldiger. Dann wird Hitler nur durch die Waffen der Koalition gestürzt. Das wäre das Ende unserer nationalen Freiheit und unseres Staates, das wäre die Zerstückelung unseres Vaterlandes. Und gegen niemanden könnten wir dann Anklage erheben als gegen uns selbst.

Wenn das deutsche Volk sich jedoch rechtzeitig ermannt und durch seine Taten beweist, daß es ein freies Volk sein will und entschlossen ist, Deutschland von Hitler zu befreien, erobert es sich das Recht, über sein künftiges Geschick selbst zu bestimmen und in der Welt gehört zu werden. Das ist der einzige Weg zur Rettung des Bestandes, der Freiheit und der Ehre der deutschen Nation.

Das deutsche Volk braucht und will unverzüglich den Frieden. Aber mit Hitler schließt niemand Frieden. Niemand wird auch nur mit ihm verhandeln. Daher ist die Bildung einer wahrhaft deutschen Regierung die dringendste Aufgabe unseres Volkes. Nur sie wird das Vertrauen des Volkes und seiner ehemaligen Gegner genießen. Nur sie kann den Frieden bringen. Eine solche Regierung muß stark sein und über die nötigen Machtmittel verfügen, um die Feinde des Volkes, Hitler und seine Gönner und Günstlinge, unschädlich zu machen, mit Terror und Korruption rücksichtslos aufzuräumen, eine feste Ordnung zu schaffen und Deutschland nach außen hin würdig zu vertreten. Sie kann nur aus dem Freiheitskampf aller Volksschichten hervorgehen, gestützt auf Kampfgruppen, die sich zum Sturz Hitlers zusammenschließen. Die volks- und vaterlandstreuen Kräfte der Armee müssen dabei eine entscheidende Rolle spielen.

Eine solche Regierung muß den Krieg sofort abbrechen, die deutschen Truppen an die Reichsgrenzen zurückführen und Friedensverhandlungen einleiten, unter Verzicht auf alle eroberten Gebiete. So wird sie den Frieden erzielen und Deutschland in die Gemeinschaft gleichberechtigter Völker zurückführen. Erst sie schafft dem deutschen Volk die Möglichkeit, im Frieden seinen nationalen Willen frei zu bekunden und seine Staatsordnung souverän zu gestalten.

Das Ziel heißt: Freies Deutschland.

Das bedeutet:

Eine starke demokratische Staatsmacht, die nichts gemein hat mit der Ohnmacht des Weimarer Regimes, eine Demokratie, die jeden Versuch des Wiederauflebens von Verschwörungen gegen die Freiheitsrechte des Volkes oder gegen den Frieden Europas rücksichtslos schon im Keim erstickt.

Restlose Beseitigung aller auf Völker- und Rassenhaß beruhenden Gesetze, aller unser Volk entehrenden Einrichtungen des Hitlerregimes. Aufhebung aller gegen die Freiheit und Menschenwürde gerichteten Zwangsgesetze der Hitlerzeit.

Wiederherstellung und Erweiterung der politischen Rechte und sozialen Errungenschaften der Schaffenden. Freiheit des Wortes, der Presse, der Organisation, des Gewissens und der Religion. Freiheit der Wirtschaft, des Handels und des Gewerbes. Sicherung des Rechtes auf Arbeit und des rechtmäßig erworbenen Eigentums, Rückgabe des durch die nationalsozialistischen Machthaber geraubten Hab und Guts an die Eigentümer, Beschlagnahme des Vermögens der Kriegsschuldigen und der Kriegsgewinnler, Güteraustausch mit anderen Ländern als gesunde Grundlage eines gesicherten nationalen Wohlstandes.

Sofortige Befreiung und Entschädigung aller Opfer des Hitlerregimes. Gerechtes, schonungsloses Gericht über die Kriegsverbrecher, über die Anführer, ihre Hintermänner und Helfer, die Deutschland ins Verderben, in Schuld und Schande stürzten. Amnestie jedoch für alle Hitler-

anhänger, die sich rechtzeitig durch ihre Taten von Hitler lossagten und der Bewegung für ein freies Deutschland anschließen.

Vorwärts, Deutsche, zum Kampf für ein freies Deutschland! Wir wissen, Opfer sind unvermeidlich. Aber sie werden um so geringer sein, je entschlossener der Kampf gegen Hitler geführt wird. Die Opfer im Kampf um Deutschlands Befreiung werden tausendfach geringer sein als die sinnlosen Opfer, die eine Fortsetzung des Krieges erfordert.

Deutsche Soldaten und Offiziere an allen Fronten!
Ihr habt die Waffen! Bleibt unter den Waffen! Bahnt Euch mutig unter verantwortungsbewußten Führern, die eins sind mit Euch im Kampf gegen Hitler, den Weg zur Heimat, zum Frieden.

Schaffende Männer und Frauen in der Heimat!
Ihr seid die Mehrheit. Macht sie zur Stoßkraft durch Organisation. Bildet Kampfgruppen im Betrieb, im Dorf, im Arbeitslager, auf den Hochschulen, überall, wo Ihr zusammenkommt! Leistet Hitler keine Gefolgschaft mehr! Laßt Euch nicht mehr mißbrauchen zur Mithilfe an der Verlängerung des Krieges. Kämpft mit allen Mitteln, jeder auf seine Weise, an seinem Platz im Gesellschaftlichen, Staats- und Wirtschaftsleben!

Wir haben in unserer Geschichte ein großes Vorbild. Vor hundertunddreißig Jahren wandten sich, als noch deutsche Truppen als Feinde auf russischem Boden standen, die besten Deutschen, von Stein, Arndt, Clausewitz, Yorck und andere, von Rußland aus über die Köpfe verräterischer Machthaber hinweg an das Gewissen des deutschen Volkes und riefen es auf zum Freiheitskampf. Gleich ihnen werden wir all unsere Kraft und auch unser Leben einsetzen, alles zu unternehmen, was den Freiheitskampf unseres Volkes entfaltet und den Sturz Hitlers beschleunigt. Der Kampf für ein freies Deutschland erfordert Mut, Tatkraft und Entschlossenheit. Vor allem Mut. Die Zeit drängt. Rasches Handeln tut not. Wer aus Furcht, Kleinmut oder blindem Gehorsam weiter mit Hitler geht, handelt feige und hilft Deutschland in die nationale Katastrophe treiben. Wer aber das Gebot der Nation höher stellt als den Befehl des »Führers« und Leben und Ehre für sein Volk einsetzt, handelt mutig und hilft das Vaterland vor seiner tiefsten Schmach erretten.

Für Volk und Vaterland! Gegen Hitler und seinen Krieg!
Für sofortigen Frieden!
Für die Rettung des deutschen Volkes!
Für ein freies, unabhängiges Deutschland!

Nationalkomitee »Freies Deutschland«

Zunächst wurde das Nationalkomitee und die Bewegung »Freies Deutschland« als kommunistische Organisation von allen Generalen allgemein abgelehnt. Gegenteilige Ansichten ließ – schon aus Solidaritätsgefühl – niemand erkennen. Obwohl sicher manchem beim Lesen des Manifestes Gedanken über die darin enthaltenen Wahrheiten durch den Kopf gingen, wurde im größeren Kreis nicht darüber diskutiert. Auch als die nächste Nummer der Zeitung eintraf und über die weitere Entwicklung der Bewegung »Freies Deutschland« berichtete, änderte sich die ablehnende Haltung nicht.

Unser Leben ging weiter seinen Gang. Spaziergänge und Sport blieben unser Zeitvertreib. Die relative Eintönigkeit wurde nur unterbrochen durch je zwei Stunden russischen Sprachunterricht, die ein russischer Volksschullehrer gab, doch wurde der Unterricht ohne ersichtliche Gründe bald wieder abgebrochen. Über die Anfangsgründe der Sprache kamen wir nicht hinaus. Immerhin vermittelten mir diese Lektionen die Grundlage für meine autodidaktischen russischen Sprachstudien im Gefängnis 1950/55.

Der Bund Deutscher Offiziere

Die Einladung nach Lunjewo

Am 19. August 1943 bekamen Generalmajor Korfes, General Wulz und ich in Woikowo den Befehl: »Dawai – Transport«. Wir waren völlig überrascht. Diesmal freilich wichen Ton und Form von den bisherigen Methoden ab. Man ließ uns Zeit, unser Gepäck zu ordnen. Die Abfahrt wurde erst auf den Nachmittag angesetzt. Dann ging die Fahrt zunächst nach Iwanowo, und zwar in Begleitung von Major Pusirow und Hauptmann Peters. Es fiel auf, daß sich beide ungewöhnlich liebenswürdig benahmen. In Iwanowo, auf dem Bahnhof, gab es einen längeren Aufenthalt. Der Grund dafür zeigte sich erst nach einigen Stunden, als General Wulz ohne nähere Erklärungen gegen Generalmajor Lattmann ausgetauscht wurde. Erst bei Einbrechen der Dunkelheit wurde die Fahrt fortgesetzt. Wir fuhren in der Holzklasse. Nachts konnten die Liegen heruntergeklappt werden.

Die beiden Offiziere blieben bei uns im Abteil und versorgten uns während der Fahrt mit kalter Verpflegung. Es ging nach Westen. Mehr konnten wir nicht feststellen. Bei Tagesanbruch erreichten wir Moskau, ohne auch hier Näheres über das Ziel unserer Reise zu erfahren. Sofort nach unserer Ankunft in Moskau ging es in zwei Pkw auf die große Ausfallstraße nach Norden aus der Stadt hinaus, die über Kalinin nach Leningrad führt. Nach einer knappen halben Stunde Fahrt bogen wir auf einen Landweg nach Osten ab. Eine Viertelstunde später hielten wir vor einem Gefangenenlager.

Das Lager präsentierte sich uns zunächst kaum anders als die bisher bekannten, beiderseits des Eingangs ein Bretterzaun und die üblichen Wachttürme. Bei näherer Betrachtung entpuppte es sich jedoch sehr schnell als ein Sonderlager, bestehend aus einem einstöckigen größeren Massivgebäude mit flachem Dach und einem daneben gelegenen Einfamilienholzhaus russischen Stils, der Wohnung des Lagerkommandanten. Das Hauptgebäude diente im Frieden Eisenbahnern als Erholungsheim und bestand ungefähr zur Hälfte aus Zimmern für 3 bis 4 Personen, während die anderen Zimmer für 1 bis 2 Personen vorbehalten waren. Ein Waschraum mit fließendem kalten Wasser und ein größerer Eßraum im Parterre, der auch Vorträgen und sonstigen

Versammlungen diente, sowie einige abgesonderte Parterreräume für die Verwaltung rundeten das Ganze ab.

Vor dem Hauptgebäude waren Rasenflächen mit Blumenbeeten angelegt und eine Anzahl Bänke aufgestellt. Das übrige Gebiet war grasbewachsenes Freigelände, das ebenso wie der Vorgarten am Hauptgebäude mit Stacheldrahthindernissen, Wachttürmen und geharkten Sicherungsstreifen abgesichert war. Nach Osten fiel das zum Teil bewaldete Gelände zu einem Stausee des Flüßchens Kljasma ziemlich steil ab. Der Stau diente als Antrieb für eine dicht unterhalb des Lagers gelegene Wassermühle. Etwa huntert Meter vom Lager entfernt lag eine aus Holz erbaute kleine Kaserne; jenseits des Lagers – auf dem anderen Ufer über eine Holzbrücke unterhalb des Stausees erreichbar – das aus wenigen Panjehäusern bestehende Dorf Lunjewo. Außer wenigen landwirtschaftlich genutzten Flächen sah man sonst in der weiteren Umgebung nur Wälder. Im Winter 1941 waren die deutschen Angriffsspitzen bis an das Westufer des Kljasma-Flüßchens gekommen. Man fand 1943 noch Reste deutscher MG-Munition. Ein Jahr später trat hier ein Russe auf eine Mine und starb kurz danach.

Kommandant des Lagers war ein Oberst Schostin, sein Adjutant ein Hauptmann Schulschenko. Sie waren die einzigen Russen des Lagers, mit denen wir in Berührung kamen, außer der Ärztin Dr. Magnitowa, die wir schon vom Lager 27 her kannten und in guter Erinnerung hatten. Sie hatte ein Herz für ihre Gefangenen.

Wir fanden das relativ kleine Lager übervoll belegt mit gefangenen Offizieren, vom Oberst bis zum Leutnant und dazu noch einige wenige Mannschaftsdienstgrade, im ganzen 60 bis 70 Personen.

Fast alle Offiziere waren wie wir Stalingrader. Viele von ihnen waren uns gut bekannt. Nicht Stalingrader waren nur zwei Fliegeroffiziere, ein Oberleutnant Trenkmann und der Major von Frankenberg. Sie waren erst wenige Tage vor uns hier angekommen. Durch sie erfuhren wir bald, was hier gespielt wurde. Es handelte sich darum, das bereits am 12./13. Juli 1943 in Krasnogorsk (Lager 27) gegründete Nationalkomitee »Freies Deutschland«, dessen Gründung wir Ende Juli durch die erste Zeitung »Freies Deutschland« im Generalslager Woikowo erfahren hatten, durch einen Offiziersbund zu ergänzen und zu erweitern. Welche Gründe führten zu der beabsichtigten Ergänzung des Nationalkomitees?

Sehr bald nach der Gründung des Nationalkomitees »Freies Deutschland« hatte man einsehen müssen, daß allein mit dieser Organisation und ihrer bisherigen Zusammensetzung kein Erfolg zu erzielen war. Eine propagandistische Wirkung – und darum handelte es sich hier in erster Linie – konnte von diesem Komitee weder in den Gefangenenlagern noch über die Front hinweg bei den höheren deutschen Kommandostäben und der noch kämpfenden deutschen Truppe ausgehen.

Die führenden Persönlichkeiten (Weinert, Hetz und Graf Einsiedel) waren der Truppe so gut wie unbekannt. Auch die einfachen Gründungsmitglieder und Offiziere (Hauptmann der Reserve Hadermann, ein Studienrat, Major Dipl.-Ing. Stößlein, Major Homann, Oberleutnant Reiher usw.) waren nicht bekannter. Anders verhielt es sich vielleicht mit den Mitgliedern aus der kommunistischen deutschen Moskauer Emigration, die das Nationalkomitee mitgegründet hatten: Pieck, Ulbricht, Florin, Ackermann, Plivier, Matern, Maron, Wolf (Arzt), von Wangenheim, Kurella, Erpenbeck, Becher, Herrnstadt, Bredel, Hörnle, Bolz, Keilson, Frau Rubinger usw. (Später bekannt gewordene Emigranten wurden uns nicht vorgestellt, sie blieben damals im Hintergrund.) Sie hatten fast durchweg als prominente Mitglieder der Kommunistischen Partei – einzelne auch der Sozialdemokratischen Partei – dem letzten Reichstag vor Hitler angehört.

Bei der Gründung des Nationalkomitees im Juli in Krasnogorsk hatten namhafte Offiziere, die man eingeladen hatte, ihren Beitritt als Mitglieder abgelehnt. Ihr Haupteinwand richtete sich gegen das schier erdrückende kommunistische Übergewicht innerhalb des Nationalkomitees. Außerdem wandten sie ein, daß sie sich bei einer so schmalen Beteiligung von Offizieren propagandistisch von diesem Komitee kaum Erfolg versprechen konnten. So kam man auf die Idee -- selbstverständlich nicht ohne »sowjetische Anregung« –, die unbedingt nötige breitere Basis und die dazu erforderlichen weiteren Offiziere durch die Sonderorganisation eines »Bundes Deutscher Offiziere« zu gewinnen. Der politische Hauptmanager auf russischer Seite war ein Professor Arnold, ein kleiner, zierlicher, schwarzhaariger Mann, der gut Deutsch sprach, jedoch mit jiddischem Akzent. Er war politisch außerordentlich beschlagen und gewandt, speziell in Fragen des Marxismus-Leninismus.

Bei unserem Eintreffen im Lager Lunjewo am 22. August 1943 fanden wir folgenden Stand der Dinge um den zu gründenden »Bund Deutscher Offiziere« vor: Aus den vier Lagern, in denen sich die Masse der gefangenen Offiziere im Herbst 1943 befand – Lager 27

(Krasnogorsk bei Moskau), Lager Oranki bei Gorki (an der oberen Wolga, dem früheren Nischni Nowgorod), Lager Jelabuga (an der Kama, einem Nebenfluß der Wolga, etwa 400 km westlich des Urals) und Lager Susdal (bei Iwanowo, etwa 400 km ostwärts Moskau) –, waren rund 80 Offiziere nach Lunjewo »eingeladen« worden. Dabei handelte es sich nur um Offiziere, die sich schon in den Lagern bereit erklärt hatten, einem »Bund Deutscher Offiziere« (BDO) als Mitglied beizutreten.

Die tieferen Gründe, die jeden einzelnen dieser ungefähr 80 Offiziere bewogen hatten, Mitglied des BDO zu werden, waren schwer zu durchschauen. Es gab alle Schattierungen, vom hundertprozentigen Einsatz für diesen neuen BDO gegen Hitler bis zum »Kaschisten«, der lediglich einer erhofften besseren Verpflegung (Kaschagrütze) wegen beitrat.

Die Führung dieser Offiziere, die zur Gründung des Bundes eingetroffen waren, lag in den Händen einer sogenannten Initiativgruppe. Zu ihr gehörten in der Hauptsache Offiziere, die seinerzeit im Juli bereits zu Gründung des Nationalkomitees nach Moskau-Krasnogorsk eingeladen worden waren, damals aber ihren Beitritt aus den bereits erwähnten Gründen abgelehnt hatten. Dazu gehörten: Oberst Steidle, Ritterkreuzträger und zuletzt Kommandeur eines anerkannt guten und tapfer geführten Stalingrader Infanterieregiments, und Oberst van Hooven, nach Stalingrad eingeflogener letzter Armeenachrichtenoffizier der 6. Armee. Einer der Hauptinitiatoren war ferner Oberstleutnant der Reserve Bredt, früher deutschnationaler Abgeordneter und Stahlhelmer. Weitere Mitglieder waren: Major von Frankenberg und Proschlitz und Leutnant Trenkmann von der Luftwaffe, ferner Oberleutnant der Reserve Gerlach, Studienrat aus Elbing, Oberleutnant der Reserve Greifenhagen (Kunsthistoriker – zuletzt bei der Botschaft in Athen), Major Bechly, Adjutant einer Division, sowie der protestantische Pastor Schröder und die beiden katholischen Geistlichen Kayser und Mohr.

Anscheinend war man sich in den Tagen vor unserem Eintreffen über die Ziele und Aufgaben des zu gründenden Bundes Deutscher Offiziere klar geworden und arbeitete nur noch an der Formulierung der am Gründungstag abzuhaltenden Reden und abzugebenden Erklärungen. Wenn der BDO das Bild eines einigermaßen glaubhaften repräsentativen Querschnitts sämtlicher gefangener deutscher Offiziere widerspiegeln sollte – das hatten sowohl die Initiativgruppe wie auch die russische Seite richtig erkannt –, fehlten aber noch einige Generale. Wir drei Generale begriffen nach kurzer Orientierung, daß wir allein aus diesem Grund hierher verlegt worden waren. Sofort aber fragten wir uns, warum die Wahl gerade auf uns gefallen war. Ich zum Beispiel kannte bis dahin keinen Offizier der Initiativgruppe. Umfragen ergaben, daß sich die Russen unter den verschiedenen Offizieren umgehört hatten, wer von den ihnen bekannten Generalen wohl in Frage käme. Dabei hat man sicherlich meine Haltung gegen Hitler im Stalingradkessel erwähnt, die sich anscheinend weiter herumgesprochen hatte, als ich ahnen konnte.

Außerdem waren wir Generale auf allen bisherigen Stationen unserer Gefangenschaft abgehört worden. Dieses Abhören betreiben die Russen überall systematisch. Man lernte bei der raffinierten Tarnung die verschiedenen Anzeichen dafür erst allmählich kennen. Auf diese Weise jedoch hatte man uns auch hinsichtlich unserer politischen Einstellung zu Hitler überwacht, obwohl wir in geschlossenen Räumen politische Gespräche möglichst vermieden.

Sehr bald nach unserem Eintreffen im Lager Lunjewo begannen unsere Gespräche mit der Initiativgruppe und einzelnen Offizieren. Von seiten der Initiativgruppe sprach in erster Linie Oberst Steidle. Er erläuterte uns Sinn und Ziel des zu gründenden Bundes Deutscher Offiziere. Sie deckten sich im wesentlichen mit dem, was das Nationalkomitee »Freies Deutschland« in seinem Manifest anstrebte. Zwischen dem Nationalkomitee und dem zu gründenden Bund deutscher Offiziere bestand insofern also kein grundlegender Unterschied. Ein »Gegeneinander« beider Organisationen wäre auch in der Sowjetunion niemals möglich gewesen.

Durch eine Sonderorganisation BDO hoffte man aber auf zweierlei: auf einen besseren Erfolg bei den werbenden Offizieren in den Lagern und auf eine vom Geist der Offiziere her geprägte und damit wirksamere Propaganda auf die deutsche Front.

Außerdem konnte ein derartiger relativ selbständiger Offiziersbund das Nationalkomitee wirkungsvoll ergänzen. Das Ideal wäre natürlich ein großer allgemeiner Bund aller in der Sowjetunion gegen Hitler aufstehenden Deutschen gewesen. Es blieb jedoch nur der Weg über das Nationalkomitee und einen Bund Deutscher Offiziere – vorausgesetzt, daß man sich zu einer aktiven Tätigkeit gegen Hitler hinter Stacheldraht überhaupt entschied.

Bei den weiteren Gesprächen, die teils draußen auf dem Sportplatz im größeren Kreis, teils in einzelnen Diskussionen stattfanden, bestand in zwei Fragen Übereinstimmung:

1. In der Beurteilung der militärischen Kriegslage, d. h., wir alle waren uns nach Stalingrad und Kursk (Zitadelle), nach der Kapitulation der Rommelarmee in Nordafrika (Tunis) sowie nach der Landung der Alliierten auf Sizilien (10. Juli 1943) der katastrophalen Lage Deutschlands bewußt.
2. In der Auffassung, daß Hitler in seinem starrköpfigen Größenwahn militärisch und politisch dem ganzen deutschen Volk ein »Stalingrad im Quadrat« bereiten würde, sofern es nicht gelang, ihn vorher zu beseitigen und den Krieg zu einem Zeitpunkt zu beenden, zu dem Deutschland noch auf erträgliche Friedensbedingungen hoffen konnte.

Jeder weitere Tag Krieg unter Hitler führte unser Vaterland unabwendbar dem hundertprozentigen totalen Zusammenbruch entgegen. Jeder weitere Tag bedeutete ferner unersetzliche Verluste, immer unerträglicher werdende Friedensbedingungen und unwiederbringliche Gebietsverluste. Mit Hitler aber schließt niemand Frieden, daher Übereinstimmung im Ziel: Sofortige Beseitigung Hitlers, Waffenstillstand, ehe der Krieg deutschen Boden erreicht!

Trotz der Übereinstimmung mit der Initiativgruppe in der Beurteilung der Lage und im Ziel lehnten wir drei Generale Dr. Korfes, Lattmann und ich die Mitgliedschaft im BDO ab. Der Grund für unsere Ablehnung lag in den beabsichtigten Methoden und Wegen, um das Ziel zu erreichen. Folgende Überlegungen waren für uns entscheidend:

Gegen Hitler handeln konnte doch nur die kämpfende deutsche Front. Sie war für uns nur durch Propaganda über die russische und deutsche Front hinweg erreichbar. Wir vermochten aber auf diese Weise an keine durchschlagende Einwirkung auf die deutsche Heeresführung, d. h. die Heeresgruppen und Armeen zu glauben. Eine Propaganda über die kämpfende Front hinweg erschien uns unglaubwürdig.

Der deutsche Frontkämpfer war doch nach wie vor fest in der Hand seiner Offiziere. Würde man uns, die wir aus kommunistischer Gefangenschaft hinter Stacheldraht sprachen, Glauben schenken und danach handeln?

Eine Trennung von Offizier und Mannschaft erschien uns ausgeschlossen angesichts der Drohung durch den Kommunismus, zumindest blieb sie mehr als zweifelhaft. Hinzu kam, daß wir uns als Kriegsgefangene von wichtigen Informationsquellen abgeschnitten fühlten. So hatten wir Zweifel, ob wir das fortlaufende Geschehen auf deutscher Seite auch in allen Nuancen übersehen könnten. Bestand nicht die Gefahr, daß nur der Feind begünstigt würde? Auch schien uns keineswegs ausgemacht, daß die russische Seite den BDO nicht mißbrauchte. Hier hätte man uns von vornherein mit greifbaren Garantien überzeugen müssen, Zusagen, die der Initiativgruppe nicht gegeben worden waren.

Die Hauptgründe für unsere Ablehnung besprachen wir drei am Abend des ersten Tages und skizzierten sie kurz in Stichworten in drei Punkten auf einem Zettel.

Am nächsten Morgen fand auf dem sogenannten Sportplatz des Lagers ein größeres »Meeting« statt. Daran nahmen wir drei Generale teil, die Mehrzahl der Mitglieder der Initiativgruppe und einige weitere Offiziere.

Von seiten der Initiativgruppe führte wieder Oberst Steidle das Wort. Er wiederholte noch einmal die grundlegenden Gedanken, die zur Gründung des BDO neben dem Nationalkomitee führten und erläuterte die Ziele, wie sie bereits erwähnt wurden. Zum Schluß rief er uns drei Generale zum Beitritt auf. Ich erwiderte im Namen von uns dreien, daß wir uns nach reiflicher Überlegung nicht in der Lage sähen, dem Bunde beizutreten. Ich begründete die Ablehnung kurz, indem ich die am Abend vorher mit Korfes und Lattmann schriftlich fixierten Gründe, die für uns dagegen sprachen, vorlas.

Wenn ich mich recht entsinne, so habe ich von mir aus noch hinzugefügt, daß auch noch die Tatsache der Teilnahme mehrerer Deserteure, wie z. B. der Soldaten Zippel und Emmendörfer am Nationalkomitee für mich ein Grund mehr sei, dem BDO nicht beizutreten. Damit war unser Auftreten in Lunjewo eigentlich beendet. Aber wieder einmal kam es anders, als wir erwartet hatten.

Ich fühle mich verpflichtet, hier einer falschen Darstellung dieses Treffens und der Rede von Oberst Steidle entgegenzutreten. Es handelt sich um die Darstellung in Heinrich Gerlachs Buch »Odyssee in Rot«, das angeblich nur dokumentarisch belegte Tatsachen wiedergeben will. Davon kann jedoch keine Rede sein. Gerlach bietet keinen Tatsachenbericht, sondern unerträgliches Pathos, ja, Phantasien, wenn er Steidle sagen läßt: »Wenn ich dem BDO beiträte, würde ich wie einst Ihr Reitergeneral Seydlitz über das Schlachtfeld reiten, und die Erde würde bis in die Räume der Reichskanzlei und die versteckten Winkel der Wolfsschanze erzittern ... Den wehenden Mantel der Geschichte sollte ich ergreifen, dabei ständig voll Wehmut an Tauroggen denkend.«

Den theatralischen Höhepunkt erreicht Gerlachs Schilderung, wo er alle Anwesenden zum Schluß in den Huldigungsruf ausbrechen läßt: »Seydlitz – Seydlitz – Seydlitz«, ähnlich wie die ostpreußischen Stände am 5. Februar 1813 General von Yorck in Königsberg huldigten. Uns allen aber, auch Steidle, war in jenen Tagen keineswegs hymnisch zumute.

Neue Lage

Ein Angebot der Sowjetregierung

Am Abend des zweiten Tages, nachdem wir erklärt hatten, daß wir nicht bereit seien, dem zu gründenden BDO beizutreten, suchte uns ein Generalmajor der Sowjetunion namens Melnikow auf. Er trug die Milizuniform und wurde von Major Stern als Dolmetscher begleitet. Melnikow war uns bis dahin nicht bekannt, während Stern schon als Dolmetscher im Lager 27 aufgetreten war. Melnikow – das erfuhren wir später – gehörte zum damaligen NKWD (Volkskommissariat des Innern, später Ministerium des Innern). Zum NKWD gehörte auch der gesamte »Geheime Nachrichtendienst und die Abwehr«, ebenso das Gefangenenwesen.

Wir drei Generale wurden zu einer Besprechung zu dem Sowjetgeneral gebeten.

Melnikow fragte uns zunächst, warum wir nicht dem zu gründenden BDO beitreten wollten. Ich antwortete mit den Gründen, die wir drei Generale ausgearbeitet hatten und die ich am Vortage bei dem Treffen mit der Initiativgruppe vorgelesen hatte. Ich sagte ihm, daß wir in der Beurteilung der Lage mit der Initiativgruppe übereinstimmten, ebenso im Ziel, d. h. der Beseitigung Hitlers, der Deutschland in den Untergang führe. General Melnikow wies uns noch einmal auf die katastrophale Lage der deutschen Wehrmacht hin und auf die schwere Verantwortung, die wir dabei dem deutschen Volk gegenüber trügen. Unseren Einwand, daß wir als Gefangene doch von dem militärischen und politischen Geschehen ausgeschlossen seien, ließ er nicht gelten.

Auf den weiteren Einwand, daß wir uns von einer Propaganda von Gefangenen über die Front hinweg keine Wirkung versprächen, erwiderte er, daß der BDO sehr wohl etwas erreichen könnte, allerdings nur, wenn ihm auch eine Anzahl Generale beiträte. Ohne Generale sei der BDO unglaubwürdig und bliebe wirkungsloser Torso. Auf unsere Frage, wie er sich diese Propaganda vorstellte, antwortete er: »Sie erhalten die Möglichkeit, über Radio die deutsche Front anzusprechen und aufzuklären. Außerdem können Sie entsprechende Briefe an die deutschen Befehlshaber schreiben, die wir auf zuverlässigem Wege zustellen werden. Damit können Sie einen wesentlichen Beitrag zum

Sturze Hitlers und zur rechtzeitigen Beendigung des Krieges leisten. Die Sowjetregierung ist bereit, Sie in jeder Weise zu unterstützen.«

Vorsichtige Zweifel unsererseits gegenüber der Ehrlichkeit sowjetrussischer Zusicherungen suchte Melnikow zu zerstreuen, indem er auf die vergangenen guten freundschaftlichen Beziehungen zwischen der Reichswehr unter Seeckt und der Roten Armee hinwies. Damit war die Zeit Ende der zwanziger und Anfang der dreißiger Jahre gemeint. Damals stellte die Sowjetunion der Reichswehr verschiedene russische Übungsplätze zur Verfügung, um die Waffen zu entwickeln und zu erproben, die uns laut Versailler Vertrag verboten waren: Panzer, Kampfflugzeuge und Kampfgiftgas. Als Gegenleistung überließen wir den Sowjets die auf diesen Plätzen erprobten deutschen Waffen.

Den Versailler Vertrag hatte die Sowjetunion bekanntlich nicht mit unterschrieben. Alle ihre damaligen vertraglichen Verpflichtungen gegenüber Deutschland hat Rußland, soviel ich weiß, genau und pünktlich erfüllt. Zahlreiche hohe Offiziere und Generalstabsoffiziere der Reichswehr nahmen damals an den jährlichen russischen Truppenmanövern teil.

Wir versuchten, Melnikow weiterhin darzulegen, daß es sehr schwer sein werde, sich gegen die antisowjetische Goebbels-Propaganda durchzusetzen und dem deutschen Soldaten die Angst vor dem Kommunismus zu nehmen. Er wies demgegenüber nochmals auf die katastrophale Lage der deutschen Wehrmacht hin, die hoffnungslos dem Untergang entgegentreibe, wenn Hitler nicht beseitigt und durch einen Rückzug der Wehrmacht bis zur deutschen Grenze die Voraussetzungen für einen Waffenstillstand und Frieden geschaffen würden.

In diesem Sinne habe er uns folgende Erklärung der Sowjetregierung abzugeben: Gelänge es dem BDO, die Wehrmachtsführung zu einer Aktion gegen Hitler zu bewegen, die den Krieg beende, noch bevor er auf deutschem Boden durchgefochten würde, so wolle sich die Sowjetregierung für ein »Reich in den Grenzen von 1937« einsetzen. Die österreichische Frage wurde meiner Erinnerung nach dabei nicht erwähnt. Selbstverständlich werde die Sowjetunion dabei auch für das Bestehenbleiben einer deutschen Wehrmacht eintreten. Bedingung sei lediglich eine bürgerlich-demokratische Regierung, die durch Freundschaftsverträge mit dem Osten verbunden sein solle. Anschließend bat uns Melnikow noch, die Lage aufgrund der von ihm abgegebenen Erklärung der Sowjetregierung noch einmal zu durchdenken und ihm unsere Entscheidung am nächsten Tage mitzuteilen.

Nunmehr von maßgebender sowjetrussischer Seite vor eine endgültige klare Entscheidung gestellt, galt es, die grundlegenden Fragen des Beitritts zu einem Bund Deutscher Offiziere noch einmal zu durchdenken. Bei dem bisherigen Nein waren manche Fragen zu kurz gekommen, andere nunmehr wichtige Punkte nur gestreift worden. Daß uns das Durchdenken – jedem von uns dreien – eine schlaflose Nacht kostete, war selbstverständlich.

Zunächst das Wichtigste: Für den Fall eines Ja – war unsere Beurteilung der militärischen und politischen Lage Hitlers richtig? Militärische Kapazitäten, wie Feldmarschall von Manstein, sahen und sehen auch heute noch in Stalingrad nicht die letzte entscheidende Wende des Krieges und behaupten, die eigentliche strategische Wende sei erst durch die Niederlage von Kursk (Zitadelle) im Sommer 1943 eingeleitet worden. Für mich aber und uns, die wir Stalingrad selbst erlebten, hatte Kursk nur die mit Stalingrad begonnene totale Wende bestätigt. Stalingrad hatte außerdem für den Eingeweihten so schwerwiegende Schwächen, Schäden und Fehler in unserer höchsten Führung und unserer gesamten Organisation aufgedeckt, daß gar nicht daran zu denken war, die sich seitdem abzeichnende totale Katastrophe noch entscheidend aufzuhalten.

Diese Schwächen, Schäden und Fehler der Obersten Führung waren mir seinerzeit bei dem Vortrag des Generaloberststs von Küchler nach der Entsetzung des Kessels von Demjansk im Wolfsschanze-Führerbunker bereits deutlich geworden, ohne daß ich damals meine Erziehung zum militärischen Gehorsam durchbrechen konnte. Der Erfolg bei Demjansk hatte Folgerungen damals verdrängt. Im Verlauf der Schlacht um Stalingrad aber hatte ich die Konsequenzen zu ziehen, welche die militärische Lage gebot. Seitdem war es mir völlig klar, daß von einem Remis, geschweige denn von einem Sieg, keine Rede mehr sein konnte.

Die seinerzeit von Generaloberst Beck in seiner Denkschrift vom 16. Juli 1938 aufgestellte Prognose für einen Zweiten Weltkrieg begann sich jetzt mit erschreckender Klarheit zu erfüllen, und die tatsächliche weitere Entwicklung der Hitlerdiktatur bis zum bitteren Ende, bis zu den roten Fahnen auf dem Brandenburger Tor und dem Reichstag, sollte unserer Prognose leider mehr als rechtgeben. Es kam alles noch viel entsetzlicher und furchtbarer, als wir es uns in unseren düstersten Phantasien vorstellen konnten.

Ein Berg von Gedanken warf mich in dieser Nacht hin und her. Das

Für und Wider für unseren Entschluß blieb quälend und problematisch, doch ausschlaggebend wurde für mich ein Gedanke. Ich sagte mir: Überschritt dieser Krieg in all seiner Schrecklichkeit die deutsche Grenze, mehr noch: gelangte die Rote Armee mit ihren asiatischen Völkergruppen nach Mitteleuropa, müßte dies so entsetzlich und furchtbar werden, daß eine solche Entwicklung unter allen Umständen zu verhindern war – selbst mit den noch so schwachen Mitteln, die uns zur Verfügung standen. Wenn dieser Versuch auch nur teilweise gelang, so war schon viel erreicht; mißlang er aber, konnte kein zusätzlicher Schaden entstehen.

Mit normalen Kriegsverhältnissen und den dafür geltenden Bestimmungen und Gesetzen war das alles nicht mehr zu messen und zu beurteilen. Es handelte sich also für jeden Deutschen, in welcher Lage er auch immer sich befand, um eine ganz besondere, völlig einmalige Ausnahmesituation. Das war auch für uns Gefangene hinter Stacheldraht die entscheidende Problematik der ganzen Frage. Ich bin selten so allein gewesen in meinem Leben wie in dieser entscheidenden Nacht. Doch ebenso wie meine Kameraden Dr. Korfes und Lattmann kam ich zu der Erkenntnis, daß jeder von uns nicht nur das Recht, sondern sogar die Pflicht hat, sich dieser katastrophalen Entwicklung entgegenzuwerfen. Es galt, Hitler um jeden Preis zu beseitigen, ehe der Krieg deutschen Boden erreichte. Es galt ferner, die deutsche Wehrmacht von Hitler zu lösen, damit sie Waffenstillstandsverhandlungen einleiten könnte, ehe es zu spät war. Dazu war jede, sonst als Verbrechen, Hoch- oder Landesverrat geltende Tat gegen Hitler gerechtfertigt, auch aus sowjetischer Gefangenschaft heraus hinter Stacheldraht.

Eine weitere Frage war noch zu erwägen. Was setzten wir persönlich ein, wenn wir aus der Gefangenschaft heraus hinter Stacheldraht gegen Hitler handelten und die deutsche Front zum Kampf gegen ihn aufriefen?

Sicherlich, hinter Stacheldraht in sowjetischer Gefangenschaft waren wir vor Hitlers unmittelbarem Zugriff sicher. Aber ebenso klar stellte sich die Frage: Konnten wir jemals heimkehren, falls unsere Beurteilung der Lage August 1943 – die totale Katastrophe – nicht hundertprozentig zutraf? Würde der Nationalsozialismus nicht total vernichtet und beseitigt – eine absolute Garantie dafür gab es im Herbst 1943 noch keineswegs –, blieben wir ewig Heimatverbannte! Das aber wäre, jedenfalls für mich, schlimmer als der Tod gewesen. Wie weit gefährdeten wir unsere Angehörigen, unsere Frauen und Kinder? Drohte ihnen

Sippenhaft oder Schlimmeres? Zuzutrauen war Hitler in dieser Beziehung alles. Durften wir das völlig außer acht lassen? Die ganze Schwere unserer Entscheidung wurde uns jetzt erst offenbar.

Die Tatsache meiner späteren Verurteilung zum Tode (26. April 1944) sowie die Erlebnisse meiner Frau und sämtlicher Kinder (zwischen 8–18 Jahren) in Hitlers Gefängnissen und Kinder-Kz 1944/45 zeigen zur Genüge, was wir einsetzten. Ich kam jedoch zu der Überzeugung, daß es alles einzusetzen galt ins Ungewisse hinein.

Zum Schluß blieb noch die Frage des Eides, den wir Hitler nach Hindenburgs Tode 1934 hatten leisten müssen. Diese Frage konnte nur jeder für sich und nur nach seinem Gewissen entscheiden. Durch meinen Weg und meine Erfahrungen im Dritten Reich bis Stalingrad, besonders aber durch Stalingrad selbst, war ich jetzt zu der Erkenntnis gekommen, daß Hitler ein politischer und militärischer Verbrecher war, der größenwahnsinnigste und blutigste Diktator seit Jahrhunderten. Den Eid, den er selbst einst 1933 dem deutschen Volk geleistet hatte, hatte er längst gebrochen, er hatte Volk und Wehrmacht verraten. Darum hielt ich es jetzt mit dem Freiheitskämpfer Ernst Moritz Arndt und seinem Ruf aus dem Freiheitskrieg 1812/13. Er schrieb damals in seinem kurzen Katechismus für deutsche Soldaten, den er in Petersburg verfaßte: »Wenn ein Fürst seine Soldaten gebraucht, das Glück und die Freiheit seiner Mitbürger zu zerstören, wenn Fürsten also tun und gebieten, was gegen das Vaterland ist, oder wenn sie sich gebärden, als wollten sie solches tun, so sind die Untertanen von ihrem Eid erlöst.« Ich erkannte diese Worte als wahr und machte sie mir zu eigen.

Noch einmal fragte ich mich, ob dieser Krieg notwendig, d. h. ein zu rechtfertigender »vaterländischer« Krieg, war, doch von einem uns aufgezwungenen vaterländischen Verteidigungskrieg konnte meines Erachtens keine Rede sein. Das bewies für mich am besten Hitlers Kommandeursbesprechung in der Kroll-Oper in Berlin im März 1939, die ich selbst miterlebt hatte und bei der wir von Hitler auf die kommenden kriegerischen Ereignisse vorbereitet wurden. Die Quintessenz seiner Rede lautete: »Wir brauchen Lebensraum, und den gibt es nur noch im Osten.« Also eine klare Ausrichtung aller Kommandeure auf einen Raub- und Eroberungskrieg. So überfielen wir am 22. Juni 1941 die Sowjetunion.

Wie sehr der Charakter eines reinen Eroberungskrieges gewahrt blieb, zeigten dann eklatant sehr schnell alle Verwaltungsmaßnahmen in den eroberten Gebieten. Damit wurden auch alle späteren Ausreden von einem Präventivkrieg widerlegt, die Hitler anwandte, als der totale Mißbrauch der deutschen Wehrmacht und des deutschen Volkes nach den schweren Niederlagen von Stalingrad und Kursk im dritten Kriegsjahr immer offensichtlicher wurde. Der Rechtfertigung eines Präventivkrieges und der Begründung dafür, daß Rußland angreifen wollte oder später angegriffen hätte, fehlte jede Grundlage.

Mir waren damals noch recht gut die Gedanken Bismarcks in Erinnerung, der in seinen »Gedanken und Erinnerungen« (Bd. 2, Kap. 22, S. 92) über Präventivkriege schreibt: »Ob es sich empfiehlt, einen Krieg, der uns früher oder später wahrscheinlich bevorstand, antizipando (präventiv) herbeizuführen, bevor der Gegner zur besseren Rüstung gelangt?

Ich bin der bejahenden Theorie nicht nur zur Luxemburger Zeit, sondern auch später 20 Jahre lang stets entgegengetreten, in der Überzeugung, daß auch siegreiche Kriege nur dann, wenn sie aufgezwungen sind, verantwortet werden können, und daß man der Vorsehung nicht so in die Karten sehen kann, um der geschichtlichen Entwicklung nach eigener Berechnung vorzugreifen. Wir sollten froh sein, wenn wir in unserer Lage und geschichtlichen Entwicklung in Europa eine Macht finden, mit der wir auf keine Art von Konkurrenz der politischen Interessen angewiesen sind, wie das bisher zwischen uns und Rußland der Fall war.«

Noch ein Wort zu unserem Zusammengehen mit den kommunistischen Emigranten unter Führung von Pieck, Ulbricht und Weinert sowie mit der Sowjetunion. Unter normalen Verhältnissen wäre das wohl ausgeschlossen gewesen, hier aber war es so, daß uns Hitler keine Alternative ließ. Hier galt es, mit allen vaterlandsliebenden Deutschen zusammenzugehen, gleich welcher Partei sie angehörten.

Selbstverständlich gab es neben diesen Hauptfragen noch eine Anzahl mehr praktischer, eher zweitrangiger Fragen. Obschon sich ihr Aufschub später rächte, traten sie zunächst zurück, um nicht das Ganze unnötig aufzuhalten. Nur eine wichtige Frage sollte mich noch lange tiefer bewegen: die Vertrauens- und Glaubwürdigkeit der sowjetischen Seite.

Über eigene Erfahrungen verfügten wir nicht. Bekannt war uns nur das beinahe freundschaftliche Verhältnis, das der deutsche Botschafter in Moskau nach Versailles, Graf Rantzau, mit den Russen hatte. Ebenso erlebte ich selbst in der Reichswehr unter Seeckt die vertrauensvolle Zusammenarbeit mit den Russen in der Frage der Benutzung der russischen Übungsplätze. Schließlich kannte ich noch aus meiner Zeit im Ministerium (Waffenamt) 1929 bis 1933 die guten Beziehungen zwischen uns und den Russen.

Außerdem war uns bekannt, was der deutsche Botschafter in Moskau 1941 vor Hitlers Überfall an den damaligen Reichsaußenminister von Ribbentrop berichtet hatte:

»Alle Maßnahmen zeigen, daß Stalin und Molotow alles tun, um einen Konflikt mit Deutschland zu vermeiden.« Dieser Bericht stellte ferner fest, »daß die Sowjetunion ihre Verpflichtungen aus dem Handelsvertrag mit Deutschland bis zum letzten Tage genauestens erfüllte, selbst unter Zurückstellung eigener wichtiger Vorhaben«. Das alles waren durchaus positive Punkte hinsichtlich der Vertrauenswürdigkeit der russischen Seite.

Selbstverständlich waren uns aber auch recht negative Seiten der jüngsten russischen Vergangenheit bekannt, wie die noch in aller Erinnerung lebendigen blutigen Schauprozesse der Jahre 1937/38 gegen angebliche Verräter und Politiker der Sowjetunion (Trotzki, Bucharin, Rykow usw.), aber auch gegen Generale und Offiziere wie Marschall Tuchatschewski, die teilweise 1964 nach der sogenannten Entstalinisierung posthum rehabilitiert wurden. Zweifel blieben!

Aber die von Hitler heraufbeschworene düstere Lage forderte auch von uns, nach Wegen zu suchen, um das Allerschlimmste abzuwenden. Uns war klar, daß Rußland im Rate der Alliierten bei Waffenstillstand und Frieden eine entscheidende Rolle spielen würde, besonders nach seinem gewaltigen Einsatz in diesem Kriege.

Letzten Ausschlag gab für mich die Überlegung: Wenn es durch unsere Mitwirkung gelingt, auch nur einen kleinen Teil der russischen Zusicherungen zu verwirklichen, so darf man sich einer Mitarbeit nicht verschließen. Hitlers Wahnsinn führt Deutschland so sicher in den Untergang, daß auch ganz ungewöhnliche Aktivitäten vonnöten sind, um zu retten, was noch zu retten ist. Meine beiden Kameraden, Dr. Korfes und Lattmann, waren völlig unabhängig von mir zur gleichen Auffassung und zum gleichen Entschluß gelangt.

Unser neuer Entschluß wurde Generalmajor Melnikow mitgeteilt, der uns daraufhin zu einer kurzen Besprechung bat. Dabei fragten wir ihn sofort, ob wir die uns tags zuvor im Namen der Sowjetunion gegebenen Zusicherungen schriftlich erhalten könnten. Melnikow lehnte jedoch dieses Ersuchen ab und setzte hinzu: Das wäre erst möglich, wenn der BDO die Voraussetzungen für diese Zusicherungen geschaffen, konkret: wenn die deutsche Wehrmacht die Aktion gegen Hitler erfolgreich durchgeführt hätte. Wir mußten uns mit diesem Bescheid begnügen und konnten nur hoffen, daß der Sturz Hitlers auch Deutschland zu den von uns gewünschten Chancen verhalf.

Unser Entschluß zum Beitritt zum BDO wurde von der Initiativgruppe ebenso begrüßt wie von den weiteren Offizieren in Lunjewo. Der offiziellen Gründung des BDO stand nun nichts mehr im Wege. Sie sollte sich jedoch aus verschiedenen Gründen noch etwas verzögern.

Vergebliche Werbung im Generalslager

Ende August, einige Tage nachdem wir uns bereit erklärt hatten, dem zu gründenden BDO beizutreten, trat General Melnikow an mich mit der Anregung heran, noch vor der offiziellen Gründung des BDO eine Werbeaktion im Generalslager Woikowo zu starten. Vielleicht wäre es dadurch möglich, außer Feldmarschall Paulus auch noch einige andere Generale zu gewinnen. Ich stimmte zu. Je mehr Generale bereit waren, uns zu unterstützen, desto stärker der Offiziersbund. Andererseits gaben wir uns über unsere Aussichten nach den Erfahrungen vom Juli kaum allzu großen Hoffnungen hin. Damals hatte die Gründung des Nationalkomitees »Freies Deutschland« und die erste Ausgabe der neuen Gefangenenzeitung »Freies Deutschland« mit den schwarzweißroten Farben allgemein schroffe Ablehnung gefunden.

Anfang September stieg die Werbeaktion. Außer mir nahmen daran teil: General Lattmann, Oberst Steidle und Fliegermajor von Frankenberg. Von sowjetischer Seite begleiteten uns General Melnikow, Prof. Arnold, Major Stern und Oberstleutnant Georgadze. Wir fuhren in zwei Pkw und trafen nach einer Tagesfahrt über Wladimir–Susdal gegen Abend im Lager Woikowo ein.

Dort ließen wir uns sofort bei Marschall Paulus melden, um ihm zunächst Sinn und Zweck unseres Lagerbesuchs darzulegen. Danach baten wir ihn, eine Versammlung aller im Lager befindlichen Generale einzuberufen, um unsere Werbung vortragen und begründen zu können. Es handelte sich außer Paulus noch um 16 der seinerzeit im Januar in Stalingrad in Gefangenschaft geratenen 22 Generale sowie um den Adjutanten von Paulus, Oberst Adam. Sein Chef, Generalleutnant Arthur Schmidt, war bereits im Juli in ein anderes Lager verlegt worden. Aller Wahrscheinlichkeit nach wollte man seinen, im russischen Sinne negativen Einfluß auf Paulus – man hatte sie sicherlich abgehört – unterbinden. Paulus entsprach unserer Bitte und ließ alle anwesenden Generale in dem größeren Vortragsraum im Hauptgebäude über dem Speisesaal zusammenrufen. Er selbst übernahm die Leitung.

Die sofortige Einberufung des Plenums der Generale sollte sich als

Fehler erweisen. Es wäre besser gewesen, zunächst mit einzelnen, uns näherstehenden alten Kameraden zu sprechen und ihnen unsere Absichten vorzutragen. Das hätte wahrscheinlich eine ruhigere Auseinandersetzung als in dem sofort zusammengerufenen Plenum ermöglicht. Der Schaden war jedoch nicht mehr gutzumachen. Die Stimmung im Plenum war von vornherein gespannt und erregt, einem sachlichen Vortrag ebenso abträglich wie einer sachlichen Diskussion. Nur einen Vorteil hatte es: die Geister offenbarten und schieden sich sehr viel klarer und schneller als sonst.

Ich erhielt als erster das Wort. Mein Vortrag behandelte zunächst die katastrophale militärische Lage Deutschlands, wie sie sich uns darstellte, als wir am 23. August den Entschluß faßten, dem BDO beizutreten.

Wir seien, sagte ich weiter, besonders nach den erschütternden Erfahrungen von Stalingrad, davon überzeugt, daß Hitler in seinem Größenwahn und seiner strategischen Starrheit dem ganzen deutschen Volk ein »Superstalingrad« bereiten werde, wenn es nicht gelänge, ihn vorher zu beseitigen und den Krieg rechtzeitig zu beenden. Sodann versuchte ich hieraus folgernd, die Gründe für die Bildung des BDO darzulegen. Dieser habe sich die Aufgabe gestellt, durch Propaganda über die Front hinweg, der deutschen Wehrmacht die Augen über die katastrophale Lage zu öffnen und sie zu einer rechtzeitigen, entscheidenden Aktion gegen Hitler zu bewegen.

Die von Anfang an die Versammlung beherrschende Spannung und Erregung machte sich nun in zahllosen Zwischenrufen Luft, die meinen weiteren Vortrag erheblich störten. Trotzdem versuchte ich noch, auf die Zusagen der Sowjetregierung für den Fall einzugehen, daß es uns gelang, die deutsche Wehrmacht zu einer rechtzeitigen Aktion gegen Hitler zu veranlassen. Bei diesen Worten erreichte die oppositionelle Stimmung einen Siedepunkt. Erregte Zurufe wie »Verrat«, »Betrug« und andere Schimpfworte wurden laut. Paulus forderte man auf, gegen diese Beleidigungen Hitlers einzuschreiten. Er blieb aber gelassen und konnte die Versammlung vorübergehend wieder beruhigen.

Ich brach jedoch daraufhin meinen Vortrag ab, und Paulus erteilte auf Zuruf Lattmann das Wort. Dieser sprach ähnlich wie ich, nur vielleicht um einige Grade kühler. Aber auch Lattmann vermochte zunächst keinen der anderen Generale zu überzeugen, ebensowenig wie Steidle, der nach ihm sprach. Dieser warf sich mit jugendlichem Feuer ins Zeug und forderte nochmals Hitlers Sturz, Waffenstillstand, geordneten Rückzug des Heeres an die Reichsgrenze und Aufgabe aller Eroberungsziele. Als er jedoch versuchte, den BDO mit der französischen Resistance zu vergleichen, erreichten Erregung und Tumult ihren Höhepunkt.

Weitere Werbungsversuche unsererseits in dieser Form erschienen uns nun sinn- und zwecklos. Wir verzichteten darauf, auch noch unseren Fliegerexperten, Major von Frankenberg, auftreten zu lassen. Er sollte eigentlich noch aufgrund jüngster Erfahrungen über die Lage unserer Luftstreitkräfte gegenüber der vielfachen Überlegenheit der Alliierten im Mittelmeerraum berichten. Aber solche Einzelheiten interessierten nun schon gar nicht mehr. Die Versammlung wurde abgebrochen.

Am nächsten Morgen führten wir noch einige Einzelgespräche, doch wie am Vortag blieben sichtbare Ergebnisse aus. Auch Paulus beharrte in seiner abschließenden Unterredung auf seiner negativen Einstellung und meinte, man könne die Dinge aus der Gefangenschaft heraus nicht genügend übersehen. Am gleichen Tage fuhren wir wieder zurück nach Moskau. Überraschenderweise folgten uns in einem besonderen Wagen Paulus und sein Adjutant Adam. Wie wir später erfuhren, wurden sie von Woikowo nach einer Datsche mit Namen Osero, etwa 15 km nordwestlich Moskaus, verlegt. Anscheinend hofften die Russen, trotz unseres offensichtlichen Mißerfolges, doch noch auf den Feldmarschall.

Kein Zweifel, ein unmittelbarer Erfolg unserer Werbeaktion im Generalslager blieb uns versagt. Sehr bald sollte sich jedoch erweisen, daß die Dinge durch uns auch im Generalslager in Bewegung geraten waren. Es traten nicht nur drei weitere Generale aus Woikowo dem BDO bei – von Daniels, Schloemer und von Drebber –, sondern weitere fünf, einschließlich Paulus, folgten ihnen bis zum August 1944. Auf diese Weise gehörten schließlich elf der zweiundzwanzig Stalingrader Generale, also genau die Hälfte, mit Paulus an der Spitze, dem BDO als Mitglieder an.

Überraschenderweise fuhren wir nicht wieder nach Lunjewo zurück. Dafür wurden wir auf eine Datsche westlich Moskaus gebracht. Als Grund gab man an, daß wir uns vor der für den 11./12. September vorgesehenen Gründung des BDO in Lunjewo noch etwas ausruhen und erholen sollten. Auch müßten, so hieß es, unsere Zimmer in Lunjewo noch etwas hergerichtet werden. Daß alle diese anscheinend praktischen oder zu unserem »Wohle« ergriffenen Maßnahmen meist ganz andere Gründe hatten, erkannte man erst allmählich.

So wurde mir etwas später klar, daß man uns auf dieser Datsche erst einmal allein abhören wollte. Ebenso diente die Renovierung der für uns in Lunjewo vorgesehenen Räume dem ungestörten Einbau entsprechender Vorrichtungen.

Im Parterre unseres späteren Wohnflügels in Lunjewo lag, wo sonst nur die gesamten Büroräume der Lagerkommandantur untergebracht waren, die Abhörzentrale. Sie war ohne weiteres durch zahllose Leitungen erkennbar, die dort sichtbar zusammenliefen. Von außen war das Fenster dieser Zentrale durch riesige, scheinbar ganz zufällig angehäufte Reisighaufen geschützt. Die Jalousien vor dem Fenster waren ständig heruntergelassen.

Offizielle Gründungsversammlung

In den ersten Septembertagen 1943 kehrten wir von der Datsche westlich Moskaus nach Lunjewo zurück. Danach begannen sofort die Vorbereitungen für die offizielle Gründungsfeier des Bundes Deutscher Offiziere am 11./12. September. Es galt, die verschiedenen Referate und Ansprachen für die Gründungsfeier vorzubereiten. Den führenden Initiatoren des Bundes, Oberst Steidle, Oberst van Hooven und Oberstleutnant der Reserve Bredt fielen hierbei die grundlegenden Referate zu.

Aus Moskau kamen zur Gründung des BDO alle Emigrantenmitglieder des Nationalkomitees, z. T. mit ihren Frauen: Pieck, Ulbricht, Weinert (Präsident des Nationalkomitees), Kurella, von Wangenheim, Erpenbeck, Ackermann, Bredel, Herrnstadt, Matern, Hörnle, Plivier, Maron, Florin usw. Die russsische Seite war außer durch den Lagerkommandanten, Oberst Schostin, durch General Melnikow und General Petrow, Oberst Braginski sowie durch Major Stern und Oberstleutnant Georgadze vertreten. Die Feier fand in dem saalartigen Teil des Gebäudes statt, in dem wir sonst aßen und unsere Routineversammlungen abhielten.

Die Versammlung selbst bestand aus 95 Offizieren – vom Oberst bis zum Leutnant – aus den vier Offizierslagern Krasnogorsk bei Moskau, Susdal bei Wladimir, Oranki an der Wolga bei Gorki und Jelabuga an der Kama, dazu vier Generale aus Woikowo. Am Vorstandtisch saßen unser Alterspräsident Oberstleutnant Bredt, als Beisitzer die führenden Initiatoren Oberst van Hooven und Oberst Steidle.

Hooven sprach als erster und gab einen grundlegenden Überblick über Deutschlands politische, militärische und wirtschaftliche Lage. Einleitend wies er darauf hin, daß der Zusammenschluß deutscher Offiziere in russischer Gefangenschaft zu einem Kampfbund – BDO – gegen ihren bisherigen Oberbefehlshaber Hitler etwas völlig Außergewöhnliches, noch nie Dagewesenes darstelle. Ein solcher Bund sei überhaupt nur möglich und gerechtfertigt durch Hitlers größenwahnsinnige, das ganze deutsche Volk in den sicheren Abgrund reißende Politik und Kriegführung. Der Krieg sei seit der ungeheuerlichen

Katastrophe von Stalingrad, die Hitlers ausweglose Lage blitzartig beleuchtete, unwiderruflich verloren; die seitdem vergangenen acht Monate hätten dies klar und eindeutig bestätigt. Es gälte daher, diesen Krieg so schnell wie möglich zu beenden, bevor er die deutsche Ostgrenze und damit deutschen Boden erreiche. Das läge im Interesse des deutschen wie des russischen Volkes. Hooven hob hervor: Das deutsche Volk sei 1941 in den ungewissen Rußlandfeldzug mit düsterer Stimmung eingetreten. Die zum Teil durch den Überfall bedingten Anfangserfolge hätten dann wieder aufatmen lassen und positiv gewirkt. Dann jedoch sei einer der kältesten russischen Winter bis zu minus 40 bis 50 Grad über die deutsche Front von der Krim bis zum Nordkap hereingebrochen. Die Winterbekleidung genügte weder in der Qualität noch mengenmäßig. Hitler hatte eine rechtzeitige Vorsorge abgelehnt, da er glaubte, die Sowjetunion bis zum Winter besiegt zu haben. Diese schwerste Winterkrise und ihre Folgen wurden nur unter sehr großen Verlusten, Fronteinbrüchen und Schwinden der notwendigen Reserven durchgestanden.

Der Sommer 1942 brachte noch einmal durch die siegreiche Abwehr der Timoschenko-Offensive auf Charkow einen großen Erfolg. Auch die so erfolgreichen Vormärsche von Rostow auf den Kaukasus sowie von Charkow auf Stalingrad wirkten sich zunächst positiv aus. Die größte Katastrophe der deutschen Wehrmacht seit ihrem Bestehen aber wurde Stalingrad, wo sich die ganze Hybris des Diktators offenbarte. In den wenigen Monaten seitdem habe sich die politische und militärische Lage weiter sprunghaft verschlechtert. Zwar ließe die englische und amerikanische Zweite Front, die auch die Russen entlasten würde, noch immer auf sich warten, doch in Nordafrika habe das Afrikakorps kapituliert (Mai 1943). Die Alliierten seien in Sizilien gelandet (Juli 1943) und hätten Italien zur Kapitulation und gleichzeitig zum Eintritt in das Kampfbündnis der Alliierten gegen Hitler gezwungen. Also sei Europas Südflanke aufgerissen und Italien nunmehr auf der Feindseite.

Rumänien und Ungarn seien politisch und militärisch nach dem Abschluß des Winters 1942/43 außerordentlich geschwächt und unfähig, sich wieder genügend aufzurichten. Der U-Boot-Krieg sei gescheitert, der Luftkrieg in die Defensive zurückgeworfen! Dafür feiere der feindliche Bombenkrieg auf deutsche Städte furchtbare Triumphe! Hitler sei am Ende.

Als Feldherr habe er diesen Krieg militärisch, als Staatsmann politisch verloren. Mit Blitzkriegen und Blitzsiegen rechnend, würden ihm nun Zeit und Raum zum Verhängnis. Doch der totale Krieg sei längst total aussichtslos geworden. Hitler aber würde in seinem Fanatismus rücksichtslos bis zuletzt kämpfen, bis zur völligen Selbstvernichtung! So bleibe dem deutschen Volke und der Armee nur die Wahl zwischen dem sofortigen Waffenstillstand und Frieden oder dem Untergang! Hooven schloß mit folgender Mahnung:

»Stalingrad war das Flammenzeichen der drohenden Katastrophe für unser Volk. Die 6. Armee, die Stalingradarmee, wurde totgesagt. Heute erheben sich die Totgesagten und rufen auf zur Besinnung und zur Rettung des Vaterlandes in letzter Stunde. Hierzu hat niemand ein größeres Recht als sie, die Stalingrader.

Es lebe das freie, das unabhängige und friedliche Deutschland!«

Nach Hooven sprach Steidle über die sittlichen Grundlagen der menschlichen Gesellschaft und ihre Herausforderung durch Hitlers System. Mit Hitler, meinte er, müsse auch eine Gesellschaftsform beseitigt werden, die auf schrankenlosem Rechtsbruch, auf bisher nie gekannter Mißachtung des Lebens gegründet sei. In diesem Sinne rief er zum Kampfe für Ehre und Freiheit, für ein Zusammenarbeiten im freundlichen Wettstreit aller Nationen.

Lattmann schließlich behandelte die Frage des Eides. Der Eid, erklärte er, sei für viele, namentlich für religiös Gebundene, sicher das stärkste Hindernis, in einen Kampfbund gegen Hitler einzutreten. Lattmann erinnerte daran, daß alle Offiziere und Soldaten den Eid auf die Person Hitlers hatten ablegen müssen, und zwar vor Gott als Gelöbnis und in feierlicher Form. So stellte er die Frage: »Dürfen wir diesen Eid brechen, gibt es Gründe, mit denen wir vor unserem Gewissen und vor unserem Gott diesen Schritt rechtfertigen können? Auch die tiefinnerliche christliche Auffassung kann das Recht zum Lösen der Eidesbindung aus dem Gebot herleiten; der Christ solle Gott mehr gehorchen als dem Menschen. Von dem Verhältnis zwischen Führer und Gefolgsmann, dessen Treue er sich durch den Eid gesichert hat, hängt letzten Endes der sittliche Begriff der Treue ab.

Gerade in Stalingrad haben wahrhaft treue Generale und Offiziere ihrer Truppe klar und ehrlich gesagt, wie die Lage war. Dieselben Generale und Offiziere haben von sich und ihren Soldaten die Erfüllung des Fahneneides bis zur äußersten Belastungsprobe gefordert, in einer Lage also, wo der Tod gegenüber den körperlichen und seelischen Schrecken in der Tat seinen Stachel verloren hatte.

Wie weit muß die Erkenntnis über die Notwendigkeit, den Frieden herbeizuführen, schon gediehen sein, wenn gerade solche Persönlichkeiten am Handeln nur dadurch gehindert werden, wiederum mit der Berufung auf den Fahneneid? Denkt man diese Treue bis zum Ende, dann käme man zu dem Schluß: Und wenn Deutschland unterginge, der Fahneneid bleibt unverletzt! In dieser äußersten Konsequenz liegt die Berechtigung, die weitere Bindung an den Eid als unsittlich zu bezeichnen.

Wir sind der Ansicht, daß jeder weitere Kampf den Untergang unseres deutschen Volkes herbeiführt. Daher sehen wir den unter ganz anderen Voraussetzungen geleisteten Eid gegenüber der Person Adolf Hitler als nichtig an. Nie haben wir diesen Eid geleistet, um ihn oder auch uns zum Herrn von Europa zu machen. Wir schworen bei Gott die Treuesten zu sein, wenn es einen Kampf für Deutschland gelte. Er aber, dem wir diese Treue gelobten, machte unseren Eid zur Lüge. Darum halten wir uns jetzt unserem Volke um so mehr verpflichtet.

Aus dieser inneren Verpflichtung heraus nehmen wir uns das Recht, ja – wir fühlen aus ihr heraus den Zwang zur Tat.«

Nach diesen drei Reden erhob sich der Alterspräsident, Oberstleutnant Bredt, um mir die Übernahme des Präsidiums der Gründungsversammlung anzutragen.

Der Entschluß, Präsident des BDO zu werden, fiel mir sehr schwer. Hitler hatte Dinge getan, die ich militärisch vollkommen verurteilte. Ich hatte Unerhörtes gesehen und wollte verhindern, daß russische Truppen nach Deutschland kämen. Es war entscheidend, ob es gelänge, den Krieg an den deutschen Grenzen zum Halten zu bringen. Diesen Versuch mußte man unternehmen – das gab absolut den Ausschlag. Ich erklärte mich zur Übernahme des Präsidentenamtes bereit.

Anschließend bekräftigte ich kurz die von Steidle, van Hooven und Lattmann dargelegten Grundlagen unseres Bundes Deutscher Offiziere und fügte noch folgendes hinzu:

»Unsere Haltung gegen Hitler ist nur dann wirklich ehrenhaft, wenn sie dem Pflichtbewußtsein unserem eigenen Volke gegenüber entspringt. Unter Berufung auf die mir von General Melnikow übermittelte Erklärung Stalins und im Vertrauen auf sie wird der Offiziersbund handeln.«

An diesem Tag fand die erforderliche Wahl der Spitzengruppe des BDO statt. Aufgrund einer Kandidatenliste und vorbereiteter Vorschläge wurden gewählt: als Präsident ich, als Vizepräsidenten General von Daniels, Oberst van Hooven und Oberst Steidle. Für den in Lunjewo verbleibenden Vorstand des BDO wurden durch Wahl bestimmt: General Dr. Korfes und General Lattmann, außerdem die um fünf Offiziere erweiterte gesamte Initiativgruppe (insgesamt 11 Vorstandsmitglieder). Schließlich wurden noch die Bevollmächtigten des BDO für die Offizierslager Jelabuga, Griasowetz und Oranki bestimmt. Gleichzeitig unterschrieben sämtliche anwesenden 95 Offiziere folgenden Aufruf:

An die deutschen Generale und Offiziere!
An Volk und Wehrmacht!

Wir, die überlebenden Kämpfer der 6. deutschen Armee, der Stalingradarmee, Generale, Offiziere und Soldaten, wir wenden uns an Euch am Beginn des fünften Kriegsjahres, um unserer Heimat, unserem Volk den Rettungsweg zu zeigen. Ganz Deutschland weiß, was Stalingrad bedeutet.

Wir sind durch eine Hölle gegangen.

Wir wurden totgesagt und sind zu neuem Leben erstanden.

Wir können nicht länger schweigen!

Wir haben wie niemand sonst das Recht, zu sprechen, nicht nur im eigenen Namen, sondern im Namen unserer toten Kameraden, im Namen aller Opfer von Stalingrad.

Das ist unser Recht und unsere Pflicht!

Die seit Beginn dieses Jahres eingetretenen schweren Mißerfolge auf militärischem Gebiet sowie die stetig zunehmende Verschlechterung der deutschen Wirtschaft lassen uns die Aussichtslosigkeit der Lage Deutschlands erkennen. Stalingrad war der Wendepunkt. Es folgten Kaukasus und Kubangebiet, Afrika und Sizilien, der Zusammenbruch Italiens – Schlag um Schlag. Die Sommeroffensive der deutschen Wehrmacht ist gescheitert. Die Rote Armee hat Orel und Belgorod, Charkow, Taganrog und das Donezbecken zurückgewonnen und stößt gegen den Dnjepr vor. Die Heimat wird von schweren Luftangriffen erschüttert. Der Zweifrontenkrieg steht unvermeidbar bevor. Der Sturz Mussolinis, die Auflösung der faschistischen Partei, das Ausscheiden Italiens aus dem Krieg, der mit Sicherheit zu erwartende Abfall Finnlands, Ungarns und Rumäniens sind Etappen auf dem Wege zur vollkommenen Isolierung Deutschlands, verhängnisvoller als 1918.

Jeder denkende deutsche Offizier versteht, daß Deutschland den Krieg verloren hat. Das fühlt das ganze Volk. Das wissen auch die regierenden Kreise, die das Unheil heraufbeschworen haben.

Hitler und sein Regime tragen vor der Geschichte die volle, ungeteilte Verantwortung für die verderblichen Fehlentscheidungen, die Deutschland dem Untergang entgegenführen, wenn Volk und Wehrmacht nicht rechtzeitig die Umkehr erzwingen. Hitler als Staatsmann hat die mächtigsten Staaten der Welt zu einer erdrückenden Koalition gegen Deutschland zusammengeschweißt. Hitler als Feldherr hat die deutsche Wehrmacht in schwerste Niederlagen geführt. Er hat den deutschen Soldaten ohne die unerläßliche Ausrüstung in den Winterkrieg 1941/42 hineingejagt. Er hat in unbelehrbarem Eigensinn den abenteuerlichen Feldzug gegen Stalingrad und den Kaukasus entworfen und geleitet. Er hat in Stalingrad und in Afrika deutsche Elitearmeen seinem Prestige geopfert.

Jetzt gilt es, ganz Deutschland vor einem gleichen Schicksal zu bewahren. Der Krieg wird ausschließlich im Interesse Hitlers und seines Regimes, ohne Rücksicht auf Volk und Vaterland fortgesetzt. Die Fortsetzung des sinn- und aussichtslosen Krieges kann jeden Tag die nationale Katastrophe hereinbrechen lassen. Das jetzt noch zu verhindern, ist sittliches Gebot und vaterländische Pflicht für jeden verantwortungsbewußten Deutschen. Wir Generale und Offiziere der 6. Armee sind entschlossen, dem bisher sinnlosen Opfertod unserer Kameraden einen tiefen geschichtlichen Sinn zu geben. Sie sollen nicht umsonst gestorben sein! Aus der bitteren Erkenntnis von Stalingrad soll die rettende Tat hervorgehen. Wir wenden uns daher an Volk und Wehrmacht. Wir sprechen vor allem zu den Heeresführern, den Generalen, den Offizieren der Wehrmacht. In Eurer Hand liegt eine große Entscheidung!

Deutschland erwartet von Euch den Mut, die Wahrheit zu sehen und demgemäß kühn und unverzüglich zu handeln.

Tut das Notwendige, damit es nicht ohne Euch oder gar gegen Euch geschehe!

Das nationalsozialistische Regime wird niemals bereit sein, den Weg, der allein zum Frieden führen kann, freizugeben. Diese Erkenntnis gebietet Euch, dem verderblichen Regime den Kampf anzusagen und für die Schaffung einer vom Vertrauen des Volkes getragenen Regierung einzutreten. Nur eine solche Regierung kann die Bedingungen für einen ehrenvollen Ausweg unseres Vaterlandes aus dem Kriege herbeiführen und einen Frieden sichern, der nicht das Elend Deutschlands und den Keim neuer Kriege in sich trägt.

Verweigert Euch nicht Eurer geschichtlichen Berufung! Nehmt die Initiative in Eure Hand! Wehrmacht und Volk werden Euch unterstützen. Fordert den sofortigen Rücktritt Hitlers und seiner Regierung! Kämpft Seite an Seite mit dem Volk, um Hitler und sein Regime zu entfernen und Deutschland vor Chaos und Zusammenbruch zu bewahren!

Die Kämpfer der 6. Armee, der Stalingradarmee, und alle in Rußland kriegsgefangenen deutschen Soldaten und Offiziere erheben ihre Stimme in dem Bewußtsein, damit ihre heiligste Pflicht gegenüber der Nation zu erfüllen.

Es lebe das freie, friedliche und unabhängige Deutschland!

Mitten in der positiven Stimmung der Gründungsversammlung trat plötzlich Major Hetz, der erste Vizepräsident des Nationalkomitees, auf und schlug der Festversammlung vor, mich außer zum Präsidenten des BDO zugleich zum Vizepräsidenten des Nationalkomitees zu wählen. Eine Wahl durch das Plenum des Nationalkomitees und des BDO wäre mir lieber gewesen, andererseits sagte ich mir, daß ein Gegeneinander der beiden Organisationen in der Gefangenschaft ausgeschlossen war. Darum erhob ich in dieser allgemein gelösten Stimmung gegen die überraschende Nominierung keinen Einspruch.

Die Arbeit im Nationalkomitee und im BDO in Lunjewo

Die notwendige nähere Fühlungnahme zwischen dem BDO – Präsidium und Vorstand – und dem Präsidenten des Nationalkomitees führten bereits am ersten Tage zur Klärung der wichtigsten allgemeinen Fragen: notwendige Zusammenarbeit zwischen BDO und Nationalkomitee und Festlegung der Parolen für die Propaganda an der deutschen Front und in den Gefangenenlagern. Dies wurde natürlich sofort nach der Gründung des BDO akut und zwischen dem Präsidium des Nationalkomitees – Weinert – und mir, dem Präsidenten des BDO, besprochen. Konkrete Abmachungen blieben einer gemeinsamen Sitzung der beiden Präsidien vorbehalten. Hinsichtlich der Propaganda galt es, die mit General Melnikow besprochene neue Propaganda zu formulieren.

Am zweiten Tag der Gründungsversammlung sprachen als Hauptredner Oberleutnant der Reserve Greifenhagen und Major Bechly. Bei der Erörterung der Propaganda hoben sie noch einmal die neuen Prinzipien des BDO sowie die Bedingungen einer gemeinsamen Zusammenarbeit zwischen BDO und Nationalkomitee hervor. Dies veranlaßte Major Hetz, den 1. Vizepräsidenten des Nationalkomitees, bei mir zu beantragen, alle Offiziere des Nationalkomitees auch in den BDO aufzunehmen, einer Bitte, der ich entsprach.

Nicht alle Offiziere des Bundes waren mit dieser Lösung einverstanden. Sie befürchteten ein Übergewicht des Nationalkomitees, dem der BDO nicht genügend begegnen könne. Wir vier Generale wandten jedoch ein, daß der Einfluß des BDO durch getrennte Arbeit, aber durch gemeinsame Entschließungen genügend gesichert werden könne. Aus diesem Grunde umriß der Bund Deutscher Offiziere seine Aufgaben noch in einer besonderen Deklaration:

Tiefes Pflichtbewußtsein und Verantwortungsgefühl unserem Volke gegenüber veranlassen uns deutsche Offiziere, angesichts der gegenwärtigen Lage nicht untätig zu bleiben, sondern mit allen unseren Kräften dafür einzutreten, daß unser Vaterland vor der drohenden Katastrophe bewahrt wird.

Die seit Beginn des Jahres eingetretenen schweren Mißerfolge auf militärischem und politischem Gebiet sowie die stetig zunehmende Verschlechterung der deutschen Wirtschaft lassen uns die Aussichtslosigkeit der Lage Deutschlands erkennen.

Die Winterkatastrophen bei Stalingrad, im Kaukasus und im Kubangebiet, der Verlust Nordafrikas, das Scheitern der Sommeroffensive 1943 im Osten und die Erfolge der Roten Armee bei Orel, Belgorod, Charkow, Taganrog und im Donezbecken, die Landung der britisch-amerikanischen Streitkräfte auf Sizilien und in Süditalien und die unmittelbar bevorstehende Errichtung der »Zweiten Front«, alle diese Tatsachen führen zu der Einsicht, daß der Krieg nicht mehr zu gewinnen ist.

Von gleicher Tragweite sind die politischen Ereignisse der jüngsten Zeit: Entfernung Mussolinis, Auflösung der faschistischen Partei und das Ausscheiden Italiens aus dem Kriege, der mit Sicherheit zu erwartende Abfall Finnlands, Ungarns und Rumäniens, die Unruhen in den besetzten Gebieten, vor allem in Dänemark, die Wendung in der Haltung der Neutralen Deutschland gegenüber. Deutschland gerät in eine gefährlichere Isolierung als 1918.

Dazu erschüttern die Folgen des totalen Luftkrieges aufs schwerste die seelischen und materiellen Widerstandskräfte der Heimat . . .

Diese unwiderleglichen Tatsachen haben der gesamten Weltlage in den letzten Wochen eine für Deutschland verhängnisvolle Wendung gegeben. Sie werden unweigerlich zum Untergang Deutschlands führen, wenn es nicht gelingt, das Äußerste rechtzeitig zu verhindern. Der Krieg ist sinn- und hoffnungslos geworden. Seine Fortführung liegt ausschließlich im Interesse Hitlers und seines Regimes. Daher wird die nationalsozialistische Regierung, die gegen das Wohl des Volkes und der Nation handelt, niemals bereit sein, den Weg, der allein zum Frieden führen kann, freizugeben.

Diese Erkenntnis zwingt uns, dem verderblichen Regime Hitlers den Kampf anzusagen und für die Schaffung einer vom Vertrauen des Volkes getragenen und auf ausreichende Machtmittel gestützten Regierung einzutreten, damit auch von unserer Seite alles geschehe, was unserem Vaterlande den Frieden und eine glückliche Zukunft sichern kann.

Wir haben daher beschlossen, den »Bund Deutscher Offiziere« zu gründen und uns der nationalen Bewegung »Freies Deutschland« anzuschließen.

Wir wenden uns an die Generale, Offiziere und Soldaten der Wehr-

macht mit dem Aufruf, gemeinsam mit uns, Seite an Seite mit dem Volk zu kämpfen und unsere heiligste Pflicht gegenüber der Nation zu erfüllen.

Es lebe das freie, friedliche und unabhängige Deutschland!

1. Plenum am 14. September 1943

Zwei Tage nach der Gründung des BDO fand das erste Plenum nunmehr beider Organisationen, Nationalkomitee Freies Deutschland und Bund Deutscher Offiziere, in Lunjewo statt.

Präsident des Plenums: Erich Weinert, Präsident des Nationalkomitees Freies Deutschland.

Hauptpunkt der Tagesordnung: Verbindung und Zusammenarbeit der beiden an sich selbständigen Organisationen mit gleichem Endziel, jedoch unterschiedlichem Aufbau und verschiedenen Aufgaben.

Ihre praktische Durchführung und personelle Besetzung: Das Plenum bestätigte hierzu offiziell die in gemeinsamen Vorbesprechungen getroffenen Vereinbarungen.

Auf Vorschlag des Präsidenten Erich Weinert beschloß das Plenum einstimmig, die Zusammenarbeit beider Organisationen durch Erweiterung des Nationalkomitees um 18 Mitglieder sicherzustellen. Folgende neue Mitglieder wurden bestimmt:

a) vom BDO General der Artillerie von Seydlitz, Generalleutnant Edler von Daniels, Generalmajor Dr. Otto Korfes, Generalmajor Lattmann, Oberst Steidle, Oberst van Hooven, Major Kommodore von Frankenberg und Proschlitz, protest. Divisionspfarrer Schröder, kath. Divisionspfarrer Kayser, Kriegsgerichtsrat von Knobelsdorf;

b) von der Bewegung »Freies Deutschland« 3 Vertreter der Mannschaften (die Unteroffiziere Klement, Grandy und Gossens) und 3 Vertreter der Emigranten (Schriftsteller Theodor Plivier, Landtagsabgeordneter Hermann Matern und Redakteur Rudolf Herrnstadt).

Nach der Wahl wurden die neuen Mitglieder durch den Präsidenten E. Weinert begrüßt. Anschließend wurde das Präsidium des Nationalkomitees durch einstimmige Zuwahl folgender neuer Mitglieder vervollständigt: Vizepräsidenten: 1. General der Artillerie von Seydlitz, 2. Generalleutnant Edler von Daniels, 3. Soldat Emmendörfer. Zusätzlich zu den bereits bei der Gründung des Nationalkomitees am 12./13. Juli 1943 Gewählten, der Präsident Erich Weinert und die Vizepräsidenten Major Karl Hetz und Leutnant Heinrich Graf von Einsiedel.

Diese organisatorischen Bindungen, wie sie in diesem ersten Plenum am 14. September festgelegt wurden, blieben bis zum Kriegsende im Mai 1945 unverändert bestehen, wenn auch die endgültige, offizielle Auflösung beider Organisationen erst ein halbes Jahr später, am 2. November 1945, in Lunjewo erfolgte.

Punkt zwei der Tagesordnung lautete: Die neue Propaganda-Parole. Die neue zwischen uns drei Generalen und General Melnikow vereinbarte neue Propaganda-Parole rief die deutsche Ostfront auf, geschlossen unter ihren Kommandeuren und Offizieren auf die deutschen Ostgrenzen zurückzugehen. Dem sollten ein Waffenstillstand und anschließende Friedensverhandlungen folgen.

Der Alliierten und Hitlers erste Reaktion

Stalin hatte die Alliierten über die beabsichtigte Gründung von Nationalkomitee und BDO nicht orientiert. Die Westmächte waren daher überrascht und verrieten eine gewisse Betroffenheit. Roosevelt und Hopkins lehnten jeden Kommentar ab; Eden erklärte vor dem britischen Unterhaus: Seiner Majestät Regierung sei weder vor der Gründung des Komitees in Kenntnis gesetzt worden, noch beabsichtige sie eine ähnliche Bewegung. Es blieb bei den Alliierten eine gewisse Beunruhigung über die Zukunft und Einheit der Koalition. Die für die Entlastung der Sowjets so dringend erforderliche Zweite Front seitens der USA und Englands wurde nicht beschleunigt, sie begann erst am 6. Juni 1944 mit den Angriffen der Alliierten und ihrer Landung an der Kanalküste beiderseits der Halbinsel Cotentin.

Die Presse wagte etwas eingehendere Kommentare, doch auch dort überwog das Gefühl der Unsicherheit. Man vermutete, daß das Nationalkomitee entweder eine unabhängige russische Operation widerspiegelte oder aber zu eingehender Zusammenarbeit zwischen den Alliierten auffordern sollte. Man beschwor sogar das Gespenst eines Separatfriedens. Ein Schweizer Blatt schrieb: »Großzügig wie Stalin ist, hat er dem deutschen Komitee die Ausgabe eines nichts weniger als bolschewistischen Programms gestattet. Kommunistisch riecht die Sache nur von der personellen Sache aus.«

Hitler schwieg. Es schien zunächst sehr schwierig, die deutsche Öffentlichkeit darüber zu informieren. Goebbels' Tagebuch zeigt eindeutig diese Schwierigkeiten. Er überhäufte besonders mich und Einsiedel mit Schmähungen, konnte aber dahinter die Tatsache nicht verschweigen, daß das Nationalkomitee dem NS-Regime sehr schadete. Was jedoch von Hitler an Haß und Rache zu erwarten war, hatte bereits seine erste Reaktion auf die von ihm selbst verschuldete Kapitulation des Kessels von Stalingrad gezeigt. Die Tatsache, daß dort die Masse der Generale nicht – wie von ihm erwartet – mit Paulus an der Spitze den Tod gesucht, sondern sich für die russische Gefangenschaft entschieden hatte, hatte Hitler schon zu folgenden Beschimpfungen der Generale veranlaßt:

»Jetzt wird das Heldentum von so vielen Soldaten von einem einzigen charakterlosen Schwächling ausgelöscht. – Das wird der Mann (Paulus) tun. Sie müssen sich vorstellen, er kommt nach Moskau hinein, und stellen Sie sich den Rattenkäfig (gemeint ist die Lubjanka) vor. Da unterschreibt er alles. Er wird Geständnisse, Aufrufe machen. Sie werden sehen: Sie (die Generale) werden jetzt den Weg der Charakterlosigkeit bis nach unten gehen, bis in die tiefste Niederung. Er (Paulus) wird in kürzester Zeit im Rundfunk sprechen, das werden Sie sehen. Der Seydlitz und der Schmidt werden im Rundfunk sprechen. Sie sperren sie in den Rattenkeller ein, und zwei Tage darauf haben sie sie so mürbe, dann reden sie sofort!«

Nach der Gründung des BDO am 11./12. September 1943 wurden zunächst die aus den Offizierslagern hierzu entsandten Abordnungen wieder dorthin entlassen. Ihnen wurde der Auftrag mitgegeben, in den Lagern weitere Mitglieder zu werben. Es waren dies die Offizierslager Jelabuga (an der Kama), Oranki (an der oberen Wolga) sowie das Lager 150 Griasowetz (nördlich Moskau). Die Betreuung dieser Lager lag ausschließlich in den Händen des BDO. In den Mannschaftslagern trat nunmehr an die Stelle der antifaschistischen Bewegung die Bewegung Freies Deutschland, die vom Nationalkomitee gesteuert wurde. Die Ernennung der Bevollmächtigten des Nationalkomitees für die Mannschaftslager lag in den Händen des Nationalkomitees, in diesem Falle W. Ulbrichts. Ihm unterstanden auch die Schulen, in denen die Bevollmächtigten ausgebildet wurden.

Wenige Tage nach der Gründungsfeier und dem anschließenden ersten Plenum lud General Melnikow Oberst van Hooven und mich zu einer Fahrt an die Nordfront zu den Waldai-Höhen ein. Offizieller Zweck dieser Fahrt: Propagandaaktion gegenüber der 16. deutschen Armee, dem II. Armeekorps und meiner alten 12. Infanteriedivision (jetzt Generalmajor von Lützow) an der Front auf den Waldai-Höhen. Dabei Zusammenarbeit mit dem dortigen Frontbevollmächtigten des Nationalkomitees.

Die Fahrt von Lunjewo ging, begleitet von einem Mannschaftswagen mit Milizsoldaten, über Kalinin (früher Twer) in die Gegend des Ortes Waldai. Mit mir fuhren noch der Vizepräsident des BDO, Oberst van Hooven, sowie als Dolmetscher der sowjetische Major Stern. Die Unterbringung erfolgte in einem Dorf in der Nähe von Waldai in einem der üblichen Bauernholzhäuser. Dort hatten wir die notwendigen Möglichkeiten für die Abfassung eines Flugblattes für die gegenüberliegende deutsche Front. Einzelheiten über den Wortlaut des damals verfaßten Flugblattes besitze ich nicht mehr. An folgende wesentliche Punkte erinnere ich mich doch noch sehr gut:

Gefangene deutsche Generale und Offiziere haben am 11. und 12. September 1943 bei Moskau einen Offiziersbund gegründet mit dem Ziel der schnellsten Beendigung des nach den schwersten Niederlagen dieses Jahres sowie der Entwicklung an den übrigen Fronten Deutschlands völlig aussichtslosen Krieges. Die inzwischen erfolgte Landung der Alliierten in Nordafrika, Sizilien und Süditalien sowie der Abfall Italiens sind ein weiterer Beweis für die sich täglich der totalen Katastrophe nähernde Entwicklung unseres Vaterlandes. Waffenstillstand und Frieden sind aber nur ohne Hitler möglich. Seine Beseitigung ist daher oberstes Gebot. Die Sowjetunion ist bereit zu einem Waffenstillstand, wenn die deutsche Front zurückgenommen wird bis auf die deutsche Ostgrenze.

Daher rufen wir die deutsche Führung – Heeresgruppen, Armeen, Armeekorps, Divisionen – auf, die deutsche Front zurückzuführen an die deutsche Grenze, um die Möglichkeiten dieses Angebots auszunutzen.

Deutscher Frontsoldat – es kommt darauf an, diesen Rückmarsch in vorbildlicher Ordnung und Disziplin durchzuführen, auch um unnötige Verluste zu vermeiden.

Dies allein ermöglicht es unserem Vaterlande, diesen wahnsinnigen und unglückseligen Krieg zu beenden, bevor die Entwicklung unaufhaltsam in den totalen Abgrund treibt und der Krieg auf deutschem Boden weitergehen wird.

Gez.: W. v. Seydlitz, General der Artillerie, im Kriege zuletzt Kommandierender General LI. Armeekorps, Stalingrad, jetzt: Präsident des »Bundes Deutscher Offiziere« und Vizepräsident des Nationalkomitees »Freies Deutschland«

Gez.: van Hooven, Oberst, im Kriege zuletzt Nachrichtenkommandeur der 6. Armee, Stalingrad, jetzt: Vizepräsident des »Bundes Deutscher Offiziere«

Leider kam es nicht zu einer internen Besprechung mit dem Frontbevollmächtigten und seinen Helfern. Wir erlebten vielmehr nur ein Treffen im Beisein der Russen am Abend des dritten Tages. Eine freie, ungezwungene Aussprache und Orientierung war dabei nicht möglich. Alles wirkte auf mich etwas aufgezogen. Der Gesamteindruck der Persönlichkeit des Bevollmächtigten und der Helfer war dagegen gut.

Nach der Rückkehr Ende September 1943 waren in Lunjewo für den Vorstand des BDO zwei Punkte vordringlich:

1. Orientierung über Einzelheiten der Organisation des Nationalkomitees und deren personelle Besetzung; 2. Möglichkeiten der gegenseitigen Verbindungen und der Zusammenarbeit wie im ersten Plenum beschlossen.

Das Nationalkomitee hatte gleich nach seiner Gründung seine Organisation und seine Arbeit in einem Statut festgelegt:

1. Die Statuten.
2. Herausgabe einer wöchentlich erscheinenden Zeitung mit dem Titel »Freies Deutschland« als Organ des Nationalkomitees.
3. Einrichtung eines Radiosenders »Freies Deutschland« mit großer Reichweite.
4. Entsendung von Bevollmächtigten des Nationalkomitees an die Fronten. Aufnahme der Propagandatätigkeit unter den deutschen Fronttruppen.
5. Ernennung von Bevollmächtigten in den Kriegsgefangenenlagern aufgrund von Wahlen durch die Aktivistengruppen. Entsendung von Werbedelegationen in die Lager.
6. Schaffung von Kommissionen zur Ausarbeitung von Material für Schulung und Propaganda.
7. Verbreitung des bei der Gründung beschlossenen Manifestes, und zwar in großen Auflagen an der Front, in den Kriegsgefangenenlagern und in Deutschland (soweit möglich).

– Die Statuten –

I. Das Plenum

1. Das Plenum tagt bei allen wichtigen Anlässen, jedoch mindestens einmal monatlich.
2. Das Plenum nimmt Stellung zu allen wichtigen Aufgaben und beschließt entsprechende Maßnahmen.
3. Das Plenum nimmt Stellung zu den Berichten des Geschäftsführenden Ausschusses.

II. Der Geschäftsführende Ausschuß

1. Der Geschäftsführende Ausschuß ist das ausführende Organ des Nationalkomitees.
2. Zusammensetzung:
   a) Präsident und Vizepräsidenten,

b) durch Nationalkomitee besonders zu wählende Mitglieder,
c) die verantwortlichen Leiter der Redaktion der Zeitung und des Senders.

3. Der Geschäftsführende Ausschuß führt verantwortlich Beschlüsse des Plenums aus.
4. Vorbereitung der Tagesordnung der Vollsitzungen des Nationalkomitees.
5. Klärung aller wichtigen Fragen zwischen den Vollsitzungen.
6. Er beschafft für die zu leistende Arbeit des Nationalkomitees die notwendigen Unterlagen und Materialien.
7. Er gibt Weisungen für die Tätigkeit und die Arbeit der Redaktion.
8. Er führt die Korrespondenz mit den Bevollmächtigten an der Front und in den Lagern.
9. Der Präsident und Vorsitzende des Geschäftsführenden Ausschusses hält die Verbindung mit den sowjetischen Behörden aufrecht.
10. Der 1. Vizepräsident ist gleichzeitig 2. Vorsitzender des Geschäftsführenden Ausschusses.
11. Er besorgt alle Veröffentlichungen des Nationalkomitees.
12. Er beauftragt geeignete Anhänger der Bewegung »Freies Deutschland« mit der Schaffung und Leitung von Fachgruppen für wirtschaftliche, soziale, politische, kulturelle und ähnliche Fragen für die Arbeit des Geschäftsführenden Ausschusses.

Die Zeitung erschien ab 21. Juli 1943 wöchentlich vierseitig und wurde von einem vom Plenum ernannten Redaktionsstab aus freien und kriegsgefangenen Mitgliedern geleitet. Sie wurde verbreitet unter der kämpfenden deutschen Truppe (als Flugblatt), in Deutschland (soweit möglich) und in den Lagern. Die Sowjetunion stellte die Mittel für die Druckerei und das Papier.

Der Sender sendete seit 18. Juli 1943 dreimal, dann viermal, später achtmal wöchentlich, ab Mai 1945 wieder viermal. Er war in ganz Europa hörbar. Die Sendungen wurden gestaltet durch einen vom Nationalkomitee ernannten Redaktionsstab aus freien und kriegsgefangenen Mitgliedern und Mitarbeitern des Nationalkomitees. Die Sowjetunion stellte Sendegerät, Aufnahmeapparatur und Sendeenergien zur Verfügung.

Aus Mitgliedern des Nationalkomitees und Delegierten der Lager wurde am 22. August 1943 eine Gruppe von Bevollmächtigten in Marsch gesetzt, und zwar ein Mann an je eine Front mit der Aufgabe, die Propagandaarbeit der Bewegung »Freies Deutschland« zu organisieren. Diese Organisation war naturgemäß nur möglich mit Unterstützung der Kommandostellen der Roten Armee. Die Richtlinien und Anweisungen für die Propagandatätigkeit erhielten die Bevollmächtigten lediglich vom Nationalkomitee.

Die Bevollmächtigten wurden beauftragt, sich Helfer für ihre Tätigkeit an der Front aus zuverlässigen Kriegsgefangenen zu schaffen.

Nach einiger Zeit konsolidierte sich ein System als Ergebnis der gemachten Erfahrungen der Bevollmächtigten und ihrer Verbindung mit den Kommandostellen der Roten Armee. Es bewährte sich bis zum Ende des Krieges und blieb daher so lange bestehen. Die Arbeit dieses Systems wurde wie folgt aufgegliedert:

a) Der Bevollmächtigte war verantwortlich für den gesamten Frontabschnitt.
b) Der Beauftragte des Bevollmächtigten war verantwortlich für einen bestimmten Abschnitt einer Armee.
c) Der Helfer oder Vertrauensmann war verantwortlich für einen bestimmten Abschnitt.

Der Beauftragte und die Helfer hatten ihre Tätigkeitsberichte an den Bevollmächtigten zu senden, der über die unmittelbaren Verbindungen zum Nationalkomitee verfügte. Er hatte seinerseits dem Nationalkomitee allmonatlich zu berichten.

Folgende Mittel standen den Frontbevollmächtigten und ihren Helfern zur Durchführung der Propaganda zur Verfügung:

1. die zentralen Aufrufe und Flugblätter des Nationalkomitees und des BDO;
2. die Zeitung »Freies Deutschland«;
3. die seit Dezember 1943 monatlich erscheinende illustrierte Zeitung »Freies Deutschland im Bild«;
4. die Frontdruckereien der Roten Armee zur Herstellung von operativen Flugblättern für den betreffenden Abschnitt;
5. Lautsprecherwagen für die Sendung von Ansprachen und Schallplatten in die vorderen deutschen Stellungen;
6. Funkanlagen der Roten Armee zur Herstellung von Verbindungen mit Funkern auf der deutschen Seite;
7. Schallplatten mit Ansprachen führender Männer des Nationalkomitees und des BDO;
8. Megaphone zum Gebrauch in nächster Nähe der vorderen Linie;

9. Ausnutzung der Beförderungsmöglichkeiten von Propagandamaterial und Briefen an Kommandeure von deutschen Einheiten im Hinterland der deutschen Frontlinien;
10. die Erlaubnis der Entsendung von Kriegsgefangenen als Parlamentäre in bestimmten hoffnungslosen Lagen der deutschen Front (Kessel);
11. die Möglichkeit der Ausbildung geeigneter Kriegsgefangener in Frontschulkursen für die Mitarbeit an der Front.

Schließlich gab es für die Frontbevollmächtigten noch die Möglichkeit, sich über die Wirkung der Propaganda des Nationalkomitees Informationen zu beschaffen, und zwar durch sogenannte Meetings und Diskussionen in den Gefangenensammelstellen.

Mit der politischen Arbeit und der Werbung in den Lagern wurden Aktivisten der Bewegung beauftragt, aus ihrer Mitte Kandidaten für den Posten eines Bevollmächtigten des Nationalkomitees vorzuschlagen, der dann von der Lagergruppe des Nationalkomitees zu wählen war. Der Bevollmächtigte bedurfte der Bestätigung durch das Nationalkomitee. Die Arbeit in den Lagern wurde durch Delegationen des Nationalkomitees verstärkt. Sie erhielten für ihre Tätigkeit bestimmte Richtlinien. Folgende Mittel der politischen Aufklärung, der Schulung, der Propaganda und der Werbung standen dem Lagerbevollmächtigten und der von ihm geleiteten Lagergruppe der Bewegung zur Verfügung:

1. vom Nationalkomitee ausgearbeitete Schulungsmaterialien und Richtlinien;
2. die Zeitung »Freies Deutschland«;
3. der Radiosender »Freies Deutschland«, dessen Beiträge und Sendungen der Lagergruppe als politische Richtlinien und als Diskussionsmaterial dienten;
4. Vorträge von deutschen Politikern und Schriftstellern, Lagerinstrukteuren sowie von Sowjetfachleuten;
5. Zirkel, in denen bestimmte Themen von kleineren, freiwillig teilnehmenden Gruppen behandelt und diskutiert wurden (Imperialismus, Wesen des Hitlerismus usw.).

Die Lagerbevollmächtigten hatten die Pflicht, dem Nationalkomitee jeden Monat einen Bericht zu senden, und zwar über ihre Tätigkeit sowie Beiträge von Gefangenen für die Zeitung und den Sender. Es wurden einige Kommissionen gebildet, deren Aufgabe in der Ausarbeitung von Materialien bestand, die für die Propagandaschulung und die Aufklärungsarbeit gebraucht wurden:

1. Fachgruppe: Wirtschaft (Leiter: Hauptmann Fleischer)
2. Fachgruppe: Sozialpolitik (Leiter: Vizepräsident Emmendörfer)
3. Fachgruppe: Recht
4. Fachgruppe: Kultur (Leiter: Generalmajor Dr. Korfes).

Ein wesentlicher Teil der Zusammenarbeit wurde gewährleistet durch die Besetzung von zwei Vizepräsidenten des Geschäftsführenden Ausschusses durch General von Seydlitz und Generalleutnant von Daniels, die durch diese Stellungen Einblick in alle Angelegenheiten des Nationalkomitees bekamen und damit auch Möglichkeiten des Einspruchs hatten. Außerdem wurden u. a. als Mitglieder des Geschäftsführenden Ausschusses dazu gewählt: Generalmajor Dr. Korfes, Generalmajor Lattmann, Oberst van Hooven, Major von Frankenberg und Proschlitz.

Nach den ersten praktischen Erfahrungen und dem Einblick in die Gesamttätigkeit des Nationalkomitees mußten folgende Punkte unbedingt verbessert werden:

1. die Kontrolle der praktischen Tätigkeit der Frontbevollmächtigten;
2. die Notwendigkeit, in die Gefangenenlager Abordnungen zu schikken, die an Ort und Stelle mit den dortigen Bevollmächtigten, aber auch mit anderen Insassen die politischen und wirtschaftlichen Verhältnisse in den Lagern nachprüften und gleichzeitig für Abhilfe sorgten, soweit es möglich war. Alle Punkte, die der Abhilfe bedurften, wurden den russischen Stellen mitgeteilt (geschlossener Umschlag), sobald die Abordnungen nach Lunjewo zurückkehrten.

Die Satzungen des Nationalkomitees regelten alle wesentlichen Fragen seiner Organisation und z. T. auch die Einzelheiten der Befugnisse und Arbeit seiner Hauptorgane. Theoretisch schien soweit alles klar, doch die Praxis sollte uns erst zeigen, wie die Arbeit und vor allem auch die Zusammenarbeit nun – nach der personellen Erweiterung aller Hauptorgane durch Mitglieder des BDO – weiter funktionierte. Die demokratische Beschlußfassung war in allen Organen gesichert, sowohl im Nationalkomitee wie im BDO. Niemand hatte irgendwelche autoritären Befugnisse. Nach Lage der Dinge hing natürlich vieles von den Russen ab. Förderten sie in jeder Weise unsere Arbeit? Ermöglichten sie Reisen von Delegationen in die Lager, an die Fronten zu den Frontbevollmächtigten usw.?

Eines empfanden wir sehr bald, und zwar das Handikap, dem wir Gefangenen durch unsere unvermeidbare Unterbringung in einem geschlossenen Lager für unsere Arbeit unterlagen. Das Lager Lunjewo lag etwa 30 km nördlich Moskau, die Emigranten dagegen lebten mit ihren Familien in Moskau; sie verkehrten schon seit Jahren dienstlich mit den zuständigen russischen Behörden und saßen uns gegenüber am längeren Hebel. Zwar gab man sich alle Mühe, uns diesen Vorteil nicht merken zu lassen, besonders zu Beginn unserer Arbeit. Im Laufe der Zeit aber, vor allem seit dem Jahreswechsel 1944/45, machte sich das in zunehmendem Maße nachteilig bemerkbar.

Unsere praktische Arbeit bestand in den ersten Monaten hauptsächlich in der Abfassung und Verbreitung der neuen Propagandalosung, die bekanntlich Voraussetzung für den Beitritt von uns drei Generalen zum BDO war. Bis jetzt lautete die Losung in den Hauptpunkten: »Einstellung des Kampfes, Waffenstreckung, Übertritt auf die Seite des Nationalkomitees, Beseitigung Hitlers.« Nunmehr waren die wesentlichen Punkte der neuen Losung: »Beseitigung Hitlers, geordneter Rückmarsch an die deutschen Ostgrenzen. Danach Bereitschaft der Sowjetunion zum Waffenstillstand und zur Einleitung von Friedensverhandlungen.«

Selbstverständlich war die Einführung der neuen Propagandalosung von den führenden Persönlichkeiten des Offiziersbundes mit den Emigranten des Nationalkomitees besprochen worden und auch von diesen gebilligt, dennoch blieben die Widerstände erheblich, und es bedurfte erst einer gemeinsamen Vollsitzung am 24. September 1943, um zu erreichen, daß auch alle widerstrebenden Kräfte sich mit dieser Wende in der Propaganda abfanden. Leider sollte die weitere historische Entwicklung wenige Monate danach diese neue Propaganda völlig über den Haufen werfen.

Die Verbreitung der neuen Propaganda durch alle dafür zuständigen Organe wurde eingeleitet durch Flugblätter, durch die Zeitung, durch den Sender und durch Lautsprecher an den Fronten. Diese entscheidende Propaganda wies immer wieder darauf hin, daß der längst verlorene Krieg und die tägliche weitere Verschlechterung der Kriegslage dazu zwänge, zu handeln und den Krieg so schnell wie möglich zu beenden.

Eine weitere wichtige Arbeit bestand in der Abfassung von Briefen an die Oberbefehlshaber der Heeresgruppen und die Befehlshaber der Armeen, die uns bekannt waren und auf deren Einsicht wir hoffen durften. So schrieb ich zum Beispiel einen Brief an General Model:

Offener Brief des Generals der Artillerie
Walther von Seydlitz
an den Oberbefehlshaber der 9. Armee
Herrn Generaloberst Model

Sehr geehrter Herr Model!
Als Oberbefehlshaber der 9. Armee haben Sie in Ihrem Befehl vom 16. 9. 1943 den Versuch gemacht, den Rückzug des Ostheeres zu erklären und die kommenden Aufgaben zu stellen. In Ihrer Darstellung jedoch sind die Widersprüche so augenfällig, daß ich mich des Eindrucks nicht erwehren kann, daß Sie hier eine andere Auffassung gegen Ihre bessere Einsicht vertreten mußten, denn Ihre Begründung widerspricht Ihrer sonst so oft bewiesenen Fähigkeit, die Dinge klar und ohne Selbsttäuschung zu sehen. Die seit Abfassung Ihres Befehls vergangenen wenigen Wochen haben übrigens die Unhaltbarkeit Ihrer Begründung deutlich erwiesen.

Wie oft in der Kriegsgeschichte und auch in diesem Kriege wird ein auf unrichtiger Einschätzung der Lage beruhender Entschluß der obersten Führung mit dem Blute vieler deutscher Männer bezahlt. Davon zeugen Stalingrad, Don, Kaukasus, Afrika, das Scheitern der diesjährigen Sommeroffensive und vor allem die großangelegte russische Offensive. Nun hat es die oberste Führung dahin gebracht, daß die nackte Existenz des deutschen Volkes auf dem Spiele steht.

Das veranlaßte mich, zu Ihrem Befehl Stellung zu nehmen. Sie behaupten, jeder Zeitgewinn nütze Deutschland. Diese Auffassung ist leicht zu widerlegen. Die Gegner haben mehr Zeit als wir. Es ist Tatsache, daß unsere Gegner im Laufe des letzten Jahres ungleich stärker und wir ungleich schwächer geworden sind. Konnte man im Falle Stalingrad noch der Meinung sein, es handle sich um ein Mißgeschick, wie es in allen Kriegen vorkommt, so hat der Verlauf des letzten Jahres bewiesen, daß Deutschland sich an allen Fronten auf einer stetig absteigenden Linie bewegt. Die ununterbrochene Kette der Niederlagen ist keine zufällige Erscheinung. Sie ergibt sich aus der fortschreitenden bedrohlichen Erschöpfung der deutschen Kräfte, während die Reserven unserer Gegner noch unerschöpft sind. Wie es mit den letzten Reserven aussieht, die die Hitlerregierung im Laufe der totalen Mobilmachung aus unserem Volke herausgeholt hat, wissen Sie ja selbst. Auf der anderen Seite aber hat die »elastische Verteidigung« die Rote Armee so wenig geschwächt, daß sie jetzt ihre Offensive in verstärktem Maße fortsetzen kann. Ebenso leicht widerlegbar ist Ihre Berufung auf den Vorteil der Raumweite auf deutscher Seite. Niemanden kann die Behauptung überzeugen, die Wehrmacht habe in den ersten Jahren die russische Weite mit unerhörten Opfern an Blut und Werten erkämpft, um sich Raum für den Rückzug zu schaffen. Der wichtigste Vorteil der Raumweite entfällt zudem, wenn man nicht über genügend Reserven verfügt.

Mit Ihrer Feststellung, daß der Rückzug des Ostheeres durch die Drohung einer Landung amerikanisch-englischer Truppen notwendig war, also bevor eine Zweite Front überhaupt entstanden ist, geben Sie ja selbst zu, wie aussichtslos die Lage für Deutschland geworden ist. Was soll erst werden, wenn der Mehrfrontenkrieg Wirklichkeit wird?

Es ist richtig, daß der Weg zum Reich dem russischen Heere Opfer kosten wird. Aber das deutsche Ostheer wird noch schwerere Einbußen erleiden. Die Ausfälle der Russen sind leichter zu ersetzen, unsere aber nicht. Die Gefahr besteht, daß sich der Krieg den Weg zum Reiche bahnt. Die deutsche Wehrmacht kann sie verhindern, aber nicht durch die Fortführung des aussichtslos und sinnwidrig gewordenen Krieges, sondern durch die Verweigerung des Gehorsams Adolf Hitler gegenüber.

Das Vertrauen in die jetzige deutsche politische und militärische Führung ist bereits auf das schwerste erschüttert und, wie wir überzeugt sind, zweifellos auch bei Ihnen, Herr Generaloberst. Alle Hoffnungen auf die Unfehlbarkeit Adolf Hitlers werden furchtbar enttäuscht werden. Wenn die Wehrmacht an ihm festhält, so ist Deutschlands Zukunft trostlos und verzweifelt.

Nach den Erfahrungen der letzten zwei Monate ist sehr zu bezweifeln, ob, wie sie behaupten, die Wehrmacht fähig ist, die Front jederzeit zum Stehen zu bringen. Der Dnjepr ist bereits an mehreren Stellen von den Russen überschritten. Hinter dem deutschen Ostheer stehen keine Reserven, die die Lage wesentlich ändern könnten. Vor ihm steht der drohende Winter und die Gefahr der Vernichtung der materiellen und lebendigen Kraft der Truppe.

Die katastrophale Entwicklung der militärischen und politischen Lage verdankt Deutschland einzig und allein der maßlosen und dilettantischen Führung Adolf Hitlers. Es ist eine Zumutung, von den deutschen Soldaten noch Vertrauen zu einer so »weisen« Führung zu fordern. Sie haben oft den Sinn für klare Erkenntnis der Wirklichkeit bewiesen. Sie haben auch, wie ich überzeugt bin, erkannt, daß Adolf Hitler den Krieg nicht mehr gewinnen kann, sondern ihn nur noch sinnlos verlängert, weil ihm vor dem Ende graut. Daß Deutschland von Woche zu Woche steigende Schrecken erlebt und Menschen geopfert werden müssen, macht offenbar keinen Eindruck auf ihn.

Darum, Herr Generaloberst, handeln sie nach Ihrer besseren Einsicht. Sie, wie alle Befehlshaber der deutschen Wehrmacht, tragen die Verantwortung für das Schicksal Deutschlands in ihrer ganzen Schwere. Zwingen sie Adolf Hitler zum Rücktritt! Räumen sie den russischen Boden und führen sie das Ostheer an die deutsche Grenze. Mit diesem Entschluß werden sie die politischen Voraussetzungen für einen ehrenvollen Frieden schaffen, der dem deutschen Volke die Rechte einer freien Nation erhält. Solche Tat wird bei Beendigung des Krieges für die Gestaltung des deutschen Schicksals von entscheidender Bedeutung sein. Das ist mehr, als wir in der heutigen Lage erhoffen können.

Es geht aber alles verloren und jede Hoffnung wird zunichte, wenn Adolf Hitler mit Ihrer Hilfe den Krieg fortsetzen kann und das deutsche Volk mit sich in den sicheren Untergang reißt.

Gez. v. Seydlitz, General der Artillerie,
Präsident des »Bundes Deutscher Offiziere«

Generalleutnant von Daniels schrieb an Generalfeldmarschall von Manstein:

Herr Feldmarschall!
Die Einkesselung und im Zuge befindliche Vernichtung von zehn Divisionen ihrer Heeresgruppe ein Jahr nach der Katastrophe von Stalingrad ist nicht nur eine militärische Niederlage – sie ist eine nicht mehr zu verstehende, unverantwortliche Opferung unersetzlicher Teile unseres Volkes. Ich weiß, Herr Feldmarschall, sie sind ja kein gläubiger Nationalsozialist. Und sie gehören auch nicht zu den sogenannten »Parteigeneralen«.

Alle Dienststellungen, die sie während dieses Krieges bekleideten, haben sie aufgrund ihrer militärischen Fähigkeiten eingenommen. Und deshalb beurteilen sie auch die militärische Gesamtlage als das, was sie ist – aussichtslos!

So mußten sie, Herr von Manstein, schon vor dieser neuen Katastrophe wissen, daß die vorspringenden Frontbogen am Dnjepr nicht zu halten sind – und sie wußten es auch. Sie haben sich trotzdem den Befehlen Hitlers unterworfen, die in ihrer voraussehbaren Wirkung auf einen sinnlosen Mord an Zehntausenden deutscher Soldaten hinausliefen.

Warum taten sie das? Warum werfen sie immer wieder ihre Divisionen in diesen hoffnungslosen Kampf? Wie lange gedenken sie noch mitzuhelfen an der Vernichtung der deutschen Armee, die ihr durch Hitler bereitet wird?

Sie können vielleicht sagen: Ich habe meine Bedenken, meine Kritik vorgetragen und bin nicht durchgedrungen. Schweigt so schnell ihr Gewissen? Erschöpft sich ihr Verantwortungsgefühl und ihr Offiziersbegriff in dem formalen Gehorsam gegenüber dem einen Manne – Hitler –, von dem sie doch genau wissen, daß seine Befehle verantwortungslos und verderblich sind?

Das deutsche Volk verlangt von den Heerführern nicht, daß sie gegen ihre Überzeugung einen aussichtslosen Kampf fortführen, nur weil ein Abenteurer das will. Das Volk erwartet und fordert, daß die Heerführer – und damit auch Sie, Herr Feldmarschall – den Mut und die Entschlossenheit aufbringen, ihrer besseren Einsicht und Überzeugung gemäß zu handeln.

Und bedenken Sie noch eins. Im Laufe des letzten Jahres ist die Front 1500 Kilometer nach Westen zurückgeworfen worden und steht heute nur noch rund 450 Kilometer vor den Grenzen der Provinz Schlesien. Sie, Herr Feldmarschall, wissen nur zu gut, daß hier die Worte Absetzbewegung und Frontbegradigung nur ein Hohn auf die vollzogene Niederlage Deutschlands sind. Am Ende des letzten Jahres hatte sich ferner ein entscheidender Frontabschnitt – gerade der, den Sie befehligten – aus der strategisch allein zu rechtfertigenden Nordsüdrichtung in eine groteske Ostwestachse verkehrt, die in einer Frontlänge von 750 Kilometern von Nikopol bis Lusk verläuft und zu Aufspaltungen und Kesselbildungen geradezu herausfordert. Sie, Herr Feldmarschall, müssen wissen und empfinden, daß es eine Schmach für die deutsche Generalität ist, ihre Truppen derart zu »führen«. Wie erklärt sich dieser Bankrott der deutschen Generalität? Woher dieser jähe Verfall ihres fachlichen Könnens? Der militärische Bankrott der deutschen Generalität ist die natürliche Folge eines jahrzehntelangen politischen und moralischen Versagens. Sehen wir der Wahrheit ins Auge: Für das Linsengericht der Wiederaufrüstung verschrieben wir uns einem volksfeindlichen Regime, das nicht siegen konnte und die Generalität fachlich und moralisch zersetzen mußte. Heute ist es soweit. Die deutsche Generalität, die dem volksfeindlichen Regime verschrieben bleibt, hat ihre Rolle im Rahmen der Nation ausgespielt. Das Volk empfindet sie mit jedem Tage mehr als Gehilfen des Verderbers, als Totengräber der Nation. Und unzweifelhaft wird das Volk von jedem deutschen General nach Hitlers Sturz Rechenschaft über sein Verhalten während dieser schicksalsschweren Zeit verlangen. Und glauben sie etwa, das Volk wird dann fragen, ob Sie diese oder jene militärische Einzeloperation gut geführt haben? Nein! Es wird Sie fragen: Feldmarschall! Haben Sie gewußt, daß der Krieg verloren war? Ja oder nein! Und Sie werden die Frage bejahen müssen!

Das Volk wird Sie weiter fragen: Und obwohl Sie gewußt haben, daß alles nutzlos ist, haben Sie es fertiggebracht, ihre Armeen in den Kampf, in den Untergang zu führen und unendliches, vermeidbares Leid über das deutsche Volk zu bringen.

Herr Feldmarschall, es gibt eine Grenze, über die hinaus das Befolgen von Befehlen ein Verbrechen am Volke genannt werden muß. Wollen Sie dieses Urteil der Geschichte auf sich nehmen?

Ich wünsche es Ihnen nicht. Aber Sie werden diesem Geschick nicht entgehen, wenn Sie nicht wenigstens die Reste Ihrer Truppen vor dem Verderben durch Hitler retten . . .

Seien Sie sich darüber im klaren, Herr Feldmarschall von Manstein: wenn Sie nicht handeln, werden demnächst Ihre Soldaten handeln. Und niemand wird die Soldaten zum Handeln aufzurufen brauchen. Das deutsche Volk aber wird dann geschlossen auf dieser Seite stehen und über alle, die versagten, sein hartes, aber gerechtes Urteil sprechen: schuldig!

Gez. v. Daniels, Generalleutnant, Vorstandsmitglied des »Bundes Deutscher Offiziere«

Über die Wirkung unserer Propaganda

Das Ergebnis unserer Propaganda und Werbung im ersten Vierteljahr nach der Gründung des BDO (Oktober bis Dezember 1943) läßt sich ungefähr wie folgt charakterisieren:

Zunächst zeigte sich meiner Ansicht nach die ganze Problematik einer deutschen Propaganda über die russisch-deutsche Front hinweg an die kämpfende deutsche Führung und Truppe. Es ging jetzt bereits um die dritte Fassung der Propagandathesen nach Kriegsbeginn. Das erstemal hatte sich unsere deutsche Emigration von den Russen dafür einspannen lassen, und zwar am Kessel von Stalingrad. Deren Aktivität war allein schon durch den Gleichklang der deutschen und der russischen Propaganda zum Mißerfolg verurteilt. Die deutsche Wehrmacht und ihre nationalsozialistische Erziehung, ein Prozeß von acht, neun Jahren, waren den deutschen Emigranten unverständlich geblieben. Eine Propaganda, die sich fast ausschließlich auf die internationale Solidarität der Werktätigen im Geiste des Sozialismus berief und außerdem zum Offiziershaß, zur Zersetzung, zu Ungehorsam und Desertion aufrief, mußte hier zwangsläufig ergebnislos bleiben und scheitern. In Stalingrad jedenfalls hatte man keinerlei Erfolg auf eine im Geiste des Nationalsozialismus erzogene und ihm noch ganz ergebene deutsche Truppe.

Die zweite Periode der Propaganda begann mit der Gründung des Nationalkomitees am 12./13. Juli bis zur Gründung des Offiziersbundes am 11./12. September 1943. Jetzt begannen die Emigranten, den Offizieren des Nationalkomitees zu folgen, die die deutsche Front besser verstanden und auch deren Sprache sprachen. So suchten die Russen, Geist und Einstellung der 2000 in Stalingrad gefangenen deutschen Offiziere zu erforschen und daraus für sich entsprechende Schlüsse zu ziehen. Beide Umstände führten in Form und Inhalt zu einem Wandel der bis dahin gültigen Propagandaarbeit. Vor allem wurde man sich wieder nationaler Fragen und Gedanken bewußt und gründete darauf wesentliche Elemente der Propaganda. Das Manifest schlug nationale Töne an und verdrängte kommunistische Tendenzen.

Trotz der eindrucksvollen neuen nationalen Sprache und Aufforderung zu nationalen Taten blieben doch noch einige kommunistische Zersetzungsversuche erhalten. Erst die dritte Periode, die mit der Gründung des BDO (September 1943) einsetzte, räumte auch mit diesen letzten Zersetzungsversuchen auf. Die Propaganda lautete nunmehr: Geordneter Rückmarsch an die Reichsgrenze.

Der Aufruf richtete sich an die deutschen Heeresgruppen- und Armeeführer, aber ebenso vor allem und in erster Linie an die Offiziere und die Truppe der Front. An die uns bekannten höheren Führer wurden außerdem in diesem Sinne geschriebene Briefe der Generale des Nationalkomitees versandt. Diese Briefe wurden durch russische Partisanen sicher übermittelt. Damit war zugleich jede Art Zersetzung vermieden, worauf der Offiziersbund größten Wert legte. Leider konnten sich im Gegensatz dazu die Russen nicht entschließen, die Zersetzungspropaganda der Roten Armee zu drosseln und einzustellen. Wir erfuhren über Art und Inhalt der russischen Propaganda nichts.

Der Erfolg dieser dritten Periode unterschied sich jedoch trotzdem nicht wesentlich von den geringen Ergebnissen der zweiten Periode des Nationalkomitees. Dieser Mißerfolg beider Perioden hat verschiedene Gründe:

1. Die Zeit für die BDO-Propaganda – knapp drei Monate – war zu kurz.
2. Daher konnte sie sich nicht wirklich oder genügend entfalten.
3. Einer der Hauptgründe aber blieb die Tatsache, daß der deutsche Soldat des Ostens den russischen Kommunismus und die russische Gefangenschaft mehr fürchtete als den Tod. Diese Klippe blieb – wie sich bis zum bitteren Ende zeigen sollte – unüberwindbar.
4. In der dritten Periode wurde es schließlich entscheidend, ob entschlossene Generale und Offiziere zur Tat bereit und fähig waren. Der gesamte weitere Verlauf des Krieges jedoch zeigte, daß sich die Armeeführung trotz besserer Einsicht als unfähig erwies, die verbrecherische Führung abzuschütteln und zu beseitigen.

Eine totale Wende, die allein die Rettung bedeutet hätte, blieb, solange Hitler an der Macht war, undenkbar.

Es spielte zunächst eine wesentliche Rolle, daß man sich mit der Gründung des Nationalkomitees entschloß, der Gesamtbewegung einen neuen Namen zu geben, der zugleich ihre Aufgaben und ihr größeres Ziel festlegte, Deutschland von der unseligen Hitlerdiktatur zu befreien: Bewegung »Freies Deutschland«. Damit entledigte man sich auch des unglücklichen Begriffs »Antifaschismus«. Problematisch dagegen blieb, daß man die Verantwortung für die Propaganda in den Lagern trennte.

Ulbricht – ebenso doktrinär wie unbelehrbar – behielt die Leitung der Werbung in den Mannschaftslagern. Dazu gehörten auch die von ihm gegründeten und geleiteten »Antifa-Schulen« neben den Mannschaftslagern. Sie waren zwar dazu bestimmt, für die Frontpropaganda die notwendigen Bevollmächtigten und deren Helfer auszusuchen und auszubilden, da Ulbricht jedoch alles Heil einzig und allein vom damals geltenden Stalinismus erwartete, war es selbstverständlich, daß er die Propaganda in engste orthodoxe Bahnen lenkte. Dabei hatte er möglicherweise schon die spätere Entwicklung nach dem Kriege im Auge.

Dazu kam noch, daß er – abgesetzt von uns – in Moskau residierte und arbeitete, für uns in Lunjewo schwer kontrollierbar und unerreichbar war. Besonders betraf dies auch seine Möglichkeit, sich völlig frei zu bewegen, um in die Lager und Schulen zu reisen. Das war und blieb unser Handikap bis zum Schluß. Ulbrichts Erfolge in den Mannschaftslagern wuchsen nach der Gründung des Offiziersbundes, als die Mannschaften sahen, daß sich auch Generale und Offiziere an der Bewegung Freies Deutschland aktiv beteiligten. Uns war jedoch klar, daß die Werbungsmethoden in den Mannschaftslagern – Massenversammlungen mit Holzhammermethoden, Verfemung der Nichtbereiten, Sonderverpflegung für die Gewonnenen – oft nur fragwürdige, ja, wertlose »Erfolge« erzielen konnten.

Anders lagen die Dinge bei der dem BDO obliegenden Werbung in den Offizierslagern Jelabuga an der Kama, Oranki an der Wolga, Griasowetz nördlich Moskau und im Generalslager »40« zwischen Lunjewo und Moskau. Dorthin schickten wir Delegationen, die individuell arbeiteten und weitere Mitglieder für den BDO gewinnen konnten. Natürlich schlossen auch hier Beitritte Opportunismus nicht aus. Als nachträgliche Erfolge unserer Werbungsaktion im Generalslager Woikowo vor der Gründung konnten wir bereits im Oktober 1943 den Beitritt von drei weiteren Stalingrad-Generalen buchen (von Drebber, Schloemer und Wulz).

Die Einheitsfront vom Kommunismus bis zum Konservativen in Lunjewo wurde nach der Gründung des BDO im September 1943 noch durch eine selbständige Gruppe von gefangenen Wehrmachtspfarrern beider Konfessionen ergänzt. Sie waren – ebenso wie wir Soldaten – sämtlich durch die Hölle von Stalingrad gegangen. Dies ungeheuerliche Erlebnis hatte auch ihnen die Augen geöffnet, nachdem sie bereits in den besetzten Gebieten und in der Heimat Authentisches über nationalsozialistische Verbrechen und Morde gehört oder gesehen hatten.

Sie fühlten sich in erster Linie ihrem Glauben verpflichtet, als sie sich zum Widerstand und Kampf gegen das totalitäre Regime Hitlers entschlossen. Diese Pflicht empfanden sie um so mehr, als beiden Kirchen im Reich eine legale Opposition verwehrt worden war. Beide Kirchen hatten zudem seit Jahren vergebens in Denkschriften und Protesten die Übergriffe, Gewalttätigkeiten und Mordaktionen der SA, SS und der Gestapo gebrandmarkt, die jeder Rechtsstaatlichkeit im Deutschland Hitlers hohnsprachen.

Zu diesem Kreis gehörten in Lunjewo von Anfang an von evangelischer Seite Pfarrer Schröder (Schleswig-Holstein), Pfarrer Klein und Pfarrer Sönnichsen (Mecklenburg) und von katholischer Seite Pfarrer Kayser (Westfalen), Pfarrer Mohr (Rheinland) und Pfarrer Dr. Ludwig (Saarland). Von ihnen war Pfarrer Kayser schon durch sein Wirken in Stalingrad allgemein bekannt geworden. Er hatte sich bei der Bergung von Verwundeten aus der vordersten Linie in hervorragender Weise eingesetzt und bewährt. Pfarrer Ludwig war bekannt durch sein Wirken auf dem Hauptverbandplatz Gumrak, wo er täglich etwa 200 Sterbenden die Letzte Ölung gereicht hatte. Das hatte ihm den Beinamen »Totenkönig von Gumrak« eingetragen. Das Nationalkomitee hielt es für notwendig, diesen Vertretern beider Kirchen einen Platz an der Spitze unserer deutschen Freiheitsbewegung einzuräumen. Später trat zu diesen sechs noch Oberkonsistorialrat Dr. Krummacher (nach dem Kriege Bischof von Greifswald in der DDR).

Auf die weitere Entwicklung dieser selbständigen Gruppe von Wehrmachtsgeistlichen im Nationalkomitee, die sich auf Initiative von Pfarrer Schröder im Sommer 1944 auf einer Vollsitzung mit etwa 100 Teilnehmern (Geistliche, Patres und Theologiestudenten) am 14./16. Juni in Lunjewo als »Arbeitskreis für Kirchenfragen beim Nationalkomitee« konstituierte, komme ich bei der Beschreibung der Ereignisse des Sommers 1944 noch zurück. Bis dahin betätigte sich der Kirchenkreis in Lunjewo durch Mitarbeit in der Zeitung und im Sender, ferner durch Ausarbeitung der Pläne für die Schaffung des späteren »Arbeitskreises«. In Lunjewo, im Lager des Nationalkomitees und des BDO, hielten die Geistlichen außerdem an Sonn- und Feiertagen Gottesdienste ab.

Teheran

Eine Vorkonferenz zu Teheran hatte bereits in der zweiten Oktoberhälfte 1943 in Moskau stattgefunden. Teilnehmer waren die Außenminister der Allianz: Molotow, Eden und Hull. Themen: Nachkriegsplanung und Zusammenarbeit mit der Sowjetunion in weiterer Fortsetzung des Krieges (Zweite Front).

Das Ergebnis der Konferenz von Teheran wurde in folgender offizieller Erklärung am 1. Dezember 1943 bekanntgegeben:

Wir, der Präsident der Vereinigten Staaten von Amerika, der Premierminister Großbritanniens und der Premier der Sowjetunion, trafen uns während der vergangenen vier Tage in dieser Hauptstadt unseres Verbündeten Iran und legten unsere gemeinsame Politik erneut fest und bestätigten sie.

Wir brachten unsere Entschlossenheit zum Ausdruck, daß unsere Nationen im Kriege und in dem ihm folgenden Frieden zusammenarbeiten werden. Was den Krieg anbetrifft, so haben unsere militärischen Stäbe an unseren Besprechungen am runden Tisch teilgehabt, und wir besprachen unsere Pläne zur Vernichtung der deutschen Truppen. Wir erreichten völlige Übereinstimmung über den Umfang und Zeitpunkt der Operationen, die von Osten, Westen und Süden unternommen werden.

Das allgemeine Einvernehmen, das wir hier erreichten, garantiert, daß der Sieg unser sein wird. Hinsichtlich des Friedens sind wir ferner sicher, daß unsere Eintracht ihn zu einem dauernden machen wird.

Wir anerkennen im vollen Umfange die höchste Verantwortung, die wir und alle vereinigten Nationen tragen, einen Frieden herzustellen, der von dem guten Willen der überwältigenden Massen der Völker der Welt getragen und Geißeln und Schrecken des Krieges für viele Generationen bannen wird.

Mit unseren diplomatischen Ratgebern betrachteten wir die Zukunftsfragen. Wir werden die Zusammenarbeit und aktive Teilnahme aller Nationen, ob groß oder klein, suchen, deren Völker wie unsere eigenen Völker mit Herz und Verstand der Beseitigung der Tyrannei und Sklaverei, der Unterdrückung und der Unduldsamkeit ergeben sind.

Wir werden sie begrüßen, wenn sie in eine Weltfamilie demokratischer Nationen eintreten wollen.

Keine Macht der Erde kann uns daran hindern, die deutschen Armeen zu Lande, ihre U-Boote auf See und ihre Kriegsindustrie aus der Luft zu zerstören.

Unsere Angriffe werden rücksichtslos sein und immer stärker werden.

Von diesen freundschaftlichen Besprechungen sehen wir mit Vertrauen dem Tage entgegen, an dem alle Völker in der Welt unberührt von Tyrannei nach ihren verschiedenartigen Wünschen und ihrem eigenen Gewissen ein freies Leben leben können.

Wir kamen hierher voll Hoffnung und Entschlossenheit. Wir gehen fort von hier als Freunde in der Tat, im Geiste und in den Zielen.

Roosevelt, Stalin, Churchill

Wir vom Nationalkomitee und Offiziersbund erfuhren nach dieser offiziellen Erklärung nichts Näheres. Offenbar hielt man es nicht für nötig, uns eingehender zu orientieren. Man gab uns nur eine zusammenfassende Erklärung über die Konferenz, die entsprechend einem Kommentar in der »Prawda« lautete: »Die Alliierten haben beschlossen, nicht eher die Waffen ruhen zu lassen, bis die gesamte deutsche Wehrmacht in die Gefangenschaft abgeführt ist.«

Damit drohten die Zusagen hinfällig zu werden, die Generalmajor Melnikow am 22. August 1943 uns Generalen für den Fall des Eintritts in den Offiziersbund gegeben hatte. Jetzt, nach der Teheraner Konferenz, führte die Entwicklung mit absoluter Sicherheit – falls Hitler nicht noch vorher irgendwie beseitigt wurde – in den totalen Abgrund. Es ging ums Letzte. Wenn Deutschland nicht nur total niedergeworfen, sondern auch die gesamte deutsche Wehrmacht in die Gefangenschaft abgeführt werden sollte, so galt es zu retten, was zu retten war. Der abgrundtiefe Haß, den Hitler in der ganzen Welt durch seinen Krieg und Rassismus entfacht hatte, hier, in dieser Notsituation, spiegelte er sich wider. Was nun?

Es war ein schwerer Schlag für den Offiziersbund, aber auch für mich persönlich. Es war keine Frage: Der Offiziersbund stand vor einer entscheidenden Wende. Die Grundlagen für seine Entstehung und unsere Propaganda, mit der wir auf disziplinierten Rückmarsch des Ostheeres, auf Waffenstillstand und Friedensverhandlungen abzielten, fielen in sich zusammen. Immer wieder wurde nun im Vorstand des

Offiziersbundes sowie im geschäftsführenden Ausschuß des Nationalkomitees über die notwendig gewordene Änderung unserer Propagandalosung diskutiert. Heftig prallten die Gegensätze aufeinander.

Die Wahl war unendlich schwer. Die Entscheidung mußte durch die Mehrheit fallen. Ich vertrat den Standpunkt, daß jede Zersetzungspropaganda, die auf eine Trennung von Offizieren und Mannschaften hinauslief, nach wie vor unterbleiben müsse. Der deutsche Frontsoldat – und auf ihn komme es an – dürfe nicht von seinen Offizieren getrennt werden. Jede Einheit habe ihre Geschlossenheit zu wahren. Allmählich schälte sich jedoch in Diskussionen und Beratungen als neue Propagandalosung heraus:

1. Beseitigung Hitlers. Sie ist die erste Voraussetzung jedes erfolgversprechenden Kampfes für eine Beendigung des Krieges. Mit Hitler schließt niemand Waffenstillstand und Frieden! Seine diktatorische und dilettantische Kriegführung führt rettungslos in den Abgrund.
2. Einstellung des Kampfes. Übertritt auf die Seite des Nationalkomitees und des BDO.

Eine Zersetzungspropaganda, die dazu aufrief, daß sich die Mannschaften von den Offizieren trennen und notfalls selbständig handeln sollten, wurde abgelehnt. Für diese neue und endgültige Propaganda entschied sich aber dann der linke Flügel des Nationalkomitees und als erster von uns sechs Generalen im Offiziersbund Lattmann; ihm schließlich folgte die Mehrheit der bis dahin noch Unentschlossenen. Wie weit damals die Sowjetunion voraussehen konnte, daß die Teheraner Konferenz Melnikows Zusagen gegenstandslos machen würde, ist bis heute eine offene Frage geblieben. Klar war nur, daß fortan alle Alliierten das Ziel der bedingungslosen Unterwerfung Deutschlands einte.

Um so mehr mußte jetzt jeder von uns über seinen weiteren Weg selbst entscheiden. Es gab nur eine Alternative: der Mehrheit auf dem beschlossenen Weg zu folgen oder auszuscheiden.

Ich stand vor einer der schwersten Entscheidungen meines Lebens. Ich konnte mich der Mehrheit beugen oder – wie es später einmal General Rodenburg drastisch ausdrückte – den Russen den ganzen Krempel vor die Füße werfen. Wäre ich aus der Gruppe ausgeschieden, hätte ich mich gerechtfertigt fühlen können. Teheran war eine totale Wende gegenüber den Bedingungen meines Entschlusses vom 22./23.

August, in den BDO einzutreten. Damals konnte man noch hoffen, auf die deutsche Front einwirken und mithelfen zu können, daß Bestand und Ehre unseres Vaterlandes, unseres Volkes und unserer Wehrmacht gerettet wurden. Wir hielten es noch für denkbar. Jetzt, nach Teheran, hieß es, laßt alle Hoffnung fahren!

Deutschland, so schien es, war der völligen Vernichtung preisgegeben. Nicht das Geringste sollte es mehr in die Friedenswaagschale werfen dürfen. Und dazu noch die schmachvolle Zusatzbedingung: Die gesamte deutsche Wehrmacht wird in die Gefangenschaft abgeführt!

Das war das Ende nicht nur unserer Wehrmacht, sondern auch das Ende Deutschlands! Nach allem, was geschehen war, wollten die Alliierten nun keine Gnade mehr walten lassen. Unerbittlich sollte der ewige Hang der Deutschen zu Kriegen ausgelöscht werden. Konnten wir jetzt mit unserer Propaganda auch nur noch das Geringste erreichen?

Nur eine einzige Möglichkeit blieb uns: die Wehrmacht, die Front aufzurufen, den Krieg so schnell wie möglich zu beenden. Hitler hatte in Stalingrad den »Kampf bis zur letzten Patrone« befohlen und damit den völligen Untergang der 6. Armee herbeigeführt. »Sieg oder Untergang« als Endziel würde jetzt den gleichen völligen Untergang der deutschen Armee und sogar des Deutschen Reiches bedeuten. Dieses Endziel war der reine Wahnsinn! Es blieb uns nur noch eines: so viele Menschen wie möglich aus diesem Chaos zu retten, dem Sterben und der Zerstörung unserer Städte Einhalt zu gebieten.

So ging es auch für mich ums Letzte. Sollte ich jetzt, unter den neuen Bedingungen, aus dem Kampf gegen Hitler ausscheiden, dem ich mich verschrieben hatte? Ich brachte es nicht über mich. Ich blieb, so schwer mir dieser Entschluß auch wurde. Von der folgenden Entwicklung machte ich alles weitere abhängig. Sie erlaubte noch immer, meinen Entschluß zu widerrufen und notfalls auszuscheiden.

Am 5. Januar 1944 endeten unsere Diskussionen über die propagandistische Konzeption nach der alliierten Konferenz von Teheran. An diesem Tage fand eine Vollsitzung des Nationalkomitees und des Offiziersbundes statt, die Präsident Weinert einberufen hatte. Nach kurzer, abschließender Debatte wurde der neuen, durch Teheran bedingten Propagandaformel zugestimmt. Erich Weinert verkündete als nun geltende Losung: »Einstellung des Kampfes – Übertritt auf die Seite des Nationalkomitees und des Bundes Deutscher Offiziere.«

Kurzer Rückblick auf die weitere Entwicklung 1943

Zum besseren Verständnis unseres Handelns hier ein kurzer Rückblick auf Hitlers Lage nach Stalingrad und seinen vergeblichen Versuch, die verlorene Initiative wiederzugewinnen.

Der überwältigende Sieg der Russen in Stalingrad und die damit zusammenhängenden Angriffe auf die Kaukasusfront (Heeresgruppe A, von Kleist – Nachfolger des Generalfeldmarschalls List) und die Donfront (Heeresgruppe B, von Manstein) hatten für Hitler und seine Verbündeten auf weite Sicht unabsehbar nachteilige und schwerste Folgen. Die außergewöhnlich schweren Verluste an unersetzbaren Menschen und Material zwangen Hitler zunächst zum Rückzug auf folgende allgemeine Linie: Kubanbrückenkopf – westlich Rostow – Charkow – Kursk – Orel. Diese Operation – durch Hitlers stures Festhalten an wichtigen, aber unhaltbar gewordenen Positionen erheblich verzögert – dauerte bis Ende März 1943. Aber auch dadurch konnte nicht verhindert werden, daß die Initiative gegenüber den Russen bis auf weiteres verlorenging. Dieser Zustand ließ Hitler jedoch keine Ruhe. Da er zu einer entscheidenden Offensive unfähig geworden war, versuchte er wenigstens durch eine begrenzte Angriffsoperation, im Frühsommer 1943 die Initiative wieder an sich zu reißen.

So befahl er am 15. April, »als ersten der diesjährigen Angriffsschläge den Angriff Zitadelle zu führen, der uns die Initiative für das Frühjahr und den Sommer 43 bringen muß« (Tippelskirch: »Geschichte des 2. Weltkrieges«).

Angriffsziel war ein russischer Frontbogen, der westlich Kursk in einer Breite von fast 200 km und einer Tiefe von fast 120 km in die deutsche Front hineinragte. Gegen diesen Frontbogen wurden von Norden starke Teile der 9. Armee und der 2. Panzerarmee und von Süden ebenso starke Panzer- und Infanteriedivisionseinheiten der 4. Panzerarmee bereitgestellt und eingesetzt. Diese überraschende und erstaunliche Zusammenziehung so starker neuer und operativer Angriffsreserven war nur möglich gewesen durch rücksichtslose Entblößung der Nachbarfronten und durch Heranziehen aller an der Ostfront inzwischen wieder geschaffenen Reserven.

Der zunächst bereits für den 15. Mai geplante Angriff wurde durch Hitlers Warten auf neue Pantherpanzer, von denen er sich Wunderwirkungen versprach, immer wieder aufgeschoben. Schließlich fand er am 5. Juli statt. Hitler hatte alle Warnungen der Nachrichtendienste, die besonders starke russische Reserven in und hinter dem anzugreifenden Frontbogen festgestellt hatten, als Schwarzseherei in den Wind geschlagen. Trotz stärkster Kräftekonzentration und nicht minder starker Luftunterstützung blieb der erhoffte durchschlagende Erfolg nach kurzen Anfangserfolgen zunächst im Norden, dann aber auch im Süden aus. Die Russen konnten sogar auf Grund ihrer gewaltigen Reserven in dem nördlich des Kursker Bogens gelegenen deutschen Orelfrontbogen ihrerseits zum Angriff übergehen und mit ihren weitaus überlegenen frischen Kräften die deutsche Front auf die Sehne dieses Orelbogens zurückwerfen. Sie gewannen damit die Initiative zurück, die sie nun bis Kriegsende 1945 in Berlin nicht wieder abgaben. In Gegenstößen konnten sie sogar Positionen erreichen, die ihnen bald danach ihre großen Sommer- und Herbstoffensiven gegen die gesamte deutsche Front der Heeresgruppen A, Süd und Mitte, das heißt vom Asowschen Meer bis nördlich Smolensk, ermöglichten.

Daß die entscheidende Angriffsoperation nach Stalingrad, die Hitler die Initiative wiedergeben sollte, den Namen Zitadelle erhielt, erscheint mehr als paradox – eine Zitadelle ist nach den alten Festungsbegriffen der uneinnehmbare Verteidigungskern einer Festung. Sollte es gar »bis hierher und nicht weiter« heißen, so täuschte sich Hitler gründlich: Hier begann vielmehr die endgültige Wende seines Schicksals im Osten.

Die Russen traten zu ihrer großen Sommeroffensive gleich nach »Zitadelle« in der zweiten Julihälfte an. Das Ziel dieser Offensive war der Dnjepr, eine vom Asowschen Meer, südlich Militopol über Kiew bis Smolensk reichende Front. Die Russen erreichten diese Linie allerdings unter erheblicher Verzögerung durch ständige deutsche Gegenstöße erst Ende September.

Die Verluste auf beiden Seiten waren sehr groß. Doch ihre grundverschiedene Bedeutung zeigt folgende vergleichende Darstellung:

Deutsche: Bei Beginn der Offensive im Juli 1943: 110 Divisionen und etwa 18 Panzerdivisionen; nach Abschluß der Kämpfe Ende September 1943: $^1/_3$ der 110 Divisionen aufgelöst und zusammengelegt; von den 18 Panzerdivisionen hatten 13 die Masse ihrer Panzer verloren; Auffüllung erst ganz allmählich möglich. – Russen: Bei

Beginn der Offensive: 400 Divisionen und etwa 100 Panzerregimenter in Panzerkorps, Divisionen und Brigaden; nach Abschluß der Kämpfe: Verluste der Divisionen durch vorhandene große Reserven ersetzt; alle verlorenen Panzer aus Materialreserven ohne besondere Schwierigkeiten ersetzt.

Fürwahr ein erschütterndes Ergebnis dieser hinhaltenden, fast drei Monate währenden Absetzoperation.

Die Aussichten für den weiteren Kampf auf dem östlichen Kriegsschauplatz – nunmehr um das gewaltige Dnjepr-Hindernis selbst – waren bei den so außergewöhnlich ungleichen Kräften für die deutschen Armeen mehr als düster. Hinzu kam noch, daß die Deutschen nach dem völligen Abfall Italiens sowie den äußerst eingeschränkten Einsatzmöglichkeiten der Finnen, Ungarn und Rumänen den Frontkrieg im Osten fast ganz allein zu tragen hatten.

Beinahe unmittelbar nach Erreichen des Dnjepr am 7. Oktober traten die Russen wieder zur Fortsetzung ihre Offensive an, und zwar auf der ganzen Linie von Witebsk bis zur Tamanhalbinsel am Nordufer des Asowschen Meeres gegen die Heeresgruppen Mitte, Süd und A. Nur die Heeresgruppe Nord wurde noch ausgespart.

Die deutschen Armeen wehrten sich in diesen letzten drei Monaten des Jahres 1943 gegen die zahlen- und materialmäßig oft weit überlegenen russischen Angriffe mit verbissener Energie durch ständige Gegenangriffe und Gegenstöße. Ihre Verteidigung litt jedoch immer wieder unter Hitlers starrköpfigem Festhalten an längst wertlos gewordenen und schließlich doch nicht zu haltenden Positionen. Auf die Dauer konnte das deutsche Ostheer, trotz einzelner Abwehrerfolge nicht gegen die von schier unerschöpflichen Reserven genährten russischen Angriffe bestehen. So gewannen die Russen bald an allen drei Heeresgruppenfronten wichtige starke Brückenköpfe. Kiew, die Hauptstadt der Ukraine, fiel am 6. November 1943. Weitere Angriffe durchstießen, teilweise bis über 100 km tief, die deutsche Front.

Am Ende dieses drei Monate währenden erbitterten und beiderseits äußerst blutigen Ringens hatten die Russen den Dnjepr auf der ganzen Front genommen – mit Ausnahme eines kurzen Frontbogens bei Tscherkassy, den die Deutschen hielten – und standen auf dem Westufer, durch Reserven wieder voll aufgefüllt, zu neuen Taten bereit. Die Deutschen konnten ihre durch pausenlosen Einsatz erschöpften und dezimierten Divisionen nur teilweise durch Ersatz wieder auffüllen. Reserven an der Front fehlten ganz!

1944 – Das Jahr des Unheils und der entscheidenden Schlachten

So lief denn die deutsche Tragödie immer schneller dem furchtbaren und totalen Zusammenbruch entgegen. Eine blutige Katastrophe jagte die andere. Die erste dieses Jahres war wieder einmal ein deutscher Kessel, der dem Offiziersbund Gelegenheit geben sollte, seine und des Nationalkomitees neue Propagandaparole zum erstenmal zu erproben.

Bereits Weihnachten 1943 waren die 1. ukrainische Front des Generals Watutin und die 2. ukrainische Front des Generals Konjew wieder gegen die Heeresgruppe Süd (Manstein) zur Offensive nach Westen angetreten. Anfang Januar folgten auch die übrigen russischen Fronten bis zum Asowschen Meer hinunter gegenüber der Heeresgruppe A (Kleist).

Der Angriff der 1. ukrainischen Front richtete sich zunächst gegen die 4. Panzerarmee westlich Kiew und durchbrach hier die Front der 4. Panzerarmee. Die Wucht des Angriffs mit frischen Reserven war derart stark, daß die Russen am 1. Januar 1944 bereits wieder in dem am 20. November von ihnen verlorenen Shitomir, 100 km westlich Kiew, standen. Ende Januar brach dann der Russe an dem Nordwestteil des immer noch auf Hitlers Befehl von den inneren Flügeln der 1. Panzerarmee und der 8. Armee gehaltenen Frontbogens bei Tscherkassy am Dnjepr durch. Gleichzeitig war es den Russen gelungen, im Gebiet der 8. Armee südwestlich Tscherkassy die deutsche Front so weit zu durchbrechen, daß sie den von Nordwesten durchgebrochenen Teilen die Hand reichen konnten. Damit waren in diesem Dnjepr-Frontbogen das XXXXII. Armeekorps (General Lieb) der 1. Panzerarmee und das XI. Armeekorps (General Stemmermann) der 8. Armee mit 6 Divisionen eingeschlossen. Beide Korps hatten die gleiche Stärke wie das II. Armeekorps im Februar/April 1942 bei Demjansk.

Diese Lage nutzte die russische Führung Anfang Februar 1944, um ihren höchsten Politgeneral, Generaloberst Alexander Schtscherbakow, zu mir zu entsenden, als wir Generale zufällig gerade über das Wochenende auf der Datsche in Kunzewo waren. Die Wochenendfahrten von uns Generalen aus Lunjewo hatten keineswegs den Sinn, es uns ein oder zwei Tage etwas besser gehen zu lassen als in Lunjewo. Uns war vielmehr klar, daß man hoffte, uns Generale hier im Gespräch besser abhören zu können.

Generaloberst Schtscherbakow kam mit unserem gewohnten Dolmetscher, Oberst Stern, begrüßte mich förmlich und erklärte mir kurz den Zweck seines Besuches. Dabei setzte er mir in großen Zügen die bei Tscherkassy entstandene Kessellage auseinander. Anschließend fragte er mich, ob ich bereit sei, mit einer entsprechenden Delegation des Offiziersbundes aus Lunjewo an die Kesselfront zu fahren und dort im Sinne der Ziele des Nationalkomitees und des BDO propagandistisch tätig zu werden. Nach dieser kurzen, sachlichen und höflichen Begegnung verabschiedete er sich. Mir fiel dabei auf, mit welcher Unterwürfigkeit die an dem Besuch sonst noch beteiligten Russen diese offenbar hohe Persönlichkeit begleiteten.

Wenige Tage darauf begann die Reise unter Leitung des uns von Lunjewo her bereits gut bekannten Generals Petrow. Wir fuhren mit der Bahn in einem der für solche Reisen früher anscheinend üblichen älteren Kombiwagen, bestehend aus einigen Polsterabteilen und einem gemeinsamen Wohn- und Eßraum, wie sie früher in Rußland von Regierungsdelegationen benutzt wurden. Petrow begleiteten Oberst Stern und Oberst Braginsky von der 7. Abteilung der »Glaw Purkka«, der politischen Hauptverwaltung der Roten Armee. Vom BDO nahmen noch teil: Generalmajor Dr. Korfes, Hauptmann Dr. Hadermann und Major Leverenz. Oberst Steidle und Major Engelbrecht waren vom Offiziersbund an die 2. ukrainische Front vorausgesandt.

Am nächsten Tag trafen wir in Kiew am Dnjepr ein und fuhren mit zwei Pkw sofort weiter nach Süden, nachdem wir die Stadt selbst nur kurz berührt hatten. Im Gegensatz zu Moskau herrschte hier nebliges Wetter, mit auftauenden tiefen Schlammböden. An Ort und Stelle – einem unbekannten Dorf nördlich Korsun, dem Mittelpunkt des Kessels – wurden wir in einem Bauernholzhäuschen untergebracht. Hier wohnten wir während dieser Tage und hatten auch Gelegenheit zum Schreiben und zum Arbeiten.

Für die Verbindung mit den eingeschlossenen Divisionen und ihren Generalen standen uns folgende Mittel zur Verfügung: Funkverbindung zu Funkstellen im Kessel, deren Code angegeben wurde und die auch mit »verstanden« antworteten; Lautsprecher unmittelbar an der Front. Außerdem Gefangene, die mit Briefen an uns bekannte Generale und Offiziere zurückgeschickt wurden. Als Beispiel für die von uns abgesandten Sendungen und Briefe führe ich einige Aufrufe an.

An den Kommandeur des XXXXII. Armeekorps, General der Infanterie Mattenklott

(Mattenklott war bereits, wie wir hinterher erfuhren, im Januar abgelöst; Lieb war an seine Stelle getreten.)

Sehr geehrter Herr Mattenklott!
Nach der Ablehnung des Ultimatums droht die völlige Vernichtung der Mehrzahl Ihrer Offiziere und Soldaten. Über diese Tatsache dürfen Sie sich keiner Täuschung hingeben.

Die Verantwortung für das Schicksal des ganzen deutschen Volkes und jedes einzelnen deutschen Soldaten, die wir deutsche Generale und Offiziere tragen, gibt mir das Recht, in dieser schweren Stunde Ihnen die Lehren, die wir aus der Vernichtung der 6. Armee bei Stalingrad gezogen haben, vor Augen zu halten. An die 6. Armee wurde in der gleichen Lage, in der sich Ihre Truppen heute befinden, ein ähnlich lautendes Ultimatum gerichtet. Der Oberbefehlshaber der Armee lehnte die Aufforderung zur Kapitulation durch ihre Nichtbeachtung ab. Der mit ungeheurer Übermacht beginnende russische Angriff zerschlug in wenigen Tagen den Widerstand auf wesentlichen Teilen der Front. Die Lage wurde infolge der hohen Menschenverluste, des Munitions- und Materialmangels und des schon sechs Wochen wütenden Hungers aussichtslos. Am 22. Januar traten die Kommandierenden Generale mit Zustimmung aller Divisionskommandeure geschlossen an den Oberbefehlshaber mit der Forderung heran, mit der Truppe zu kapitulieren. Generaloberst Paulus, der der Beurteilung der Lage zustimmte, erbat von Hitler die Erlaubnis zur Handlungsfreiheit. Sie wurde abgelehnt und die Kapitulation verboten. Wir haben weitergekämpft und das Leben von weiteren hunderttausend Offizieren und Soldaten, die damals noch gerettet werden konnten, hinopfern lassen ...

Sicher hat Adolf Hitler Ihnen befohlen, bis zum letzten Mann und bis zur letzten Patrone auszuhalten unter der Vorgabe, russische Kräfte zu fesseln. Dasselbe wurde auch uns bei Stalingrad erklärt. Wir haben uns später davon überzeugen müssen, daß diese Absicht durch unseren Widerstand nicht erreicht wurde und daß die Vernichtung der 6. Armee nutzlos gewesen ist. Sie werden später erfahren, daß die Fortsetzung Ihres Widerstandes und die Hinopferung Ihrer Truppen ebensowenig Nutzen bringen wird. An dem Schicksal der Heeresgruppe Süd wird Ihr Opfer zweifellos nichts mehr ändern können. Das ist leider die bittere Wahrheit.

Sie haben, nachdem Sie Ihre Pflicht als Oberbefehlshaber und als Soldat tapfer und ehrenvoll erfüllt haben, nunmehr nur noch die eine Aufgabe, das Leben Ihrer Soldaten für die Zukunft des deutschen Volkes zu erhalten. Jeder einzelne Mann, der erhalten bleibt, ist unersetzlich, wenn Deutschland weiterleben soll. Wir Generale von Stalingrad beschwören Sie, den verzweifelten Ruf, den die Mütter, Frauen und Kinder Ihrer Soldaten an Sie richten, nicht ungehört verhallen zu lassen. Handeln Sie darum selbständig und folgen Sie meinen Vorschlägen, die ich Ihnen zu machen ermächtigt bin. Für Ihren Entschluß werden Sie Adolf Hitler niemals mehr Rechenschaft abzulegen haben: sein Regime wird längst der Vergangenheit angehören, wenn Sie und Ihre Truppen nach Deutschland zurückkehren. Sie werden sich aber vor dem deutschen Volke für Ihr Handeln verantworten müssen. Denken Sie daran, anstelle einer Verurteilung den Dank des Volkes zu ernten . . .

Eine Abschrift des Briefes schicke ich an die Kommandierenden Generale und Divisionskommandeure der eingeschlossenen deutschen Truppen.

gez. W. v. Seydlitz
General der Artillerie

An den Kommandeur der 112. Infanteriedivision, Generalleutnant Lieb, schrieb ich:

Sehr geehrter Herr Lieb!

. . . Das Schicksal hat uns beide einst in Les Sables-d'Ollone auseinandergebracht. Ich meine nun, unsere damaligen persönlichen Differenzen müssen völlig schweigen gegenüber der Größe und Schwere Ihrer augenblicklichen, so verzweifelten Lage. Ich bin jedenfalls angesichts dieser Lage zu jedem persönlichen Opfer bereit. Sie stehen nun vor derselben ungeheuren Verantwortung wie wir vor einem Jahr in Stalingrad.

Hören Sie auf uns, die wir über die so bitteren Erfahrungen von Stalingrad verfügen. Ich beschwöre Sie, schenken Sie uns Glauben, wir wollen als treue Deutsche nur Ihr Bestes, wir wollen nur alle weiteren sinnlosen Opfer Ihrer Soldaten verhindern. Wir wollen Ihrer aller Leben retten, weil wir es zum Kampf gegen Hitler, zum Wiederaufbau Deutschlands brauchen . . .

Sie haben vor dem deutschen Volke – nicht vor Hitler – die ungeheure Verantwortung zu tragen, die Ihnen niemand abnehmen kann!

Handeln Sie, ehe es endgültig zu spät ist! Das deutsche Volk wird es Ihnen einst tausendfältig danken!

In alter und, wie ich aufrichtig und ehrlich hoffen darf, nunmehr erneuerter Kameradschaft

Ihr gez. W. v. Seydlitz

An Oberst Fouquet, Stab 112. Infanteriedivision:

Lieber Fouquet!

Mir wird gemeldet, daß Sie sich auch in dem Kessel befinden sollen, und zwar auf besonders verantwortlichem Posten.

Da wir uns seit langem kennen – ach wie weit hinter uns liegen die schönen Verden/Mindener Zeiten –, möchte ich nichts unversucht lassen, um Sie, einen mir bekannten Offizier, von der Glaubwürdigkeit und der Aufrichtigkeit der von mir den Truppen im Kessel gemachten Zusicherungen zu überzeugen.

Ich beschwöre Sie inständigst, verhindern Sie, daß der Wahnsinn von Stalingrad sich wiederholt. Verhindern Sie es mit Einsatz Ihrer ganzen Person, mit allen Mitteln!

Es darf sich nicht noch einmal wiederholen, daß wieder Tausende bester Soldaten völlig sinn- und zwecklos hingeopfert werden, nur weil Hitler das will in seinem Größenwahn.

Sie sind nur dem deutschen Volk und nicht Hitler verantwortlich. Will die deutsche Armee sich denn wirklich von Hitler immer weiter von Niederlage zu Niederlage und schließlich auch noch in die Schmach der Zersetzung und der völligen Auflösung führen lassen?

Wir können das nicht glauben! Und daß sich immer noch kein Mann finden will, der diesem Wahnsinn Einhalt gebietet! Wie ist das möglich?

Glauben Sie mir wirklich, es gibt für Sie nur noch den einen Weg der Rettung! Es gibt keine irgendwie anders geartete Möglichkeit! Ich kann beide Seiten einwandfrei übersehen!

Was stellt das OKW alles an, um unsere Glaubwürdigkeit zu hintertreiben!

Wir gehen eisern und zielbewußt unseren Weg! Wir haben nur das eine Ziel, aus dem beginnenden Chaos noch zu retten, was zu retten ist.

Handeln Sie selbständig, wenn die Kommandierenden Generale es nicht tun! . . . Das Deutsche Volk wird es Ihnen einst tausendfältig danken!

In der festen Hoffnung, daß sich in Ihnen endlich der Mann findet, der von sich nachher mit Ulrich von Hutten sagen kann: »Ich hab's gewagt!« und in alter Verbundenheit

Ihr gez. W. v. Seydlitz

Diese Briefe wurden mit Kurieren sicher durch die Front an die Adressaten geschickt. Außerdem sprachen wir noch über Funk und Lautsprecher an die Truppe. Der Text entsprach dem der Flugblätter, die über der Front abgeworfen worden waren.

Jeder Soldat wird hier sicherlich fragen: Wie mag einem alten deutschen Frontsoldaten wie Seydlitz bei derartigen Aufrufen an seine alten Kameraden vom Feind aus über die Front hinweg wohl zumute gewesen sein? Was mag er sich dabei gedacht haben? Wie dachte er nun über das Gesetz der Soldatenehre und des Soldatentums, das ja bisher für ihn ebenso gültig gewesen war wie für alle anderen?

Selbstverständlich habe ich mir über all diese Fragen immer und immer wieder Gedanken gemacht. Ebenso selbstverständlich ist, daß solche Fragen in einem vaterländischen Krieg wie 1870/71 oder im gleichen Sinn im Ersten Weltkrieg überhaupt nicht zu denken, geschweige denn zu stellen gewesen wären. Welche Gründe aber, welche Überlegungen ließen mich alle Schranken, die sich in diesem Augenblick noch einmal vor mir auftürmten, insonderheit die der Ehre, des Soldatentums und meines Gewissens überwinden? Ich darf es hier noch einmal ganz klar aussprechen: Es war die Notwendigkeit, Volk und Nation vor dem endgültigen Verderben zu retten. Was wir schon bei der Gründung des BDO empfanden und was uns damals zur ersten Tat trieb, war die klare, durch eigenes Erleben erhärtete Erkenntnis: Hitler allein führt unsere Wehrmacht und unser Volk – ohne wirklich entscheidenden Widerstand zu finden – mit jedem Tag, ja, mit jeder Stunde, immer schneller, immer tiefer in den totalen Abgrund. Was drohte, war die entsetzliche Gefahr, daß der Krieg – zum unabsehbaren Schaden des eigenen Volkes – nach Deutschland hereingetragen wurde, daß die Gewissenlosigkeit Hitlers, an der ich nach Stalingrad keine Zweifel mehr hatte, bis zum schrecklichsten Ende wütete. Angesichts dieser sicheren Aussicht hatten alle Bedenken und Vorbehalte zu schweigen oder zurückzutreten.

Damals erinnerte ich mich oft der Worte, mit denen Ludendorff seine Aufforderung an die deutsche Reichsregierung, den Ersten Weltkrieg zu beenden, gerechtfertigt hatte:

»Das Kriegführen nahm den Charakter eines unverantwortlichen Hasardspielens an. Das Schicksal des deutschen Volkes war mir für ein Glücksspiel zu hoch, der Krieg war zu beenden.« Hasard wurde nun auch gespielt, ohne daß jedoch die eigene Stabsführung die entsprechenden Konsequenzen zog. So galt es, in dieser bitteren Ausnahmesituation zu retten, was zu retten möglich war. Hitler und dessen Helfer ließen keine patriotische Alternative.

Ich verstehe trotzdem, daß Kritik, Ablehnung und Mißverständnisse nicht ausbleiben konnten. Was der Offiziersbund zu tun versuchte, war für Soldaten gewiß zu ungewöhnlich. Doch was blieb der deutschen Seite? Man höre General von Vormann, der innerhalb einer Studie über den Kessel von Tscherkassy schreibt: »Wenn das Vertrauen zum Führer auch ins Wanken kam, so glaubten sie – die deutschen Soldaten – doch felsenfest an ihr Volk und an ihr Deutschland! Sie glaubten, daß Treue mit Treue vergolten werden konnte. Bis dann im Mai 1945 ihre Welt zusammenbrach.« Soll das eine Rechtfertigung für die Weiterführung des Kampfes sein, so spricht sie für sich selbst. Und wie dachte der »Führer« und Oberste Befehlshaber der Wehrmacht selbst zu dieser Zeit über eine mögliche Niederlage? Einen Hinweis finden wir in den Erinnerungen des Chefs des Generalstabes, General Halder. Danach hat es Hitler im Hauptquartier lange vor dieser Zeit mehrfach ganz klar und deutlich ausgesprochen: »Wenn das deutsche Volk diesen Krieg unter meiner Führung nicht zu gewinnen vermag, dann ist es wert, zugrunde zu gehen.«

Eine solch ungeheuerliche Selbstüberhebung wagte dieser Hasardeur, der sich die Führung der deutschen Armee nach Brauchitschs Abgang 1941 angemaßt hatte. Heute muß man es dem deutschen Volk immer wieder klarmachen: Dieser Krieg war der Krieg eines nationalen Verbrechers und daher auch ein nationales Verbrechen. Das allein setzt die richtigen Maßstäbe, auch für unser Handeln im Februar 1944.

Mit einem einzigen Schrei der Empörung hätte sich das deutsche Volk erheben müssen. Doch der Deutsche resignierte und ließ alles über sich ergehen, so tief war der Fall und so tief die Agonie, in die das Volk verfallen war. Man glaubte vieles nicht, was man hörte.

Mich aber »ächteten« die Feldmarschälle. In jenen Tagen verurteilte mich nicht nur das Reichskriegsgericht zum Tode; am 19. März 1944 versicherte die Mehrzahl der deutschen Feldmarschälle Hitler auch ihrer besonderen Treue. In einem eigens aufgesetzten Dokument rückten sie von mir ab mit den Worten:

Mein Führer!

Wir Generalfeldmarschälle des Heeres haben mit ernster Sorge und Bekümmernis nunmehr die Gewißheit erhalten, daß der General der Artillerie Walther von Seydlitz-Kurzbach schnöden Verrat an unserer heiligen Sache übt.

Damit fällt er im Dienst des Feindes der kämpfenden Front, die wir in Ihrem Auftrag zu führen die Ehre haben, in den Rücken. Dieser General hat durch seine verruchte Handlungsweise das Recht verwirkt, den Offiziersrock zu tragen, in dem annähernd 50000 Offiziere des Heeres in diesem Kriege ihr Leben für Sie, Ihre Idee und das unter Ihnen geeinte deutsche Volk geopfert haben.

Es erschüttert uns alle aufs tiefste, daß einer aus unseren Reihen Ihnen, mein Führer, der Sie die gewaltige Last der Verantwortung dieses Schicksalskampfes unseres Volkes tragen, die Treue bricht.

Wir wissen, mein Führer, daß Sie zu den Offizieren und Soldaten Ihres Heeres stehen und auch selbst davon überzeugt sind, daß es sich hier um eine aufs schärfste zu verachtende Einzelerscheinung handelt.

Trotzdem haben wir das Bedürfnis, in dieser Stunde als die von Ihnen berufenen und beauftragten Führer des deutschen Heeres vor Sie hinzutreten und Ihnen zu versichern, daß wir im eigenen und im Namen aller Offiziere das Band der Zusammengehörigkeit zwischen uns und diesem feigen Verräter zerschnitten haben. Er hat die geheiligte Tradition des deutschen Heldentums mit Füßen getreten. Er hat das Andenken an die Gefallenen dieses Krieges besudelt.

Seine Person ist für alle Zeiten mit Schmach und Schande bedeckt. Wir versprechen Ihnen in dieser Stunde, mein Führer, jetzt erst recht in innerster Verbundenheit und nie wankender Treue zu Ihnen, mein Führer, und Ihrer Sache zu stehen. Mehr denn je wird es unsere Aufgabe sein, Ihr von hohen Idealen erfülltes Gedankengut im Heere zu verankern, so daß jeder Soldat des Heeres ein um so fanatischerer Kämpfer für die nationalsozialistische Zukunft unseres Volkes wird.

Wir wissen, daß nur ein im Nationalsozialismus erzogenes Heer die Belastungsproben bestehen wird, die uns heute noch vom Siege trennen.

Nehmen Sie, mein Führer, dieses Bekenntnis Ihrer Generalfeldmarschälle des Heeres als ein Zeugnis unserer unwandelbaren Treue entgegen.

Doch zurück zu Tscherkassy. Schon am 8. Februar hatten die Russen einen Parlamentär mit dem Ultimatum zur Kapitulation in den Kessel entsandt. Dieses Ultimatum wurde jedoch abgelehnt. Seit unserem Eintreffen an der Front am 10. Februar war es den Russen gelungen, den Kessel weiter zusammenzudrücken. Der Tag, an dem kein Flugzeug mehr im Kessel landen konnte, rückte näher.

Zwar hatte Manstein bereits am 28. Januar umfangreiche Gegenmaßnahmen eingeleitet, um den Kessel zu entsetzen. Er bildete zwei verhältnismäßig starke Angriffsstoßgruppen: eine auf dem rechten Flügel der 1. Panzerarmee, die von Westen, und eine zweite auf dem linken Flügel der 8. Armee, die von Süden die russische Kesseleinschließungsfront angreifen sollten. Insgesamt handelte es sich dabei um sechs Panzerdivisionen, die SS-Leibstandarte und ein schweres Panzerregiment. Der Gegner verfügte über nicht weniger als 26 Schützendivisionen sowie sieben bis neun Panzer- und Kavalleriekorps. Die Versammlung der Angriffsstoßgruppen und der Angriffsbeginn verzögerten sich indessen immer wieder durch ungünstige Witterungsverhältnisse: Schnee und Schneestürme, Tauwetter und abgrundtiefer Schlamm, in dem buchstäblich alles steckenblieb. Am 11. Februar, eine Woche später als beabsichtigt, traten Mansteins Verbände unter unverändert schlechten Witterungsbedingungen an. Die Verhältnisse im Kessel hatten sich derart zugespitzt, daß ein weiterer Aufschub des Entsatzangriffes nicht mehr vertretbar war. Dazu kam die labile Lage der gesamten übrigen Heeresgruppe, die mit ihren weit überdehnten Fronten ebenfalls keine weiteren Verzögerungen mehr zuließ.

Der Angriff erreichte nicht sein Ziel, den Kessel zu entsetzen. Wohl gelang es den zwei Angriffsstoßgruppen, Teile des Feindes, die den Tscherkassykessel abgeschnitten hatten, zu zerschlagen. Ein Stoßkeil des III. Panzerkorps näherte sich bis auf 13 Kilometer der Südwestfront des Kessels. Dabei sollen nach Manstein über 700 Panzer und 600 Panzerabwehrkanonen der Russen vernichtet worden sein. Zahlen, die gegenüber vergleichbaren anderen historischen Werken reichlich hoch erscheinen. Am 15. Februar mußte jedoch die Heeresgruppe einsehen, daß ein weiteres Herankommen der Angriffsstoßgruppen an den Kessel ausgeschlossen war. Die Lage im Kessel wurde immer kritischer.

Da die äußerst labile Lage der gesamten Heeresgruppe ein rasches Ende der zeit- und kräfteverzehrenden Operation verlangte, entschloß sich Manstein zum Abbruch des vergeblichen Entsatzangriffs und zu einer letzten Notlösung: zur Rettung lediglich des Lebens der Offiziere und Soldaten der im Kessel eingeschlossenen Verbände. Der Befehl hierzu erging für die Nacht vom 16. auf den 17. Februar – befohlene Stoßrichtung: nach Süden und Südwesten, der Front des III. Panzerkorps entgegen.

Die eingeschlossenen zwei Armeekorps (XXXXII. und XI. Armeekorps) mußten sich nach dem Ausbruch noch in einem letzten Ansturm den Durchbruch durch den russischen Widerstandsgürtel vor der rettenden Front des III. Panzerkorps erkämpfen.

Dieser Ausbruch aus dem Kessel von Tscherkassy mit dem folgenden Durchbruch durch die feindliche Front vor dem III. Panzerkorps war ein Wettrennen über 13 km tiefsten Schlammbodens ohne nennenswerte Unterstützung durch schwere Waffen und deren gezieltes Unterstützungsfeuer. Also ein Kampf Mann gegen Mann, d. h. die allerletzte Notlösung. Daß der Kommandierende General des XI. Armeekorps, General Stemmermann, von den Russen tot auf dem Schlachtfeld gefunden wurde, beweist zur Genüge die Härte dieser Kämpfe um das nackte Überleben.

Im verlassenen Kessel blieben zurück: alle nicht transportfähigen Schwerverwundeten (Zahl nicht bekannt) und das gesamte schwere Material wie Panzer, Geschütze, Fahrzeuge usw. (ohne Zahlenangaben).

Über diesen dritten Hitler-Kessel gibt es folgende Zahlen: Gesamtverpflegungsstärke der beiden Korps vor der Einschließung: 54000 Offiziere und Mannschaften. Ein Teil der rückwärtigen Dienste war außerhalb des Kessels geblieben (General von Vormann nennt 50000). Davon aus- und durchgebrochen: 30000 bis 32000 Mann; gefangen, verwundet und vermißt auf dem Schlachtfeld: 20000 bis 22000 Mann.

Dauer des Kessels: 22 Tage (28. Januar – 16. Februar 1944).

Wie urteilte nun Manstein über den Kessel nach der Rettung von 30000 bis 32000 Menschen und dem Verlust von 20000 bis 22000 Gefallenen, Vermißten und Schwerverwundeten? ». . . daß damit 6½ Divisionen für den Kampf der Heeresgruppe ausfielen, machte die Lage noch schwieriger. Diese Notwendigkeit wurde aber durch die Freude über die gelungene Rettung wenigstens der Menschen der beiden Korps bei weitem ausgeglichen!« Auch diese Worte sprechen für sich selbst. Statt heller Empörung über diese abermaligen, totalen Fehloperationen Hitlers kläglichste Ansprüche und Erwartungen der deutschen Heeresführung.

Der Mißerfolg von Nationalkomitee und BDO bei Tscherkassy

Kein Zweifel: die von Nationalkomitee und BDO mit der Hoffnung auf zumindest gewisse Erfolge gestartete Aktion am Kessel von Tscherkassy war ein totaler Fehlschlag. Wieder – wie bei allen vorangegangenen Gelegenheiten (Kesseln und sonstigen Zusammenbrüchen) – zeigte sich, daß der deutsche Soldat nicht in die russische Gefangenschaft geht, solange er noch Chancen sieht, ihr zu entgehen.

Die Gefangenen, die wir nach der Schlacht sprachen, waren ohne Ausnahme nicht freiwillig zu Gefangenen geworden. Manche hatten sich zwar, für alle Fälle, mit einem Flugblatt versehen. Das änderte jedoch gar nichts an den wahren Gründen für ihre Gefangennahme. Von irgendeinem Erfolg unserer Propaganda – ob durch Flugblätter, Rundfunk oder Briefe – konnte nirgendwo die Rede sein.

Unmittelbar nach Abschluß der Kämpfe bei Tscherkassy kehrten wir nach Lunjewo zurück. Einer sofort einberufenen Versammlung berichteten wir über unsere Tätigkeit und den Mißerfolg. Tiefe Niedergeschlagenheit bemächtigte sich aller. Was nun?

Eines war nach dem Fiasko von Tscherkassy klar geworden: Die Gegensätze in den Auffassungen auf unserer Seite und auf seiten der deutschen Front blieben unüberbrückbar. Im Westen wären vielleicht Erfolge möglich gewesen, in der Sowjetunion, so sahen wir es jetzt, anscheinend niemals. Zu sehr schreckte der praktizierte Kommunismus ab. Zu sehr wirkte die antikommunistische Propaganda des Dritten Reiches.

Trotzdem blieben wir bei der Auffassung, daß jeder Tag, jede Stunde, um die der wahnsinnige, längst verlorene Krieg verkürzt werden konnte, unserem Vaterland, vielleicht sogar seiner Rettung, zugute kam. Diese Überzeugung gab uns die Kraft, im bisherigen Sinne weiterzuarbeiten. Ein Kampf bis auf die Trümmer von Berlin: das wäre Deutschlands Untergang.

Jede weitere Diskussion darüber, ob die Propaganda des Komitees und des Offiziersbundes fortzusetzen sei, erübrigte sich. Wenn im großen auch weiterhin Erfolge ausblieben, langsam, insbesondere 1944/45, zeigte sich bei gefangengenommenen Generalen, Offizieren und Mannschaften eine gewisse Aufgeschlossenheit. Das galt vor allem für diejenigen, die Hitler mit seiner Irrsinnsstrategie in sogenannte Feste Plätze gezwungen hatte, freiwillige Kessel, die der Roten Armee zwangsläufig zum Opfer fielen. Nun begriff auch der Frontsoldat, daß der Krieg für Deutschland verloren war.

In diese durch den Mißerfolg von Tscherkassy ohnehin dunkle Zeit fiel eine offizielle »Tass«-Meldung über die sowjetisch-polnischen Beziehungen, die zusammen mit Churchills Unterhausrede erkennen ließ, daß die Alliierten in Teheran den Sowjets die Westgrenze vom Spätherbst 1939 (gegen Polen) versprochen hatten. Andere sowjetische Pressekommentare vervollständigten diese Meldung und sprachen davon, daß Polen auf Deutschlands Kosten mit Ostpreußen, Pommern und Schlesien entschädigt werden sollte.

Diese Nachricht schlug in Lunjewo, besonders beim BDO, wie eine Bombe ein. Präsident Weinert erklärte, daß er, als Folge dieses Krieges, schon immer auf mögliche Gebietsverluste hingewiesen habe. Eine Gefahr, die allen Erfahreneren unter uns klar war, ohne jedoch ausgesprochen zu werden. So wurden die weiteren Perspektiven dieses Krieges für uns von Tag zu Tag immer hoffnungsloser.

Im Laufe des Spätherbstes 1944 schickte man uns einen aus Amerika zurückgekehrten Polen, Professor Lange, der uns die berechtigten Ansprüche Polens auf gewisse Gebiete des deutschen Ostens, insbesondere Pommerns – »Po morie« (am Meere gelegen) –, näherbringen sollte. Wir beantworteten diese angeblichen historischen Ansprüche mit entsprechenden Gegenargumenten.

Eine Denkschrift Rodenburgs

Im Frühjahr 1944 erschien unvermittelt in Lunjewo Generalleutnant Rodenburg. Er kam aus dem Generalslager Woikowo ohne Angaben über den Zweck seiner Verlegung zu uns. Wir kannten ihn alle aus Stalingrad und von Woikowo her. Angefordert hatten wir ihn jedoch nicht, da uns keine Anzeichen dafür bekannt waren, daß ihn unsere Arbeit interessierte. Die Russen hörten auch in Woikowo Gespräche ab, und so verfolgten sie mit dieser Verlegung möglicherweise uns zunächst noch unbekannte Ziele.

Wir nahmen Rodenburg unbefangen auf und verkehrten mit ihm wie früher kameradschaftlich. An dem normalen Leben und Treiben in Lunjewo nahm er wie jeder andere teil, nicht jedoch an offiziellen Sitzungen. Er interessierte sich besonders für die Organisation und Arbeitsweise des Nationalkomitees und des BDO. Im Laufe verschiedener Unterhaltungen und Diskussionen meinte er, daß die Organisation und Arbeitsweise in Lunjewo gar zu zufällig, ja, planlos sei. Es wäre doch möglich, die Arbeit nach Plänen klarer und straffer zu organisieren.

Als Rahmen für eine bessere Arbeitsteilung schlug er eine Art Schattenkabinett vor, mit der Einteilung in ungefähr folgende Ressorts: Innenpolitik, Wirtschaft und Finanzen, Wehrmacht, Schul- und Bildungswesen, Soziales. Sein Plan wurde von ihm und einigen anderen jüngeren Mitgliedern aus Lunjewo in einer Denkschrift festgehalten.

Uns schien eine straffere und klarere Einteilung nicht abwegig und vielleicht auch für die Zukunft nicht unwichtig. Nachdem wir die ganze Angelegenheit durchgesprochen hatten, luden wir die Emigranten des Nationalkomitees (Pieck, Ulbricht und Weinert) auf die Sonntagsdatsche ein, auf die die Russen uns Generale häufig zum Wochenende mit einem Autobus fahren ließen. Unsere Gäste interessierte der Plan, sie meinten aber zum Abschluß, für derartige Reorganisationen sei es noch zu früh. Wir dachten uns dabei weiter nichts, waren wir uns doch im klaren darüber, daß derartige Neuerungen selbstverständlich nur auf dem Wege über den Geschäftsführenden Ausschuß und das Plenum möglich wären. Lediglich zur Orientierung gab entweder Korfes oder Lattmann die Denkschrift auch dem sowjetischen Oberst Schwetz, der uns damals vorwiegend betreute. Dieser reichte den Entwurf an General Melnikow weiter, der sich in letzter Zeit nicht mehr hatte blicken lassen.

Melnikow erschien daraufhin wieder einmal in Lunjewo und bat mich zu sich. In einer offiziellen Erklärung machte er mir hinsichtlich dieses Verhaltens den Vorwurf, der BDO hätte hier nicht nach den in Lunjewo beim Nationalkomitee, BDO und auch in der Sowjetunion gültigen Grundregeln gehandelt. Die demokratischen Regeln der Sowjetunion waren mir in ihrer Besonderheit nicht so gegenwärtig, daß ich gegen eine Weitergabe an die russische Seite Einspruch erhoben hätte. Wir meinten nur, daß auch die Russen Interesse haben müßten, einmal mit uns über dieses Problem zu sprechen. Irgendein Schaden hätte dadurch niemals entstehen können und ist auch nicht entstanden. Damit war diese ominöse Angelegenheit erledigt, doch schienen die Sowjets, wie wir noch sehen werden, weitere Maßnahmen einleiten zu wollen.

Säuberung des BDO

Zu den Offizieren, die das Lager Jelabuga für die Gründung des BDO ausgewählt hatte, gehörte auch ein ehemaliger SS-Obersturmbannführer im SD, Dr. jur. Hans Huber, im Heer zuletzt Oberleutnant einer Sturmgeschützabteilung. Es war ihm jedoch nicht gelungen, in den Vorstand des BDO gewählt zu werden. Nur Generalmajor Dr. Korfes hatte ihn gelegentlich zu wissenschaftlich-historischen Arbeiten herangezogen. So führte Huber in Lunjewo ein zurückgezogenes Leben, jedenfalls war er bis dahin in keiner Weise aufgefallen.

Wie ein so prominenter SS- und SD-Mann wie Huber nach der Gründung des BDO in Lunjewo bleiben konnte, ist schwer zu erklären. Möglich, daß die Russen Hubers Vergangenheit und Einstellung kannten. Durch Spitzeleien und Abhören informiert, könnten sie – wie im Falle Rodenburgs – versucht haben, ihn als Hecht im Karpfenteich zu verwenden. Radikalität provoziert und bringt in russischen Augen auch gegenüber anderen Aufschlüsse. Möglich aber auch, daß sie nicht wußten, wer Huber wirklich war.

Wie auch immer, Huber sann bereits in Lunjewo auf subversives Handeln, wie Kameraden aus jener Zeit später berichteten. Nach einigen Angaben hat er sogar versucht, durch verschlüsselte Artikel in unserer Zeitung und durch Briefe nach Deutschland Verbindung mit Mittelsmännern in Deutschland zu bekommen. Das soll ihm teilweise gelungen sein, so daß er sogar auf die phantastische Idee kam, Lunjewo durch deutsche Fallschirmjäger überfallen und ausheben zu lassen. Seine Stunde glaubte er jedenfalls gekommen, als sein Intimus, Hauptmann Stolz, für eine Offiziersbund-Delegation ausgewählt wurde, die unter Führung von Major Bechler und unter Teilnahme von Leutnant Dr. Willimzig an die Leningrad-Front gehen sollte.

Huber selbst wurde für die nächste Frontdelegation vorgesehen. Diese Wahl traf der Vorstand, und ich hatte keinen besonderen Anlaß, dagegen zu stimmen. Jedenfalls sann Huber jetzt auf Flucht. Er machte Dr. Willimzig zum Mitwisser seiner Pläne und forderte ihn auf, bereits bei der Leningrad-Delegation in seinem Sinne zu wirken. Willimzig sollte ebenfalls fliehen und gewissermaßen Hubers spätere Flucht vorbereiten. Er sollte nach gelungener Flucht über eine angegebene Telefonnummer unter Kennwort eine Gestapostelle informieren, mit der er von früher her Verbindung hatte.

Willimzig ging zum Schein auf Hubers Ideen und Aufträge ein, informierte aber vor seiner Abreise seinen Stubenkameraden in Lunjewo, Oberleutnant Gerlach, dem er das Weitere überließ. Er selbst hielt sich zunächst zurück, weil er die Ideen von Huber für Phantastereien hielt und an seiner Zurechnungsfähigkeit zweifelte.

An der Front offenbarte sich Hauptmann Stolz Dr. Willimzig und weihte ihn in die von Huber erhaltenen Aufträge ein, die er selbst durchführen wollte. Willimzig verhinderte die Ausführung und das Überlaufen von Stolz, indem er die Aufgabe der ganzen Delegation sabotierte. Die Russen brachen daraufhin sofort den Einsatz der Delegation ab. Willimzig wurde wegen politischer Unzuverlässigkeit aus dem BDO ausgeschlossen. Er und Stolz kehrten nicht nach Lunjewo zurück.

Wir in Lunjewo ahnten zunächst nichts von diesen Vorgängen und Umtrieben. Doch zur selben Zeit, als Dr. Willimzig die Russen über Hubers Pläne und Phantastereien unterrichtete, hatte sich in Lunjewo sein Vertrauensmann, Oberleutnant Gerlach, bereits dem von Huber eingeweihten Zahnarzt Dr. Jahn offenbart. Beide zögerten anfangs, entschlossen sich aber dann doch unter dem Druck der Nachrichten über Schwierigkeiten der Leningrad-Delegation, sich dem total überraschten Generalmajor Lattmann zu offenbaren. Es war der letzte Augenblick. Noch in derselben Nacht (zum 7. April 1944) wurde Huber von einem sowjetischen Offizier aus dem Bett geholt und verhaftet.

Selbstverständlich war das für den BDO ein höchst unerfreuliches Ereignis, das unsere weitere Arbeit erheblich belastete. Die Russen zogen aus dem Vorfall Konsequenzen, die sie wahrscheinlich schon lange vorher geplant hatten. Sie führten eine Säuberung unseres Offiziersbundes in Lunjewo durch, indem sie mehrere unserer Mitarbeiter in das Offizierslager Griarsowetz verlegten. Es handelte sich um durchweg höchstqualifizierte Kräfte aus unserem Mitgliederkreis, sämtlich politisch dem konservativen Flügel unseres Bundes zugehörig, und zwar um Oberleutnant Dr. Greifenhagen, Oberleutnant Dr. Wieder und Oberstleutnant Bechly.

Die letzten Monate

Nachdem am 6. Juni 1944 die englisch-amerikanische Invasion geglückt und damit die Zweite Front errichtet war, begannen die Russen am 21./23. Juni gegenüber der Heeresgruppe Mitte mit einer bis dahin nicht vorausgesehenen Großoffensive. Tiefe Ein- und Durchbrüche wurden erzielt. Der Erfolg war um so größer, als Hitler gegen alle militärische Vernunft befahl, die Stellungen nunmehr weiter als sogenannte Feste Plätze zu halten. Das mußte natürlich dazu führen, daß all diese »Festen Plätze« einzeln abgeschnitten und überrannt wurden und die gesamte Front zusammenbrach. Derartige »Feste Plätze« hatten wir schon 1940 bei den Engländern an der Sommemündung erlebt. Auch damals wurden sie für den Angreifer eine leichte Beute. Hier aber wandte man diese »Festen Plätze« in einer Hunderte von Kilometern breiten Front an. Das mußte notgedrungen zu einem völligen Zusammenbruch führen.

Wie stark die Gegensätze waren, beweist schon folgendes Zitat (»Geschichte des 2. Weltkrieges« von Tippelskirch): »Etwa 25 Divisionen waren vernichtet oder eingeschlossen, nur wenige auf dem Südflügel der 2. Armee stehende Divisionen noch intakt, die entkommenen Reste kaum noch kampffähig ... Am 4. Juli meldete die Heeresgruppe Mitte, daß ihr in der 350 km breiten Durchbruchsfront 126 Schützendivisionen, 17 motorisierte Brigaden, 6 Kavalleriedivisionen und 45 Panzerverbände in Brigadestärke gegenüberstünden, denen sie im Augenblick nur 8 Verbände in Divisionsstärke gegenüberstellen könne.«

Diese Gegenüberstellungen sind so eindeutig, daß ohne weiteres klar wird, daß die gesamte deutsche Front gegen die russische Übermacht in eine Rückzugsbewegung mit all den dazugehörenden Verlusten und Leiden geriet. Als Folge dieser Zusammenbrüche wurden nunmehr zahlreiche Generale gefangengenommen. Ein Teil dieser Generale zeigte sich bereits unmittelbar nach der Gefangennahme, und zwar noch an der Front, für die Bewegung »Freies Deutschland« so aufgeschlossen, daß wir selbst überrascht waren. Das galt vor allem für Vinzenz Müller und Bamler, die sofort unsere Propaganda unterstützten.

Am 8. Dezember 1944 waren es dann 50 Generale, die den Aufruf »An Volk und Wehrmacht« unterzeichneten.

An Volk und Wehrmacht
Deutsche!
Aus tiefer Sorge um die Zukunft unseres Volkes, um unsere heißgeliebte Heimat und um den Fortbestand Deutschlands wenden wir deutsche Generale zusammen mit vielen hunderttausenden Soldaten und Offizieren aus russischer Kriegsgefangenschaft uns in letzter Stunde an Euch, deutsche Männer und Frauen.

Mit innerster Anteilnahme verfolgen wir Eure verzweifelten Anstrengungen in den ungeheuer verlustreichen Abwehrkämpfen, den übermenschlichen Arbeitsleistungen und wachsenden Entbehrungen.

Unser ganzes Volk ist jetzt restlos in den zerstörenden Kampf hineingeworfen: an allen Fronten verbluten die Männer vom Greis bis zum Knaben, in der Heimat leiden Frauen und Kinder unter der zunehmenden Wucht feindlicher Luftangriffe im härtesten Arbeitseinsatz. Noch nie hat ein Krieg so unsagbares Unglück über unser Vaterland gebracht! Die Stunde des Zusammenbruchs unter der erdrückenden Übermacht der vereinigten Gegner rückt immer näher.

In diese Lage hat Adolf Hitler Deutschland geführt! Er hat unser Volk mit nationalen und sozialen Versprechungen betrogen. Nur durch eine gewaltige Aufrüstung beseitigte er die Arbeitslosigkeit, wir aber sahen darin einen allgemeinen wirtschaftlichen Aufschwung. Wir ließen uns die schon damals gegen unser Volk begangenen Grausamkeiten gefallen, die Beseitigung von Recht und Gesetz, die Überheblichkeit des Rassendünkels, den Kampf gegen die Religion, die Korruption unter den Parteiführern.

Im Taumel der ersten Erfolge erkannten wir nicht die schwere Gefahr der maßlosen Pläne Hitlers, die uns in diesen unheilvollen Krieg hineinführten. Wir sind getäuscht und mißbraucht worden. Wir waren seine blinden Werkzeuge und wurden schließlich seine Opfer.

Der Staatsmann Hitler hat in der Heimat eine schrankenlose Willkürherrschaft errichtet. Er hat jeden mit anderen Ländern geschlossenen Vertrag gebrochen und die deutsche Wehrmacht, auf ihre Gehorsamstreue bauend, für seine Eroberungspläne und zur Unterdrückung anderer Völker eingesetzt. Auf seinen Befehl haben Himmlers Henker in den besetzten Ländern unmenschliche Grausamkeiten verübt und damit die Ehre des deutschen Namens vor der Welt mit Schande bedeckt.

Diese Politik der Vertragsbrüche und groben Verletzungen des Völkerrechts hat schließlich alle Völker der Welt gegen Deutschland zum Kriege zusammengeschlossen. Nach Ausschaltung unserer erfahrenen Heerführer und nach Übernahme des alleinigen Oberbefehls durch Hitler folgten seit Stalingrad Niederlage auf Niederlage.

Es gibt keine Hoffnung mehr auf eine Änderung der Lage! Mit Hitler verhandelt keine Macht der Welt mehr!

Der Krieg ist verloren!

Das Ergebnis dieser Staats- und Kriegführung Adolf Hitlers für Deutschland sind Millionen von Toten, Krüppeln und Obdachlosen! Die Familien sind zerrissen, Hungersnot, Kälte und Krankheiten ziehen drohend herauf.

Trotzdem will Hitler den Krieg fortsetzen. Himmler und Goebbels malen Schrecken und Angst an die Wand vor der Rache der Feinde, vor dem angeblichen Bolschewistenterror und vor einer Versklavung unseres ganzen Volkes in hoffnungsloser Zukunft. Sie appellieren an das Nationalgefühl, an die Liebe zu Heimat und Vaterland und treiben dadurch das deutsche Volk in einen Verzweiflungskampf bis zur Selbstaufopferung.

Diese selbstmörderische Fortsetzung des sinnlos gewordenen Krieges dient nur der Erhaltung Hitlers und seiner Parteiführer. Deshalb haben auch SS und Partei die ausschlaggebenden Führerstellen an sich gerissen.

Unser Volk aber darf nicht untergehen! Deshalb muß dieser Krieg sofort beendet werden!

Was aber kommt dann? fragt Ihr.

Wohl wird unser Vaterland von den Gegnern besetzt werden, aber das sinnlose Sterben an den Fronten und in der Heimat hört auf, und unsere jetzt noch übriggebliebenen Wohnungen und Arbeitsstätten bleiben erhalten!

Wohl werden die Sieger Sühne fordern für das ihren Völkern zugefügte Unrecht, aber nur diejenigen werden vor ein Gericht gestellt werden, die sich vor den Gesetzen der Kultur und Menschlichkeit als Verbrecher schuldig gemacht haben!

Natürlich wird unsere Zukunft schwer sein, wir werden arbeiten, wiederaufbauen, aber es wird auch wieder einen Weg bergauf geben.

Anstelle von Terror, Willkür und Rassenhaß werden Recht, Ordnung und Menschlichkeit herrschen.

Anstelle des Elends und Schreckens ohne Ende wird Friede sein.

Durch unseren Fleiß und ehrlichen Willen wird mit jedem Schritt auf neuen Wegen der Tag näherrücken, an dem das deutsche Volk frei und gleichberechtigt seinen Platz unter anderen Völkern einnehmen wird.

Hindenburg und Ludendorff haben 1918 die Beendigung des Krieges gefordert, als er militärisch angesichts der Übermacht sinnlos geworden war.

Aus dem gleichen Grunde rufen wir Generale zusammen mit vielen hunderttausenden Soldaten und Offizieren, die sich in der Bewegung »Freies Deutschland« zusammengeschlossen haben, aus russischer Kriegsgefangenschaft Euch zu:

Unser ganzes Fühlen und Denken gehört allein dem Schicksal unseres Volkes!

Deutsches Volk, steh auf zur rettenden Tat gegen Hitler und Himmler, gegen ihr unheilbringendes System!

Einig in allen Schichten, hast Du die Macht! Die Waffen zur Tat hast Du auch!

Befreie Dich selbst von dieser pflichtvergessenen und verbrecherischen Staatsführung, die Deutschland in den sicheren Untergang treibt!

Beende den Krieg, ehe durch den gemeinsamen Ansturm der verbündeten Gegner die Wehrmacht und das Letzte vernichtet wird, was uns in der Heimat noch geblieben ist.

Es gibt keine Wunder, die uns noch helfen könnten. Deutsche, stellt durch Eure mutige Tat die Ehre des deutschen Namens vor der Welt wieder her und tut damit den ersten Schritt in eine bessere Zukunft!

Paulus, Generalfeldmarschall und ehem. Oberbefehlshaber 6. Armee (Stalingrad);

v. Seydlitz, Gen. d. Art. und Kdr. Gen. II. A.K. (Stalingrad), Präsident des Bundes Deutsch. Offiz., Vizepräsident des Nat.-Kom. »Freies Deutschland«;

Strecker, Generaloberst und ehem. Gen. des XI. A.K. (Stalingrad);

Hell, Gen. d. Art. und ehem. Kdr. Gen. VII. A.K.;

Völckers, Gen. d. Inf. und ehem. Kdr. Gen. XXVII. A.K.;

Gollwitzer, Gen. d. Inf., ehem. Kdr. Gen. LIII. A.K.;

Schloemer, Gen.-Lt. und ehem. Führer XIV. Pz.K. (Stalingrad);

Postel, Gen.-Lt. und ehem. Kdr. Gen. XXX. A.K.;

Müller (Vinzenz), Gen.-Lt. und ehem. Führer XII. A.K.;

Hoffmeister, Gen.-Lt. und ehem. Führer XXXXI. Pz.K.;

Frhr. v. Lützow, Gen.-Lt. und ehem. Führer XXXV. A.K.;

Edler v. Daniels, Gen.-Lt. und Kdr. 376. I.D. (Stalingrad);
Müller (Ludwig), Gen. d. Inf. und ehem. Kdr. Gen. XXXXIV. A.K.;
Bayer, Gen.-Lt. und ehem. Kdr. der 153. Feldausbildungsdivision;
Hitter, Gen.-Lt. und ehem. Kdr. der 206. I.D.;
Buschenhagen, Gen. d. Inf. und ehem. Kdr. Gen. LII. A.K.;
Böhme, Gen.-Lt. und ehem. Kdr. 73. I.D.;
v. Kurowski, Gen.-Lt. und ehem. Kdr. 110. I.D.;
Arno v. Lenski, Gen.-Maj. und ehem. Kdr. 24. Pz.D. (Stalingrad);
Leyser, Gen.-Maj. und ehem. Kdr. 29. I.D. (mot.) (Stalingrad);
Korfes, Gen.-Maj. und ehem. Kdr. 295. I.D. (Stalingrad);
Lattmann, Gen.-Maj. und ehem. Kdr. 14. Pz. D. (Stalingrad);
Nedtwig, Gen.-Maj. und ehem. Kdr. 454. S.D.;
v. Drebber, Gen.-Maj. und ehem. Kdr. 297. I. D. (Stalingrad);
Weinknecht, Gen.-Lt. und ehem. Kdr. 79. I.D.;
Teschner, Gen.-Maj. und ehem. Kdr. LS-Brig. 1;
v. Erdmannsdorff, Gen.-Maj. und Kdt. des Festen Platzes Mogilew;
v. Dewitz gen. v. Krebs, Gen.-Maj. und ehem. K. Kdt. von Kischinew;
Brandt, Gen.-Maj. und Bevollm. Offz. im Rum. Ölgeb.;
v. Bogen, Gen.-Maj. und ehem. Kdr. 302. I.D.;
Conrady, Gen.-Maj. und ehem. Kdr. 36. I.D.;
v. Arenstorff, Gen.-Maj. und ehem. Führer 60. I.D. (mot.);
Mueller-Bülow, Gen.-Maj. und ehem. Kdr. 246. I.D.;
Graf v. Hülsen, Gen.-Maj. und ehem. Kdr. 370. I.D.;
Trowitz, Gen.-Maj. und ehem. Kdr. 57. I.D.;
Frenking, Gen.-Maj. und ehem. Kdr. 282. I.D.;
Lindemann, Gen.-Maj. und ehem. Kdr. 361. I.D.;
Gihr, Gen.-Maj. und ehem. Kdr. 707. I.D.;
Stingl, Gen.-Maj. und ehem. K. Kdt. Jassy;
Engel, Gen.-Maj. und ehem. Kdr. 45. Div.;
Tronnier, Gen.-Maj. und ehem. Kdr. 62. I.D.;
v. Lilienthal, Generalintendant;
Busch, Gen.-Maj. ehem. WO Rumänien;
Traut, Gen.-Lt. und ehem. Kdr. der 78. Sturm-Div.;
Deboi, Gen.-Lt. und ehem. Kdr. der 44. Div. (Stalingrad);
Klammt, Gen.-Maj. und ehem. Kdr. 260. I.D.;
Wulz, Gen.-Maj. und ehem. Art.-Kdr. IV. A.K. (Stalingrad);
v. Steinkeller, Gen.-Maj. und Kdr. »Feldherrnhalle«;
Dr. Raess, Generalarzt, ehem. Deutsche Heeresmission Rumänien;
Gobb, Gen.-Maj. und ehem. Kdr. 9. I.D.

Der Versuch, die damaligen Ereignisse noch einmal zusammenzufassen, steht im Schatten des Mißerfolges des Bundes Deutscher Offiziere. Seine Verbindung mit dem Nationalkomitee »Freies Deutschland« ist in der Diskussion nachträglich zusätzlich belastet durch die Rolle zahlreicher Mitglieder des Nationalkomitees bei der Gründung der heutigen DDR. Dazu kommt die grundsätzlich verschiedene Weltanschauung zwischen den meisten Mitgliedern dieser beiden Organisationen, die nur die Ablehnung Hitlers und seiner Untergangskriegführung verband.

Meine persönlichen Beweggründe waren durch das Erlebnis Stalingrad und die Erkenntnis geprägt, daß Deutschland unter Hitlers Führung einer Katastrophe entgegenging. Diese Katastrophe verhindern zu helfen und das Reich möglichst ohne territoriale Einbußen zu erhalten, blieb Ziel meines Handelns. Daß im Jahre 1943 die Sowjetunion, als Amerikaner und Engländer noch keine Zweite Front errichtet hatten, den Krieg gern beendet hätte, ist wohl nicht zu bezweifeln. Der Krieg hatte unvorstellbare Not in weite Gebiete der Sowjetunion gebracht. Die Rückeroberung des Verlorenen und die Fortsetzung des Krieges verhießen Rußland nur blutige Verluste, schlimmste Anstrengungen und Entbehrungen.

So beurteile ich meine Unterredung mit Melnikow, drei Monate vor der Konferenz in Teheran, noch heute als eine reelle Chance. Um diese Chance durchzusetzen, war die Verbindung mit dem Nationalkomitee zwingend. Es gab keine andere Wahl. Daß der Offiziersbund auch noch 1944 und 1945 auf die Wehrmacht einzuwirken versuchte, also zu einer Zeit, wo politisch kaum noch Chancen bestanden, galt einzig und allein dem Ziel, den Krieg nach Möglichkeit von Deutschland fernzuhalten und die völlige Zerstörung zu vermeiden. Daß die Rote Armee im Frühjahr 1945 im Herzen Europas stand, daß weite Teile des Reiches zerstört waren und in Deutschland Angst und Schrecken herrschten, war genau die Situation, die der Offiziersbund durch sein Wirken verhindern wollte.

Es gab nur wenige Ereignisse, die in der Zeit seit Oktober 1944 bis zu meiner Verhaftung im Mai 1950 eine Rolle spielten. Gegen Ende 1944 zogen sich die Russen von mir zurück, insbesondere nach den Ereignissen um Huber und Rodenburg. Im Dezember wurde die Abwendung von mir immer offensichtlicher.

Von der Kapitulation erfuhren wir durch die Zeitung. Ein deutscher Dolmetscher las uns täglich die wichtigsten Stellen aus der »Iswestija«

vor. Wir nahmen an, daß der BDO sofort aufgelöst würde, aber dies war nicht der Fall: Man ließ ihn bis zum Herbst 1945 bestehen. Im Gefangenenlager bildete sich allmählich eine Gruppe von Generalen, die ursprünglich dem BDO angehört hatten. Daneben gab es eine andere Gruppe, die sich gegen die ehemaligen Mitglieder des BDO wandte und uns völlig mißachtete. Als das Generalslager aufgelöst wurde und die alten Generale in ihre Heimat entlassen worden waren, kam ich im Herbst 1947 nach Aksinino, einer Datsche bei Moskau. Man wollte mir und einigen meiner Mitgefangenen die Kultur der Sowjetunion nahebringen und führte uns deshalb ins Theater, wo ich unter anderem »Schwanensee« sah, und zeigte mir Museen und auch das Lenin-Mausoleum mit der mumifizierten Leiche Lenins. Man wollte uns das kulturelle Rußland zeigen und uns dadurch bewegen, doch auch für die kommunistischen Ziele dieses Landes einzutreten. Gegen Ende 1948 wurde ich noch einmal verlegt, und zwar in eine Datsche nach Krasnogorsk.

Wenn ich heute diesen Zeitraum noch einmal überschaue, so gab es zwei Ereignisse, die hier noch erwähnt werden müssen: Am 26. April 1944 war ich von Hitler unter Anklage gestellt und vom Reichskriegsgericht in Abwesenheit zum Tode verurteilt worden. Das andere wichtige Datum war mein Geburtstag (22. August) im gleichen Jahre, als man zur Feier des einjährigen Bestehens des BDO eine Plenarsitzung einberief, an der auch Vertreter des Stadtkomitees teilnahmen. Weinert, der Präsident des Nationalkomitees, bat mich, eine Rede zu halten. Während dieser kurzen Ansprache legte ich noch einmal dar, daß ich mich aufgrund meiner Herkunft und Erziehung in keinem Fall der kommunistischen Weltanschauung anschließen würde. Von diesem Tage an nahm mein Einfluß sichtlich ab. Ich war für lange Zeit zur Tatenlosigkeit verurteilt.

Datsche Ilinka

Wir hatten schon länger den Eindruck, daß vor dem Winter noch eine Änderung eintreten würde. Wir hatten uns nicht getäuscht. Am 1. Oktober 1949 hieß es: »Dawai-Transport!« Während Buschenhagen, Funk und Lützow zusammenblieben, wurde ich mit meinem Burschen Bruno Müller von Herrn Stern in eine SIS-Limousine verladen. Die Fahrt endete in dem Datschenvorort Ilinka (im Süden Moskaus, unweit der Straße nach Rjasan–Pensa). Der Ort: Holzhäuser unterschiedlicher Größe an breiten Landwegen. Fast alle Datschen waren von übermannshohen Holzzäunen umgeben. Ein breites doppelflügeliges Holztor öffnete sich: wir befanden uns auf einem Datschengrundstück, das Feldmarschall Paulus als Quartier zugewiesen war.

Paulus empfing mich wie immer kameradschaftlich, liebenswürdig. Er war allein. Sein Mitbewohner, Generalleutnant Bamler, war in Moskau, angeblich zu ärztlicher Untersuchung oder Behandlung, ohne daß ihm, soweit bekannt, etwas Wesentliches fehlte. Eine etwas dunkle Angelegenheit. Ein Teil seiner Sachen lag in dem Wohn-/Schlafzimmer, das ich mit ihm teilen sollte. Auch Paulus hatte noch seinen Burschen bei sich, der zusammen mit Bruno Müller für uns sorgte. Bamler, im Frieden Abteilungsleiter bei Canaris, war vor seiner Gefangennahme Chef des Stabes der Norwegen-Armee (als Nachfolger von General Buschenhagen), später, als Nachfolger von General von Lützow, Kommandeur meiner alten 12. Infanteriedivision. Die 12. Infanteriedivision war bei dem völligen Zusammenbruch der Heeresgruppe Mitte auch mit untergegangen. Bamler geriet dabei in Gefangenschaft und bekannte sich unmittelbar nach seiner Gefangennahme, ohne jemanden vom BDO gesprochen zu haben, zu den Grundsätzen des BDO. Er hatte sich außerdem schon lange vorher vorsorglich und eingehend mit den Grundlagen des Kommunismus und Marxismus beschäftigt und war sowohl mit den ursprünglichen Lehren von Marx und Engels als auch mit denen Lenins und Stalins vertraut. Die Russen hatten ihn anscheinend politisch für so wertvoll gehalten, daß er als einziger der gefangenen Generale der Heeresgruppe Mitte nicht mit uns in Lunjewo in Berührung gebracht wurde.

Ich war also zunächst mit Paulus allein in Ilinka. Der Zweck dieser Verlegung sollte mir bald klarwerden. Wie überall wurden wir – Beweise später – auch hier abgehört. Paulus und ich beschäftigten uns in den ersten Tagen mit Halders neuem Buch »Hitler als Feldherr«, das die Sowjets Paulus mit der Bitte um eine schriftliche Stellungnahme zugeleitet hatten. Paulus zeigte mir seine Stellungnahme, ehe er sie abgab. Soweit ich mich entsinne, stimmte sein Urteil im wesentlichen völlig mit Halders Ansichten überein. Manches erschien uns nicht offen und nicht scharf genug formuliert.

Nach ungefähr 14 Tagen kehrte General Bamler aus Moskau zurück, ausgestattet mit Koffer und neuem Zivil. Ich kannte ihn bis dahin nur flüchtig. Ich kann nicht sagen, daß er auf mich sympathisch gewirkt hätte. Sein Handschlag war kraft- und saftlos, so als ob einem ein Waschlappen in die Hand gelegt würde. Der Frage, was er eigentlich solange in Moskau gemacht hätte, wich er aus.

Den Hauptgesprächsstoff bildeten in diesen ersten Wochen die Gründungen der Bundesrepublik Deutschland und der Deutschen Demokratischen Republik, außerdem die Währungsreform. So sehr wir begrüßten, daß endlich wieder deutsche Regierungen geschaffen wurden, so tief betroffen waren wir über die dadurch bedingte Spaltung Deutschlands. Wann sollten diese zwei getrennten Teile je wieder vereinigt werden, nachdem sie auf so verschiedenen Grundlagen entstanden waren? Die Pressenachrichten, die wir erhielten, waren natürlich sehr einseitig, so daß wir uns kein klares Bild machen konnten. Nur soviel ging aus allen Nachrichten eindeutig hervor: Im Westen führte Adenauer, im Osten das Gespann Pieck und Ulbricht. Was all das für uns selbst bedeutete, sollten wir schneller erfahren, als wir ahnten.

Am 9. November erschienen General Kobulow und Oberstleutnant Georgadze, beide uns von Lunjewo bekannt. Das erste Wort nach flüchtiger Begrüßung: »Ulbricht hat telegrafiert, Sie sollen kommen.« Dann hieß es: »Bitte, schreiben Sie aber vorher Ihren Frauen, daß sie nach Berlin kommen möchten. Sind Sie selbst bereits in Berlin, was sich dann nicht verheimlichen läßt, besteht die Gefahr, daß Ihre Frauen nicht mehr nach Berlin kommen können. Die Briefe werden auf sicheren Wegen Ihren Frauen zugeleitet.«

Den Wortlaut meines Briefes besitze ich nicht mehr, aber seines wesentlichen Inhalts entsinne ich mich genau. Ich schrieb meiner Frau, daß sie sicher über meinen Weg nach Stalingrad im wesentlichen orientiert wäre. Wie sie darüber dächte, wüßte ich jedoch nicht. Ich erwähnte, daß man beabsichtige, mich nach Ost-Berlin zu repatriieren. Vorher solle indes sie dorthin kommen, weil dies vielleicht nicht mehr möglich sei, wenn ich bereits in Ost-Berlin wäre. Ich fügte hinzu: falls sie nicht bereit wäre, nach Berlin zu kommen, würde ich um meine Repatriierung in den Westen bitten. Diesen Schlußsatz schrieb ich auch in den Brief an General Kobulow. Ich war mir völlig klar darüber, daß ich die Prüfung der Russen nicht bestanden hatte.

Das weitere Leben in der Datsche mit Paulus und Bamler gestaltete sich eintönig. Das Verhältnis zwischen Bamler und mir blieb auf kühle Distanz eingestellt. In Unterhaltungen und Diskussionen über den Kommunismus konnte er mühelos meine Grundeinstellung zu dieser Ideologie erkennen. Welchen Gebrauch er davon machte, konnte ich aufgrund seines vertrauten Verhältnisses zu den Russen nur ahnen.

Kurz vor Weihnachten nahte die zweite Prüfung. Wir saßen nach dem Abendbrot zusammen in dem kleinen gemeinsamen Wohnzimmer. Plötzlich erschien Bamler, der anscheinend beim Kommandanten gewesen war, und sagte: »Stalin hat 70. Geburtstag, wir wollen ihm doch ein Glückwunschtelegramm schicken.« Paulus war dazu bereit, während ich sofort erklärte, daß für mich solch ein Telegramm nicht in Frage käme. Auch diesmal schickte ich wieder einen kurzen Brief an General Kobulow. Darin sagte ich, daß ich an sich nichts gegen einen solchen Glückwunsch hätte. Da ich aber nicht wüßte, welches Schicksal ein solcher Glückwunsch haben bzw. welcher Mißbrauch damit getrieben werden könnte, lehnte ich meine Teilnahme an dem Telegramm ab. Damit war auch die zweite Prüfung nicht bestanden.

Die Zeit nach Weihnachten und Neujahr verlief in der gleichen Eintönigkeit wie vorher. Nur ein besonders merkwürdiger Vorfall, der anzeigte, daß man mit Paulus weiter zusammenzuarbeiten gedachte, mit mir aber nicht, kennzeichnete jene so trüben Tage.

Paulus und ich mußten zum Zahnarzt, jeder wegen eines kariösen Goldkronenzahnes. Also Fahrt nach Moskau in die Zahnklinik!

In den Kliniken gibt es in der Regel keinen Universalzahnarzt, sondern lediglich Spezialisten. Die einen plombieren nur, die anderen fertigen nur Kronen, die dritten Brücken und Prothesen bzw. ganze Gebisse. Das erstemal wurden die Kronen abgenommen, die Zähne behandelt sowie neue Abgüsse genommen. Bald darauf fuhren wir wieder nach Moskau, damit die fertigen Kronen aufgesetzt werden konnten. Doch wie der Herrgott den Schaden besah, hatte Paulus wieder seine tadellose Goldkrone, ich dagegen statt meiner alten

Goldkrone eine Stahlkrone. Ich durfte mir meinen eigenen Vers auf die vielsagenden Methoden sowjetischer Politik machen.

Es begann Frühling zu werden, und am 16. April 1950 wurde Bamler repatriiert. Die Wahl dieses Zeitpunktes fiel fast genau zusammen mit einer Bekanntgabe in der »Prawda«. Danach wurden jetzt alle noch in der Sowjetunion befindlichen Kriegsgefangenen repatriiert, mit Ausnahme von etwa 9000 Gefangenen, die Kriegsverbrechen begangen hatten und ihrer gerichtlichen Aburteilung entgegengingen. Bamler hatte sich ganz dem Kommunismus verschrieben. So stand seiner Repatriierung in die Heimat kein Hindernis mehr im Wege. Auf Paulus setzte man, wie die Goldkrone bewies, wohl ebenso, auf mich als »Stahlkronenträger« aber offenbar nicht mehr. All das zeigte, daß bald weitere Entscheidungen zu erwarten waren.

Während dieser Zeit kam eines Tages mein Bursche Bruno Müller zu mir. Er tippte mit dem Zeigefinger auf seinen Mund und bedeutete mir, daß ich kein Wort reden, keinen Ton von mir geben sollte. Ich folgte ihm ins Zimmer an einen Platz hinter meinem Schreibtischstuhl. Dort hob Müller den Teppichboden, dann den darunter befindlichen, nicht versiegelten Parkettfußboden auf. Wir sahen ein metallisches Etui, wahrscheinlich das Mikrophon enthaltend, davon in alle Richtungen ausstrahlend ein Netz feiner Drähte. Wir konnten weder sprechen noch an dem Apparat herumbasteln, das hätte uns zu leicht verraten können. Es blieb uns nur übrig, das Ganze wieder in den alten Zustand zu versetzen. Damit aber war der eindeutige Beweis erbracht, daß wir überall, wo es nur irgend möglich war, abgehört wurden. Auch andere, sonst kaum verständliche Maßnahmen bekamen einen Sinn, wie z. B. mancher Quartierwechsel. Wenn in einer Datsche das System versagte oder ein wesentlich besseres eingebaut werden sollte, war ein solcher Wechsel die einzig mögliche Lösung.

Anfang Mai, bald nach Bamlers Repatriierung, erschien wieder die schrankartige massive Gestalt des Generals Kobulow auf der Bildfläche, begleitet von dem hageren, mißtrauischen Dolmetscher Georgadze. Es ging um die dritte und letzte Prüfung. Dieses Mal wandten sie sich nur noch an Paulus. Ich war zwar noch am Rande beteiligt, denn Paulus zog mich natürlich zu Rate. Man stellte an Paulus das Ansinnen, er solle sich in einer Dankadresse an Stalin wenden und sich für die gute Behandlung bedanken, die alle deutschen Kriegsgefangenen während ihrer Gefangenschaft in Rußland erfahren hätten. Ich sagte: »Unmöglich!« Er könne sich vielleicht für sich und die ihm zuteil gewordene Behandlung bedanken, aber im Namen aller deutschen Kriegsgefangenen zu sprechen, von deren Schicksal und wirklicher Behandlung wir doch keinerlei Ahnung hätten, sei undenkbar. Welche diplomatische Lösung Paulus gefunden hat, weiß ich nicht, er sprach nicht mehr darüber. Sie muß aber wohl die Russen befriedigt haben, denn er blieb weiter in ihrer Gunst, während man mir bald darauf unmißverständlich zu verstehen gab, daß ich endgültig abgeschrieben war. Bevor das geschah – wenige Tage vor meiner Verhaftung am 23. Mai –, fuhren Paulus und ich noch einmal zum Zahnarzt.

Dieses Mal ging es nicht nach Moskau in eine zahnärztliche Klinik, sondern nach Krasnogorsk, »seligen Angedenkens von 1943«. Neben dem alten Gefangenenlager 27 hatte man dort noch zwei weitere Lager errichtet. Wir mußten zunächst außerhalb des Lagers in einer Baracke warten. Bald darauf ins Lager selbst eingelassen, feierten wir ein eigenartiges stummes Wiedersehen mit unserer alten Ärztin, Dr. Magnitowa, die uns bereits 1943 im Hauptlager 27 Krasnogorsk und dann beim Bund Deutscher Offiziere in Lunjewo betreut hatte. Sie hatte wohl den Auftrag, irgendwelche Begegnungen und Gespräche unsererseits mit anderen Gefangenen strikt zu verhindern. Man führte uns in ihre ärztliche Baracke und dort weiter zum Zahnarzt, der gleichfalls deutscher Kriegsgefangener war. Irgendeine Unterhaltung war vor, während oder nach der Behandlung nicht möglich. Dr. Magnitowa stand wie ein Zerberus daneben und paßte wie ein Schießhund auf, so daß ich leider nicht einmal den Namen des Zahnarztes feststellen konnte.

Wenige Tage nach diesem Ausflug bis Krasnogorsk erschien in Ilinka wieder Oberstleutnant Georgadze, dieses Mal ohne seinen Chef, General Kobulow. Auffallenderweise suchte er sofort Paulus allein in dessen Zimmer auf, während wir sonst bei jedem Besuch gemeinsam zur Besprechung gebeten wurden. Georgadzes Besuch bei Paulus dauerte nicht allzu lange. Als er jedoch, ohne bei mir einzutreten, an meiner Tür vorüberging, machte er seiner Verachtung gegen mich Luft, indem er ein lautes und verächtliches »Äääääh« herausstieß. Eigenartige Gebräuche, die wenig Gutes verhießen.

Meine Verhaftung am 23. Mai 1950

Nach einem langen, dunklen Winter stand wieder der Frühling vor der Tür. Jener Moskauer »nordrussische Vorfrühling«, der erst Ende März/Anfang April sein Kommen dadurch andeutet, daß alle Wasserläufe Taustellen zeigen. Das ist zugleich die beginnende Frühjahrswegelosigkeit »Rasputiza«, die die meisten nicht gepflasterten oder betonierten Wege wochenlang fast unpassierbar macht. Erst im Mai gab es einige wärmere Tage. Am 23. Mai holte man Paulus morgens »ohne Gepäck« nach Moskau. Derartige Fahrten – angeblich zu General Kobulow – waren zwar seltene Ausnahmen, aber doch nicht so ungewöhnlich, daß wir irgendeinen besonderen Verdacht schöpften. Jedenfalls sahen wir keinen Anlaß, Abschied für längere Zeit zu nehmen.

Doch russische Wege sind seltsam und die der Gefangenenverwaltung des Innenministeriums unerforschlich. Ich ahnte nicht, daß ich Paulus nicht wiedersehen sollte. Es wurde ein Abschied für immer nach achtjähriger Zusammenarbeit, auf die ich trotz sachlich verschiedener Auffassungen über Stalingrad menschlich und kameradschaftlich voller Dankbarkeit zurückblicke.

Trüben Gedanken über meine weitere nächste Zukunft als Gefangener brauchte ich nicht lange nachzugehen. Ich saß nachmittags allein auf unserem Holzbalkon und wärmte mich in den ersten Maisonnenstrahlen, als sich mir gegen 18.00 Uhr ein eigenartiges, völlig überraschendes Schauspiel bot. Schlagartig und glänzend einexerziert begann ein großes Theater. »Bolschoi-Theater«, wie es die Russen nennen und wie sie es über alles lieben. Das Datschengrundstück und die darauf zuführenden Straßen boten den richtigen Schauplatz und die entsprechenden Kulissen.

Vier breite Landfahrwege erlaubten die gleichzeitige Anfahrt von mindestens 5 Lkw, 3 bis 4 Lieferwagen und etwa 6 Pkw. Alles fuhr durch das breit geöffnete Holztor auf das Datschengrundstück und parkte dort vor oder neben der Datsche. Den Wagen entstiegen zahllose Offiziere verschiedenster Ränge, Unteroffiziere und Fahrer. Ich konnte nur staunen und nochmals staunen. Von all den russischen Gesichtern hatte ich bisher noch keines gesehen.

Eine Teillösung des Rätsels erfolgte sehr bald, als einer der Stabsoffiziere mir mitteilte: »Dawai-Transport!« Wozu und wohin wurde – wie immer – nicht gesagt. Ich ahnte, besonders bei soviel theatralischem Aufwand, nichts Gutes. Paulus' und mein Bursche – zwei famose Männer – aber durchschauten gleich alles, was uns bevorstand, und fielen mir zum Abschied spontan um den Hals. Beide machten dann auch noch unter höchst unerfreulichen Bedingungen mit russischen Gefängnissen Bekanntschaft, kehrten aber nach etwa einem Jahr glücklich heim.

Nachdem ich meine paar Sachen gepackt hatte, forderte mich einer der Milizoffiziere – er entpuppte sich später als der mich vernehmende und meine Untersuchung leitende Staatsanwalt – auf, in einer Limousine Platz zu nehmen. Es wurde dunkel, ehe die Fahrt nach Moskau begann. Im Wagen vorn saß ein Herr in Zivil, der sich von meinem Begleiter in der Höhe des bekannten Ljubjanka-Gefängnisses verabschiedete, anscheinend ein Kriminalbeamter, der das Ganze geleitet hatte. Sehr bald danach hielt der Wagen vor einer Toreinfahrt, die beiderseits von sehr hohen Ziegelmauern eingerahmt war. Sofort öffneten sich automatisch die beiden Torflügel: Ich befand mich in der Gefängnisstadt Butirskaja-Tjurma! Der Wagen hielt darauf vor dem sichtbaren Hauptgebäude und dessen hohen Eingangstüren. Die Tür wurde geöffnet, und ich betrat eine riesengroße und hohe Eingangshalle. All das, ohne daß ein Wort fiel. Weder der später als Staatsanwalt auftretende Begleiter noch sonst jemand eröffnete mir, daß ich nunmehr verhaftet sei.

Auf der linken Seite der Halle befanden sich eine Reihe von Türen, die Eingänge von 6 bis 8 Wartezellen. In eine von ihnen wurde ich zunächst eingesperrt. Jetzt wurde mir auch klar, was »Quartier Kobulowa« bedeutete, das mir mein Begleiter als unser Fahrtziel angegeben hatte, als ich ihn danach fragte. General Kobulow war unter dem berüchtigten Volkskommissar Berija der höchste General der Miliz. Ihm unterstand nicht nur die Miliz, d. h. die gesamte Polizei und Gendarmerie, sondern auch das gesamte Gefangenenwesen. Berija und Kobulow sollten Stalin nicht lange überleben. Sie endeten 1954/55 im Rahmen der Liquidationen, mit denen man die Stalinsche Gewaltära abschloß.

Aus meiner Gefängniszeit (23. Mai 1950–4. Oktober 1955)

Das Butirski-Gefängnis ist eines der größten Moskaus. Es wirkt selbst auf den, der wie ich nur spärliche Einblicke in das ganze Areal bekam, wie eine kleine Stadt. Die ältesten Teile sind noch Reste der alten Stadtmauer und Türme Moskaus. Das Ganze ist leidlich modernisiert, aber auch in die alten runden Stadtmauertürme sind noch Gefängniszellen hineinkonstruiert. Diese sind dementsprechend klein und schmal. Das Gefängnis soll noch aus Katharinas Zeiten (Mitte 18. Jahrhundert) stammen.

Nachdem ich zunächst in der Wartezelle von einem Arzt auf Läuse, Wanzen, Flöhe – allerdings nur durch einmaliges Hochheben meines Jacketts und Hemdes – untersucht worden war, mußte ich weiter der Dinge harren, die bei einer Aufnahme in russische Gefängnisse üblich sind. Nächste Stationen: Duschbad und Entlausung meiner Wäsche und Kleidung. Im Bad hörte ich zum ersten Mal wieder deutsche Stimmen, ohne jedoch Bekannte zu erkennen. Der Reigen der Aufnahmeformalitäten führte weiter in einen Raum der großen Eingangshalle mit allen möglichen Apparaten. Dort wurden die Körpermaße des Eingelieferten festgestellt und Fotos für das »Verbrecheralbum« geschossen. Damit waren, so schien es, alle Aufnahmeformalitäten erledigt.

Ich kam in eine Zelle im Parterre eines der alten Stadtmauertürme und verschwand in einem winzigen Raum mit kahlen, niedrigen weißen Wänden. In der Ecke zwei eiserne alte, völlig durchgelegene Betten, zwei kleine Nachttischschränkchen, ein ganz kleines Tischchen zwischen den Betten, ein Schmutzeimer – genannt Parascha – zur Benutzung während des Tages. Toilette und Waschgelegenheit nur je einmal morgens und abends. Die Zelle hatte kein Fenster. Dafür wurde täglich durch ein faustgroßes Loch in der Stirnmauer zweimal je eine Stunde etwas Luft durchgepustet. Nachts und am Sonntagnachmittag entfiel auch das noch. Beleuchtung Tag und Nacht durch eine scheinwerferähnliche, vergitterte Lampe über der Eisentür, die leidliches Licht spendete. $5^1/_2$ Jahre lang kannte ich auf diese Art und Weise keine dunkle Nacht mehr. Was mochte dieses Gebäude in den Jahrhunderten moskowitischer Geschichte alles an Grauen, Elend und Verzweiflung erlebt haben!

Zum Glück war ich nicht allein in diesem finsteren Gelaß. Mich begrüßte Feldwebel Kolbe, aus Bayreuth gebürtig. Auch er war erst vor wenigen Tagen verhaftet worden, warum – wußte er angeblich nicht. Von Haus aus war er Journalist, in der letzten Zeit hatte er bis zu seiner Verhaftung unter erschwerten Bedingungen auf Bauten in der Stadt gearbeitet. Meist hatte er Schwerarbeit bei schwierigen Grundsteinlegungen leisten müssen.

Ein deutscher Mitgefangener war natürlich nicht dazu da, um mir Gesellschaft zu leisten. Der wahre Grund unserer Zusammenlegung war nach meiner Erfahrung der, unsere Unterhaltungen abzuhören. Die Ernährung war ungewöhnlich derb: 750 g Graubrot, das so naß war, daß es in der dumpfen und feuchten Zelle rasch schimmelte. Man konnte nur einen Bruchteil davon genießen. Zum Frühstück gab es Tee und etwas Kascha, Brei aus Graupen, Hirse oder Grieß, mittags meist eine Fischsuppe, die ich schon wegen ihres Aussehens nicht anrühren konnte, abends nochmals Tee und Brot. Man magerte ziemlich rapide ab. Auch sonst war der Zellenaufenthalt ohne Fenster und ohne genügend Sauerstoff für die Gesundheit nicht förderlich. Dieses sauerstoffarme Dasein unterbrach nur ein Spaziergang, ein sogenannter Progulka: 20 Minuten pro Tag, außer sonntags. Der winzig kleine Hof, auf dem wir diesen Progulka absolvierten, lag unmittelbar neben unserem alten Turm. Seine zwölfeinhalb Quadratmeter umgaben haushohe Mauern. Sonne erhellte dieser Hof nur unter besonders günstigen Bedingungen. Es war eine Ironie, hier von »Spaziergang« zu sprechen.

Das einzige Stück dieses Höfchens, das meine Aufmerksamkeit erregte, war ein Gully, dessen gußeiserner Deckel noch eine Inschrift aus zaristischer Zeit trug. Ich konnte nur das Wort »Mir« übersetzen, auf deutsch »Welt« oder »Frieden«: welch ein Wort! Fünf Jahre war 1950 nun schon Frieden, doch mir schien, die Welt war von dem ersehnten Frieden weiter entfernt denn je.

Auch in der Nachbarzelle lagen deutsche Kriegsgefangene. Deren Unterhaltung konnten wir jedoch nur hören, wenn sie morgens oder abends zur Toilette geführt wurden. Der Gang war zu kurz, um mehr zu erfahren. Dabei wurden einzelne Namen möglichst laut genannt, unter ihnen auch Günsche, Hitlers Fahrer.

Wenige Tage nach meiner Einlieferung fand die erste Vernehmung durch den Staatsanwalt statt, der mich am 23. Mai von Ilinka in die

Burtiskaja gebracht hatte. Ein Feldwebel oder Unteroffizier brachte mich durch endlose Korridore mit zahlreichen Schottensperren in ein kleines Zimmer, wo der Staatsanwalt und eine Dolmetscherin auf mich warteten. Diese Vernehmung galt nochmals der Aufnahme meiner Personalien und meines Weges als Kommandeur der 12. mecklenburgischen Infanteriedivision (II. Armeekorps, 16. Armee) von Ostpreußen bis auf die Waldai-Höhen, der Befreiung des Kessels von Demjansk (X. Armeekorps, 16. Armee) sowie schließlich dem Vormarsch meines LI. Armeekorps im Rahmen der 6. Armee (Paulus) von Charkow bis zum Ende in Stalingrad am 31. Januar 1943.

Den Staatsanwalt interessierten besonders die Unterstellungsverhältnisse im Norden: 16. Armee Generaloberst Busch, im Süden: 6. Armee Generalfeldmarschall Paulus. Wenige Tage darauf folgte die zweite Vernehmung, wieder in dem gleichen kleinen Zimmer. Auf meinem Tischchen stand ein Glas Tee, auf einem Tischchen daneben lag eine Semmel, mit Butter bestrichen. Ich traute meinen Augen nicht, ahnte auch nicht, was dieser krasse Gegensatz zu meiner Verpflegung in der Zelle bedeuten könnte, denn dort bekam ich nur nasses Brot, von Butter oder Fett konnte schon gar nicht die Rede sein.

Die Vernehmung begann wie beim letzten Mal. Wieder ging es um meinen Weg durch die Sowjetunion vom 22. Juni 1941 an, obschon die Dolmetscherin alle Daten längst aufgeschrieben hatte. Doch dieses Mal endete die Vernehmung mit dem 31. Dezember 1941 auf den Waldai-Höhen, dem Tage, an dem ich zunächst in die Führerreserve versetzt wurde. Die dann im Mai 1942 beginnende Zeit unter Paulus fiel fort. Nun ging mir ein Licht auf. Man hatte mit Paulus noch etwas vor. Deshalb durfte er auch nicht, was sonst unvermeidlich gewesen wäre, mit meinen »Kriegsverbrechen« belastet werden. Typisch russische Justiz.

Die folgenden Vernehmungen, die stets mit einer Unterbrechung von 3 bis 4 Tagen während des ganzen Juni stattfanden, beschäftigten sich nur noch mit den mir zur Last gelegten »Kriegsverbrechen«. Als Ergebnis der Vernehmungen schälten sich fünf Anklagepunkte heraus:

1. Bei Requisitionen auf russischem Gebiet mußte (nach russischem Kriegsgesetz) der Eigenbedarf der russischen Bevölkerung berücksichtigt werden. Meine Division, für die ich persönlich verantwortlich gewesen sei, hätte jedoch auf den Waldai-Höhen gegen dieses Gesetz verstoßen. Beweis: Beim Bauern Jakubowski im Dorfe Igo-

schewo seien 2 Paar Walinkis (russische hohe Filzstiefel) requiriert worden. Zeuge: Leutnant Lemp.

2. Im Abschnitt der Division auf den Waldai-Höhen hätten gefangene russische Soldaten und russische Bevölkerung Wegearbeiten ausführen müssen, bei schlechtem Wetter und mangelnder Bekleidung.
3. Auf den Waldai-Höhen hätten Einheiten der Division Teile von Wirtschaftsgebäuden für Stellungsbauten benutzt. Derartige Materialentnahmen, z. B. Holzbalken eines Holzstalles, galten ebenfalls als Kriegsverbrechen.
4. Ende November/Anfang Dezember 1941 zwang uns der russische Winter, außerdem unser Mangel an Ersatz, in den Verteidigungsstellungen stehenzubleiben, die wir bis dahin erreicht hatten. Die Stellungen verliefen teils durch die Dörfer, teils in ihrer unmittelbaren Nähe. Wir mußten die Bewohner der Dörfer evakuieren, da sie nicht zwischen der kämpfenden Truppe leben konnten. Die Maßnahmen wurden vom Gericht nicht beanstandet, die Russen hatten an ihren Fronten wohl Ähnliches erlebt. In den rückwärtigen Dörfern jedoch mußte ein Teil dieser Evakuierten in Badezimmern (»Saunas«) unterkommen. Das war gleichfalls ein Kriegsverbrechen.
5. Nachdem der Kampf im Dezember 1941 zum Stehen gekommen war, konnten einzelne Bataillone zur Ruhe und Auffrischung zurückgenommen werden. Bei dieser Gelegenheit – die Truppe lag einquartiert bei russischen Bauern – nahm ein junger Russe namens Stepanow einem Grenadier des Grenadierregiments 89 das Gewehr fort und erschoß ihn. Die Division berief ordnungsgemäß ein Kriegsgericht, das den jungen Stepanow zum Tode verurteilte. Als Gerichtsherr bestätigte ich dieses Urteil. Am Tage darauf wurde es vollstreckt.
   Augenzeugen berichteten, der junge Stepanow sei geradezu heldenmütig in die Schlinge seines Galgens hineingesprungen. Das von mir bestätigte Urteil wurde, dem Völkerkriegsrecht entsprechend, vom Gericht nicht beanstandet. Als völkerrechtswidrig wurde jedoch die Durchführung und Vollstreckung des Urteils erklärt. Der junge Stepanow war noch nicht volljährig. Daher durfte das Urteil nicht vollstreckt werden.

Eines Tages, Ende Juni oder Anfang Juli, wurde ich wieder einmal abgeholt und in ein etwas größeres Zimmer geführt. Ein noch sehr junger Justizbeamter – anscheinend Referendar oder Assessor – empfing mich und übergab mir die Anklageschrift. Ich solle mir, erklärte er, auf einem Zettel Notizen für die Hauptverhandlung machen, auf einem anderen die von mir gewünschten Entlastungszeugen nennen.

Im gleichen Zimmer, ebenfalls unter der Aufsicht des jungen Justizbeamten, saßen außer mir noch zwei ältere deutsche Kriegsgefangene. Der eine von ihnen ähnelte stark einem Oberst Dammann, den ich als Batteriekommandeur beim Infanterieregiment 6 in Lübeck in den Jahren 1920/28 erlebt hatte. Näheres konnte ich jedoch nicht feststellen, da wir uns nicht unterhalten durften. Das Zusammensein mit zwei anderen deutschen Kriegsgefangenen verstieß gegen die Bestimmung, daß man keinen anderen Gefangenen sehen oder hören durfte. Das Nachspiel sollte ich am nächsten Tage erleben.

Ich ging also an die Arbeit, las die Anklageschrift und machte mir Notizen für meine Verteidigung in der Hauptverhandlung. Als Zeugen schrieb ich auf: meinen damaligen Ia Oberstleutnant im Generalstab, von Colani, meinen damaligen Adjutanten, Hauptmann von Horn, und meinen Kriegsgerichtsrat Dr. Holzki, die, soviel ich wußte, ebenfalls in Gefangenschaft waren. Als ich fertig war, nahm man mir jedoch nicht nur die Anklageschrift und die Zeugenliste, sondern auch meine Notizen für die Verteidigung wieder ab. Es war ein Schreck, doch bald rührte mich diese Groteske nicht mehr. Nach dem, was ich bisher über russische Gerichtsverfahren gehört hatte, war es völlig gleichgültig, wie man sich verteidigte, das Urteil stand und steht vorher fest. Die alles beherrschende Ideologie fordert das Urteil, das nicht mehr geändert werden darf.

Die offensichtliche Panne, die durch mein gefängniswidriges Zusammentreffen mit zwei anderen Gefangenen unterlaufen war, fand am folgenden Tage ein Nachspiel. Man führte mich wieder zu meinem bisherigen Staatsanwalt-Untersuchungsrichter. Aber was für eine Dolmetscherin hatte er sich dieses Mal ausgesucht! Im Gegensatz zu dem ziemlich stümperhaften und wenig attraktiven Mädchen, das bisher gedolmetscht hatte, nun eine »grande dame«. Langes hellblaues Gesellschaftskleid, tadellose Bubifrisur, fließendes Deutsch, ohne jeden Akzent! Man fragte mich, was ich mir wohl gedacht hätte bei der totalen Änderung der vorgeschriebenen Formalitäten, ferner, ob ich die zwei anderen Gefangenen erkannt hätte. Ich erwiderte, daß ich gleich angenommen hätte, daß wohl eine kleine Panne passiert wäre. Von den beiden anderen Gefangenen wäre der eine vielleicht General Dammann gewesen, der in den zwanziger Jahren Oberstleutnant und

Bataillonskommandeur in Lübeck war. Ich hätte ihn aber nur flüchtig gekannt und könnte nicht sagen, ob er es wirklich war. Im übrigen wäre keine Unterhaltung möglich gewesen.

Ich wurde dann noch ein letztes Mal vor der Kriegsgerichtsverhandlung dem Untersuchungsrichter vorgeführt. Dieses Mal war jedoch ein höherer Beamter dabei, anscheinend der Oberstaatsanwalt, ein höchst unsympathischer Typ. Es ging nochmals um die Anklageschrift, die jetzt in Reinschrift, wahrscheinlich für das Kriegsgericht, geheftet war. Der Wortlaut und die fünf Anklagepunkte waren dieselben wie an dem Tage, an dem ich mir Notizen machen durfte. Neu war jedoch die Schlußfolgerung, die die Staatsanwaltschaft daraus zog, sie lautete: »Damit ist General von Seydlitz einer der schwersten Kriegsverbrecher.« Die Kenntnisnahme dieses Dokuments mußte ich zum Schluß durch meine Unterschrift bestätigen.

Ich hatte dann noch einige Tage in der Zelle Zeit, über mein mir nun nahe bevorstehendes Schicksal nachzudenken und mich auf alles kommende Ungewisse vorzubereiten. Einer der schwersten Kriegsverbrecher! Nach allem, was ich bisher gehört oder gelesen hatte, besonders über das Aufhängen deutscher Generale wegen angeblicher Kriegsverbrechen, war mir nun klar, daß wohl auch mir die Todesstrafe blühte. Ich gab mich über irgendwelche anderen Lösungen keinen Illusionen mehr hin. Hatte man doch einst unter Stalin Tausende überzeugter und hochverdienter Kommunisten (Bucharin, Rykow, Tuchatschewskij usw.) aus fadenscheinigsten Gründen ohne viel Federlesens über die Klinge springen lassen, ganz zu schweigen von einer größeren Anzahl deutscher Generale, namentlich Befehlshaber rückwärtiger Gebiete, deren Todesurteile in den russischen Zeitungen erschienen waren.

Mich bedrückte der Gedanke, auf diese Weise mein Leben beenden zu müssen, nicht allzu sehr. Ich war jetzt immerhin 62 Jahre alt. Seit man dieses merkwürdig finstere Land betreten hatte, war man stets auf alles gefaßt. Daß man bis hierher ungeschoren durchgekommen war, glich schon einem Wunder. Dem plötzlichen Tod hatte man in seinem langen Soldatenleben oft genug ins Auge gesehen. Noch ahnte ich nicht, wie sich das Verfahren abspielen würde. Ich stellte es mir so vor, daß nach der nun beendeten Voruntersuchung in wenigen Tagen das Kriegsgericht stattfinden würde, sehr schnell danach dann die Vollstreckung des Todesurteils.

In Gedanken sowohl an das Kriegsgericht wie an den Tod hatte ich nur ein einziges Ziel: Halte dich so aufrecht wie nur denkbar! Haltung

– alles andere war völlig nebensächlich. Nur ein Letztes lag mir noch am Herzen, abgesehen von letzten Gedanken an Heimat und Familie: ein Abschiedswort an meine Lieben daheim. Post hatte ich schon seit einem dreiviertel Jahr nicht mehr erhalten. Ob ein Abschiedswort noch möglich war? In der Zelle bekam man nicht ein Stück Papier, nicht einen Bleistift.

Am 8. Juli 1950, wenige Tage nach dem offiziellen Abschluß der Voruntersuchung, war es endlich soweit. Nach Öffnung der Zelle erwartete mich in der großen Eingangshalle am Tor wieder ein besonderes, typisch russisches Theaterzeremoniell. Dort stand ein mindestens zwei Meter großer Mann mit langem Vollbart, in den Händen hielt er ein großes Buch – wie Moses mit dem Gesetzbuch! Neben mich, links und rechts, traten zwei Rotarmisten, auch sie über zwei Meter groß, ausgesuchte Gardisten, mit aufgepflanzten Seitengewehren. Mit Stentorstimme las »Moses« vor, was man nun mit mir vorhätte. Ich verstand so gut wie kein Wort, aber es konnte sich ja wohl nur um die Kriegsgerichtsverhandlung handeln.

Nachdem das Theater beendet war, führten mich die zwei Gardisten zur »Grünen Minna«, die draußen vor der Hallentür, aber noch im Gefängnisgelände, wartete.

Die hintere Hälfte des Wagens bestand aus einem Vorraum für die Posten mit Polizeihunden. Die vordere Hälfte, ohne Fenster, war für die Masse der abzutransportierenden Gefangenen vorgesehen. Auf der Hinfahrt kam ich in den Großraum nach vorn. Es herrschte fast völlige Dunkelheit, so daß ich meine Leidensgefährten nur annähernd sehen konnte, wenn die Tür geöffnet wurde. Es war, mit einer Ausnahme, zumindest äußerlich verkommenes Volk.

Die Fahrt dauerte kaum eine Viertelstunde, dann hielt der Wagen vor dem Gerichtsgebäude, einem alten, schlichten bürgerlichen Familienhaus, das im Inneren für kleinere Gerichtsverhandlungen hergerichtet war. Gleich hinter der Eingangstür begann ein längerer schmaler Korridor, der in seiner ersten Hälfte zu beiden Seiten mit Wartezellen ausgestattet war. In einer dieser Zellen mußte ich noch eine halbe Stunde auf den Beginn meines Kriegsgerichts warten. Dann holten mich wieder meine zwei Garderotarmisten ab und geleiteten mich zum Verhandlungssaal.

Der Korridor zum Verhandlungssaal war so niedrig und schmal, daß sie ihre Gewehre mit den theatralisch aufgepflanzten Seitengewehren herunternehmen und vor und hinter mir gehen mußten. Der Verhandlungssaal glich einem etwas größeren Geschäftszimmer. Am Verhandlungstisch war gerade Platz für den Vorsitzenden mit zwei Beisitzern, für die Dolmetscherin und den Gerichtsschreiber. Das Gericht empfing mich sitzend, als ich das Verhandlungszimmer betrat. Während der Verhandlung mußte ich ebenso wie die mich bewachenden Gardisten stehen.

Vorsitzender des Gerichts war der Generalmajor der Justiz Gorjadschew, seine Beisitzer: Oberstleutnant Gorbatow und Oberstleutnant Schichow. An der rechten Längsseite saß der Gerichtsschreiber, Hauptmann des administrativen Dienstes Manochin, an der linken die junge, akzentlos deutsch sprechende Dolmetscherin.

Die Zusammensetzung des Gerichts war äußerst eigenartig. Zudem vereinigte es in sich die Funktionen des Staatsanwalts, Anklägers und Verteidigers. Von den drei Zeugen, deren Vorladung ich beantragt hatte, war keiner erschienen. Das Gericht entschied selbstherrlich. Dem entsprach auch der Verhandlungsablauf. Der Vorsitzende eröffnete die Sitzung mit der lapidaren Frage: »Sie kennen die Anklageschrift – schuldig oder nicht schuldig?« Ich erwiderte, daß ich zu den fünf Punkten der Anklageschrift nichts aussagen könnte. Allgemein hätte ich jedoch folgendes zu bemerken:

Die mir vorgeworfenen Verfehlungen beruhten mit einer Ausnahme auf schuldhaftem Verhalten mir unbekannter Angehöriger meiner Division, sie seien nicht meine Schuld, sondern würden mir als Kommandeur der Division summarisch zur Last gelegt. Meine 12. Division habe sich als Besatzungstruppe in Frankreich und Holland tadellos benommen. Auch in der Sowjetunion seien mir Überschreitungen der allgemein gültigen Kriegsgesetze von seiten Angehöriger meiner Division nicht bekannt geworden. Wenn jedoch hier und da kleinere Überschreitungen vorgekommen sein sollten, so könnte ich mir das nur aus einem Erlebnis erklären, das auf manche Teile der Division wie ein Schock gewirkt hätte.

Ich schilderte dem Gericht die allerersten Tage des Krieges nach der Einnahme von Kowno. Meine Division verfolgte damals den von Kowno auf die Wilja ausweichenden Feind. Dabei stießen wir an zwei Stellen auf offenkundige Anzeichen dafür, daß das Ausweichen des Gegners geradezu kopflos vor sich gegangen sein mußte. Dies zeigte sich besonders an der Wilja. Das Flüßchen hat tiefe, nahezu grundlose und sandige Ufer. Dort fiel uns ohne jeden Kampf eine Beute in die Hand, wie ich sie in meinem langen militärischen Leben noch nie gesehen und erlebt hatte.

Geschütze, Fahrzeuge, leichte Panzer, Minenwerfer, Munition aller Art, rote Fahnen und Transparente – all das hatte man ohne jede Gegenwehr stehen- und liegengelassen. Kopflosigkeit jedoch bewiesen vor allem die hingemetzelten Insassen des Konzentrationslagers »Alexandrowo«, das die Russen nach der Besetzung Litauens 1940 angelegt hatten. Nach diesem Erlebnis von Alexandrowo, erklärte ich, müßte man verstehen, daß manche Soldaten an die Goebbels-Propaganda vom »Sowjetuntermenschen« geglaubt und sich nicht immer tadellos benommen hätten.

In diesem Augenblick sprang die Dolmetscherin auf und rief ins Verhandlungszimmer: »Herr von Seydlitz, Sie wollen doch nicht die sowjetische Regierung beschuldigen?« Ich antwortete, daß ich dieses Erlebnis vor einiger Zeit Herrn Stern, unserem langjährigen Betreuer, erzählt und ihn gefragt hätte, ob er davon wüßte. Er hätte erwidert: »Ja, wir hatten große Schwierigkeiten mit der litauischen Intelligenz. Für sie wurde dieses Lager eingerichtet.« Der Vorsitzende ließ mich ausreden, ging jedoch auf meine Worte nicht weiter ein.

Zu den fünf Anklagepunkten konnte ich, außer zu einem, nicht mehr sagen als bei der Voruntersuchung. Handelte es sich doch ausschließlich um Vergehen der ganzen Division, die mir als ihrem Kommandeur zur Last gelegt wurden. Lediglich das Todesurteil des Divisionskriegsgerichts gegen den jungen Stepanow »wegen Erschießens eines Grenadiers vom Grenadierregiment 89«, das ich als Gerichtsherr bestätigt hatte, nahm ich auf mich. Hier griff der Vorsitzende ein. Er erklärte, das Urteil sei zu Recht ergangen, es hätte jedoch nicht vollstreckt werden dürfen, da der junge Stepanow noch nicht volljährig gewesen sei. Zum Beweis dafür nahm er das Internationale Kriegsrechtskompendium zur Hand und las die betreffende Stelle vor. Ich konnte nur einwenden, daß mein Kriegsgerichtsrat mich darauf hätte hinweisen müssen. Warum er es nicht getan habe, könne ich hier leider nicht feststellen, da er trotz meines Antrages als Zeuge nicht erschienen sei.

Damit wurde die Beweisaufnahme geschlossen. Ich wurde, während das Gericht weiter tagte, wieder in eine Wartezelle gesperrt. Die Beratung des Gerichts beanspruchte nur kurze Zeit. Das Urteil dürfte von vornherein festgestanden haben. Schon nach einer Viertelstunde wurde ich wieder zur Urteilsverkündung in das Verhandlungszimmer geführt. Das Gericht stand auf, und der Vorsitzende des Gerichts, Generalmajor der Justiz Gorjadschew, verkündete in ungefährem Wortlaut folgendes Urteil: »Das Kriegstribunal des Kreises Moskau, bestehend aus dem Vorsitzenden, Generalmajor der Justiz Gorjadschew, den beiden Beisitzern, Oberstleutnant Gorbatow und Oberstleutnant Schichow, sowie dem Gerichtsschreiber, Hauptmann des administrativen Dienstes Manochin, und der Dolmetscherin, hat den Kriegsgefangenen General der Artillerie der ehemaligen Deutschen Wehrmacht Walther von Seydlitz wegen Kriegsverbrechen zum Tode verurteilt.«

Nun, ich hatte mit der Todesstrafe gerechnet, nachdem die Anklageschrift mich als einen der schwersten Kriegsverbrecher bezeichnet hatte. So traf mich das Todesurteil nicht überraschend. Es bestärkte mich nur, in allem, was jetzt für mich bevorstand, Haltung zu bewahren, nur Haltung. Ich wurde nicht mehr gefragt, ob ich noch ein letztes Wort sagen wollte. Ich wurde wieder in die Wartezelle geführt. Dort erwartete mich diesmal ein Glas Tee mit einer Semmel: Ersatz für das an diesem Tage ausgefallene Mittagessen.

Ich wußte natürlich nicht, was nun weiter mit mir geschehen würde, und gab mich trüben Gedanken über das bevorstehende Ende meines Lebens hin. Ob ich wohl noch einen letzten Abschiedsbrief an meine Frau und an meine Kinder richten durfte? Nach den Todesurteilen gegen eine nicht geringe Zahl deutscher Generale, über deren Kriegsverbrechen immer wieder in der »Prawda« berichtet wurde, konnte ich mir nur annähernd ein Bild von den bevorstehenden Ereignissen machen.

So verging die Zeit mit Warten, als ich plötzlich – nach etwa 1½ Stunden – noch einmal in das Verhandlungszimmer geführt wurde. Jetzt eröffnete mir der Vorsitzende, daß die Todesstrafe in 25 Jahre Kerker umgewandelt sei. Doch dieser Gedanke – ich war damals bereits 62 Jahre alt – war so entsetzlich für mich, daß ich das Gericht sofort bat, mich lieber auf der Stelle erschießen zu lassen.

Die Antwort des Vorsitzenden: »Das macht nur die SS.« Danach händigte man mir einen Auszug aus dem Urteilsspruch des Gerichts aus. Das Kennzeichnende an diesem Urteilsspruch war, daß man mich aufgrund des Erlasses des Präsidiums des Obersten Sowjet vom 19. April 1943 verurteilte, also nach einem Gesetz, das erst eineinhalb Jahre nach dem Zeitpunkt meiner angeblichen Kriegsverbrechen erlassen worden war. Bei uns hätte man nur nach den Gesetzen bestraft werden können, die bereits während des Zeitpunktes des Vergehens rechtskräftig waren. Damit war das Gerichtstribunal beendet. Ich kam wieder in meine Wartezelle.

Dieser für mich so denkwürdige Tag – der 8. Juli 1950 – neigte sich bereits seinem Ende zu, als ich aus meiner Wartezelle abgeholt wurde, um wieder mit der »Grünen Minna« in die Butirskaja gebracht zu werden. Jetzt kam ich jedoch nicht in den größeren vorderen Raum. Man sperrte mich in eine der Einzelzellen zu beiden Seiten des schmalen Korridors. Die Zellen waren so eng, daß man darin lediglich stehen und sich nur unter Schwierigkeiten umdrehen konnte. Man wurde regelrecht hineingestopft.

In die Butirskaja zurückgekehrt, bestand Unklarheit über die Unterkunft. Der Wärter meiner alten Zelle 220 weigerte sich zunächst, mich wieder aufzunehmen. Erst nach längeren Telefonaten mit dem wachhabenden Offizier ließ er mich wieder ein. Mein Zellengenosse Kolbe war sichtlich erfreut über meine Rückkehr. Ich berichtete ihm meine Erlebnisse, hatte er doch Ähnliches zu erwarten. Sonst geschah in den wenigen Tagen, die mir in der Butirskaja noch verblieben, nichts von Bedeutung.

Die Verbüßung der Gefängnisstrafe

Wie stets in der Gefängniszeit wurde auch diesmal die mir bevorstehende Veränderung nicht angekündigt. Der Wärter öffnete die Zellentür, ein Milizionär holte mich ab. Ohne Aufenthalt wurde ich in eine »Grüne Minna« verladen, und ab ging's zu einem der Moskauer Bahnhöfe, wo bereits an der Rampe wohl 50 Gefangene auf ihren Abtransport warteten; deutsche Mitgefangene erblickte ich nicht darunter. Bald fuhr einer der berüchtigten Gefängniszüge vor, durchweg mit vergitterten Türen und Fenstern. Derartige Gefängniszüge verkehren von der Zentrale Moskau, wo es einen besonderen Gefängnisbahnhof gibt, in alle Himmelsrichtungen. Gefängnisse existieren in der Sowjetunion überall, sie sind keine Mangelware.

Ich kam zunächst in das obere Stockwerk eines Wagens, wo man nur auf dem Boden der »ersten Etage« sitzen konnte. Fünf oder sechs russische Mithäftlinge umringten mich sofort und versuchten, mir das Wenige, das ich noch besaß, abzunehmen. Ich fürchtete bereits noch Schlimmeres, als man das Abteil öffnete und ich in einen anderen Wagen umgeladen wurde, in dem ich eine – freilich besonders vergitterte – Einzelzelle erhielt. In der Zelle blieb ich allein bis zum Ziel der Fahrt. Der Zug fuhr Güterzuggeschwindigkeit, so daß wir erst am nächsten Morgen Woronesh erreichten. Bis zum Endziel – Nowotscherkassk, etwa 20 km nördlich Rostow am Don – brauchten wir noch weitere 24 Stunden.

Gefängnis in Nowotscherkassk (18. Juli 1950–26. November 1954)

Hier in Nowotscherkassk begann die Verbüßung meiner 25jährigen Gefängnisstrafe, die nach Kriegsgerichtsurteil vom 8. Juli 1950 vom 23. Mai 1950 in Ilinka, dem Tag meiner Verhaftung, an rechnete. Nowotscherkassk ist ein kleines Städtchen nördlich der großen Hafenstadt Rostow, bei der der Don in das Schwarze Meer mündet. Rostow selbst bekam ich nicht zu sehen.

Auf dem Bahnhof in Nowotscherkassk wurden wir sofort auf Lkw verladen. Schon nach kurzer Fahrt erreichten wir das am Rande der Stadt gelegene Gefängnis, das von einer sehr hohen Mauer umgeben und, wie üblich, mit Wachttürmen versehen war. Vor der Mauer, innerhalb des Gefängnisses, befanden sich noch breite, elektrisch geladene Stacheldrahthindernisse. Jeder Fluchtversuch über diese Sperren konnte nur ein böses Ende nehmen. Das Gefängnisgebäude war ebenso wie das Butirskaja-Tjurma in Moskau älterer Bauart. Bauweise hier: ein großer Mitteltrakt mit drei Anbauflügeln, sehr weitläufig und geräumig. Es hieß, das Gefängnis stamme bereits aus Katharinas Zeiten.

Ich bekam eine Einzelzelle in dem mittleren Anbau, der, wie sich sehr bald herausstellte, dazu diente, alle wichtigen oder von der Masse abweichenden Häftlinge zunächst zur Beobachtung aufzunehmen. Später sollte dann erst entschieden werden, was mit ihnen weiter geschah. Im mittleren Anbau waren Männer und Frauen auf einer Station, draußen standen daher Wärter und Wärterinnen, sämtlich in Milizuniform. Wohl um Selbstmorde zu verhindern, waren die Treppen vom Geländer bis zur Decke mit Maschendraht abgesichert.

Wie gestaltete sich hier nun mein Leben? Zunächst die Zelle: ein schmaler, vollkommen nackter, länglich rechteckiger Raum, ungefähr 2,40 m breit und 3 m lang. Rechts und links je ein mit den Beinen in den Zementfußboden eingelassenes Bettgestell von je 80 cm Breite. Zwischen den Betten ein Gang von ungefähr 80 cm Breite, am Kopfende ein 80 cm breiter Holztisch. Am Fußende eines jeden Bettes ein gewöhnlicher Holznachttisch für die allernotwendigsten Privatsachen. Auf der einen Seite zwischen Nachttisch und Eingangstür ein Blecheimer mit Blechdeckel, genannt »Parascha«, für die Notdurft außerhalb der Führungen auf die Toilette, die täglich nur zweimal, morgens nach dem Aufstehen und abends nach dem Abendbrot, stattfanden.

Ein kleines vergittertes Fenster – so hoch, daß man nur auf dem Tisch stehend hinaussehen konnte, was natürlich verboten war – sorgte am Tag für leidliche Helligkeit. Sobald es dunkel wurde, leuchtete die ganze Nacht hindurch eine vergitterte Lampe über der Eingangstür. Auf diese Weise kannte man während der ganzen Gefängniszeit keine dunkle Nacht. Man mußte sich sogar so legen, daß das elektrische Licht einem scheinwerferartig ins Gesicht fiel. Das Bett in der ersten Zelle, die ich ungefähr zwei Monate bewohnte, befand sich in einem unwahrscheinlichen Zustand. Die Liegefläche bestand aus zwei Längs- und drei Querlattenbrettern, die roh und unbearbeitet zusammengefügt waren. Der eine Matratze ersetzende Strohsack enthielt nur so viel Stroh, daß davon nicht einmal der Boden der Pritsche bedeckt wurde.

An Aufsichtspersonal erlebten wir einen Gefängnisdirektor im Range eines Majors – ein korrekter, nicht unsympathischer Mann – sowie einen unerfreulichen Hauptmann als Inspektionsoffizier. Außerdem gab es noch andere Offiziere, mit denen man jedoch kaum in Berührung kam. Die Zellen kontrollierten ab und zu zwei sympathische jüngere Ärztinnen. Bei ernstem Anlaß wurde man auch in deren Behandlungszimmer geführt. Die ärztliche Versorgung war spärlich, aber im allgemeinen sachgemäß. Schlimm stand es dagegen um die Zahnstation. Dort wirkte eine Zahnärztin, die kaum über eine zahnärztliche Ausbildung verfügen konnte. Zudem war ihre technische Ausrüstung völlig veraltet. Die Bohrmaschine trat sie noch mit dem Fuß an; Plomben füllte sie mit einem Einheitsbrei von Amalgam oder einer ähnlichen Masse, die auf einem Brettchen fertig angerichtet war. Als mir einmal ein Weisheitszahn gezogen werden mußte, versagte die Lokalanästhesie. Als die Ärztin den Zahn dann trotzdem zog, brach er ihr ab. Sie mußte die Wurzel ausgraben. Ohne Betäubung keine angenehme Prozedur.

Das gesamte Gefängnispersonal – vom Direktor bis zu den Wärtern und Wärterinnen – gehörte zur sogenannten Miliz. Ihre Angehörigen trugen eine einheitliche graugrüne bzw. blaue Uniform mit Schulterklappen oder Schulterstücken, die Frauen Uniformröcke. Deren Durchschnittsalter: 20 bis 25 Jahre. In den ersten zwei Jahren standen Wärter und Wärterinnen zwölf Stunden Posten. Verpflegung wurde ihnen gebracht. Bei den Mahlzeiten konnten sie sich nicht hinsetzen, sie hatten keinerlei Sitzgelegenheit, damit sie nicht einschliefen. Von den Frauen war wenigstens ein Drittel im sechsten oder siebten Monat schwanger. Trotzdem standen alle zwölf Stunden Posten! Am nächsten Morgen machten sie allerdings immer einen relativ frischen Eindruck. Später wurde der 12stündige Wachtdienst in einen 8stündigen umgewandelt. Doch für deutsche Frauen wäre auch ein 8stündiger Wachtdienst ohne Sitzpausen untragbar gewesen, von zwölf Stunden ganz zu schweigen. Dieser Wachtdienst galt wohlgemerkt nicht etwa im Kriege, sondern in den Jahren 1950 bis 1955.

Alle Wärter und Wärterinnen benahmen sich mir gegenüber während der ganzen Gefängniszeit korrekt. Es gab nur eine Ausnahme, auf die ich noch zurückkomme. Das Leben allein in der Zelle gestaltete sich denkbar einfach. Mein Aufzug: ein waschbarer, gestreifter Sträflingsanzug. Die Tageseinteilung: 6.00 Uhr Wecken, Anziehen. – 6.30 Uhr Führung zum Waschraum und zur Toilette. – 7.00 Uhr Frühstück, bestehend aus 1½ Pfund Graubrot, dem Hauptnahrungsmittel, dazu ein Schlag Kascha und ein Blechkännchen Tee. – 12.00 Uhr Mittagessen, fast stereotyp Kohlsuppe und ein Hauptgericht, bestehend wieder meist aus Kascha mit Kartoffeln und irgendeiner Tunke. Ganz geringe Abwechslungen. – 18.00 Uhr Trockenbrotration und anschließend Führung auf die Toilette. – 22.00 Uhr Schlafengehen. – Im Laufe des Tages, vor- oder nachmittags, Spaziergang (Progulka) auf dem Hof. In der Zelle durfte man den ganzen Tag über auf der Pritsche sitzen oder liegen. Der Gang zwischen den Betten erlaubte eine Bewegung von zwei bis drei Schritten hin und zurück.

Zunächst erhielt ich weder etwas zum Schreiben noch zum Lesen. Ich konnte mich nur meinen ziemlich verzweifelten Gedanken hingeben. Meine Post blieb vom Tage meiner Verhaftung an für zwei Jahre gesperrt.

Nur einmal (1951) händigte man mir eine Postkarte meines Bruders aus Südwestafrika aus. Die Karte war sehr alt. Mein Bruder war bereits 1950 einem Herzschlag erlegen. Alles andere in diesen zwei Jahren waren »Briefe, die ihn nicht erreichten«. Sie wurden wahrscheinlich vernichtet. Ich habe sie auch später nie gesehen. Meine Lage besserte sich etwas, als eines Tages ein General erschien, ein umgänglicher Mann. Er fragte mich, wie es mir ginge und ob ich irgendwelche Wünsche hätte. Ich zeigte ihm mein unmögliches Bett und bat um Abhilfe. Außerdem bat ich ihn um eine Zeitung und um mein kleines russisch-deutsches Lexikon aus meinem Koffer im Keller.

Einige Zeit danach erhielt ich tatsächlich die erbetene russische Zeitung, und zwar den »Molot« (auf deutsch »Hammer«), eine in Rostow erscheinende russische Zeitung für die Stadt und das Gebiet Rostow. Aufmachung und Inhalt waren sehr ähnlich den bekannten Moskauer Blättern »Prawda« und »Iswestija«. Eines Tages durfte ich mir auch mein Lexikon aus meinem Koffer holen, ebenso den »Faust« – eine zweibändige Ausgabe der Deutschen Wolgarepublik, die mir ein junger Kommunist in Lunjewo bei der Gründung des BDO am 11./12. September 1943 geschenkt hatte. Außerdem erhielt ich etwas Schreibpapier und einen Bleistift. So hatte ich endlich die ersten nötigen Grundlagen für eine geistige Beschäftigung in meiner Zelle.

Die Bettenfrage wurde dadurch gelöst, daß ich eine andere Zelle auf der anderen Seite des Korridors erhielt. In dieser Zelle war das Bett besser. Der Ausdruck »Bett« für eine solche Liege ist allerdings unangemessen. In Wirklichkeit handelte es sich um eine 70 cm breite Eisenpritsche, deren Eisenfüße in den Fußboden einzementiert waren. Die Liege bestand aus drei Eisenbändern von je ungefähr 20 cm Breite mit je 4 cm Zwischenraum, die Matratze wieder aus einem Strohsack mit ungenügender Füllung, dazu kamen ein bis zwei Wolldecken, ein Überschlaglaken und ein Bettlaken, die alle 10 Tage erneuert wurden.

Ich machte mich nun daran, Russisch zu lernen. Was ich bis dahin wußte, hatten mir nur zwei Unterrichtsstunden vermittelt, die im Generalslager Woikowo ein russischer Volksschullehrer gegeben hatte. Außerdem hatte ich mir das russische Alphabet sowie einige Worte des täglichen Lebens angeeignet. Allzuviel Selbstvertrauen in eine autodidaktische Methode auf Grund meiner Schulerlebnisse in Latein und Griechisch hatte ich nicht. Nun lebt man aber in einer russischen Gefängniszelle so abgeschieden und einsam wie ein Mönch. Man kann sich ganz und intensiv auf ein Sprachstudium konzentrieren. So begann ich zunächst mit dem Studium des »Molot«. Dabei kam mir folgendes zugute. Die russische Tageszeitung hatte nur vier Seiten (nicht vier Blätter). Thematik und Wortschatz sämtlicher Artikel waren in der Regel schlicht und einfach gehalten. Auf der ersten Seite meist ein politischer Einleitungsartikel, ferner Verpflichtungen von Fabrikbelegschaften, die gelobten, die Norm nicht nur zu erfüllen, sondern überzuerfüllen. Die erste und zweite Seite brachten Nachrichten oder ideologische Artikel aus Rostow oder vom Lande (Rodina). Unter dem Strich stand oft ein wichtiger, ideologisch ausgerichteter Sonderartikel, seltener ein Roman, auch dieser selbstverständlich mit einer ausgesprochen kommunistischen Tendenz. Die dritte und vierte Seite enthielten Auslandsnachrichten und Scheidungsanzeigen. Es gelang mir bald, die meisten Artikel zu übersetzen.

Einige Zeit nach dem Besuch des russischen Generals erschien an der Zellentür ein russisches Mädchen, nicht in Uniform. Sie bot mir als Lesestoff russische Bücher an. Ich nahm mir zwei Werke von Scholochow, um sozusagen klein mit Erzählungen anzufangen. Hier scheiterte ich zuerst. Der Wortschatz unterschied sich von dem der Zeitung zu sehr. Außerdem gab es eine Unmenge von Ausdrücken, die mein russisches Lexikon nicht enthielt. Nach mehrfach wiederholten, vergeblichen Ansätzen war ich der Verzweiflung nahe und wollte Romane und Erzählungen aufgeben. Doch die Zeitung war mir auf die Dauer zu eintönig und zu langweilig, so daß ich es immer und immer wieder versuchte. Schließlich glückte der Durchbruch, und ich nahm von den angebotenen Büchern auch die Klassiker Puschkin, Tolstoi, Gogol, Tschechow und Gorki.

Während ich im Aufnahmetrakt des Gefängnisses allein in einer Zelle saß, erhielt ich später auch Zellengenossen. Der erste war ein alter, ziemlich verbrauchter Tscheche, der schon seit langem in der Sowjetunion lebte. Ein anscheinend harmloser Zeitgenosse, der nicht recht wußte, wie er in die Hände der russischen Justiz geraten war. Er sprach etwas Deutsch, die Verständigung mit ihm war einfach. Seine Beine und Füße sahen schlimm aus. Er blieb kaum ein Jahr bei mir. Als »Ablösung« kam ein jüngerer Russe mit derb slawischem Gesicht. Er hieß Iwan Pawlowitsch Kusmenko, war ungefähr 35 Jahre alt und von stämmig-gedrungener Statur. Als Lesni-Ingenieur, also Förster, hatte er 100000 Rubel unterschlagen und dafür 15 Jahre Kerker erhalten. Er war nicht ungebildet und sprach einige Brocken Deutsch, die für unsere Verständigung ausreichten. Allmählich war es mir aber auch möglich, mit ihm russisch zu sprechen.

Sein Benehmen mir gegenüber war oft frech und aufdringlich. Eines Tages steigerte sich das zu einem gewalttätigen Vergehen gegen mich. Ich erhielt damals die ersten Pakete von meinen Geschwistern aus Südwestafrika. Die Pakete enthielten hauptsächlich Schokolade, Kekse, Marmelade und Konserven. Nur einen kleinen Teil davon bekam man in die Zelle. Der Hauptteil ging zu unserem Gepäck in den Keller, von wo man sich von Zeit zu Zeit einzelne Sachen kommen lassen konnte. Iwan begnügte sich nun nicht mit dem, was ich ihm freiwillig gab, sondern versuchte sich mit Gewalt zu nehmen, was er haben wollte. Ich wehrte mich. Darauf nahm er den eisernen Deckel der Parascha und schlug ihn mir ins Gesicht. Ich blutete erheblich. Am nächsten Tag machte eine junge Ärztin einen Kontrollgang durch die Zellen und sah die Wunden in meinem Gesicht. Ihre erste Frage: »Woher stammt das?« Ich zeigte auf Iwan und antwortete: »Dieser Herr war so liebenswürdig.« Am nächsten Tage wurde er abgeholt. Ich war nun wieder eine Weile allein in der Zelle.

Der dritte und letzte Zellengenosse war ein Mann mit Bildung und Benehmen. Seinen Beruf und den Grund seiner Verurteilung verriet er nicht. Ich vermute, er war Beamter oder etwas Ähnliches. Er nahm die Zeit in meiner Zelle ziemlich leicht und hoffte wohl, bald wieder frei zu sein. Er blieb nur ungefähr vier Wochen. Von da an – etwa 1953 – bis zum Rücktransport am 26./27. November 1954 blieb ich allein.

In diese Zeit fiel eine üble Mißhandlung. Es geschah, als man mich ins Duschbad führte. Wie üblich fand zuvor die Haarschneideprozedur statt. Ich setzte mich auf den dafür bestimmten Stuhl, als der dieses Handwerk seit Jahren betreibende Unteroffizier plötzlich anfing, nicht wie sonst nur die Haarseiten zu kürzen, sondern eine Bahn in die Frisur hineinzuschneiden. Ich sprang sofort auf und sagte: »Konjez!«, »Schluß!« Ich erklärte, daß ich vom Kommandanten die Erlaubnis hätte, mir die Haare stehenzulassen, was bis dahin auch stets berücksichtigt worden war. Dieses Mal schien sich der Herr Friseur einen Scherz erlauben zu wollen, denn er lachte dabei. Gleich darauf wandte er sich um Hilfe an seinen älteren Starschi-Feldwebel, den Leiter des Bades. Dieser befahl mir, mich weiter scheren zu lassen, was ich unter erneuter Berufung auf die Erlaubnis des Kommandanten ablehnte.

Nun setzte man drei junge Rotarmisten auf mich an. Einer riß mir mit aller Gewalt den linken Arm nach hinten, ein zweiter den rechten Arm, ein dritter drückte meinen Kopf mit ebenso roher Kraft nach unten. Ich fürchtete, mir bräche das Kreuz. Ich war damals 66 Jahre alt. Als ich unter Schmerzen zusammenbrach, so daß man mit der Tortur aufhören konnte, legte man mich auf eine Holzbank. Um mich wieder zu beleben, hielt man mir Watte mit Salmiakgeist vor die Nase. Trotzdem lag ich wohl ungefähr 25 Minuten so, bis man mich wieder in meine Zelle bringen konnte.

Sofort nach meiner Rückkehr in die Zelle setzte ich in Russisch eine Beschwerde an den Kommandanten auf. Ob man mit einer Beschwerde Erfolg hat oder abgewiesen wird, erfährt man weder durch schriftlichen noch mündlichen Bescheid. Erfolg hatte man, wenn sich einiges änderte. Andernfalls änderte sich nichts. In diesem Falle war das gesamte Personal, das bis dahin in der Frisierstube und im Bad angestellt gewesen war, verschwunden!

Am 5. März 1953 starb Stalin. Im Gefängnis erfuhren wir zunächst nichts davon. Die Zeitung »Molot« blieb ungefähr acht Tage aus. Alle Wärter und Wärterinnen traten sehr schweigsam und geheimnisvoll auf. Den wahren Grund erfuhren wir acht Tage später, als alle Trauerfeierlichkeiten vorüber waren. Warum Gefangene solch wichtige Staatsangelegenheiten wie den Tod Stalins nicht ebenso rechtzeitig erfahren dürfen wie andere Sterbliche, blieb mir ein Rätsel.

Meine so düstere und hoffnungslose Lage, nun schon fast fünf Jahre lang, ließ mich allmählich völlig verzweifeln. Das wirkte sich auf meine Nerven aus. Ich litt an Depressionen sowie leichter Erregbarkeit und Unruhe. Im September 1954 brachte man mich ins Krankenrevier des Gefängnisses. Das Revier bestand aus einem Untersuchungs- und Behandlungsraum, einer Zahnstation und drei oder vier größeren Einzelzellen mit Pritsche, Tisch, Stuhl und einem Nachttisch.

Man konnte sich durch Laufen in der Zelle etwas Bewegung verschaffen, was ich auch versuchte. Nach einigen Tagen bekam ich eine mir unbekannte Medizin, nach der ich nachts sehr schwitzte. Der Erfolg war immerhin der, daß ich in wenigen Tagen mein Gleichgewicht wieder gewann. Ich hatte hinsichtlich der Zukunft wieder etwas Zuversicht.

Wieder in die Butirskaja

Am 25. November 1954, nach etwa einem halben Jahr, trat für mich eine überraschende Wende ein. »Dawai – Transport!« Man brachte mich zur Gefängniseingangswache, wo sich bereits mehrere Milizsoldaten versammelt hatten. Mit ihnen zusammen wurde ich in einen Transportwagen verladen, der uns zum nahegelegenen Bahnhof brachte. Nach viertelstündigem Warten fuhr, von Rostow kommend, ein Gefängniszug ein. Ich erhielt wie auf der Hinfahrt 1950 wieder ein Einzelabteil; Fahrtrichtung: Norden.

Am 26. November abends hielt der Zug auf einer Moskauer Vorortstation, und ich wurde allein ausgeladen. Wenn ich richtig las, hieß die Station Woskressenie, ein Wort mit der Doppelbedeutung »Sonntag« und »Auferstehung«. Man führte mich nicht durch die Bahnhofssperre, sondern einen Steilhang hinauf. Oben wartete ein Jeep, der mich zur Butirskaja brachte, die ich am 18. Juli 1950 Richtung Nowotscherkassk verlassen hatte. Diesmal kam ich nicht wieder in eine der alten Turmzellen. Man brachte mich in der Krankenabteilung des zweiten Stocks unter, wo ich eine Einzelzelle mit Bett erhielt. Welch ein Wunder – nach über 4½ Jahren wieder ein Bett! Die Gefühle, die mich nach den mehr als primitiven Zuständen in Nowotscherkassk überkamen, erschienen mir wirklich als eine Art Auferstehung.

Ärztliche Behandlung fand nicht statt. Aus unerfindlichem Grunde wollte man mir jedoch anscheinend etwas Gutes tun. Nach Stalins Tod 1953 merkte man auch sonst kleine Erleichterungen und Verbesserungen. Auf der Krankenstation arbeitete eine ältere Ärztin mit einer Assistentin. Es wurde keine Uniform getragen. Ich erhielt die »Iswestija« und konnte mir, wie in Nowotscherkassk, Bücher zur Lektüre aussuchen.

An wesentlichen Ereignissen erlebte ich die Nachfolge Stalins durch Malenkow, der aber bald in der Versenkung verschwand und ein Industriewerk in Sibirien übernahm. Unter dem neuen Regime fielen die Köpfe von Berija und Kobulow, der anscheinend allgemein verhaßten höchsten Justiz- und Polizeigewaltigen. Darüber sprachen, ganz gegen ihre sonstige Gewohnheit, sogar die Wärter ziemlich offen.

Entlassung

Im September 1955 drang plötzlich ein besonderes Gerücht in unsere Abgeschiedenheit. Es hieß, Adenauer käme nach Moskau. Das Gerücht fand bald seine Bestätigung durch die »Iswestija«. Die Nachricht ließ alle Gefangenenherzen höher schlagen und weckte größte Heimkehrhoffnungen. Auch der gesamte, uns betreuende Gefängnisapparat wurde nach der bisherigen Reserve sichtlich freundlicher.

Einzelheiten über die bald darauf stattfindenden Verhandlungen zwischen Bulganin, Chruschtschow und Adenauer, Carlo Schmid erfuhren wir natürlich nicht. In der »Iswestija« wurde im ganzen positiv berichtet, obwohl es auch hier wieder eine Krise gab, über die ich mich allerdings erst später informieren konnte. Adenauer hatte bereits seinen Abflug vorbereitet, da Bulganin die Verbrecher unter den Kriegsgefangenen nicht repatriieren wollte. Bulganin verwies auf die ungeheuren Greueltaten in den KZ Auschwitz, Treblinka, in denen Millionen ermordet wurden. Nach einem Appell Carlo Schmids an die Großmut der Russen lenkte Bulganin ein. Es wurde beschlossen, von 9626 Gefangenen 8877 zu repatriieren. 749 sollten den Gerichten in Ost und West übergeben werden.

Am 1. Oktober 1955 wurde ich zum Kommandanten, einem Milizobersten, geführt, der mir eröffnete, daß ich am 4. Oktober repatriiert würde. Er fragte mich, ob ich die zwei Tage bis zur Abfahrt noch eine Unterkunft wünschte. Ich überlegte es mir, kam aber zu dem Entschluß, darauf zu verzichten, hatte man mich hier doch von Anfang an korrekt und zuletzt sogar freundlich behandelt. Was ich dem Kommandanten mitteilte, wirkte positiv. In den letzten beiden Tagen vor der Abfahrt zeigte man mir noch einmal die wichtigsten Sehenswürdigkeiten von Moskau.

Ich fuhr in Begleitung eines jüngeren deutschsprechenden Milizoffiziers. Erstes Ziel: die landwirtschaftliche Dauerausstellung, ein ausgedehntes Gelände mit sechzehn großen Gebäuden, entsprechenden Ställen und Gehegen im Stil der sechzehn Sowjetrepubliken, das Personal in den landesüblichen Trachten. Am Eingang die Fontäne »Druschba« (»Völkerfreundschaft«), umgeben von sechzehn bronzenen Frauengestalten, jede vergoldet! Man kann sich denken, welcher Stolz ein Sowjetbauernherz erfüllt, wenn er zum ersten Male diese Ausstellung besucht.

Weiter zeigte man mir die neue Lomonossow-Universität und nochmals den Roten Platz. Ihn kannte ich zwar schon von 1948 her, aber seitdem war vieles renoviert und auf Hochglanz gebracht worden, so die Basilius-Kathedrale mit ihren verschiedenfarbig strahlenden Zwiebeltürmen. Auch die angeblich von Lenin persönlich stammende Tafel »Religio opium naroda« (»Religion ist Opium für das Volk«), die an einem der Gebäude des Roten Platzes prangt, wurde bei der Stadttour nicht versäumt.

Als ich am 4. Oktober 1955 zum weißrussischen Bahnhof kam, stand der Heimatzug schon bereit. Alle, die mit ihm heimkehren sollten, hatten bereits Platz genommen. Ein General Schulz war von den Russen anscheinend mit der Platzanweisung beauftragt. Mir – »dem Verräter Hitlers« – glaubte er seine Verachtung zeigen zu müssen. Er tat dies, indem er mir einen Platz im einzigen Mannschaftsabteil anwies. Ich begegnete ihm so kühl wie er mir. Mit den Männern des Mannschaftsabteils vertrug ich mich glänzend. Mit ihnen habe ich auch Gespräche geführt, die ich mit vielen Generalen nicht hätte führen können.

Die Fahrt ging über Minsk (Weißrußland), Frankfurt an der Oder (die neue deutsche Ostgrenze), Berlin und Eisenach nach Herleshausen. Von Herleshausen fuhr uns ein Bus ins Heimkehrerlager Friedland bei Göttingen. Dort trafen wir am Abend des 6. Oktober 1955 ein. Alle wurden von der Lagerverwaltung, Freunden und Verwandten aufs herzlichste begrüßt. Ein gemeinsames Abendessen beschloß den ersten Tag in der Heimat. Am nächsten Tage holten mich meine Frau und meine älteste Tochter aus Friedland ab. Zusammen fuhren wir nach Verden an der Aller, in die Reiterstadt, meine alte Friedensgarnison.

★

Auf Antrag von Walther von Seydlitz wurde von der 2. Strafkammer des Landgerichts in Verden/Aller in der Sitzung vom 18. Februar 1956 beschlossen, »daß das am 26. April 1944 in Dresden gegen den Verurteilten ergangene Urteil des damaligen Reichskriegsgerichts . . . aufgeho-

ben ist«. General der Artillerie von Seydlitz war vom Reichskriegsgericht »in Abwesenheit wegen Kriegsverrats und wegen Hochverrats zum Tode, zum Verlust der Wehrwürdigkeit, verbunden mit Rangverlust, zum Verlust der bürgerlichen Ehrenrechte auf Lebenszeit und zur Vermögenseinziehung verurteilt worden«. (Zitate aus dem Beschluß der 2. Strafkammer des Landgerichts in Verden.)

Malonabatowskij
Bolschenabatowskij
Kalatschkin
Don
Lutschenskij
Wertjatschij
Malogolubaja
Peskowatka
Golubinskij
Ssokarewka
Ilmenskij
Rjumino-Krassnojarskij
Nasmischtschenskij
Bugakowa-See
Dmitrijewka
Poltawskij
Otorwanowka
Illarionowskij
Kamyschi
Karpowka
Kalatsch
Platonowskij
Marinowka
Atamanskij
Prudboi
Tscherkassoff
Bf. Kriwomusginskaja
Nowo-Rogatschik
Staro-Rogatschik
Jljewka
Ssowetskij
Skatschi
Bohrloch
Kolpatschki
Hp. Kumowka
Ssredne-Zarizynskij
Stalinskij
Nowoachtubinskij
Nowyj Put
Fleischkombinat
Nishne-Zarizynskij
Bratschi
Awerinskij
Ljapitschew
Pawlowskij
Businowka
Trudposselok Nr. 3
Nowopetrowskij